U0068227

民主的困惑

看懂俄羅斯之二

白嗣宏 著

代序　俄羅斯是中國的
永恆鏡子

《亞洲週刊》總編　邱立本

　　在那火紅的歲月，蘇聯是中國的鏡子，照出中國的希望。五六十年代，正是中國共產黨建國之初，舉國上下，都有一種難掩的興奮之情，認為今天的蘇聯，就是明天的中國。向蘇聯老大哥學習，是中國的共識。多少的年輕人，都帶著夢想到蘇聯學習，要發現通往社會主義天堂的秘密。

　　而社會主義的基礎，也和俄羅斯的歷史密切相關。十月革命之前的舊俄文學，也是這塊廣袤大地的巨大吸引力。那些熠熠生輝的名字——普希金、果戈理、屠格涅夫、托爾斯泰、陀思妥耶夫斯基、契訶夫、高爾基等，都在中國年輕人心中留下了難以磨滅的印記。

　　這也是白嗣宏在1956年到蘇聯留學時的大時代背景。在前往列寧格勒大學的路上，他的行囊中裝載了他對蘇聯的夢想，也裝載了那些豐富的俄國文學遺產。他被分配去學蘇聯的戲劇和文學，在莫斯科的劇場上，他不僅熟悉斯坦尼拉夫斯基表演體系，也發現幕前和幕後的人生角色。這是讓人意氣風發的時刻，在蘇聯的幾年，他站在當時中國精英的前列，想像他所學習的蘇聯的

種種優點，總有一天會在中國實現。

五十年代的中國，剛從百年屈辱與戰爭的廢墟走過來，對蘇聯所強調的公平正義社會的追求，有強烈的認同感，他們認同計畫經濟的強大威力，也對蘇維埃體系在二戰擊敗納粹德國，都不勝仰慕。但1953年史達林去世後的「去史達林運動」，已使不少敏銳的中國心靈警惕，不僅看到蘇聯政治的變幻，也看到史達林時代那種讓人髮指的整肅與血腥。原來建立一個理想社會主義的社會，中間要經過這麼多的鬥爭與痛苦的折磨，也有那麼多的扭曲人性與犧牲人命的代價。

一九五七年，正是白嗣宏去了列寧格勒大學的第二年，中國掀起了狂飆的反右運動，林昭、林希翎等被鬥下來。在異國的校園裡，這位來自上海的留學生，感受到政治運動的變化，比舞臺上的想像還要戲劇化。

但更戲劇化的是中蘇開始分裂。當白嗣宏和他的俄羅斯女同學談戀愛如火如荼之際，也是兩國在意識形態爭議如火如荼之時，但白嗣宏的羅曼史比舞臺上的愛情更轟轟烈烈，他不顧中蘇分裂的政治逆境，將自己的愛情成為世界的核心，他和他心愛的俄羅斯女子結婚，也是和他所心愛的俄羅斯文化結緣。一九六一年，他和她回到中國，不獲准在京滬生活。他被分派到安徽教書，歷經困難的三年自然災害，後來更面對文革的殘酷；他遭受了種種的政治磨難，但他從不後悔，正如他對自己鍾情的俄羅斯文化毫不後悔。

一九八八年，中國走向改革開放。他應聘蘇聯新聞社，攜妻小重返莫斯科，在妻子的老家，他以新的角度來觀察中國與俄羅斯所經歷的巨大變化。從九十年代開始，他為《亞洲週刊》寫下一系列有關俄羅斯的報導，也寫出這塊改變他過去命運的大地，

正在改變自己和中國未來的命運。

因為中俄兩國之間，冥冥中有一種微妙的互動。如果沒有1989年的六四，蘇聯1991年政變時的軍人就不會拒絕開槍？蘇聯是否就不會那麼快解體？如果沒有近年中國的國家資本主義發展，國進民退，就沒有近年普京的強勢崛起？這兩個國家從社會主義體系，轉向資本主義的全球化體系，在追求國家競爭力的同時，是否也面對軟實力流失的挑戰？

在二十一世紀的初葉，中國和俄國都突然「走回從前」，回到他們有點不堪回首的六十年代──如何尋找通往美好明天的最佳途徑。但他們不再是依靠馬克思列寧的意識形態，而是要在市場機制與全球化的浪潮中，尋找社會主義與資本主義的最新反思。他們都要追求一個美好的明天，但也要從過去和當下的歷史教訓中，發現新的自己與新的世界。

這都是停不了的歷史挑戰，也刺激中國人思考俄羅斯的命運軌跡，是否就是中國人迴避不了的鏡子？它照出了中國的希望，也照出來中國的缺陷。白嗣宏這本書，就是那一面鏡子，照出中俄兩國交纏不休的身影，也照出中國衝往新世界的力量。

序　新俄道路的見證

白嗣宏

今年是俄羅斯走上正式民主化的二十年。作者於1988年10月應蘇聯新聞社邀請前來莫斯科工作，任職編審，開始在俄國的又一段生活。前一段，作為一個尚未開竅的高中畢業生，毫無生活經驗，於五十年代奉派留蘇，渡過了五年無憂無慮的大學時代。這個時期，恰逢蘇共二十大開啟的「解凍」正在發酵，漸漸滲透到蘇聯生活的各個領域，恰好作者所學的專業又是與意識形態緊密相連的文學與戲劇，聽到見到許多在國內無法知道也無法理解的事物。在學校裡時常聽蘇聯同學介紹，某某作家剛剛解放。某某教授剛從流放地歸來。求學所在的列寧格勒大學語文系教授古科夫斯基，普希金研究專家，就是1957年重返講壇的。對初到蘇聯學習的一代青年學生（十八九歲），都是聞所未聞的新事物。當初看到的一些電影，如《第四十一個》、《雁南飛》、《晴朗的天空》；看到的一些新戲劇，如《祝你平安》、竟有「馬列主義現在不時髦」臺詞的《五個黃昏》，都感到十分意外。雖說在日常生活中感到輕鬆，但是並沒有真正認知變化的深度。意識裡只有朦朧的覺悟。

作者1961年畢業後回國工作。歷經「反修」教育，「四清運動」，「文化大革命」，思想解放，反思，改革開放，實踐是檢驗真理的唯一標準的大辯論，清理精神污染，反對自由化，人道主義的辯論，看清一些問題。1988年10月來到蘇聯，又恰逢戈巴契夫推動的蘇聯改革。公開性和新思維，成了公眾主要的話題。蘇聯在他領導下首次進行直選人民代表，第一屆全蘇人民代表大會上民主派與保守派的激烈搏鬥，全國空巷，天天守在電視機旁觀察代表們就國是民生大大小小問題進行辯論，開放黨禁報禁，全民公決，許多過去不敢想像的事，就活生生地出現在眼前。一人一票直選國家領導人，更是新鮮。那些蘇共黨員出身的民主健將，激情澎湃的演說，對國家命運的痛惜，令人難以忘懷。蘇聯的瓦解，民主派炮打白宮，保守派衝擊國家電視中心，事事關係俄國的命運。

　　新俄誕生的苦難歷程，民生的崩潰，社會意識的更換，價值體系的變化，歷歷在目。近年來俄國歸位，體制變化，經濟發展，從集權制度改造成民主國家，重歸大同世界，仍然都是俄國思想界不停探討的對象。作為一個經歷兩個社會主義大國數十年來的變遷，背負兩種文化的薰陶，大半生的經歷，提供了更多一些參照係數，對後集權後共產主義國家俄羅斯現實的見證和思考，也許具有別樣的意義。

　　這裡，俄國民主化的路線圖，從其當代國家發展來看，先是戈巴契夫的解構集權，結束冷戰，開始引進普世價值，對西方的支持和援助抱一定的希望。其中發生過由前蘇聯克格勃領導的武裝政變，但是三天之後就煙消雲散，蘇聯式的集權主義體制復辟猶如南柯一夢。徹底打破集權主義、走向民主的是從葉利欽掌權之後開始的。無論政治還是經濟，葉利欽前半期都是依賴親西

方的所謂「改革少壯派」，既有奔向市場經濟的「震盪療法」，也有大民主的政治改造。即所謂的「動盪十年」。2000年新年伊始，普京登上俄國總統寶座，開始一系列整頓工作，採取許多措施，強調俄國特色，加強從上到下的垂直集權體系，撤銷民選地方首腦，反對全盤西化，提出「主權民主」理論，防止西方國家干涉俄國內政。主權民主論要求在民主化的過程中，考慮本國歷史、文化、社會意識、民眾接受等具體因素，反對照搬西方民主道路和外部強加給俄國西方民主概念。從「普世民主」到「主權民主」，就是俄國從後蘇聯或者後共產主義國家過度到民主社會正在走的路。本書評論和描述的事實，就是這個過程的見證。下一步，俄國將會走向由中左和中右兩黨爭取掌權的政治體制。值得注意的是，兩黨都有克里姆林宮的後臺。冷眼旁觀，中左的背景可能是普京；中右的背景可能是梅德韋傑夫。這也可能是明年俄國總統大選中出現疑似兩黨競爭的先兆。目前中右的政黨還沒有形成，但是近來梅德韋傑夫已經要求大富豪普羅霍夫出面主持已經存在但軟弱無力的正義事業黨（俄文中正義與右是同一個詞）。

這裡的文章，大部分在《亞洲週刊》發表過。現在按時間順序編排成兩本書，使讀者可以更方便把握俄國二十年來的變遷，更易品嚐俄羅斯這杯雞尾酒，以助看懂當代俄羅斯。第一本為《從集權到民主》，反映俄國的葉利欽時代和普京第一任期俄國民主化的多種面貌。第二本為《民主的困惑》，介紹普京第二任期和梅德韋傑夫任期俄國民主化的新動向，特別是在主權民主論下出現一黨獨大的現象，顯出後共產主義國家民主化之維艱。因此可以說，俄國民主化的道路還在演變中。

憂國憂民的《亞洲週刊》總編邱立本先生，堅持獨立思維和重視俄國這面鏡子；知俄學者、策劃編輯章海陵先生親自動手出題目和編輯，就是這些文章的動力。在此感謝這份文緣。

Contents

Headline **1** 俄國新格局
總統黨獨大

2004/01/04

　　俄羅斯國會下議院大選終於降下帷幕，政治版圖變化令人矚目，選後的政治路向的討論更成為輿論界、學界的熱點。評論家普遍認為，贏得大選、成為國會下議院第一大黨的「統一俄羅斯黨」擁有三百個席位，即議會多數，有能力操控修憲，俄羅斯「一黨專政」的局面似又重現。敗選政黨的一千五百萬支持者失去原有代言人，勢必引發社會上對抗情緒；而沒有右派勢力的代表，國會也成了「跛腳鴨」，對保持社會平衡不利。這一點連總統普京也頗感意外。

　　當局已宣佈，2004年3月將舉行總統大選。各政黨流露消極情緒，反對黨對參加總統選舉心灰意懶，更號召選民抵制大選。普京為挽救局面，動員民主派蘋果黨黨魁亞夫林斯基參加競選，亞氏表示拒絕。目前只有兩人表示有意同普京「試比高」，一個是極端民族主義政治家日里諾夫斯基，一個是棺材店老闆斯傑爾林科夫。評論家利哈喬夫說，明年俄國總統大選「滑稽戲的氛圍已開始滲透」。

　　但是，在另一方面，俄國民眾仍為2003年底的國會大選感到

自豪，它畢竟是政治民主化的象徵：各政黨可以自由競選，儘管醜聞不斷，競選手段未必正當，但可以各顯神通，讓選民自由選舉。選民以反映民眾的訴求和心聲，對執政者也是一種民心上的考驗。俄國從集權制度走向民主程序，過程複雜，困難重重，容易出現反覆，也在情理之中，這畢竟是一個艱難曲折的歷史進程。民眾一旦嘗到民主的「甜頭」，就不會允許走集權的老路。

擁護總統普京的統一俄羅斯黨得到近四成選民的支持，大獲全勝，沾沾自喜。俄國新左派政黨「祖國競選團」也通過這次大選崛起，該黨重量級人物之中有俄國最年輕的科學院院士、經濟學家格拉吉耶夫、原下議院國際事務委員會主席羅果靜、前中央銀行行長格拉欣科、在軍隊有很大影響的前蘇共政變委員會成員瓦列尼科夫大將、前空降兵司令施派克。

俄國出現新左派政黨的背景是，社會上不少人對蘇聯帝國的威勢和「福利實惠」念念不忘，拒絕俄共提出「打倒反人民的普京政權」的口號。俄共中的一部分人也對主席久加諾夫的無能感到失望，因而出來重新組黨。新左派已有替代俄共的趨勢，但有輿論指稱「這個黨是克宮為打擊俄共而策劃出來的」。

俄國共產黨得票率僅一成二點六，失去近一半的支持者。俄共十多年始終扮演反對黨角色，對社會改革和改善人民生活沒有做出任何有效的貢獻，治國方面更沒提出新理論，內部分化瓦解也激烈。代表大資產階級和親西方勢力的「俄國右派力量聯盟」、自由派蘋果黨的得票率也出現下降，顯示俄國選民關心的是自身利益，擁護改善生活的實用主義思潮。

這次大選還有一個突出現象，就是由激進民族主義政治家享有憲法賦予的選舉權，選出國會議員，日里諾夫斯基領導、近年聲勢下挫的自由民主黨重振軍威，突然躍居第三大黨之位。該黨

成員主要由極端民族主義者、文化層次較低的市民、不諳世事的青年和遊民無產者組成。該黨於1993年國會下議院大選中贏得意外勝利，當時民主派曾諷刺那是因為「俄國發昏」，沒想到十年後「俄國再次發昏」：民族主義重新氾濫。

俄國自從葉利欽開放黨禁以後，大大小小政黨多得不可勝數。經過十年大浪淘沙，這次參加競選的政黨也有二十三個。它們代表社會上不同的政治勢力和利益，名稱千奇百怪，令人眼花繚亂，諸如「啤酒愛好者黨」、「退休人士黨」、「汽車俄羅斯新路線黨」等，不一而足。

競選過程中也曝露不少政治醜聞。「統一俄羅斯黨」的上屆國會議員尤金一向以「揭發黑幕」為己任，首富霍多爾科夫斯基就是他「揪出」而鋃鐺入獄的。但這次黨部推出的候選人名單中沒有他，於是他狠狠揭發該黨曾經接受醜聞富豪別列佐夫斯基及財團政治獻金的內幕，指責黨主席之一、內務部長格雷茲諾夫涉嫌貪污公款。黨領導揚言要將該「悍將」開除出黨。

俄共這次處於被動地位，可說每況愈下。媒體揭出俄共與醜聞富豪別列佐夫斯基也有私下交易。下議院安全委員會副主任、前聯邦安全局長阿尚諾夫提出要對俄共的經濟後臺之一、國家農業建築總公司進行財務審計，清查總經理維迪曼諾夫挪用公款的嫌疑。

一向以出位言行暴得大名的極端民族主義政治家日里諾夫斯基，在電視辯論時不僅自己揮動老拳，而且命令保鏢毆打辯方。事緣2003年11月17日，國家電視臺俄羅斯頻道直播自由民主黨黨魁日里諾夫斯基與祖國聯盟的代表薩維利耶夫辯論。薩氏指出，日氏曾經是猶太文化中心的積極分子，當時說過以色列是其祖國。他問：「你到底有幾個祖國？」日氏大怒，於是大打出手。

2003年10月30日，布良斯克統一俄羅斯黨候選人謝緬科夫被「刺客」擊傷；該黨在當地的支部立即宣佈這是一次「政治恐怖事件」。接著，畢爾姆市的候選人涅烏斯特羅耶夫也遭人槍擊。

俄國評論界分析「統一俄羅斯黨」贏得大選的原因是該黨「沒有主義」，是地地道道的「實用派黨」。而在現實中，很多民眾就是「實用派」，指望有一個黨能為他們提供好處。總統普京選前會見「統一俄羅斯黨」的代表時明確宣稱：「我依靠你們。」有了這句話，該黨在競選過程中就提出口號：「與總統一起選擇統一俄羅斯黨。」該黨勝選後，在議會中占有近半數席位，新議長也將由該黨人士出任，左右議會決議，採取一系列動作改變俄國現行政策，最終為修憲和確保普京長期執政服務。媒體已開始稱「統一俄羅斯黨」為「總統黨」。

「統一俄羅斯黨」的誕生頗令人尋味。該黨由原來的「統一黨」和「祖國黨」聯合組成，前者只有四年多的歷史，是當年為確保普京當選總統而由別列佐夫斯基宣導的；黨魁是內務部長格雷茲洛夫和軍事化的緊急情況部部長紹伊古，主要成員是各地實權派人物。「祖國黨」是各地州長發起的，主要人物有莫斯科市長盧日科夫、韃靼斯坦共和國總統沙米耶夫等。兩黨本質上沒有區別，所以順利地合併為一個黨。

普京就任總統四年來的一項重要計畫就是建立垂直的政權，以便打破葉利欽時代政令不通的局面。另一項計畫就建立「管理下的民主」。

媒體認為「統一俄羅斯黨」在實現普京計畫中的功勞不小。在上一屆國會已改變了由俄共主導議會的局面，使普京許多計畫得以執行。到這一屆，更可說局面完全翻轉過來。

Headline 2 薪火相傳
中俄畫魂相擁

2004/01/17

　　新年伊始，莫斯科舉辦了一次別開生面的畫展，以紀念中國美術家赴俄（蘇）留學五十年。1953年9月，中國首批美術家被派往莫斯科和列寧格勒留學。這些人在俄國美術名校，諸如聖彼得堡的列賓美術學院和莫斯科的蘇里科夫美術學院，勤奮學習，日後成了中國美術界的骨幹。曾任中央美術學院院長的李天祥、浙江美術學院院長的肖鋒，美術創作和教育雙突出的羅工柳、全山石，都是其中的佼佼者。他們繼承俄羅斯現實主義學派的傳統，創作了不少至今仍是膾炙人口的作品，影響了幾十年中國的畫壇。由於意識形態作祟，藝術為政治服務的清規戒律，只允許現實主義一花獨放，造成一個時期中國藝術的片面發展，被世界認為是蘇聯藝術的應聲蟲。中國自有的豐富多彩的傳統藝術無法直接為政治服務，被打入冷宮。「文化大革命」十年浩劫，不論老少，只要是創作和創作者，都在劫難逃。當年一個「公安六條」，將全部留蘇學生列入「內控」，都成了潛在的「蘇修特務」，直到文革結束以後，在人大會堂宣佈給留蘇學生平反，大家才知道頭上曾戴過「特嫌」的帽子。所幸世界不以人們的意志

轉移，自有它的發展規律。上個世紀八十年代的思想解放運動給中國的藝術解除了「緊箍咒」，中國的藝術界才重新振作起來。蘇聯現實主義一統天下的格局被徹底衝垮，中國畫壇出現了多元景象。各種流派在中國大地上復興，真正出現百花齊放的景象。

　　十多近年來，俄國巨變，俄國藝術也發生了巨大的變化。十九世紀末二十世紀初俄國藝術曾與歐洲藝術同步前進，為世界藝術做出了自己的重大貢獻。當年世界畫壇風雲人物，康定斯基、馬列維奇、沙加爾，都是俄國畫家。今天俄國美術界的創作可以說是根底厚思想活，因此到俄國來學習繪畫，仍是一個很好的選擇。這次參加《薪火相傳》四聯展的中國留俄青年畫家的作品就是很好的明證。他們各有自己的創作意念，自己的創作風格。在來俄之前，在國內已經有著扎實的創作成就與教學經驗，沒有教條主義的框框。從他們展出的作品可以看到他們曾在國內受到嚴格的技藝訓練，又經歷了八、九十年代現代美術思潮的薰陶。此次來俄都有著明確的探索方向。從這方面來說，他們超越了前輩留蘇藝術家，因而，更能冷眼看待一切藝術現象，更能對俄國藝術進行理性的考察，不受當年「一邊倒」的教條主義控制，沒有當年的許多清規戒律，可以同各種畫派自由交流，可以看到更多的作品。他們在俄羅斯訪學期間，在莫斯科師範大學藝術學院得到名師指點，既受到俄國傳統的學院式教育，又品嚐到現代藝術教育的甘露，印證自己以往的經驗，作為成熟的藝術家，學到的東西就更多更深。他們比照自己在國內從事藝術教育的經驗，深入細緻考察與研究培養出大量藝術家的當代俄國藝術教育，搜集了大量對發展中國藝術有益的資料，利用在俄留學的便利，深入體驗俄國文化的深厚底蘊，觀摩俄國收藏的世界各國藝術瑰寶，深入到俄國各地，描繪俄羅斯美麗的自然風光和風土

人情，考察俄國的民間藝術，走進俄國藝術家的畫室，同他們交流藝術心得和切磋技藝，這次四聯展就是他們一年多來的成果巡禮。

林強是已經參加過中、韓、美各地舉行的畫展，在國內舉行過多次個展。他的風格獨特，重彩，結構自如，具有強烈的現代氣息。這次參展的作品，值得指出的是《思念》和《春韻》。觀眾可以從《思念》的畫面上，隱約看到一個坐著的少女。她的思緒散亂在紅色基調的空間，沒有形狀，沒有規律，從給觀眾更多的思維空間。觀眾自會從紅色中得知少女如火的思念。《春韻》則以綠色為基調，裸女躺在一匹黑馬背上，在綠色大地上奔馳，藍色的天空一塊塊散佈在飛馬的四周。活力，美，瀟灑，是獻給觀眾美的享受。陳建軍，受過美院本科和碩士專業教育，多次參加國內外畫展。這次展出的作品，《黃昏》和《秋水》，頗具朦朧感。一片濃重的墨綠，隱隱約約可以看到一片密林，畫面上部一條寬寬的白中透綠的光帶，恰是最後一束陽光穿過綠林，投射在觀眾眼簾裡。這幅《黃昏》正是俄國林海的特色。《秋水》，柔和，淡雅，孤獨，愁腸，一湖秋水千頭緒，引人遐想。馮斌，新疆師範大學藝術學院青年副教授，曾獲美國東方文化基金會獎金，作品收入新英格蘭的博物館。他用現實主義的手法繪出的肖像，通過人物的眼睛揭示人物的精神世界。他的《女鋼琴手》和《奧爾加》，人物的目光是最引人的謎。俄國繪畫藝術繼承古典主義肖像畫的傳統，出過像列維茨基這樣出色的肖像畫家。馮斌正是看準了俄國繪畫藝術的這項傳統而青出於藍勝於藍的。王海軍，也多次參加國內外畫展。他的特色是用西方繪畫的手法沉思中華文化的精髓。他的《古文演繹》，引起俄國藝術界的重視，畫面上每一個符號所隱藏的內涵，都引起觀眾不同的解釋。中華

文化的奧秘，令俄國觀眾拜服。俄國的各大傳媒，特別是中央的《文化》電視頻道，專門採訪了參展的四位青年畫家。

中國許多當代藝術家有著留蘇的背景。除了美術界外，音樂界的殷承宗、吳祖強；戲劇界的孫維世、徐曉鐘；舞蹈界的白淑湘、蔣祖會（丁玲女兒），電影界的謝飛、王迪，都曾是中國藝壇的風雲人物。

Headline **3** 小港口 大難題

2004/01/20

俄國遠東靠近弗拉吉沃斯托克有一個小小的港口，近來引起史所未聞的關注。由於中國一直表示要租用這個小港口，普京總統在對遠東進行戰略考察時專程到這個小港視察。中國政府和吉林省政府十幾年來堅持不懈地向俄方爭取長期租用。日本政府也向俄方表示願意提供貸款開發這個小港。南韓也不甘落後，急急忙忙開通南韓束草港通往這個小港的輪渡航線，幾年來每船載客五百人，已有數萬旅客到過俄國。美國媒體也關注這個小港的前途。美聯社駐北京記者曾就這個小港向中國外交部發言人詢問中俄談判的情況。十年多的中俄談判，沒有定局，更顯出這個小港的身價。那麼這個小港之謎何在？

這個小港就是坐落在俄國遠東日本海波謝特灣的哈桑區，中俄朝三國接壤的交匯點上的札魯比諾港。中國的邊境城市琿春到俄國港口陸地只有四十六公里，與港口連接的鐵路線只有八十公里。這是一個全年不凍港。哈桑區有著豐富的煤炭資源，有一家大型修船廠。該廠擁有一個三萬噸的船塢和一個七萬五千噸的浮動船塢。與中國吉林省通過大連港出海相比，到日本的札幌可近一半路程；到加拿大渥太華可近四千海浬。但是，札魯比諾港已

經不能適應當前發展需要，目前的輸送量遠遠不能滿足需求，亟待開發。

中國在擬訂東三省經濟發展計畫時，非常注意東三省的出海口問題。目前東北地區本國主要的出海口是大連港。中俄接壤地區，特別是吉林省和黑龍江省的出口貨物要先運到大連，再裝船運到海外。從經濟上來說，如能在近處出海當然要花算的多。因此，從上世紀九十年代開始中國就在動遠東地區港口的腦筋。1992年中國政府將圖們江地區列入長期經濟發展戰略計畫。圖們江也是中俄朝三國鼎足地區。聯合國曾經制訂這個地區的發展計畫。中國積極參與，爭取在圖們江入海口建立一個深水港。但是俄朝兩國對這個遠景規劃態度冷淡。一方面兩國擔心中國以自己的經濟實力將在這個地區占主導地位;另一方面朝方根本無力參加開發這個地區。中國採取中策，計畫租用札魯比諾港四十九年，然後自己投資開發，除向俄方支付租金外每噸過境貨物向俄方支付十美元。

中國的計畫是在租借札魯比諾港到手以後，投資開發，建一個年處理十萬個標準貨櫃和三千五百萬噸貨物的深水港，相當於俄國目前遠東地區各港口處理總量。對中方來說，這個項目有三大好處：一、降低出口貨物運費增強出口競爭力；二、減輕中國鐵路和大連港的負擔；三、有利東三省的經濟發展。中國控制這個港口以後，從軍事戰略來說，是一個到達東北亞和太平洋地區最快的通道。

俄方的態度至今沒有確定。從經濟上來說，俄國將有穩定的過境收入。俄國的遠東鐵路局和負責出面同中方談判的札魯比諾海港公司有興趣。但是，遲遲達不成協議。首先是俄方堅決反對租借形式。至今俄國沒有向任何外國出租過港口或國土。札魯比

諾所在的濱海邊疆區州長達爾金已經正式表態，拒絕把港口租借給中國。俄方主要擔心失去主權。札魯比諾海港公司總經理認為俄方不能放棄對過境貨物的監管。俄方要求中方向俄方通報過境貨物內容，中方一直沒有明確答覆是否同意。其次，俄方對這個敏感地區的戰略意義非常重視。1938年日本就是在此地登陸侵犯前蘇聯的。俄國軍事情報總局退役上校吉維亞托夫在電子版《真理報》上發表一篇署名文章《裝甲列車開向札魯比諾》（1999年1月27日）。他說：「有一天，中國的裝甲列車會在一個小時之內開到到俄國港口，邊戰邊占領俄方的輔助設施。」看來這個觀點是俄方遲遲下不了決心的關鍵所在。俄方現在提出兩個方案：一、雙方出資建立合資企業，中方負責投資改建港口及輔助設施。俄方負責投資建成從琿春到港口的鐵路專線。二、中方購買俄方公司的股票，股東共同投資，共同經營。中方對這些方案沒有表態。

日本對開發這個港口相當熱心。就在中國堅持自己方案的同時，日本十分積極，同時得到俄國方面的積極回應。俄方以副州長別爾丘克為首，包括海港公司總經理皮揚科夫，同日本日俄實業合作委員會主席Susumu Iosida簽訂了開發札魯比諾港的協議書。日本首批投資為一千萬美元；全部建成需十年，日方總投資額為二億美元以上。說不定，將來中國東三省的貨物出口運輸要被日本左右。

俄方注意到中方目前把開發計畫擱置了下來，大力發展大連港和其他取代方案。看來中方租借港口的方案成功率很小。中國當年拒絕前蘇聯使用旅順港的擔心，與今天俄國擔心中國租借札魯比諾港，出發點都是一樣的。因此，中方要全面考慮，才能找到中俄雙贏的合作方案。

Headline **4** 普京不希望「美國戰敗」

4月2日，普京在會見新聞界時發表談話，表明俄國希望美國得勝。原話是這樣說的：「俄國確實一直贊成和平解決問題。我同意，這幾天出現的人員傷亡的事件證明我們所持立場是正確的。但是，出於政治和經濟的考慮，俄國不希望美國戰敗。事件的發展確實富有戲劇性。外交部正在採取進一步的努力，把解決這個問題的辦法納入聯合國安理會的範疇內。」俄國對伊拉克的立場出現一百八十度的大轉變，自然引起一片困惑。不過卻有著一定的邏輯性。從政治上來說，俄國同美國的戰略夥伴關係是第一位的，同伊拉克的關係是第二位的。俄國擔心美國戰敗會搞亂現在的世界格局。儘管俄國決不同意美國獨霸世界，但是在反恐聯合陣線這個本世紀根本問題上立場是一致的。其次，俄國不希望歐洲分裂。這次伊拉克事件引起歐洲分裂成老歐洲和新歐洲，不符合俄國的戰略利益。因為團結的歐洲可以成為多極世界的一極，在一定程度上可以與美國抗衡。普京在戰事初起，同法德聯合，要求由聯合國解決伊拉克問題，還表示要在安理會上使用否決權。戰事打響以後，俄國並沒有兩肋插刀去救薩達姆，而是要

求儘快結束軍事行動，及時提供人道援助。俄國十分清楚，薩達姆決非善類。他的獨裁統治，他的出爾反爾，俄國早有領教。就在戰事迫在眉睫的時候，薩達姆政府一度撕毀同俄國石油公司簽訂的合同。指望保住薩達姆就可以保住俄國在伊經濟利益未必可靠，這也是俄國十分清楚的。薩達姆政權的末日指日可待。俄國現在既要保住政治面子，又要能保住薩達姆之後的政治經濟利益，做出這樣的選擇。

　　普京不僅做了新的表態，而且還有具體行動。普京敦促俄國會批准同美國簽署的裁減進攻性戰略武器條約。普京的新行動得到布希總統的及時回應。4月5日，布希主動打電話給普京，商討薩達姆之後的問題，雙方決定賴斯立即前往莫斯科當面磋商。布希還要求美國國會不要把俄國列入黑名單。在此之前，4月4日，鮑威爾國務卿會見俄外長伊萬諾夫，著眼點也是兩國在薩達姆之後的關係。伊萬諾夫隨即前往巴黎會見法德外長，再次提出聯合國應主導薩達姆之後的伊拉克事務。

　　普京的經濟考慮，對俄國來說，也相當重要，現在俄國在伊拉克的經濟利益，大致為：伊拉克欠俄國八十億美元債務；伊拉克同三家俄國石油公司簽訂的合同約三百億美元；俄國占伊拉克進口的6％；俄國在伊拉克石油換糧食計畫中賺了六十億美元（伊拉克駐俄大使的說法）；伊拉克在俄國訂購大量發電設備、機器和汽車。至於戰後伊拉克重建工作，據俄國專家估計約值兩百至八百億美元。參加伊拉克重建計畫就能分到新的利益。莫斯科覺察到反戰的口號應當降溫了，否則戰後俄國將被排除在伊拉克事務之外。何況美國國會已經有人在要求把反戰的俄、法、德三國列入黑名單。普京的最新表態就是在這種形勢下做出的。俄國十分明白，一旦由聯合國主導伊拉克善後事務，俄國至少可以

保住目前聯合國「石油換糧食計畫」中的石油合同，也不排除拿到新合同。據有關人士透露，數月前，俄國政界和外交界已經向參加「石油換糧食計畫」的俄國公司發出信號，建議他們把同伊拉克的合同都通過聯合國，以確保戰後能繼續執行。

4月6日，賴斯到達莫斯科，同俄國高級官員進行會談，其中包括俄國安全委員會秘書、外交部長、國防部長。關鍵的會談是同俄國對美政策制訂人、總統行政首腦沃洛申。據此間透露，她同俄方會談的內容，俄國關心的是參加戰後伊拉克重建問題，特別是石油工業；美國關心的是俄國國會批准裁減進攻性戰略潛力條約。美國非常關切這個條約的進展，願意就這兩個問題達成交易。會談中還討論了俄國駐伊拉克大使館車隊被美軍槍擊的事件。賴斯閃電式的訪問，顯示俄美重視兩國的戰略夥伴關係和保持政治對話。普京也曾接見賴斯。賴斯轉交了布希給普京的信。據露，布希在信中表示希望美俄繼續對話。耐人尋味的是，這次賴斯同俄國的會談中，涉及「大規模殺傷性武器不擴散和反對國際恐怖主義問題」。前一個問題可能是指北朝鮮發展核武一事。

俄國在普京做出和解姿態的同時，展示自己的武力。普京總統於4月5日視察俄國太空部隊司令部。這支部隊在普京任內得到很大發展，是俄國足以同美國一比高下的精銳部隊。這也是給布希的一個信號──俄國有備而來。俄國太平洋艦隊和黑海艦隊的巨型軍艦向印度洋開拔，據說是同印度海軍進行聯合演習。俄國海軍的官兵則說，準備隨時執行任何戰鬥命令。俄國海軍靠近波斯灣美軍艦隊，當然不是巧合。俄國軍艦可以監視美國海軍的行動。值得注意的是這次演習是俄國近年來最大規模的一次，是俄國海軍「回歸大洋」。一艘攜帶核武器的多用途核潛艇將在水下護衛聯合艦隊，就更值得關注了。

Headline 5 車臣節日驚爆 和平夢碎

2004/05/23

　　5月9日這一天，俄羅斯全國慶祝戰勝德意日法西斯五十九周年，莫斯科紅場舉行閱兵式，總統普京發表演說。距離首都一千六百公里的車臣首府格羅茲尼也在慶祝勝利節，吉納莫體育場聚集大批民眾，歌舞節目之後，觀禮臺上的車臣政要剛要起身離去，爆炸發生，總統卡迪羅夫和國務會議主席伊薩耶夫當場斃命。慘烈而精準的爆炸案震撼國際社會。

　　車臣總統卡迪羅夫可說是「在劫難逃」。他原定5月10日才返回格羅茲尼，卻提前到9日上午露面，在車臣國務會議主席伊薩耶夫和聯邦駐軍司令巴拉諾夫的陪同下，在觀禮臺上就座。慶祝活動正要結束，卡迪羅夫一行準備離開的時刻——十時三十五分，殺手啟動早就埋在主席臺下的炸彈。

　　慘禍發生後，安全部門發現這次引爆的是用一五二毫米炮彈製成的炸彈，相當於五公斤TNT炸藥。偵察人員認為，炸彈是由專家設計與埋放的，沒有用金屬外殼，而是把佈滿鋼筋的水泥板當作外殼，一般金屬探測器無法查出來，而水泥板的殺傷力遠遠超過金屬彈片。埋放時間，辦案人員推測，當在兩周之前。恐

怖分子知道車臣領導人遲早會登上這個觀禮臺，因為格羅茲尼沒有別的可供舉行大型活動的場所。檢查發現，觀禮臺附近一共埋放了三枚炸彈，計畫分三次引爆。軍事情報部門的高級軍官說，三枚炸彈引爆時間分別是十點三十五分、十二點三十分和十五點三十分。這樣能殺害更多勘察爆炸現場的專家。檢方認為，引爆的殺手就坐在與主席臺鄰近的觀眾席第七排上，可以看到臺上政要的動靜。在貴賓準備離開時，他引爆了第一枚炸彈。檢方調查涉嫌人員，首先懷疑的對象是修理運動場的建築工人，其次是安檢人員，是不是故意不作為？還有總統身邊有無暗藏的恐怖分子？特別是總統衛隊中有無同謀？內務部負責人已宣佈，在偵破案件方面有很大進展。

被炸死的車臣總統卡迪羅夫1951年出生，出身於車臣「別諾伊」望族，1957年才隨全家從流放地回到車臣，當過工人和農民。卡氏分別於1990年與2001年畢業於約旦大學伊斯蘭法學系和馬哈奇卡拉管理和商務學院經濟系。1991年車臣宣佈「獨立」後，卡氏回國擔任車臣伊斯蘭教教規解釋官助理，後升任正職。1994至1996年間，卡氏參與反擊俄方討伐軍的「聖戰」，其後卡氏退出車臣戰鬥，並譴責宗教極端分子。卡氏於1999年開始同俄方合作，第二年普京任命他擔任車臣行政首腦。2003年10月卡迪羅夫當選車臣總統，同年獲俄羅斯科學院政治學博士學位。

車臣武裝分子對卡迪羅夫恨之入骨，暗殺行動已有十多次。原因就是他「歸順」莫斯科，成了「叛徒」。但車臣在卡氏的治理下，形勢有很大改觀，經濟和政治漸漸走上軌道。近一個時期，卡氏和他掌握數千人武裝衛隊的兒子，在動員武裝人員投誠方面取得很大成功，連叛軍「國防部長」也率部投誠。但有些人認為卡迪羅夫是車臣望族的首腦，在治理環境的過程中必然以武

力傷害過其他家族，他也可能是家族鬥爭的犧牲品。但這些都是泛泛之談的原因。更深層的原因還在於解決車臣局勢沒有一個車臣各方都肯接受的方案。

在俄國方面，對解決車臣問題一向存在不同的看法。一種看法是加速清剿恐怖分子，實行車臣憲法，建立合法政府，引導車臣走向和平生活，加強中央對車臣的經濟和社會援助的力度。另一種看法是推動政治解決，承認車臣存在各派武裝力量，要求各方坐下來談判。普京總統身體力行前一種看法。

普京不僅全面肯定卡迪羅夫的工作成績和個人品質，而且在卡氏遇難的當天親自接見卡迪羅夫的兒子阿爾卡諾夫和親信。5月11日，普京親自來到格羅茲尼進行視察，追認卡迪羅夫為「俄羅斯英雄」，卡迪羅夫的兒子被任命為車臣政府第一副總理。普京還在在聯邦政府工作會議上要求俄總理制訂援建車臣的計畫，責成經濟發展部部長具體執行。這些措施都表明普京不會因卡迪羅夫被殺而改變一貫的車臣政策。

對普京而言，格羅茲尼爆炸案發生於他總統第二任期開始後兩天，實在太出乎意料。熟悉普京的人士都認為，從普京的施政理念、手段、個人性格來看，他對於殺害卡迪羅夫的恐怖勢力的打擊絕不會手軟，聯邦軍今後在車臣的大規模行動當在預料之中。普京已經同意增加一千多名武裝警員。

政治評論家認為，卡迪羅夫遇害之後的車臣，將出現不少變數。武裝分子把這次暗殺成功看成打破莫斯科佈局的重要行動，日後必將進一步興風作浪，車臣局勢會動盪不安。卡迪羅夫出任總統才半年多，就命喪炸彈之下，正如普京所說，「是一場悲劇，又是一次教訓。」試想卡迪羅夫有三百人的警衛人員，兒子更控制了擁有數千枝槍的武裝力量，仍然難逃被害的下場，說明

形勢的確嚴峻。爆炸案對親俄的車臣人是一次重大的心理打擊和警告：受莫斯科扶植未必安全，更未必能控制局勢。

俄國大部分政治家都表態譴責殺害卡迪羅夫的恐怖事件，支持普京打擊車臣恐怖分子。但反對派指出普京的車臣政策有問題。普京的競選對手伊琳娜·哈卡馬達說，卡迪羅夫遇害說明車臣問題並沒有解決；卡氏沒有得到車臣全民的擁護。人權活動家科瓦廖夫說：「卡迪羅夫是一個土匪，良心沾滿鮮血。克宮會找到替代人物，會繼續用武力強加自己的規則，但在俄國範圍之內不會出現一個平靜的車臣。」今後如何治理車臣？卡迪羅夫的兒子是莫斯科矚目的候選人。但車臣憲法規定，只有年滿三十歲才可擔任總統，而他只有二十七歲。形式上不合法，再說普遍認為他缺乏經驗。因此，新總統的人選還有一定的難度。

Headline **6** 一口自由的空氣

2004/06/22

　　令人難以想像的是，克格勃出身的普京總統在去年5月接見搖滾樂星保羅·麥卡特尼時，回憶起當年聽到披頭四的搖滾樂，說他簡直像吸到了「一口自由的空氣」。今年6月20日麥卡特尼在聖彼得堡的冬宮廣場舉行盛大演出會，場內七萬聽眾和場外數萬聽眾為他的歌聲醉倒，全場聽眾隨著他放聲歌唱。俄國人對搖滾樂的崇拜叫人吃驚。

　　麥卡特尼這次前來俄國演出，恰值他的六十四歲生日。18日，他在聖彼得堡的國賓館舉行了一場簡樸的生日派對，把精力集中在演唱會上。20日黃昏，一場暴雨，把在場聽眾澆成了落湯雞，可是沒有人退場。全場如一等待麥卡特尼的出現。身穿紅色T恤、磨舊的牛仔褲、藍色披頭四上裝的麥卡特尼風采不減，一曲《Jet》開場，歡聲如雷。他一共演唱了三十三首歌曲，有披頭四的歌曲，有他自己的原創歌曲，曲曲都是俄國聽眾熟悉的，曲曲都使俄國聽眾如癡如狂。無論是《Back in the U.S.S.R.》、《Yesterday》，還是《Here Today》、《All Things Must Pass》、《We Love You, St. Petersburg》，都使在場聽眾熱淚盈眶。特別是那些年愈花甲的聽眾，更是別種思緒上心頭。

這次麥卡特尼到俄國演出是他的第三千場音樂會。他說，這次來要看一看俄國所謂的「肋骨上的音樂」。這個典故也發人深省。上個世紀六十年代搖滾樂被蘇聯共產黨定性為「意識形態破壞者」、「意識意識形態階級敵人」，嚴格禁止入境。可是春光關不住，總是通過各種管道進入蘇聯。當時克格勃禁止私人擁有答錄機。搖滾樂愛好者利用廢棄的 X 光片手工錄製披頭四樂曲，用電唱機播放，地下銷售和傳播。這就是所謂「肋骨上的音樂」。剪成圓形的胸片帶著樂曲成了自由的象徵。難怪普京去年接見麥卡特尼時說，他把聽披頭四音樂看成是吸進了一口自由的空氣。麥卡特尼去年到俄國在紅場舉行盛大演出會，得到俄國政府的最高禮遇。普京同他進行親切友好的交談，盛讚披頭四在世界音樂史上的作用。隨後普京親自陪同他參觀克里姆林宮。演出中間，普京悄悄前來聽歌。麥卡特尼在臺上說，他發現聽眾席上有了小小騷動，見到是普京以後，他在臺上說：「向新到達的聽眾致意！」同樣出身於克格勃的俄國現任國防部長也是搖滾樂和披頭四的崇拜者。他用一口漂亮的英文回答記者的採訪，表達對披頭四的熱愛和敬意。這兩位克格勃出身的政府要員現在剛過五十歲，聽到披頭四時也只有十幾歲，一直到現在仍然迷戀搖滾樂，特別對他們敢於創新表示欽佩。可是，正是克格勃當年不斷地把聽披頭四音樂的年輕人關進鐵窗。歷史不容情，勝利在自由，《Live and Let Die!》。

Headline **7** 美國冤魂屈死莫斯科

2004/07/13

《福布斯》雜誌俄文版創辦人、美國著名記者赫列勃尼科夫於2004年7月9日在光天化日之下,被槍殺於莫斯科街頭,引起全國乃至全球震動。

當天下午,赫列勃尼科夫離開辦公室,步行前往附近的地鐵站「植物園」,打算乘坐地鐵回家。剛走了不到百米,即遭身後一輛俄產拉達牌小汽車裡的殺手用自動步槍射擊,身中四槍。送到醫院之後,電梯發生故障,夾在中間十多分鐘,未能及時送進手術室進行搶救。他在彌留之際對朋友說,是一個他不認識長著大鬍子的人開槍殺他的。他如同在紐約一樣,習慣於坐公車上下班。不像其他在莫斯科工作的美國人,為了安全起見,均以私家汽車代步和配有保鏢。

赫列勃尼科夫於去年12月奉《福布斯》總部之命前來莫斯科組織出版俄文版。首期就給俄國社會一個驚雷,以《黃金百人》為題公佈了俄國百名大富豪的名單。名單出籠後立即引起俄國富豪們不滿。許多富豪不願見諸報端。或者擔心引起公眾不滿,或者因巨額財產來路不明,或者擔心露富,或者擔心稅務機關找麻

煩。總之，由於俄國許多富豪都是暴發戶，靠地下經濟致富的不在少數。他把這些人曝露在陽光之下，自然引起一些人的痛恨。其中可能有人要幹掉他。這是他被殺的第一個說法。

第二個說法是，別列佐夫斯基決定報一箭之仇。此話說來很長。1996年赫列勃尼科夫在美國《福布斯》雜誌發表一篇《克里姆林宮教父：別列佐夫斯基和俄國被掠奪》，2000年又以此文為基礎撰寫出一部專著，用同名出版。這部書詳細闡述了別列佐夫斯基的發家史，解剖當年俄國的政治黑幕，矛頭直指別列佐夫斯基，說他控制了克宮政治。這本書曾經行銷一時，他本人曾專到俄國參加發行活動。後來這部書又譯成德、法等他國文字出版。為此，引起別列佐夫斯基不滿，將赫列勃尼科夫告上公堂，庭審長達六年之久。

第三個說法是他經常得罪工商界人士。作為新聞記者，他在揭發內幕時，常用強硬手段獲取資料，甚至向被採訪人士下哀的美頓書：要麼開誠佈公地談出你的正式看法，要麼我們發表現有的流言，這對你是不利的。

第四個說法是有傳言他從一位工商界人士手中奪走了後者的女情人。不過《福布斯》俄文版出版人說，這不大可能。可能的還是與他的職業活動有關。近十七年來他都在從事新聞記者的偵破工作，必然觸及一些人的問題，樹敵必然不少。

第五個說法是車臣人報復他。他原打算用《一個車臣土匪的自白》發表一部關於車臣問題的書，主人公說車臣人是野蠻人，因此才像禽獸。從書中可以得出的結論是車臣人不是進行民族解放戰爭，而是從中得到獸性滿足。這部書最後用《同一個野蠻人的談話》書名出版，影響並不大。俄國檢察機關認為這部書可能引起車臣人對他的仇恨。

本周還出現了第六種說法：是美國有人要同他算帳，決定利用他在俄期間把他幹掉，不易懷疑到美國國內去。

不過俄國總檢察院已將此案列為重大案件，由重案局偵察。

赫列勃尼科夫生於1963年，是白俄後裔，畢業於美國伯克利大學和倫敦經濟學院，專業是政治經濟學，專門研究俄國當代工商業。

在他被殺的當天七個小時之前，他曾接受《消息報》記者的採訪。他在訪談中說，俄國目前正處於十字路口：寡頭們對政治的影響削弱了，但是還存在壟斷；壟斷阻止俄國發展競爭和經濟；俄國仍然存在領導喜歡的寡頭，如阿勃拉莫維奇（西伯利亞石油公司），不喜歡的寡頭，如霍多爾科夫斯基（尤科斯石油公司），並未做到一視同仁；兩人區別在於前者是「總統的私人朋友」，後者是「獨立自主的人」；普京的成功在於寡頭改變了對國家的態度：開始正常納稅，向本國的項目進行投資，參加慈善事業；政府正在走向另一個極端：隨心所欲，干涉一切領域，很快會出現不是寡頭干政，而是官僚權力過大和任意動用法律的問題；俄國寡頭紛紛湧向英國，因為英國是只要帶錢來，都接受，只要在英國安分守己，不問他們是否在俄國犯過法。從這篇訪談中，讀者可以看出赫列勃尼科夫的議論一針見血，毫不留情。

今夏俄國多事。車臣武裝分子在南方發動大規模襲擊；與格魯吉亞的關係日趨緊張；俄國發生準銀行危機，出現提款風潮；全國各地發生反對政府取消福利優惠；獨立節目主持人被解顧，《言論自由》電視節目被封；普京支持率首次下降到49％。

Headline **8** 兩機同毀
恐怖活動無止境

2004/08/29

目標是俄國總統？

8月24日晚上，一架俄國大型客機圖-154飛向普京總統正在休假的索契市。二十二點五十九分，在離目的地不遠的羅斯托夫州上空爆炸，機毀人亡，機上四十六人全部遇難。三分鐘前，即二十二點五十六分，另一架中型客機圖-134飛向伏爾加格勒（前斯大林格勒）也在空中爆炸，墜毀在離莫斯科不遠處的圖拉市外。機上四十三人無一生還。空難發生後，俄國的《生活報》報導，說有消息指這是恐怖主義分子發動的，旨在襲擊普京總統。索契市及其周圍空中軍用直升機不斷巡邏；大批軍警和便衣對市內大街小巷進行安全檢查。一支工兵部隊在全城搜索爆炸物。《生活報》報導專家對事件進程的描述，說在兩架飛機起飛後十到十五分鐘之間，恐怖主義分子要求飛行員飛向普京駐地。遭飛行員拒絕執行，於是恐怖主義分子引爆炸彈。除此之外，車臣分離主義分子說另一個目標是伏爾加頓斯克核電站。BBC電視四臺

和二臺播出分離的車臣共和國特別代表和文化與資訊部長札卡耶夫的訪談。他說，在得知兩架客機被劫後，「普京下令擊落這些飛機」。這就是傳說兩架客機被導彈擊落的原始來處。《共青團真理報》認為不可信，因為發生劫機與飛近索契還有四十分鐘，完全來得及將普京轉移。至於說轟炸核電站，該報說，機上沒有發現足夠劫持客機並同機組展開談判的恐怖主義分子。因此，也是不可信的。不過，現在死無對證，是否如此，暫時還不能下結論。

俄情治機關拖延宣佈恐怖事件

俄國情治機關在事件發生後，第一反應是急著宣佈沒有恐怖主義事件的徵兆，說「沒有足夠的證據說明是恐怖行動」。這種說法遭到公眾和媒體的質疑。就連前克格勃的防爆局首任局長也說「我是不會急於做出沒有恐怖事件徵兆的結論的」。由於官方所發表的說法不合邏輯，於是公眾開始做出種種揣測。儘管眾說不一，但普遍認為這是一場嚴重的恐怖主義事件。根據是兩架幾乎同時爆炸，不可能是自然或偶然事件。一位航空專家指出，這兩架飛機同時掉下來的機會只有九億分之一。其次是機上曾發出SOS信號。第三，獨立專家認為，從飛機殘骸落到地上的位置也可看出客機是在空中發生爆炸的。專家說，通常如果空中未發生爆炸，出於機械故障，那麼，飛機尾部會落在後方，只有發生空中爆炸，尾部才會被拋向前方。這次兩架遇難客機殘骸落地排列的順序恰恰是尾部在前，頭部在後。這也是有力證據。

稍前，莫斯科市內通向多莫傑多沃機場的主幹道卡什爾大街上一座公車站於二十點左右發生一起爆炸事件。安全部門當時

並未認真對待。最初只肯定性為「流氓行為」，引起公眾一片噓聲，何況經檢查發現爆炸物含有恐怖主義分子常用的手段：把炸藥與鐵釘等物混在一起，以加大殺傷力。現在有人猜測，這可能是為第三架飛機準備的，偶然提前爆炸。兩天後，當局宣佈發現圖-154機上有黑索金（一種烈性炸藥）遺留物，開始傾向定性為恐怖事件。但仍不肯就圖-134客機是否被恐怖主義分子爆炸表態。再過兩天，宣佈在這架客機上也發現了黑索金。29日聯邦安全局宣佈檢察院打算改動最初的立案「違反交通和使用運輸工具安全罪」為「恐怖活動罪」。

兩名車臣女乘客是作案首嫌

兩架墜毀客機上各發現一名車臣女人。引起辦案人員注意的是她們乘機過程和出事後的異常情況。圖-154的女乘客臨時改換航班，坐在機艙後部離洗手間不遠的座位上，正是進入洗手間啟動炸彈的最佳位置。圖-134的車臣女乘客是航班已經開始辦理登機手續後起飛前一個小時才買的機票。她們被炸得粉碎，遺骸拋得很亂。專家認為她們是爆炸中心，是自殺式恐怖分子。現在已經查明圖-134女乘客的兄弟因涉嫌參加叛軍被抓走，下落不明。她可能依車臣傳統為兄弟報仇，炸毀飛機。客機遇難後，死者家屬紛紛出來尋找親人，而這兩名車臣女人卻無人問津。情治機關認為這件事從側面說明她們是自殺式恐怖主義分子。

一晚三起爆炸事件　全國戒備

一個晚上連續發生三起爆炸事件，迫使俄國當局採取緊急

措施。全國宣佈進入戒備狀態，各空港、車站、碼頭強化安全檢查，莫斯科全城九個火車站和四個機場，所有的地鐵站，運動場，大型商場，都增加了大批維持治安和確保公眾安全的軍警。內務部宣佈全國總動員，取消休假。普京總統立即下令將各機場的安全保障工作移交給內務部。在此之前，機場的安全工作除治安外，全部由機場自己的安全部門負責，漏洞百出。據說多莫傑多沃機場是最好的機場之一，但在不久前舉行的安全演習中，演習人員曾輕易將爆炸物帶上飛機。各機場的貴賓室，有錢就可以享用。這裡的檢查更是走走形式。國內航線售票時可以不查驗證件由乘客自行報名即可買到機票。行李檢查設備不能查出爆炸物；能查出爆炸物的警犬又不足。爆破專家推斷，這次自殺式恐怖分子可能是將拆散的炸彈帶上飛機的。炸藥單獨送上飛機，或者以托運行李的方式，或者買通機場地勤人員送上飛機，或者有共謀犯。引爆器可以用打火機或者鋼筆的形式帶上飛機，然後在機上進行組裝。組裝的時間可能是在宣佈可以放鬆安全帶之後，地點可能是在後艙洗手間。專家認為這種可能性很大，因為機上沒有發生火災，殘骸沒有燒傷，大部人是因衝突波而喪生。8月29日，官方宣佈炸毀兩機的炸彈有三種可能途徑上了飛機：自殺式乘客帶上飛機、用磁鐵掛到機尾外部、裝在托運的行李裡面。炸彈上了民航機，使全國公眾大為震驚，紛紛要求政府檢討反恐工作和國民安全問題。

公眾的眼睛是雪亮的

公眾根據常理已經首先看出這是一場有預謀的、有組織的特大規模恐怖活動，政府情治部門不僅事先未能制止，事後又多

方掩蓋，拖延定性。有人指出，這樣做的目的是拖到8月29日車臣總統大選之後再宣佈真相。媒體和公眾對政府的反恐措施很不滿意。今年全國各地發生多次恐怖事件，卻沒有引起當局重視。為此，《消息報》於8月26日發表社論專門檢討政府的行為。社論指出：一、事件發生後，官方機關和官方媒體千方百計回避「恐怖事件」幾個字。有消息說，事件次日清晨官方電視臺接到指示「節目中不要說是恐怖事件」；不要與車臣總統大選聯起來。二、普京中斷休假，急忙從索契返回莫斯科召開特別會議，研究對策，都不能解決主要問題。主要的問題在於俄國的安全系統急需徹底全面改革。但是政府沒有準備好。九一一事件之後，許多國家吸取教訓，採取許多措施。而俄國政府步子很小。親克宮的決策黨與政府只是在每次重大恐怖事件之後要求增加「國家安全」撥款。事件越多，要求的撥款越多。下一年度的國家安全撥款將增加二成六，占國家總預算的三成。三、國家杜馬雖然承認這次是恐怖事件，卻只熱衷於反恐立法。許多社會安全專家指出，要錢不少，可是至今政府軍未能在一百乘一百五十平方公里的土地上抓獲恐怖活動首犯獨腳將軍巴薩耶夫。當局面臨的問題是：要麼公開批評情治機關工作不力，要麼支援情治機關，成為情治機關的人質，那樣遲早會站到社會的對立面。議會聯邦院的國防與安全委員會副主席克柳琴諾克提到俄國至今沒一個負責飛行安全的機構。杜馬議員古德科夫不排除俄國有一個組織良好的地下恐怖組織。車臣叛軍政府曾宣佈與此次空難無關。不過媒體認為只有財力雄厚、紀律嚴格、人力充足、組織周密的恐怖團體才能策動這樣的恐怖行動。在俄國，只有獨腳司令巴薩耶夫的組織符合這些要求。因此擺脫不了車臣的因素。

基地組織插手

8月27日，與基地組織有關的「伊斯蘭布利旅」（Islambouli Brigardes）宣佈承擔這次恐怖事件的責任。這個組織說每架飛機上各有五名武裝分子。他們的任務就是為在車臣受迫害的穆斯林兄弟復仇，並威脅說還有後續行動，目標是「中止屠殺我們在車臣的穆斯林兄弟」。俄方認為這不大可能，因為恐怖組織常常把與自己無關的恐怖活動掛在自己名下，嚇唬公眾和政府。這個組織最出名的是它曾經是1981年暗殺埃及總統薩達特的罪魁禍首。「伊斯蘭布旅」的首領是塔希爾—默汗穆德—阿爾—姆爾士吉，人數不詳，是基地組織成員。1999年秋，它的成員在黎巴嫩受訓後被派到車臣協助叛軍參加戰鬥。此前，它在阿富汗同蘇聯占領軍作過戰。據俄國《生意人日報》透露，美軍開始轟炸阿富汗後，這個組織於2001年逃到車臣。西方媒體說它於2002年加入車臣分離主義分子隊伍。因此，完全排除基地組織插手這次恐怖活動為時過早。

車臣問題不解決，俄國無寧日，這是俄國再次發生恐怖事件的教訓。

9 慘絕人寰
痛定思痛

2004/09/05

震驚世界的國際恐怖主義分子武裝劫持人質事件發生在多災多難的俄國。每年9月1日是俄國各級學校開學的日子，一個喜慶的日子。按照俄國的傳統，這一天中小學都要舉行開學典禮。家長要送子女到學校。學生們要把準備好的鮮花獻給教師以示尊敬。俄國南部的北奧塞梯共和國別斯蘭市第一學校也不例外。正當一千多名師生和家長剛開始喜氣洋洋慶祝開學的時刻，武裝匪徒乘坐警車和中巴衝進學校。槍聲衝破歌聲，血肉蓋住鮮花，極少數人得以逃出外，一千一百八十一人當場被劫持，其中八百多名中小學生，五十九名教師，兩百來名家屬，還有一些懷抱嬰兒的母親。劫後餘生的人質痛敘實情。小學五年級女生瑪金娜（十二歲）：「我們儘量站在一起。第一次爆炸發生後，我把頭藏在兩腿中間。第二次爆炸聲響過以後，我全身縮得更緊了，用雙手緊緊抱住頭。第三次爆炸以後，我抬起了頭。周圍都在開槍，都在跑。我看見了柳巴奇卡。她已經不能說話，也不能走路。我把她拉到窗邊。我們沒能跑出來，只好躲到一間屋子裡。門窗都掛著炸彈……我們只好等人來救我們。有一位叔叔背上有

三個大字母「МЧС」（緊急情況部），是他救出了我們。」伊琳娜，兩個孩子的母親，她送兩個孩子去上學，馬拉特上一年級，阿爾圖爾奇克上三年級。一名匪徒把槍口對準阿爾圖爾奇克。伊琳娜抓住自動步槍說：「殺我吧，別動孩子。我信教。」「你信的教沒用，應當信真主。」他對準阿爾圖爾的頭開槍。伊琳娜用手指壓住傷口，給孩子做人工呼吸。「他的身體還有熱氣。他看著匪徒，舉起手說：「叔叔，別殺我。」伊琳娜回想起那幅可怕的景象。「他的藍眼睛，天使般的淺色頭髮。小手多軟……」每平米坐了三至四人。阿爾圖爾奇克身後是馬拉特。伊琳娜定下神來以後，發現四周都是槍聲。她抓起兩個孩子就跑。才跑了幾步，一位上了年紀的婦女對她喊了一聲：「救小的吧，老大你已經救不活了。」已經無處可跑了，伊琳娜把馬拉特放到地上，再把老大壓在他身上，自己則撲到孩子們上面，用自己的身體保護他們。後來他們在太平間找到了老大，全身都燒遍了。

事件發生後，全世界一致譴責匪徒滅絕人性的行徑。各國領袖和公眾都表示要共同打擊和消滅國際恐怖主義。國際恐怖主義匪徒劫持行動造成三百多人死亡，七百多人受傷。這是美國九一一事件以來最大的慘劇。

與以往不同，這次恐怖主義事件，受害人數多，大多數是年幼無知的兒童；挑起高加索地區的衝突，目標深遠；國際恐怖主義匪徒小組由多民族組成，不僅有俄國的車臣人和斯拉夫人，還有外國的阿拉伯人和黑人；短期內連續發生恐怖分子攻擊事件，給居民的心理傷害嚴重。國際社會緊張地注視事件的發展，各國領袖紛紛表示支援俄國政府和普京總統堅決打擊國際恐怖主義活動。最後，由俄國特種部隊強攻，消滅匪徒，解救人質。事件發生後，俄國民眾紛紛發表意見。有的說，以牙還牙，憤怒、仇

恨、堅決報仇；有的說，大人失誤，小兒吃苦；有的說，為了孩子們停止戰爭；有的說鎮壓解決不了問題；有的說情治機關無能和失去對反恐局勢的控制。不管意見如何，對國際恐怖主義組織的罪行都異口同聲表示譴責。

俄國各界談恐怖主義事件

俄國英雄聯合會主席瓦連尼科夫將軍：「我們應當創造一切條件使國家安全機關能夠正確和果斷地行動。我們應當要求他們確保我們的安全，使他們最後消滅車臣的匪巢。美國掩護車臣匪徒阿赫馬多夫。他在當地站住了腳，領到了簽證和政治難民的身分。美國向我們致哀，卻又掩護車臣匪徒。我們不允許在俄國發生類似蘇聯發生過的事。」

歷史學博士艾金格爾：「別斯蘭發生的事，太無人性了！犯下這種罪行的人是披著人皮的野獸。油然出現這樣的問題：我們的執法機關都到哪裡去了？難道說安全局沒有自己的情報人員？如果是這樣的話，那麼別斯蘭無辜犧牲的兒童不是最後的。恐怖分子活動區域必將擴大。我們沒有同他們鬥爭的經驗。就像發生在那個學校的事。因此，國家的安全狀態會惡化下去，恐怖活動也不會中斷。」

莫斯科市議員魯金娜：「只有禽獸能才犯下這種反對人類的罪行。如何避免？社會應當回答一個問題：『政府在幹什麼？』如果社會不憤怒，不思考這一切，國家機器也無辦法。最可怕的就是人們的熟視無睹。」

著名大律師阿斯塔霍夫：「今天簡直無法表達和形容發生的悲劇。我們應當為逝者祈禱，團結起來對待我侵入我們生活的

威脅。」

法學教研室主任納傑日金：「悲劇。可怕。噩夢。遺憾的是，展示車臣一切大功告成的企圖得到的結果是恐怖主義機器又開動起來了。」

國家杜馬議員德拉加諾夫：「應當知道，俄羅斯的命運不僅掌握在總統手裡，也掌握在我們的手裡。」

民眾有問題要問

這次人質事件已經解決。民間提出的一些問題值得俄國當局思考。

據逃出來的人質向媒體說，恐怖主義匪徒曾經把她拉到電視機面前叫她看政府發言人謊報人質數目、謊稱匪徒沒有提出談判要求的實況。此地電子報紙《Gazeta.ru》指出，官方從一開始就違反常識縮小人質數目。說是兩百人左右被劫，實際人數為一千一百八十一人。官方一直說綁匪沒有提出要求。據人質說，一開始恐怖分子就提出要求普京簽署從車臣撤軍的命令，並指定四人前來談判：一名兒科醫生和三名官方人士（普京車臣事務總統顧問、北奧塞梯共和國總統和印古什共和國總統），只有醫生出面對話，官方的三人並沒有出面。為了解救人質而同綁匪對話是這些父母官責無旁貸的義務。他們卻龜縮不前。這事已經引起公眾不滿。精銳部隊的阿爾法特種兵，沒有準備，倉促上陣，令民眾不解。

巴爾幹化的危險

　　正如俄國防部長伊萬諾夫所說：「這是一場戰爭。」普京總統在告全國人民書中指出：「這是一次對我們國家的襲擊。」「國際恐怖對俄國的干涉。」無論從這一系列恐怖事件的前因後果，還是從無辜喪命的平民人數，無論從背景還是從影響，都是一場史無前例的恐怖主義戰爭。八天之內連續發生五起殺傷手無寸鐵的平民，絕不是個別孤立的偶然事件，而是有著深厚的國際背景。國際恐怖主義組織明白高加索地區是一個複雜而多事的地區，又是戰略要地，歷來是兵家必爭之地。目前這個地區形勢出現衝突激化的傾向。格魯吉亞前總統謝瓦爾德納澤一直同俄國保持一定距離，為保本國地位，他接受美國的支持，使美國軍方顧問團首次能以培訓名義進入格魯吉亞。格魯吉亞又暗中支持車臣武裝分子，放任他們把格魯吉亞當成自己的後方基地。新總統薩卡阿什維里上任後，也得到美國的支持，有意用武力解決分離的兩個自治共和國阿布哈茲和南奧塞梯，以維護國家領土完整和主權。問題是這兩個要求獨立的自治共和國有大量雙重國籍（格魯吉亞和俄羅斯）的人，都要求加入俄羅斯聯邦，自然有俄國做後臺，而且俄國國會有人動議接受這兩個國家加入俄國。俄國也一再聲明，不會對俄國公民的利益坐視不管。一旦發生戰事，俄國難免不介入。奧塞梯人同車臣人和印古什人向來不和。達吉斯坦共和國親中央，但犯罪活動猖獗。卡巴爾達─巴爾卡爾共和國和卡拉耶沃─契爾卡斯共和國都是兩個不同民族組成，各自都有內部的民族和平共處的問題。中央政府支持的前車臣總統卡迪羅夫只是車臣許多家族之一，他打著普京的旗號同駐地的聯邦軍隊時

常發生衝突，在車臣也有對立面。他被炸死的直接責任是總統衛隊，但領導總統衛隊的是卡迪羅夫的兒子。中央領導為維持卡迪羅夫政權，把責任加在聯邦駐軍身上，一批聯邦駐軍負責人被撤職查辦，而卡迪羅夫的兒子反而得到重用。雙方矛盾加深。高加索地區另一個熱點是卡拉巴哈，阿塞拜疆和亞美尼亞爭奪之地。高加索地區的宗教關係也錯綜複雜。有天主教，有東正教，有伊斯蘭教。因此，這個地區如果發生大規模衝突，必然出現戰爭不息生靈塗炭的巴爾幹形勢。俄國領導深知其中厲害，因此儘量防範地區巴爾幹化。但是全靠武力是做不到的。國際恐怖主義選擇別斯蘭市作為目標就是牽一毫而動全身，藉此挑動地區動亂。這一點普京在告全國人民書中提到，「一旦我們放任對我們進行訛詐，一旦我們驚慌失措，我們就會使千千萬萬的人捲入永無止境的流血衝突。」

痛定思痛

別斯蘭事件慘絕人寰，數百名無辜平民塗炭，引起俄國公眾和國際社會的譴責和痛心。俄國上下和世界各國人民一致譴責恐怖主義匪徒的滔天罪行。同時，俄國人民正在追問，為什麼會發生這樣的慘劇。國家每年增加大量用於確保人民安全的經費，反恐鬥爭卻成效很小，特別是無法預先制止恐怖事件的發生。首當其衝的自然是負有直接反恐任務的武裝力量部門。清剿車臣恐怖主義分子的戰事已經十年，仍無盡頭。血腥的事實證明，恐怖主義分子已經墜落到底層。匪首馬斯哈多夫和巴薩耶夫雙手沾滿鮮血。他們為什麼還能如此猖狂？有人問，當年消滅叛軍頭領杜達耶夫，準確而及時。現在對這兩名匪首竟然束手無策，引

起公眾的猜疑和不滿，是不想消滅他們，還是無能為力？是不是有人為了私利而把這場戰爭拖下去？俄國著名記者和編輯、《消息報》主編沙基羅夫因從不同觀點報導人質事件被迫辭職。9月6日，別斯蘭人質事件第六天，《消息報》主編沙基羅夫在自由廣播電臺答問節目中說，他已經辭去《消息報》主編的職務。原因是他與「老闆」對報導人質事件的「形式」意見相左而辭職。導火線是9月4日一期的報紙。這期報紙到了讀者手裡以後，讓讀者眼前一亮，再看內容，更讓讀者感到出手不凡。第一版，全版一大幅照片，一名男子滿臉痛苦，正抱著一名逃出鬼門關的披頭散髮半裸的女學生，跑向救護車。這幅由該報記者拍攝的照片，令人震驚。恐怖主義分子殘害無辜，令人髮指。人民遭殃，令人憤怒。這幅照片沒有題詞，請讀者各自判斷。這是俄國新聞史上的絕筆，俄國乃至世界都會記住的。第二版，下半版和第三版四分之一版，連成一氣，是一幅女被害人身在擔架上的照片。她那血跡斑斑的身體，她那散開的眼神，她那無奈的表情，催人淚下。三版還有兩幅各占四分之一版多一些的巨照。是路透社的新聞照片。一幅是父親雙手托著一名死去的光身幼兒。父親痛苦地呼喚兒子，渾身是血的兒子已經被恐怖分子殺害，聽不到慈父的叫聲。另一幅是一名男子單腿下跪，雙手捧起躺在草地上的白屍布蓋著的親人的頭，痛不欲生。二三版的報導用特號字：《地板上鋪滿死去的兒童屍體》。第四版，大半版是一幅兩眼緊閉的小女孩，小小的身體上全是血。她躺在擔架上，彷彿在問：「我為什麼會遭受這樣的命運？」另一幅照片是父親捧著失去知覺的小男孩。父親的表情叫人心痛，小孩就像從死人堆裡拉出來的樣子。這一版的標題是《我抬起頭就看見孩子們躺在地板上的血泊中，一動不動》。五版半版是美聯社一幅躺在地板上的一排死去的兒

童，其中可以看到一名嬰兒。另一幅占四分之一版面的是一名男子背著死裡逃生的男孩，在槍聲中奔向安全地帶。這一版的標題是《別斯蘭恐怖事件的幕後是誰》第六版是兩幅大照片，一幅是手持自動步槍的平民。另一幅是特種部隊攻擊的情況。特號字大標題是《被劫兒童的父親們首先發起強攻》。據說這一條新聞是主編被迫下臺的原因之一，因為它與官方說法不一致。第七版的幾幅大照片是各家電視臺報導事件的情況。BBC電視畫面下的標題是《太奇怪了：報導昨天事件時間最長的是外國電視臺》。這裡發表了曾獲國家獎的著名電視評論員的一篇評論，題目是《國家主義者默默無聲》。文章指出官方電視臺儘量少報導，民間電視臺，特別是獨立電視臺，幾乎全程現場直播。第十二版又是一幅整版路透社大照片。一名婦女一手撫著躺在擔架上死去的小女孩頭，一手掐著自己的喉嚨，彷彿欲哭而無力。這是一幅使讀者聯想起聖母和聖嬰被害。這場恐怖主義事件就像褻瀆神聖一樣，會引起全人類的共同譴責。沙基羅夫主編被迫下臺，說他過於感情化和圖片太大，說他發表了這些特大照片和有愛死屍傾向。他自己則說，發表這些照片要表明這場事件對全國人民來說意味著什麼。媒體認為關鍵是報紙降低了特種部隊作用。事件發生後，《消息報》天天都用黑報頭，以示悲劇情懷。

俄國執法機關腐敗已經病入膏肓。大的說，負責全國救災和處理突發事件的緊急情況事務部安全局局長甘涅夫勾結莫斯科刑警局負責人組成團夥，幹盡敲詐勒索之能事，最後被揭露關進大牢。國防部財政負責人奧列伊尼科夫將軍因貪污被判刑。莫斯科劇場劫持人質事件事後發現有員警向恐怖主義分子從場外向場內提供搶救人質部隊移動的情報。這些例子舉不勝舉。令人髮指的是，這次別斯蘭劫持人質和造成上千人傷亡事件中有員警協助匪

徒。因此，普京在致全國人民講話中特別指出，「我們對國防和安全問題沒有給予足夠的重視。我們允許腐敗侵蝕法院和執法部門。」普京實際上承認安全部門腐敗和工作效率低下，因此，他說：「我們有義務建立更加有效的安全體制。」俄國許多人都在問，為什麼美國在「九一一」事件之後沒有發生恐怖事件？評論界認為是政府沒有認真吸取教訓，沒有對國家的安全體制進行徹底改造。內務部系統的負責人一味強調經費不足，警員工資低，工作條件差。每次恐怖事件後都這樣說，都這樣要求。明年的國家預算將大幅度增加國防和安全撥款。從普京的態度來看，這一次他會採取一些果斷的措施以保民眾安全。

普京要進行政治體制改革

俄國民眾和社會在這一系列恐怖事件痛定之後，必然會要求國家政治領導反思國家安全與民族政策。俄共副主席梅里尼科夫說，「幅員遼闊的中國，小小的古巴，北歐，東歐，甚至白俄羅斯和烏克蘭都沒有發生過這樣的恐怖主義事件，或者生活水準高，或者安全系統工作好，或者實行深思熟慮的國內外政策和民族政策。我國公眾沒有認識到總統和安全部門的責任。」

俄國是一個多民族的國家，大大小小民族共一百五十多個。穆斯林有兩千多萬。在這次反恐鬥爭中，他們的領袖堅決譴責劫匪的所作所為。韃靼斯坦共和國穆斯林領導人提出通過談判解決危機。這種呼聲不是來自個別人。這次營救出二十多名人質的前印古什總統阿烏舍夫將軍一向主張通過對話解決車臣問題，後來被迫辭職。

俄國高級將領、地緣政治研究院院長伊瓦紹夫上將要求國家領導人找出自身的失誤。他說，「我國政治軍事領導找到了一個太方便的說法，把一切責任都推到本拉登頭上。北高加索衝突，車臣衝突，是我國統治者的產物，國內政策的產物。」葉利欽時期的國防部長格拉喬夫堅持用武力解決車臣問題，一批高級將領拒絕上戰場，打了十年也未解決。俄國民主派人士一向反對動用武力。他們當年的領導人物聶姆佐夫曾經組織百萬簽名上書葉利欽要求和平解決車臣問題。因此，可以說，用武力解決車臣問題在俄國沒有達成共識。

　　普京總統在強硬的致全國人民講話中指出國家的失誤和政治體制不能適應社會發展狀況和水準，表示要重新評價許多事情：鞏固國家的統一，重建控制北高加索的體制，建立有效的反危機管理體制，包括嶄新的執法機關工作。別斯蘭事件可能成為俄國的新起點，向民主化還是集權化，拭目以待。

Headline 10 中俄關係：新篇章　新考驗

2004/09/25

　　新一輪中俄領導人互訪已由中國溫家寶總理訪俄開始。俄國普京總統將於10月訪華。上次兩國領導人互訪以來，中俄兩國各自都有了新發展；國際環境出現了新變數；兩國的戰略夥伴關係到了進一步說明、檢討和發展的關鍵時刻。國際社會對中俄這次領導人的互訪正在拭目以待。溫家寶訪俄的重頭戲是兩國的經濟合作問題。經濟合作也反映出中俄戰略夥伴關係的真實狀態。

　　溫家寶訪俄對普京來說真是及時雨。別斯蘭事件大大震動了俄國社會，普京提出的政改方案引起國內外的強烈批評。俄國一直支持布希總統連任。布希卻忽然要求普京「在反恐和民主發展之間找到平衡」；美國其他領導人也批評普京把政權集於一身的做法。普京指責美國在反恐問題上採取雙重標準。歐盟要求俄國就別斯蘭事件做出解釋，引起俄國的強烈反彈。俄國國內對普京的政改方案提出不少批評。很少論政的葉利欽突然發表公開講話，要求普京「在憲法的框架下」進行改革，並且要求普京保護民主化的成果，並且特別指出，現行憲法是十年前全民公決的。此間人士認為這是對普京最嚴厲的批評。中國表達的態度是不干

涉俄國內政，對俄國反恐則是真正全心全意支持普京。溫家寶總理的到訪，可以說是天賜良機，以顯示中國對俄的友好誠意。

俄國一些有識之士呼籲各界重視中俄合作。就在溫家寶到達前一天俄國召開關於中國經濟發展成功經驗的研討會。會上發表了一些值得重視的觀點，既表達了支持中俄加強合作的願望，也坦率發表了對中國發展的憂慮。俄國各界對中國的發展「既欽佩又警覺」。就以雙方投資為例，俄方責怪中方只讓俄國資本進入小型企業，但俄方又不讓中方投資進入能源領域。中方多次進入俄國能源領域失敗，至今沒有一個雙方可以共同實施的方案。吳儀在莫斯科指出，雙方的重大合作項目只有在兩國政府的支持下才有前途，實際上含蓄指出中俄經濟合作困難重重的根源。俄國分管能源的部長表示政府不能對私營公司擔保，對目前唯一一家供應中國原油的私營尤科斯公司違約減少供油表示不承擔任何責任。中俄能源合作步履維艱。

能源之旅並不平坦。一些媒體稱溫家寶此次訪俄是能源之旅。去年以來，中國經濟發展遇到了一些嚴重問題，除了體制改革的因素以外，出現了許多經濟領導部門早就應當預料到的問題，所謂經濟發展過熱問題，並非第一次出現。中國在大力發展國民經濟中遇到的資源匱乏的問題，已經影響到中國的進一步發展。能源問題已經成了中國發展的攔路虎。中國曾經指望三分之一的進口原油能由俄國提供，俄國也曾答應逐步達到每年提供三千噸萬噸原油。這樣大數量的原油只有通過輸油管才能解決。這是離中國最近也是運輸最安全的方案。目前俄國只肯用鐵路運送原油，成本高於管道輸送，「安大線」管道至今沒有成形。目前俄國的巴姆大鐵道，剛剛投入運營的第二條貫穿西伯利亞大鐵道，正好貨源不足，俄方恰恰利用向中國運送石油來彌

補。因此，鐵路運油有利俄國。即使如此，今年能供應八百萬噸就不錯了。前些日子中國傳出有意收購尤科斯公司下屬最大石油生產商尤甘斯克石油天然氣公司股票。中國駐俄大使館經濟參贊曾暗示，表示中國有意參加競拍。關鍵是，俄國是否允許中國公司參加競拍是中俄戰略夥伴關係的試金石。國際石油界正在密切關注這次出售尤甘斯克石油天然氣公司股權一事。圍繞這家公司股權問題的發展，真是一段傳奇。

尤科斯公司直接影響中俄能源合作。尤科斯公司下屬的尤甘斯克公司今年計畫生產五千四百萬噸原油，約占尤科斯公司總產量的六成。在追稅過程中，稅務部向尤科斯公司提出追繳2000年稅款九百九十四億盧布（約三十四億美元），近日又表示正準備向尤甘斯克公司再補追繳三十億美元稅款。有趣的是，這項消息是由《金融時報》透露出來的。當天尤科斯的股價就下跌8％。尤甘斯克公司的市價，在一百五十到三百億美元之間，實際市價正由德國Dresdner Kleinwort Wasserstein評估中。國際石油界人士認為最終市價要看俄國政府到底要向尤甘斯克公司追繳多少稅款。普遍的意見是俄國政府正在通過追稅的辦法壓低市價，直到俄國公司能買得起為止。至於說這次中國能否購進尤甘斯克公司的股權，正是值得探討的問題。據筆者估計，這次中國有可能再次竹籃打水。一是可靠人士透露，俄國政府這次整肅尤科斯公司的目的之一就是防止這家最大的俄國石油公司之一（現有油儲量二十億噸，以現在開採速度可開二十九年）落入外國人之手，特別是美國人之手，因為部分股權已在美國公司手中，霍多爾科夫斯基又多用美國人負責高層管理。二是中國同俄國就原油問題幾次回合都是以失敗告終。前有安大線，後有斯拉夫石油公司。當年斯拉夫石油公司也是宣佈公開投標，中國願出三十億美元收

購，俄國通過政治壓力（俄國杜馬議會指責中國要收購俄國戰略資源公司）迫使中國退出，結果以低於市價的十九億美元賣給親克宮的俄國寡頭阿勃拉莫維奇。三是俄國媒體透露，政府擬由國營的天然氣總公司（Gazprom）或俄羅斯石油公司（Rosneft）收購尤甘斯克公司。本著肥水不外流的原則，俄國政府目前正在通過追稅辦法迫使尤科斯公司及其下屬公司破產，這樣俄國本國公司就可以廉價購入。四是中國政府在考慮利用俄國能源時往往是一廂情願，你要穩定的客戶，我要穩定的供應，這樣就互補了，卻很少考慮俄國的政治經濟戰略設想和國際因素。安大線就輸在這一著上。至今仍有人認為安大線泡湯是日本介入的結果。實際上是俄國考慮自身經濟戰略利益和安全做出的決定。日本只是催化劑而已。

中方對在俄投資非控股不幹。可是中國在俄的投資誠信度不高，至今實際投資六億美元，大部分都是圍繞向俄推銷中國貨；俄國在華投資四億美元；實際中國向俄輸出資本只有兩億美元。俄國曾接待大量中國所謂投資考察團，各省市都是去空談一番，造成俄國各級政府和實業界人士對中國這些「考察團」的冷淡。幾十億或上百億的對俄投資難免引起俄國的懷疑。競購尤甘斯克公司一案，如不成功勢必影響中俄經濟合作和戰略夥伴關係。俄國的俄中邊境貿易協會主席索比亞寧認為，克宮這次如不同意中國參加競拍的話，是給中方「一記耳光」。他估計中俄經濟將倒退兩年。不過筆者認為，這次中方提出購買尤甘斯克公司，可能是圍魏救趙之計，目的乃是壓俄國在輸油管線問題上讓步。這裡還有一個小插曲：8月19日俄國國際文傳社報導，說中國駐俄大使館代表團在考察俄國主要油產區之一漢提曼西斯克自治區時，經濟參贊在回答記者時說「我們對參加競購很感興趣。但是在這

種情況下問題是要看俄國自己對外國公司的政策如何。」沒過幾天，8月25日，中國大使館發言人突然宣佈，說中國並沒有表示要參加競拍，而且多次確認。這應當說是中國有關方面明智的決定，可見中方也覺得能競拍到手的希望不大，也不會再遇到尷尬局面。值得注意的是，美國、英國、德國和日本都在俄國介入油氣開發。法國剛剛購進韃靼石油公司的部份股權。就連韓國總統也在溫家寶到達前一天同俄國達成協議，向庫頁島油田等有關能源專案投資四十億美元。這些外國投資都有具體項目，握有實際股權。溫家寶訪俄得到的只是一些意向性的成果。中國投資進不了俄國能源部門，迫使吳儀說，大專案要有政府支持才行，看來就是指這一點。溫家寶未能同俄方就輸油管問題簽署協議，應當說是這次訪俄的遺憾。

這次兩國總理會談紀要中提到林業合作的意向，特別是同意俄方提出的向中國出口深加工產品的要求。中國對俄國遠東地區的森林資源確實抱著濃厚興趣。中國的戰略是儘量保存本國的森林資源，進口外國木材。俄國遠東地區的森林資源雄厚，占全國森林面積的43％，木材的33％，儲量達二百四十七億立方。如以每年開發一千萬立方計，可開發兩千四百七十年。同時又是離中國最近的森林資源。因此，中國的Asia Pulp & Paper公司有意投資十三億五千萬美元開發俄國遠東地區的森林資源。這個項目剛開始洽談，就引起俄國輿論界關注。一方面對中方願意投資遠東地區林業持歡迎態度，認為中國商人在此之前常常與俄國不法商人勾結，在遠東中俄邊境地區大量走私俄國木材，特別是圓木。現在願意投資開發，合法運出俄國木材，都是正面因素。俄方表示遠東地區林業正需加大投資開發，與中方合作，不僅可以開發中國市場，同時通過中國遠伸至東南亞乃至整個亞太地區市場。中

俄在這方面的合作是雙贏。另一方面，俄方也有擔心。中方表示要在俄境內生產紙漿，供中國境內的造紙廠使用。俄方瞭解中方保護本國林業資源，擔心中國在俄會不會濫伐俄國森林，會不會運出圓木而非深加工木材成品或半成品，如紙漿。因此，俄方提出最好建立有俄國公司參加的合資企業。這裡同樣值得中方注意的是，除中國外，加拿大和日本也在遠東地區蠢蠢欲動，覬覦俄國的森林資源。

溫家寶在訪俄期間說，今年兩國貿易額可達到兩百億美元。上半年為九十四億五千萬美元，比去年同期增加39％。中國進口俄國貨物品種發生變化，軍火交易已退下來，占首位的是原油，上半年進口五百六十三萬噸，比去年全年五百二十萬噸還要多；其次是鋼材，進口一百二十六萬噸。儘管如此，中俄雙方對兩國的經濟合作都有不滿意之處。俄國的俄中經貿合作中心主任薩納科耶夫就坦率提出，俄國有人至今仍「把中國看成競爭對手」，而俄國的外交路線「仍然是以加強同歐洲和獨聯體的關係為主，中國常常不在首先考慮的名單之列」。中方對俄國的鋼材和化工產品實行反傾銷；俄方對中方的「民間貿易」（俄方稱「無組織貿易」）採取新的嚴格限止措施；俄方嚴查中國勞動力進入俄國的數量；等等。今年引起中方嚴重關切的是俄國海關對中國貨大幅增加關稅問題。俄國海關宣佈今年4月20日起對所有中國進口商品（不分類別）同時徵收兩項關稅，即從價稅（以商品價格計算）和從量稅（以商品重量計算），在原關稅的基礎上另收30％的關稅和再按每公斤不低於三美元五十美分徵稅（從原來每公斤不低於二十美分至一美元四十美分，驟增到不低於三美元五十美分）。俄方解釋說因為中國商品存在非法入關和「灰色清關」問題，因此要採取這些措施。俄方海關稱，中國海關通報說向俄出

口商品報關價值為六十一億美元，而同一時期向俄海關申報的中國商品只有三十億美元，其中差額為沒有報關而非法進入俄國的中國商品。中國對俄國的此項措施表示針鋒相對的態度。中國駐俄大使館經濟商務參贊處在網頁上正式通知各中國駐俄公司：「我對俄方這種專門針對中國商品採取的歧視行為表示嚴重關注。如我各有關公司因此而遭受非正常待遇及帶來損失，請書面傳來我處。」「請我各有關進出口公司協助核查俄是否對其他國家輸俄商品也採取了相同的限制措施。」

中國在俄國入世問題上表示結束洽談，也是溫家寶這次訪俄的大禮，但是至今並未簽署協定。俄國入世問題也顯示出中俄經濟磨擦。雙方政治領導異口同聲表示支持俄國儘快入世。但在具體談判俄國入世條件時，卻曝露出各自利益不一致。俄方抱怨中國剛剛入世就對俄提出一些不能接受的條件。例如中方提出，俄國應開放勞動力市場，允許中國勞動力自由進入俄國勞務市場。這恰恰犯了俄國大忌。俄國最擔心的就是中國人口大量進入俄國遠東地區，甚至把警惕中國對遠東地區的「擴張」提到戰略高度。接著中方又提出取消進口中國黑魚籽醬的關稅。今年7月在日內瓦舉行的又一輪俄國入世談判中，中方代表於16日提出要求俄方將天然氣的國內價格提到國際市場水準，即提價四到六倍，否則是俄國變相補貼本國商品，不合入世條件。這項要求最先是由歐盟提出的，俄國堅決頂住，認為這是俄國國內事務，外人無權干涉。歐盟目前實際上放棄了這項要求。中國卻突然提出，引起俄國人先是震驚後是憤怒，俄國代表團成員在會後對《消息報》記者說「這簡直是無法無天。走著瞧，看他們還有沒有膽量再次正式提出。」（《消息報》7月19日）俄方估計中方突然提出這項要求可能是為了報安大線一箭之仇，目的是要俄國在安大

線問題上讓步。有趣的是，五天之後中方又突然表示撤銷這項要求，不僅如此，據說還撤銷了開放勞動力市場和免除中國黑魚籽醬進口關稅的要求，搞得俄國代表團又喜又驚，丈二和尚摸不著頭腦。中國並不出產黑魚籽醬。俄方認為是中方故意刁難。媒體在猜測，俄方向中方做出了什麼私下允諾或暗示，很可能是答應修建安大線。中國石油天然氣總公司（CNPC）代表向國際文傳社表示，指望俄方將會以低於國際市場價供應中國天然氣。俄國政府消息靈通人士則表示莫名其妙，不知自己的代表在日內瓦向中方做出了什麼承諾。總之，安大線的歷史將是中俄關係史上的一部撲朔迷離的驚險小說。

溫家寶能源之旅的插曲是中哈簽訂共建通往中國的輸油管。溫家寶在參加上海合作組織會議時同哈薩克共和國總理再次確認中哈輸油管開工日期。哈方保證向中方達到每年提供一千萬噸原油的指標。中哈能源合作激起一陣浪花。俄方對此十分關注並在上海合作會議上提出新建議，呼籲成立石油生產者與消費者俱樂部，企圖統管起來。俄國當仁不讓是主要生產大國；中國自然是最大消費國。不過此項建議沒有得到回應。溫家寶在會上提出建立六國自由貿易市場，除俄國外，其他國家都表示支持。原因很簡單：這項建議是要擴大中國在中亞各國市場的影響，俄國商品的競爭力低於中國產品，這項建議對俄國不利。此間媒體注意到，溫家寶總理在莫斯科期間，中俄只就一些次要問題簽訂協定，而最基本的輸油管和俄國入世問題都有待進一步磋商。事前轟動一時的中國投資一百二十億美元的大單銷聲匿跡。

高科技合作有待落實政策。這次中俄合作在科技方面可以說有一定進步。航太工業、水下機器人和水上核電站都有戰略意義。當年庫爾斯克號核潛艇出事後就採用這種機器人進行水下檢

查的。中國在這方面自己多年研究，成果不顯著。水上核發電站採用核動力裝置，也是兩用技術。這項動力裝置不難用到核潛艇上。

溫家寶訪俄期間雙方都發出一些出人意料的信號。在他到訪前夕，唯一向中國供油的尤科斯公司突然宣佈到年底之前減少向中國提供一百萬噸原油，原因是無力支付鐵路運費和出口稅。無疑給中俄能源談判塗上了陰影。中國表示大度，聲明願意代付運費。可是中國總不能代付出口稅。尤科斯公司給中俄兩國政府都出了難題。這次中俄雙方談到高科技合作。恰恰就在溫家寶到達莫斯科前，俄國最高法院宣佈要重審俄國物理學家丹尼洛夫向中國輸送國家機密案。此前地方法院已經宣判他無罪，現在重審，是對科技界的一記警鐘。吳儀副總理同卡爾梅克共和國總統伊留仁諾夫簽署中國投資合辦七個企業，也使一些人驚訝。伊留仁諾夫長期保持同達賴喇嘛的親密聯繫，年年都邀請達賴喇嘛訪問卡爾梅克共和國，年年都遭中國強烈抗議，年年都遭俄國外交部擋駕。中國此舉必有深層涵意。

中國提出和平發展的戰略，首先要有一個安定和平的周邊環境。中俄睦鄰友好關係對中俄兩國的發展都至為重要。近十年來兩國在戰略夥伴關係的大框架下，安全方面的合作有利於兩國各自把注意力放在本國發展上。一年來國際形勢出現了一些重要新變數，如北約東擴，北約的偵察機進駐俄國鄰國，在俄國邊境巡邏，北約無線電偵察臺離俄國邊境只有二十公里，可以監測俄國的戰略要地和軍工重地聖彼得堡；美國賴在中亞不走，在俄國軟肋插了一刀；美國戰略新轉移，增加在東歐和日本駐軍，圍堵俄國；插手高加索地區，支援俄國的對手格魯吉亞；總之，美國給俄國帶來不少麻煩。美國在臺海問題上態度曖昧，美國軍事力

量靠近中國多事的新疆和西藏地區，美國從歐洲調來兵力圍堵中國，美國阻止歐盟出售先進武器給中國，一句話，美國給中國帶來不少問題。麻煩和問題促使中俄戰略夥伴關係在政治平臺上顯得十分順利。在反恐怖、反分離主義和宗教極端主義三大害方面，中俄兩國互相支持，但是，兩國經濟界人士普遍感到中俄經濟夥伴關係遠遠不能令人滿意。也許兩國領導人新一輪會談能在這方面有所突破。能源是中俄關係的試金石，原因在於如果提供能源就是支援中國進一步發展。中國一再勸說俄國合作，一再體諒一再理解俄方，可說是以大局為重。溫家寶在莫斯科向俄國公眾發表演講時提出雙方加強政治信任的問題。看來這才是問題的癥結所在。

Headline 11　俄國猶太人
自強不息

2004/11/08

　　目前莫斯科正在上演描述俄國猶太人在前蘇聯遭遇的新片《爸爸》。主人公的爸爸是落魄的音樂家。由於是猶太人，音樂才能得不到發揮，只能在一座小城市電影院的休息廳裡演奏通俗樂曲，供觀眾休閒。不幸的是，他的兒子是個天才，也是一個孺子可教的少年。儘管他年紀小，與一般孩子們沒有區別，調皮好玩，被父親逼著天天學習拉小提琴。在他體會到音樂的魅力之後，十分用功，考上了莫斯科音樂學院。他的學業突飛猛進，政工幹部在他過生日的同學派對上，通知他被批准在即將舉行的音樂會上挑大樑，他高興極了。然而，樂極生悲。就在這時，他的父親一副邋遢樣子，突然出現在他的派對上，這使他憤怒又尷尬。原來他在學院裡謊報自己的家世，隱瞞了自己的猶太人出身。父親的到來破壞了他的錦繡前程。正在派對上的政工幹部馬上改變了嘴臉。儘管他一方面把父親趕走，一方面向政工幹部解釋，然而無濟於事，他被學校開除。不久戰爭暴發，他應召入伍，接受戰火的鍛煉。他在一次戰事中負傷，朦朧之中，看見父親在對他說話，告訴他，已在1937年因是猶太人被抓進克格勃位

於莫斯科莫特羅斯卡亞吉申納街的監獄裡，很快就被秘密槍決了。主人公悔恨無比，連呼爸爸。父子兩代的遭遇正是俄國猶太人在前蘇聯三十年代末期的一幅縮影。

猶太人最早是在西元十一世紀從拜占庭進入俄國的，以做生意為主，許多人成了大富翁。後來古俄發生數百年的動亂，猶太人被驅趕出俄國。直到十八世紀後半期，伊莉莎白二世女沙皇批准猶太人合法移居俄國，目的是發展商業、工業和農業。十九世紀初，大批猶太人到俄國定居，享受與俄羅斯人同等權利。不過，歷代沙皇都對猶太人做出一些不同的限制，規定某些配額。不過猶太人仍在俄羅斯國土上生根發芽，對俄羅斯文明發展做出了自己的貢獻。到十九世紀後半期，由於他們參加反政府的革命運動，受到當局的迫害，大批猶太人離開俄國前往美國和西歐一些國家。

到了二十世紀，留在俄國的猶太人對俄國歷史的發展起了非常引人注目的作用。十九世紀末俄國出現的革命黨「民意黨」，主要領導和成員是猶太人。接著，俄國早期馬克思主義革命者同他們的鼻祖一樣，也都是猶太人。1917年發生二月革命。臨時政府取消了對猶太人的一切限制，大批猶太人從美國和西歐返回俄國參加革命和建立新政權蘇維埃政府的工作，出任新政府的重要職務。十月革命的領導人列寧從母親身上繼承了猶太血統。當時的軍事委員會主席托洛茨基，兩大首都彼得堡和莫斯科的市長都是猶太人。彼得堡市政府機關的官員中，三百七十六人是猶太人；俄羅斯人只有十六人。全國政府的領導人斯維爾德洛夫、最高法院院長施坦伯格、意識形態負責人梁贊諾夫、肅反委員會主席捷爾任斯基的兩名副手亞戈達和特里塞爾、反宗教事務負責人亞羅斯拉夫斯基、彼得堡黨組織負責人季諾維耶夫，全是猶太

人。列寧曾經說過：「大戰時期，許多猶太知識分子留在俄國各地。他們消滅了我們在十月革命後遇到的全面怠工。這個情況對革命的意義非常重大。猶太人在革命的危急關頭搶救了革命。」

十月革命在俄國曾遭到激烈反抗。為了維護十月革命的成果和維持蘇維埃政權，俄共推行紅色恐怖，引起俄羅斯人的強烈反感。推行這項政策的各級黨政機關主要是猶太人，因此在群眾中激發出反猶情緒。列寧死後，特別是三十年代，開始全面清洗黨政機關中的猶太人。托洛茨基、中央書記加米涅夫、共產國際的負責人拉狄克，都是顯赫一時的俄國猶太人，都在歷次清黨運動中被整肅和殺害。三十年代史達林在所謂「肅反」運動中，把許多猶太人出身的知識分子視為異己投入監獄或者被流放。儘管如此，猶太人仍在蘇聯政府裡占據控制地位。1936至1939年的黨政機關領導人名單，仍是猶太人占絕大多數。兩名中央書記，一名是史達林，另一名是猶太人卡岡諾維奇。中央委員中近八成是猶太人。黨政重要部門，如中央組織局、中央監察委員會、外交部長、內務部長、紅軍總政治部包括主任在內、紅軍的幾位元帥、中央銀行行長，大批重要駐外使節，都由猶太人擔任。上個世紀四十年代衛國戰爭爆發前，軍隊大清洗，猶太人失去地位。衛國戰爭時期，蘇聯猶太人一方面成了對抗德國法西斯的工具，一方面遭到流放。最典型的例子就是衛國戰爭時期奉史達林之命成立的蘇聯猶太人反法西斯委員會。這個委員會在反法西斯宣傳中功不可滅。但是，他們討論要在蘇聯的寶地克里米亞建立猶太人自治共和國，立即全體遭到鎮壓。連史達林左右手莫洛托夫的夫人也未能倖免，作為政治犯投入監獄。1953年史達林臨死前所炮製最後一件冤案「醫生陰謀案件」也是為鎮壓猶太人為目的。冷戰時期前蘇聯的猶太人成了政治人質。以色列建國以後，前蘇聯

支持阿拉伯世界，反對猶太復國主義，禁止猶太人前往以色列定居。美國的傑克遜修正案就是為爭取前蘇聯猶太人移居以色列而通過的。直到蘇聯末期，戈巴契夫推行新的外交路線，同以色列關係正常化，大批俄國猶太人開始移居以色列，甚至在以色列創建親俄政黨，俄以關係出現了新局面。

俄國猶太人在前蘇聯時期，在各個領域裡都取得傑出成就，出現了許多傑出人物。俄國科學界的泰斗，如物理、數學、化學、生物方面，許多院士，都出身於猶太人家庭。他們中有不少人對國家貢獻很大，卻遭受迫害。俄國氫彈之父和俄國民主之父、諾貝爾和平獎得主薩哈洛夫院士就是猶太人，生前曾被遷出莫斯科，流放到當年封閉的高爾基市，監視居住。諾貝爾文學獎得主、俄國大詩人、《日瓦戈醫生》的作者帕斯傑爾納克（生前未能領取應得的諾貝爾獎，身受政治迫害鬱鬱而終）和詩人布羅茨基（以莫須有罪名被判刑而流亡美國），二十世紀作曲大家蕭斯塔科維奇（不斷挨批）、鋼琴大師里赫特爾（不准出國演出），也出身於俄國猶太人家庭。還有遭遇更慘的猶太人，如戲劇大師梅耶荷德、作家巴伯爾、詩人曼德爾施坦姆，都被前蘇聯安全部門殺害，近年來才得到平反和恢復名譽。葉利欽領導的瓦解蘇聯和俄國民主化進程，得到俄國猶太精英的支持。近十年多來在俄國社會中叱咤風雲的人物，不乏猶太人，如別列左夫斯基、古辛斯基、斯莫連斯基、阿勃拉莫維奇、霍多爾科夫斯基。不過，他們的下場，除親克宮的人以外，都不令人羨慕。

俄國猶太人身處逆境卻能不屈不撓奮發向上，與這個民族的優秀品質和傳統分不開。他們的智慧令人驚羨。他們重視教育。他們受高等教育的比例比俄羅斯人高出兩倍多。他們互助精神傳為美談。俄國各地設有猶太人的慈善機構，由富有的猶太人提供

贊助，救濟困難的猶太人。他們珍惜自己的文化傳統，各地建有
猶太文化中心，出版報紙、刊物、圖書，興辦伊夫里特語學校、
舉行猶太文化活動，供應猶太食品。他們非常團結，有著健全的
全國性的和地方性的社團組織，都經常舉行活動。俄國普京總統
清楚俄國猶太人的分量，因此在今年10月下旬舉行的全俄猶太人
社團聯合會第三次全國大會期間特別接見俄國首席拉比，向俄國
猶太人表示關心和支持，支持將俄國建成新的世界猶太中心，何
況目前國際上出現猶太資本流向俄國的趨勢。

俄國的猶太人數，在前蘇聯時期正式公佈的數字為二百二十
萬。但實際上可能不止。兩年前的俄國人口普查正式登記的猶太
人為二十三萬人。俄國猶太人領袖認為實際上俄國仍有百萬以上
的同胞。上面提到的猶太人全國大會決議《俄國猶太人生活現狀
和2005至2010年社團工作遠景方向》指出，「俄羅斯聯邦的猶太
人宗教和文化生活目前正處於高漲時期。」證明是交還給猶太社
團的和修復的猶太教堂、新建的宗教機構、社團中心、民族文化
學校和幼稚園數量不斷增加。猶太社團準備自己進行全俄猶太人
口普查。俄國猶太人以自己的智慧在逆境中奮發圖強，值得海外
華人學習。

Headline 12 烏克蘭：大國爭奪戰的犧牲品

2004/11/29

　　烏克蘭首都基輔中心大街克列夏吉克大道美麗異常。二戰以後前蘇聯花了大量資金重建被戰火毀成一片廢墟的這條大街。曾幾何時，兩旁漂亮的栗樹發出一陣陣幽香。如今在零下攝氏十五度的凜冽嚴寒中，正在發生一場「栗樹革命」。這裡，二十多萬烏克蘭選民頂著鵝毛大雪，正在為各自的候選人爭取總統的寶座。然而鹿死誰手仍是一個未知數。目前烏克蘭一國同時出現三名總統，真是史無前例。他們是現任總統庫奇馬、中央選委會公佈的當選總統亞努科維奇和自封總統尤先科。烏克蘭的總統大選仍處在撲朔迷離之中。烏克蘭這次大選相持不下的局面正是新一輪俄國同西方戰略利益衝突的寫照。

　　有著四千五百萬人口的烏克蘭是歐洲大國之一。自從脫離前蘇聯獨立以來，一直是西方同俄國爭奪的對象。這次全國分成東西兩部分不是偶然的。烏克蘭西部是一個相當複雜的地區。有一部分領土是前蘇聯在1939年從波蘭收回並在二戰後重新劃分國界時得到確認。歷史上立陶宛曾經占領過這片地區。有不少波蘭人和立陶宛人在這個地區定居。從信仰上來說，天主教有很大的勢

力，其影響力超過斯拉夫人信仰的東正教。西部地區有著八百多年歷史的首府里沃夫原是波蘭的一座城市。因此，波蘭和立陶宛在當地有很大的影響。這就是為什麼這次波蘭和立陶宛代表新歐洲前來烏克蘭參加調停的政治歷史根據。東部地區是烏克蘭的工業重地，煤礦、冶金、軍工、海港，是烏克蘭國家財政的主要來源，占全國預算的七成，因此是東部養活了西部。這個地區歷史上一直同俄羅斯保持密切聯繫，大多數人都說俄語，東正教占主要地位，親俄傾向十分濃厚。總的來說，烏克蘭地區的民族主義情緒一向十分突出。十月革命時期和國內戰爭時期，烏克蘭的反抗運動相當激烈。前蘇聯時期烏克蘭加盟共和國的黨政領導多次受到蘇共的清洗。

　　這次烏克蘭大選進入第二輪的兩名候選人很自然是東西部各一名。東部支持現任總理亞努科維奇。亞努科維奇1950年出生在東部的頓涅茨克州，1980年畢業於工學院，2001年畢業於對外貿易大學，經濟學博士，教授，曾擔任各種經濟工作職務。2001年11月出任政府總理。他的競選綱領是團結、公正、建設強大的民主國家。在對外政策方面，特別指出要加強同俄國合作。西部支持前任總理尤先科。尤先科1954年生於西部的蘇馬州，1976年畢業於傑爾納波爾金融經濟學院，經濟學副博士，1993年1月出任烏克蘭國家銀行行長，任內成功解決1998年金融危機；1999年末出任政府總理。在他任內國家經濟開始出現正增長。左派批評他只顧大財團的利益，忽視老百姓的福利。2001年4月因與現任總統庫奇馬政見相左被迫下臺。目前是反對派領導人。他領導的黨團「我們的烏克蘭」在烏克蘭國會中占多數席位。他的競選口號是建設一個公平富裕的歐洲國家。增加工作職位，提高工資。在對俄問題上，他贊成建立互利友好穩定的關係。他在擔任總理期

間，反對俄國用烏克蘭所欠的天然氣貨款換取烏克蘭的企業，為此得罪俄國。

俄美兩國（包括歐盟）這一次都下了很大的力量來爭取下一屆烏克蘭總統能符合自身的戰略利益。美國以各種基金會的名義向尤先科的競選活動提供資金。據英國《衛報》11月27日發表斯梯爾的文章說，尤先科派的青年組織「PORA」的活動經費、各種反對派的網站、尤先科派組織的選民投票站出門調查都是由美國出錢的。他在文章中指出，美國中央情報局出錢贊助所謂第三世界國家包括蘇聯解體後的各國反對派以推行民主為名，在找到合適人選後立即發動推翻現政府的運動。布希特派參議員盧格代表他坐陣尤先科的競選總部出謀畫策和督陣。在尤先科未能順利當選總統以後，歐盟新成員、前蘇聯的衛星國波蘭和前加盟共和國立陶宛特別賣力要保住尤先科。波蘭總統克瓦希涅夫斯基和前總統瓦連薩都親臨烏克蘭以示支持尤先科。

俄國也不落後。曾經協助葉利欽和普京登上寶座的克宮智囊巴夫洛夫斯基被派往烏克蘭協助競選。凡是發生動盪的地方無處不在的莫斯科市長盧日科夫也出現在東部表示要獨立的大會上。競選期間，第一輪投票前，普京親自前往烏克蘭為亞努科維奇站票；第二輪投票前普京又以參加開放擺渡儀式再次為亞努科維奇站臺；計算選票過程中普京就急於祝賀亞努科維奇當選。選票非正式結果公佈時，普京正在巴西訪問，再次祝賀；烏克蘭中央選委會正式公佈亞努科維奇當選後第三次正式祝賀。就在普京急急忙忙承認亞努科維奇當選總統的同時，美國和歐盟拒不承認選舉結果。國務卿鮑威爾甚至公開宣稱選舉是非法的。美國還威脅說如果亞努科維奇當選，美烏之間就會出現「冷淡時期」，要削減對烏克蘭的經濟和軍事援助。競選雙方各自動員自己的支持者前

來首都保駕。雙方劍拔弩張。西部的利沃夫州自動奪權；東部正在頓涅茨克州醞釀自治，甚至獨立，以便將來入盟俄國。克里米亞也宣佈要獨立。烏克蘭出現了國家分裂和發生武力衝突的可能。為了解決當前的僵持局面，歐盟派出分管對外事務和安全問題的最高代表索拉納和歐洲安全性群組織秘書長庫必什、波蘭總統、立陶宛總統阿當姆庫斯，俄國派出杜馬主席格雷茲洛夫，參加烏克蘭三總統舉行圓桌會議，試圖找出解決烏克蘭政治危機的途徑。但是雙方各持己見：亞努科維奇要求承認選舉結果，但同意對選舉中的違法行為進行調查；尤先科要求否定此次投票結果並舉行新一輪投票。

就在烏克蘭處於政治危機之時，俄國同歐盟舉行已經延期的峰會。這次峰會又成了雙方較量的一個陣地。會上雙方立場針鋒相對。歐盟提出，「歐盟大使已經前往烏克蘭。他將就地決定應當怎麼辦。歐盟希望調查烏克蘭選舉過程中的違法情況。」普京則說，「所有問題應按憲法和法律解決。所有意見都應當向法院提出。」歐盟說，「烏克蘭選舉不符合國際和歐洲標準。我們試圖找到公平解決這個問題的法律基礎。」普京說，「我不認為別的國家應當承認或者不承認烏克蘭大選。這是烏克蘭人民的事。這次大選不需要任何外人的承認。」普京在這次海牙峰會上舌戰群雄，雖然沒有說服對方，但向世界表明俄國不會輕易放棄自己的戰略利益。普京在到達峰會之前再次祝賀亞努科維奇合法當選總統，向歐盟傳達俄國不會改變立場的資訊。不僅如此，普京早先在里斯本就毫不客氣地指出，歐盟安全組織的觀察員在科索沃、阿富汗觀察的結果都是「敗壞自身名譽」；如果歐盟安全組織成為達到自己戰術目標的政治工具，那麼，歐盟安全組織就會失去自己的權威，甚至失去存在的意義。這個話是對歐盟安全組

織最嚴厲的批評。

烏克蘭大選引起俄國同西方關係的政治危機，如不解決，難免出現新的冷戰時期。這次俄國已經被趕到絕境，沒有後退的餘地。俄國擔心的是出現「多米諾骨牌」效果，歐美和北約會一個一個地蠶食獨聯體，搶奪俄國的戰略利益地盤。一旦烏克蘭落入歐美之手，北約就會從西南靠近俄國。加上美國和北約已經駐軍中亞，對俄國來說，周邊環境相當嚴峻。經濟方面，烏克蘭生產的鋼管、航天器材、飛機、導彈、其他軍工產品，科技，對俄國非常重要。一個動盪不安的烏克蘭對俄國不利。再說，歐美的價值觀又會在俄國引起共鳴。俄國認為美歐的目標是在得到烏克蘭之後就以推動民主化的名義改變中亞各盟國。這樣俄國將陷入北約的包圍之中。西歐和美國則是在東歐各國加入歐盟之後，乘勝前進，要將勢力範圍擴大到前蘇聯，同俄國爭奪地盤。

不過，外部原因總是要通過內部原因起作用。因此，造成烏克蘭現在的混亂局面，烏克蘭當政者有一定的責任。這次烏克蘭政治危機醞釀已久，與現任總統庫奇馬的統治分不開的。庫奇馬實行鐵腕政治，打擊異己，個人權力極端擴張，因此國內民眾要求民主化要求改革的呼聲很高。尤先科登高一呼就有大批人回應，不是偶然的。亞努科維奇是一個沒有實權的總理，大權都集中在庫奇馬手中。因此這次反對派的矛頭實際上是指向庫奇馬的，全國有一半人反對庫奇馬推薦的候選人。庫奇馬在俄國與北約之間搖擺不定，前期向北約獻媚，甚至提出參加歐盟和北約的要求，後期擺向俄國，缺乏政治誠信。這次在處理大選危機中也表現軟弱無力。

烏克蘭面臨國家分裂的危險關頭。西部的地方政府紛紛奪權，宣佈不服從中央政府；東部的地方政府則召集代表大會，要

求舉行公投以改變政體，要求成立自治共和國，或者組織聯邦國家。兩大派情緒對立，水火不相容。如果出現國家分裂，爆發國內戰爭，受難的將是普通老百姓。

13

尤先科：俊男變醜漢　烏克蘭變了顏色

2004/12/13

　　曾有烏克蘭第一美男子之稱的反對派總統候選人尤先科，這次出現在選民面前的卻是一個面貌猙獰的怪物，使公眾大吃一驚。我們從電視畫面上也可以清楚看到，他的面孔上佈滿暗灰色的疙瘩，可以肯定他得了怪病。他本人，他的家屬，他的周圍人士，都懷疑他中毒。由於他的總統候選人身分，使得他不得不引起公眾和世界政壇的關注。尤先科中毒現在經各國醫學專家診斷，已經成了不爭的事實。尤先科中毒的情況細節尚未塵埃落定，但是有一些情況已經可饗讀者。

　　尤先科的夫人卡傑琳娜12月10日在回答美國ABC電視臺採訪時說，她十分清楚地記得尤先科發病當晚的情況。「他那天晚上（指9月5日）回家以後我就發現他有變化。我從他的呼吸和嘴唇上感到有問題。我問他是怎麼一回事，他推說沒事。第二天他就病倒了。」先是頭痛和嘔吐，後來又出現了一些其他症狀。臉上是在數周後才出現變化。她說，毒物已經浸入骨髓，但經過醫生的努力，大部分毒物已經排出體外。據醫生說，毒物全部排出體

外後，他可恢復原來的面貌。尤先科的夫人堅信「是那些掌權派不願改變體制而下的毒手」。媒體注意到，9月5日，尤先科曾與烏克蘭安全局局長斯麥什科共進晚餐；當天夜裡尤先科發病。反對派認為，烏克蘭情治部門就是在晚餐上下的毒。

12月11日，奧地利維也納魯道夫菲涅豪斯醫院院長金普菲舉行新聞發佈會，正式宣佈對尤先科診斷的結論，說他到醫院診治時，患有胃炎、小腸炎、胰腺炎、耳炎、肝腫大、面部神經癱瘓；說他中了二惡英毒。這種毒物在他身上的含量是正常人的一千倍。這個結論同時由英法美三國醫生認證。醫生們說幸虧及時救治才不致危及他的性命。專家們說，這種毒物將永遠留在體內，長期對人體造成損害。除能致癌外，還會降低人體免疫力和造成神經錯亂。英國《自然》雜誌報導說，倫敦聖馬利婭醫院的毒理學專家和全國中毒問題情報局顧問約翰‧亨利得出的結論是尤先科中毒。他認為尤先科面部的病狀表明他所中的毒物是一種含氯的化學物質二惡英，因為只有少數毒物能引發這樣的面部病狀。

與此同時，尤先科的警衛主任契爾沃年科說，尤先科一直受到各種威脅，不排除再次受到暗殺。

對於西方醫生的結論，烏克蘭衛生部表示懷疑。俄國衛生部毒性學情報中心主任奧斯塔賓科則表示懷疑尤先科中的毒物正是二惡英。上述維也納醫院的首席醫生維克恰在此時辭職。觀察家們認為醫院內部發生過激烈爭論，對診斷抱有不同觀點。烏克蘭官方更是掩蓋下毒的事實。9月21日，烏克蘭總檢察院曾就尤先科中毒事件立案偵查「殺害國務或社會活動家未遂罪」；10月22日，烏克蘭專家小組發表結論說不是中毒；23日，撤銷立案。奧地利醫生正式宣佈確診尤先科中毒後，烏克蘭總檢察院不得不恢

復偵查此案。

是誰下的毒手？案件至今還在偵察之中，結果還沒有出來。作為政治謀殺事件，特別是在大選之中，自然引起各種猜測。烏克蘭議會議員、尤先科助手雷巴丘克在《早安，美國》節目中說反對派候選人是被「蘇聯專家」放的毒。他還進一步明確說是「克格勃類型的人」。他說，他早在7月底就通知尤先科，說烏克蘭和俄國的前特工人員的情報指出，正在籌劃殺害後者。「我們的消息來源說，很可能會下毒。」另一名反對派議員帕夫連科更直接點名是俄國特工機關幹的。他的邏輯是：「俄國一直反對尤先科，無恥地干涉烏克蘭大選。因此，從主要的懷疑對象名單中不能排除俄國特工機關。」不過，應當注意的是，這些事件和說法都有大選的背景。再說下毒會對尤先科競選有利，並不符合俄國的利益。

由於前蘇聯克格勃曾經把暗殺用為排除政治對手或持不同政見者的手段，這次也難免引起公眾聯想。今年公演的俄國新影片《薇拉的司機》，描寫的就是特工機關在一次戰艦事故中書面下令不要搶救遇險官兵，卻把責任推到一名海軍中將身上。海軍中將把書面命令保存下來，以備有事時可作證。後來特工人員奉命勒死中將以殺人滅口。前保加利亞持不同政見人士馬爾科夫1978年在倫敦就是被毒死的，有一種說法是前克格勃插手過這件事。

尤先科中毒事件引起國際反響遠遠超過大選本身。東西方對中毒事件的立場截然相反。西歐揪住放毒事件不放，目的在於一箭雙雕：既為尤先科爭票，也曝露獨裁政府的惡行。俄國官方機關則強調尤先科只在奧地利做了檢查，中毒的診斷缺乏客觀性，只是一面之辭，一些媒體還提出對中毒說法的疑點，認為如果確如奧地利醫生所說，要麼他早就一命嗚呼，要麼不是在競選期間

中毒。說穿了，雙方都是為了自身集團的利益。

　　俄國極其關注烏克蘭今後的走向，在很大程度上是為了俄國自身的戰略利益。俄國在烏克蘭的經濟、軍事、政治、安全利益，故而孤注一擲。維護俄國在南半球戰略利益的黑海艦隊駐軍烏克蘭克里米亞半島的塞瓦斯托波爾港。美國進攻南斯拉夫和伊拉克期間，俄國正是出動黑海艦隊前往戰區進行觀察，收集情報和顯示武力的。經濟利益也非同小可。首先是輸油管。俄國有數條油管通向烏克蘭的大型石油加工廠，這些加工廠都是俄國石油公司握有。俄烏合資石油企業擁有七成半的烏克蘭石油市場，年值達二十億美元。俄國石油和天然氣假道烏克蘭輸往歐洲。兩國共同開發烏克蘭的天然氣運輸系統。俄國的西伯利亞鋁業集團控制烏克蘭最大的鋁礬土礦。俄國與烏克蘭的安東諾夫飛機設計和製造集團聯合研製開發具有戰略意義的重型運輸機。俄國的鐵路車輛有四成靠烏克蘭供應，特別是俄國急需的鐵路油罐車。烏克蘭的鋼鐵工業非常發達，向俄國提供大量輸油鋼管。俄國的銀行在烏克蘭設有大量分行。俄國企業在克里米亞休養勝地還有不少不動產。尤先科上臺指日可待。他已經公佈了加入北約的計畫，宣佈要重審俄國參加的私有化結果。俄國這次全力支持尤先科的競選對手，只會加快烏克蘭社會的獨立走向。俄國的影響力減弱，成了不可避免的趨勢。一旦烏克蘭擺脫蘇聯後模式，成為真正的民主國家，「橙色革命」之勢不可阻擋。日前羅馬尼亞「橙色革命」成功，就是橙色多米諾效應的開始。更值得注意的是「橙色革命」已經悄悄進入俄國。12月12日俄國憲法節這一天，在野派各政黨已經組織俄國大學生前往烏克蘭首都取經，學習如何組織和推動「俄國要民主，不要獨裁」的俄式橙色革命。一些大學生已經前往華盛頓朝見布希的安全助理賴斯，面領發動「橙

色革命」的機宜。

　　對於這次「烏克蘭案」，俄國一位時事評論家弗拉羅夫已經稱之為「涼戰大演習」。他認為俄國不僅玩輸了烏克蘭戰役，而且將在很長一段時間內失去在烏克蘭的陣地。歐洲價值觀對生活在後蘇聯體制的國家人民有很大的吸引力，因為這些國家（如格魯吉亞和南斯拉夫）的腐敗和犯罪已經使公眾忍無可忍了。公眾的民主呼聲已經壓制不住了。

　　當前查清尤先科中毒事件並不重要，重要的是競選效果已經顯現出來。美國策劃和贊助的顏色革命，作為美國獨霸全球的戰略給後共產主義國家帶來不少問題。

14 烏克蘭大選：「橙色革命的幽靈」在獨聯體遊蕩

2004/12/29

　　史無前例的烏克蘭大選總算塵落埃定。無論是絕無僅有的三輪投票，還是大規模的街頭逼宮，甚至東西方的較量，橙色革命的後果，不是烏克蘭的家事，遠遠超出烏克蘭一國的國界，都為即將逝去的2004年世界大選史乃至新世紀歷史寫下特殊的一頁。

　　烏克蘭的民主派領導人尤先科，以超過半數獲勝，多於對手八個百分點當選。三輪投票，第一輪和第三輪都是尤先科勝出，只有第二輪由免職的亞努科維奇得勝。雖說亞努科維奇拒絕認輸，但要改變大選結果已經無望。這次烏克蘭大選，表面上是代表在野派即民主派的尤先科同代表當權派即保守派的亞努科維奇之爭。雙方都花了相當大的代價。據此間權威的《消息報》稱，此次大選費用，尤先科花了四千六百萬美元；亞努科維奇花了三億九千二百萬美元。亞努科維奇有烏克蘭東部大財團的支持，包括一些趁私有化機會侵吞國有資產的大老，最後還是功敗垂成。大選的深層，是東西方爭取前蘇聯領土上影響的一次大決戰。美國和北約數年前就開始做了大量的工作，「以推動民主的

發展」。他們有計畫地做社會公眾和媒體的工作，社會精英，上層人士，青年，都是爭取對象。為了支持烏克蘭的民主運動，歐盟和波蘭的政治技術專家長期駐紮烏克蘭，抓緊向烏克蘭公眾灌輸改變現狀的意識。競選過程中又有組織地集中支援尤先科一名候選人。另一方面，在這次大選中，正如亞努科維奇向俄國記者訴苦時指出，俄國毫無準備，雜亂無章，對普京總統親自為他站票的做法說，「我們既反對美國的，也反對俄國的干預。」俄國官方授意派去的競選專家，為亞努科維奇出謀劃策。但是，尤先科競選總部自費邀請的俄國專家為尤先科獻計獻策。俄國對抗不住西方影響的內在原因，還在更深的層次，那就是烏克蘭人民反對庫奇馬總統的腐敗政府和集權主義統治。民間的這種情緒一旦用到大選上，必然發酵。「橙色革命」的社會基礎就在於此。

對於俄國的失算，民主派頭面人物蓋達爾認為，克宮選錯了人，支持亞努科維奇是錯誤的。尤先科出生在親俄並說俄語的烏克蘭東部地區，從來沒有反俄情緒，在治理國家方面才幹突出。錯就錯在克宮的出發點是由俄國決定該讓誰來管理烏克蘭。

尤先科將出任下一屆烏克蘭總統已成定局。俄國各派政治勢力都在考慮這場橙色革命。蓋達爾指出，如果老百姓願意維護自己的權利，願意生活在一個民主國家，當權派在選票上弄虛作假，控制媒體，動用武力，都沒有用，烏克蘭有機會成為獨聯體地區最民主的國家。著名政治技術專家馬爾科夫是亞努科維奇的謀士之一，選後表示願意祝賀尤先科當選，說他同尤先科關係很好，對尤先科本人沒有什麼意見，只是對他的團隊有看法。不過馬爾科夫承認，大選證實尤先科得到民眾的廣泛支持；勝利一方團結，失敗一方分散。俄國在野派領袖之一聶姆佐夫全程參加尤先科的競選工作。他認為尤先科的勝利是民主的勝利，是俄國民

主派的勝利。代表官方意見的俄國科學院東歐和獨聯體研究所負責人認為烏克蘭大選造成了一種不好的先例：用組織人群上街的辦法對政府施行打壓，用訛詐手段為某些政治集團利益服務，使一些人肉體上受到威脅。

選後的烏克蘭與俄國的關係是此地熱烈討論的話題之一。俄國官方擔心尤先科會報一箭之仇，在西方策動下執行反俄路線。何況他宣佈加快烏克蘭加入北約和歐盟的步伐。俄國官方，包括普京總統本人一再祝賀亞努科維奇當選。俄國還有人一再指責尤先科是美國的工具。在這種形勢下，俄國不得不努力修補同尤先科的關係。普京總統帶頭表示，先說同尤先科過去有過「正常的關係」，在全國記者招待會上又進一步說同尤先科有著「良好的關係」，願意同烏克蘭人民選出來的任何一位總統合作。俄國各界呼籲尤先科發展兩國友好合作關係。尤先科在這輪投票之前就宣佈，當選之後首先要造訪的國家就是俄國。得知勝出之後立即接受《消息報》記者採訪，暢談對俄關係，安慰俄國，說訪俄意願沒有變化，而且指出，以往的兩國關係是扭曲的，是為一些利益集團服務的。「我很不喜歡俄國鼓動支持一位候選人。這對千百萬烏克蘭人來說是一個重傷口。治癒這個傷口不是一兩個月的事。」不過，「如果你想到的是烏克蘭的利益，那你就得永遠記住，俄國是你的夥伴。」俄國政治人物認為「不會出現戲劇性的事件」。尤先科同聶姆佐夫談話時也表示，願意從頭開始同俄國建立新關係。聶氏認為尤先科是一位講現實的實用主義者，理解進一步發展兩個斯拉夫國家關係的重要意義。因此，他呼籲普京儘快宣佈承認尤先科當選，這是兩國關係受傷之後亡羊補牢的正確和重要的一步。然而普京並不急於表態，名義上是要等烏克蘭中央選舉委員會的正式公告，實際上是要對尤先科施加壓力。

總之，俄烏關係出現新變數是不可避免的。

　　俄國正在從烏克蘭大選中總結教訓和研究對策。俄國的反對派呼籲當局吸取教訓，尊重鄰邦；要求執政者推進民主化，建立公民社會，以利俄國與時俱進。親政府的「統一俄羅斯黨」擔心「橙色革命」蔓延至俄國。特別擔心2008年俄國總統大選時出現群眾性社會運動，衝垮普京指定的接班人，遭到與庫奇馬指定的接班人類似的命運。俄國邊境合作協會戰略策劃部部長謝比揚寧指責橙色革命借助「反憲法」政變的方式奪取政權；這種做法會在獨聯體引起連鎖反應。他說西方的計畫是在俄國四周建立若干個「敵對圈」。已經建立的是第一圈，指波羅的海三國，已經是北約和歐盟成員；第二圈正在建立，指格魯吉亞、烏克蘭、摩爾達維亞；第三圈是美國情治機關正在籌劃類似的政變（指橙色革命）的國家，如阿塞拜疆、烏茲別克斯坦、吉爾吉斯、哈薩克斯坦。第四層是俄國的北高加索地區、韃靼斯坦、巴什基爾斯坦，然後走向秋明州，直指遠東。據他透露，西方情報機關正在此地活動。北高加索形勢加劇與此有關。我們知道，這一圈裡最突出的是韃靼斯坦。其總統沙米耶夫長期掌權，引起公眾強烈不滿，局勢不穩。當地民族主義情緒很濃。不久前地方立法機構要求取消韃靼文所用的俄文字母改為拉丁文，就是明顯的例子。除此之外，同聯邦有雜音的巴什基爾共和國總統是土皇帝。這兩個共和國都自稱是主權國家，聯邦不斷敲打他們的分裂主義情緒。

　　面對「橙色革命」，俄國可以採取兩種截然不同的對策。一種是建立公民社會，推進社會生活民主化，化解公眾的不滿，使俄國成為一個自由昌盛的國家。一種是處處設防，加強集權化，控制媒體，擴大軍備，自我孤立，結果只會加速橙色革命的到來。俄國會不會發生「橙色革命」？是俄國公眾關心的問題。據

俄國中央選舉委員會主席維什尼科夫的意見，俄國不可能發生。理由是俄國的選舉在法制和組織上有充分保障。俄國政府採取的一系列措施也是確保類似事件不會發生，如建立垂直政權，取消地方首長，特別是各州長的直選，強化治安，增加軍費採購新型武器，控制媒體，即「管理下的民主」。評者認為他只說了技術層面，至於發生「橙色革命」的政治和社會原因，諸如民主訴求、腐敗、言論自由、貧困，都沒有談到。

　　「橙色革命」已在格魯吉亞和烏克蘭成功。前東歐集團國家羅馬尼亞民主派已經取得總統大選勝利，採用的也是「橙色革命」手段。「橙色革命」來勢兇猛，一些獨聯體國家領導擔心自己的前途，紛紛向西方表忠心。這方面，摩爾達維亞共和國最典型。它的總統沃羅寧，本地共產黨領導人，原同普京商定簽署兩國合作協定，在普京成行前夕，突然變卦，逼得普京取消訪問。日前他又在共產黨全國代表大會上宣稱已經選定了融入歐洲的路線，「歐洲思想事實上已經成了國家現代化的思想，改革的思想。只有接受這種思想，近期內我們不會出現在鐵幕的另一邊，我們才能站在歐洲發達國家之林。」原來雙方達成的協議，普京的訪問就是為妥善安排俄國的軍事基地，調解親俄的分離主義分子同中央政府的關係。現在沃羅寧表示俄國軍事基地對摩爾達維亞來說是「屈辱的」。他最初以親俄得到俄國支援而上臺，而今由於反對派和西方的壓力，修正外交路線。

　　「橙色革命」已經引起中亞國家的不安。吉爾吉斯共和國總統阿卡耶夫發表演說指出，格魯吉亞和烏克蘭發生的「橙色革命」正在游向中亞；吉爾吉斯共和國正面臨一場政變。他說，據該國有關部門掌握的情報表明，本國的「極端主義分子」正在策劃使用格烏兩國反對派奪取政權的方法，趁2005年吉爾吉斯共

和國總統大選和議會大選的機會，實質上發動一場政變以奪取國家政權。他還說，該國的極端主義分子正同國際恐怖主義組織合作，企圖破壞國家安全和穩定。「橙色革命的幽靈」游向中亞。這些國家的共同特點是政治集權，反對派有一定力量，政府靠鎮壓反對派立足。「橙色革命」一旦引發中國西鄰各國的動亂，難免對中國多事的西部地區安全構成威脅。

15 中俄石油管
春蚓秋蛇

2005/01/17

　　中俄輸油管，猶如春蚓秋蛇，引發出一部起伏曲折的驚險小說，多年來牽引著世人的關注。現在總算有了一個交代，而且是一個令中方失望的結局。俄方沒有實現自己的諾言。在最後由俄國總理簽署的政府決議中，隻字未提中國。這一點，拭目以待的各國媒體都注意到了。

　　2004年辭歲的鐘聲即將敲響，俄國總理弗拉德科夫為了執行普京總統在年底前做出決定的要求，拖到最後時刻才簽字，可見這個決定的難度。有趣的是，這項決議中原有「修建通向中國的支線」一條竟然「失落了」。現在正式透露出來的方案是從伊爾庫茨克州的泰伊舍特市經阿莫爾州的斯克沃羅丁諾鎮到太平洋邊納霍特卡附近的別列沃茲納亞港。年輸油能力為八千萬噸。目的是通過這條輸油管向亞太地區各國出口俄國的能源原料。

　　這條輸油管的走向，四年來反反覆覆，從最初的安大線到安納線，到最後的泰納線，經過無數次的討論，國家安全會議在普京的主持下不止一次專題研究線路走向，遠東各地區行政首長，以至各大媒體各黨各派，都各抒己見。從始作俑者尤科斯公司為

獨占向中國輸出俄國石油的市場，到地緣政治學家和戰略家，都參加了討論。一錘定音，落在泰納線上。在決定走向的全過程中，可以看出，一條油管牽引多少利益，把輸油管看成單純的商業行為，正是當年中國失算和處處被動的緣由。

俄國國家安全會議討論內情，曾在媒體上透露出來一些。修建泰納線的著眼點是開發日益急需挽救的俄國東西伯利亞和遠東地區的經濟。俄國的遠東地區離經濟發達的歐洲地區太遠，運輸距離過長，給俄國東西部經濟交流增加大量成本。隨著俄國經濟下滑，以軍工為主的遠東地區失業情況嚴重，生活水準下降，大批居民移向歐洲地區，給俄國造成國家發展的嚴重失衡。除開發第二條西伯利亞大鐵道巴姆線外，泰納線將是帶動俄國遠東地區開發的重要戰略安排。修建油管沿途的基礎設施和油管本身，將會給這個地區增加大量就業機會，人口西移的傾向必然緩和。巴姆線沿途正在開發，據說沿線有大量礦藏。泰納線和巴姆線是俄國啟動遠東經濟發展的兩顆重要的棋子。對於俄國今後相當長時期內要靠出口能源過日子，在決定油管走向時經濟考慮是重要的一條決定因素。泰納線直通太平洋口岸，石油出口對象擴大到整個亞太地區，首先是中日韓三大石油進口國，進一步可達美國和加拿大，相比之下，安大線對俄國來說就遜色很多。無論是土爾其還是白俄羅斯，甚至烏克蘭，都發生過輸氣管和輸油管因價格問題而出現被臨時切斷的情況。當然，俄國不願在遠東再發生類似事件。泰納線則全線握在俄國手裡，這是主要的考慮。

俄國的戰略家透露出俄國在遠東的戰略設想，是建立多極世界以對抗美國一家稱大。聯合中國對付美國，包括倡議俄中印三國聯合，都是針對單極世界的。俄國大量武裝中國軍隊目的之一，也是使中國有一定的軍力來抗衡美國。目前出售給中國的

武器，大部分是遠東地區生產的。不過，俄國在售華武器的方針上，仍看出留有餘地的做法。為了俄國自身的安全，提供給中國的武器比俄國自己軍隊的裝備要遜色一個檔次。令俄國領導人不放心的是中國的崛起。去年普京突然跑到遠東中俄邊界視察軍事演習，就很值得玩味。俄國輿論界在一定機關的導向下，一而再再而三地鼓吹中國有意識有組織有計畫地向俄國遠東移民，一些媒體津津有味大談中國「移民威脅」。這些大部都是不實之詞。濱海邊疆區州長達爾金正式表態說，中國移民只有數百人；弗拉迪沃斯托克的遠東研究所中國問題專家拉林指出，濱海地區只有七百名中國人落戶，可見少得很。但是這種心態已經在當地形成，民間反華的情緒相當濃厚。俄國中央級電視臺的節目可以作證。為了防止中國反戈一擊，俄國在遠東採取聯合日本以冶華的戰略。日本為了牽制中國，動員俄國改變修建安大線的初衷。日本大量官方人士，包括外相、防衛廳長官，到遠東地區各州去說服各級俄國官員，答應投資上百億美元以開發當地經濟。還答應一旦確定安納線即負責投資修建。對俄國來說，又是一個誘惑。俄國對此寄於很大期望。加上日本已經在戰略防衛計畫中將俄國從假想敵名單中撤下來，只保留中國和北朝鮮作為假想敵。因此俄國對聯日制華這一著棋子看得很重。遺憾的是，世事並非處處可以如願。

　　元旦過後，日本外相訪俄，為今年普京訪日進行磋商。此前俄方表示願意同日方討論歸還北方領土中的兩座島嶼之事。日方對俄方承認存在領土問題表示歡迎，但堅持要求歸還全部四島。北方領土是俄日改善關係的絆腳石。這個問題不解決，俄日關係很難有重大突破。這一點俄方可能估計不足。俄國工業和能源部長赫列斯堅科於元月14日會見到訪的日本外相時，專門同他討論

泰納線輸油管問題。原訂會談三十分鐘，結果談了一個半小時。原訂會談後外相要向記者發表談話，結果沒有露面。俄國媒體普遍認為這不是好兆頭。果不其然。俄方試探日方投資一百一十到一百六十億美元修建泰納線，日方只「表示對這個問題有興趣」，根本不提當年誇下的海口，搞得俄方十分難堪。俄方還表示會提供稅金優惠，並舉土耳其投資修建通向該國的「藍色天然氣」管道時，曾提供近十億美元的稅金優惠，儘管全部投資只有三十二億美元。這次提供的優惠將大大超過。但是未能說服日方。眼見赫列斯堅科非常不滿意這次會談。他會後撂出話來，說「我們無所謂，從哪方面吸引資本修建這個項目，外國的也好，本國的也好。」這種無可奈何的說法，正是表達對日方的不滿。日俄兩國的經濟往來並不多。兩國的貿易額只占俄國對外貿易額的3%（八十五億美元），日本在俄投資不足外資的1%。日方如果拖下去，反而會給中國造成新機會。

儘管中俄兩國政府曾就向中國修建輸油管一事達成過協議，俄國歷任國家和政府領導人多次表示考慮中方的需求，但是最終方案沒有直接提到修向中國的決定。但是明確表示考慮到修向中國的支線問題。最終方案第一階段的終點是離中國邊界不遠的斯柯洛沃丁諾鎮。這個小鎮離中國邊境只有七十公里左右。但對中國來說，同經滿洲里的走向相比，地形要複雜得多，費用也相應增加。按現在確定的泰納線方案，年總輸油能力為八千萬噸，其中包括輸向中國的三千萬噸。

消息人士說，俄國制定的2020年能源戰略中設有修向中國的支線。三千萬噸的穩定出口市場和有支付能力的買主，自然對會做生意的俄國人來說，吸引力很大。促使俄國最終要考慮中國支線的原因，不言而喻，包括中國緊急制訂國家能源戰略計畫和能

源來源地區多樣化的戰略決策。中國人懷揣大錢，在南美在北非在中東在亞太多方收購石油公司，對俄國是一個相當強的刺激。中國傳來在本國大陸架探得巨大油氣田的消息，引起俄國能源界的震動。不少人擔心，俄國如果老是給中國難堪，俄國的石油由於品質差，難免被中方邊緣化。即使在目前，俄國石油已經不是中國的唯一選擇。近期又傳出赫列斯堅科建議中方購買擁有尤甘斯克石油公司的俄羅斯國家石油公司二成股票的消息，這也是俄國對華能源政策的一部分。同以前相比，進步之處是俄國開始放中國資本進入俄國石油業，在此之前，中國在收購俄國石油公司方面總是碰壁。中方汲取以往教訓，不著急表態。何況俄方也向印度提出類似建議。將來是幾馬同槽，還不清楚。另一個來自俄國的資訊是俄國不會容許外國公司控制俄國的能源公司。中國被迫放棄收購斯拉夫石油公司便是活生生的前車之鑒。尤科斯遭滅頂之災，原因之一，就是俄國擔心這家影響國家命脈的石油公司落入美國人之手。

中俄石油管道的前景仍待觀察，但中國已經汲取了相當豐富的教訓，從認清能源對中國發展的重要性到緊急制訂能源戰略，到放手各處進行能源投資，都是這幾年的成功之處。至於俄國，還是要考慮其特點，制訂對俄能源策略。對中國來說，除加快開發水電、火電、核電之外，西方正在進行的新能源開發工作，中國不可錯過。

16 布希將了普京
一軍

2005/02/26

　　國際公眾議論良久的美俄峰會終於落下帷幕。人們一直關
注國際社會裡這一對歡喜冤家，布希和普京，在峰會中各自都能
祭出什麼樣的法寶來為自已的政策和觀點進行辯護。布希上臺以
來，採取咄咄逼人的強硬戰略，把俄國視為自己利益所在的獨聯
體成員，一個接一個地接收了過去，這個態勢還在美國的策動與
支持下向前發展。布希聲稱，當前的目標是正在進行大選的莫爾
達瓦共和國，下一個是俄國的軍事夥伴白俄羅斯。布希在第一任
期內不顧俄國反對占領了伊拉克；目前又要對伊朗蠢蠢欲動，勢
必損害俄國的利益。對於俄國的內政，布希不時發出一些資訊，
表示對普京的不滿。但是兩國和兩位領袖又需要對方的支援，何
況確實存在共同的戰略利益。這表現在這次峰會中達成的一系列
共識。例如，聯合反恐；反對核擴散；能源合作；俄國參加世貿
組織。

　　九一一事件以後兩國在聯合反恐方面做了不少工作，雙方
交換有關國際恐怖主義活動的情報，互相支持對方的反恐行動。
這次峰會期間雙方簽署了唯一的一項協議，加強對手提防空導彈

系統的監控。雙方特別重視這一點，因為兩國在反恐作戰中都有戰機遭到這類防空導彈的襲擊。恰在此時，烏克蘭又出了緊急情況，一批手提防空防空導彈系統從克里米亞的軍火庫裡不翼而飛，搞得美國非常緊張，唯恐落到伊拉克去。當然兩國在這個問題上也互有指責。俄國指責美國有些人推行雙重標準，容許車臣恐怖主義分子的代表在美國活動。美國則指責俄國在車臣有人權問題。

反對核擴散，保持雙方在國際上特有的超級核大國地位，是兩國首腦的共識。峰會期間，普京不無自豪地宣佈，說俄國具有三位一體（空中、陸地和海上）的核打擊能力，而且說，只有美國有同樣的核武庫。這次峰會達成的一項重要共識是反對伊朗和北韓擁有核武器。布希行政當局已經放出話，不排除空襲伊朗核工業基地的可能性。俄國堅決反對美國對伊朗動武。俄國正在伊朗建設核電站並提供核燃，美國特別關注俄國是否向伊朗提供可用於軍事的核技術。據俄方參加峰會的人員透露，美國不反對俄國同伊朗在和平利用核能方面合作。

能源合作，符合俄美雙方利益。俄國靠輸出大量的石油和天然氣養活自己。美國靠大量進口石油過日子。兩國簽有能源合作宣言。美國對俄國的液化氣很感興趣。雙方同意加大這個領域的的投資。不僅如此，普京還透露，雙方正在加緊共同研發利用貧鈾礦的新形式核能源。

俄國專家認為，俄參加世貿最難談的對手之一是美國。因此，俄國對這次峰會就俄國參加世貿問題達成的共識表示歡迎。雙方宣佈，2005年雙方將完成俄國參加世貿問題的談判，並且不排除今年俄國進入世貿。聲明還說，俄國參加世貿，有助於「更全面的融進全球經濟，改善行政和投資環境」。布希在布魯塞爾

表示，俄國參加世貿，應當有助於俄國的民主發展。不過，俄國耿耿於懷的是美國至今沒有廢除傑克遜修正案。

布拉提斯拉瓦峰會最引世人關注的是布希對普京就俄國民主化的進程會說些什麼。遠在峰會之前，近半年來，美國一直批評普京推行的政治改革；一直公開指責普京領導的俄國行政當局的所作所為。美國一些國會議員甚至要求把俄國從八國集團中開除出去，理由之一就是俄國離開了民主化的道路。因此，俄國的民主狀況成了這次峰會的關鍵話題之一。普京上臺以後，一方面聲稱堅持民主發展的道路，一方面提出整頓國家。首先從「改造」媒體開始，通過「經濟手段」把古辛斯基控制的獨立電視臺轉到國營天然氣總公司手下，把古辛斯基趕出國。獨立電視臺一批具有獨立見解的節目主持人和領導層失去了講壇。具有象徵意義的是獨立電視臺唯一留下來的重要專題節目《言論自由》，也已取消。這套節目的特點就是參加者可以臨場發揮，除了發言時間限止外，可以暢所欲言，各種觀點均可公告於眾。這裡多次批評政府和普京，引起當局不滿，因而遭到滅頂之災。別斯蘭慘案發生後，普京立即宣佈進行政制改革，首先取消州長直選，改由總統提名州議會通過，進一步把權力集中在自己一人手中。尤科斯一案，俄國當局一再說是逃稅案件。政治評論界紛紛指出其中的政治背景是尤科斯老闆支持普京的反對派。從右派力量聯盟到俄共在國家杜馬大選中都得到尤科斯的資金支持。政府整肅尤科斯意在一箭數雕。此次峰會之前，布希先是隔洋打招呼，表示要同普京深入討論俄國的民主化進程；臨陣之前又在布魯塞爾喊話，口氣非常強硬，直接要求俄方「重審自己對待民主和法治至上的態度」。甚至連美國的媒體都感到吃驚。《紐約時報》表示沒有人預料到布希對俄國民主改革進程放慢和壓制反對派會這樣公開表

示不滿，特別是在峰會前夕。俄國一些持獨立見解的媒體對俄美關係也表示悲觀。《Gazeta》電子報涅格林娜的署名文章說這是布希對普京的挑戰，「普京和布希的友誼完蛋了」。作者指出，布希有史以來頭一次指責普京，說俄國沒有反對派，沒有言論自由，沒有法治。各國公眾都注意到布希的一句教訓普京的話：「要想在做一個歐洲國家方面取得進步，俄國政府應當回到民主和法治的道路上來」，「我們承認，改革不是一夜之功，但我們永遠提醒俄國，我們的聯合是立足於言論自由、有活力的反對派、分權和法治至上」。

值得注意的是布希提出法治、三權分立和反對派的生存問題。按照傳統觀念，這些都是民主社會的柱石。布希提出這些問題，自然引出一個聯想：俄國還是不是一個民主國家？

對應布希的挑戰，普京有備而來。先是通過應答斯洛伐克媒體訪談，擺出應戰的態度，以攻為守。他說，「在所謂民主發達的國家裡，這個民主也有很多問題。」「我們的夥伴回答我們說，我們明白，是的，有問題，不過我們這裡已經成形了。大家都習慣了，最好別去動了。你們知道，非洲曾經有過一個政治家，博卡薩，他習慣於把自己的政敵都吃掉。可是，你們知道，我們並沒有說什麼也別改動了。」這裡普京提出俄國當局「只是使民主的基本原則適合於俄國的現實。而且由我們自己來完成。」在普京的論說中，這種民主不同於美式民主。此話一出，立即引起俄國媒體的廣泛議論。權威的《消息報》頭條通欄大標題是《俄國的特殊民主》。

什麼是俄國的特殊民主？普京的解釋是，不是上街的民主，而是法治，是在現行法律的框架之內的民主。在「我們遵守民主的基本原則」的同時，「應當適應俄國社會當前發展的階段、我

國的歷史、我國的傳統」;「各國都有自己的民主體現,但原則是文明社會共同制定的」;「貫徹民主的原則不應帶來國家崩潰和人民的貧困化」;「民主不是無政府主義,不是無法無天」;「在俄國加強民主不應當敗壞民主的概念,而是要改善人民的生活」。就俄國的現實生活來說,普京承認上一代人,戈巴契夫和葉利欽,給俄國人民帶來了自由和民主,但也造成了蘇聯的崩潰和人民的貧困化。這是他同俄國前領導劃清界限的理由。他發展民主的做法是加強政權的垂直化,大權獨握,限制直選的範圍,加強樹立國家的正面形象,加強國家對電視的控制,即此間評論界所謂的「管理下的民主」,也是反對派所謂的「集權下的民主」。如果說俄國一點民主也沒有,也是不符合實際的。媒體批評政府的言論天天可見。點名指責普京的做法隨處可見。人民在法制框架下正常行使集會結社的權利。不滿政府的遊行示威此起彼伏。要求政府下臺的議案可以在國會裡提出和進行討論。打倒普京的口號並不罕見。吹捧普京的人也有自己的自由。普京宣導的俄式民主內容,在俄國社會引起不同的看法,對一個多元化的社會來說,十分自然。俄國公眾的社會意識由於物質生活不盡人意,俄國失去超級大國的地位,引出失落感,激發濃郁的懷舊情緒,民族主義情緒抬頭。普京要重振俄國雄風,正適合社會上的這股思潮,因而他的民調一直居高不下,支持率達六成半,可以說是俄國一些社會階層認同他的民主觀。

普京和布希在峰會中討論俄國的民主發展問題,在公眾場合裡兩人一再互表友好和信任。布希甚至說,普京是說到做到的人。普京則在大庭廣眾之下,保證不走回頭路,不會退回到集權主義。普京承認是俄國人民選擇了自由,這就是不會退回去的保證。他在峰會後的記者招待會上公開聲明:「我們並不打算想出

什麼獨特的俄式民主，我們將遵守世界上一般確立的原則。」這番宣言可以說是對布希沒有公開批評卻大大讚賞普京的回報。布希則呼籲公眾相信普京的保證：不搞與眾不同的民主。布希達到了目的。

Headline 17 吉爾吉斯：中亞變天的頭一炮

2005/03/26

政權更替的浪潮滾到了中亞。筆者曾經指出，橙色革命的幽靈正在前蘇聯大地上遊蕩，中亞首當其衝的就是吉爾吉斯共和國。但是，吉國政權更替之快，大出人們之料，也大出俄國預料。俄國在吉國駐有空軍基地，吉國又是以俄國為首的集體安全條約組織成員，俄國瞭解吉國總統阿卡耶夫執政的情況。年初，阿卡耶夫曾訪問莫斯科，與普京商談如何對付吉爾吉斯正在鋪開的「天鵝絨革命」。今年以來，吉國的政治形勢因舉行議會大選而白熱化。原本分散的反對派，前總理巴基耶夫（現任代理總統）、前國安會秘書和兩名前外長簽署聯合聲明，要在大選中一致行動，對付阿卡耶夫。競選過程中，美國、歐盟和歐洲安全與合作組織駐吉國代表支援反對派，引起阿卡耶夫和俄國的關注。但是，阿卡耶夫為了保住寶座，也同美國調情。議會競選期間，他首次參觀美國駐吉軍事基地，表示參加美國領導的反恐聯合，決不動搖。此事引起俄方不悅，特別邀請反對派領袖巴基耶夫訪俄進行秘密會談。俄國安會秘書親自接見，表明俄國可能持中立態度。因此，可以說俄國這次是有備而來。吉國政權更替的全過

程中，俄國一直保持一定距離，冷眼旁觀。雖說俄在吉國有駐軍，但沒有採取任何行動去救阿卡耶夫。普京在對吉國事件正式表態時指出，吉國政局變化，是政府軟弱無能和腐敗，社會經濟問題嚴重的必然後果。普京已經同新任代理總統巴基耶夫通過電話，表示希望吉國新政權儘快穩定局勢，同時應巴基耶夫要求，答應提供春耕物資，以支持吉國新政府。

吉爾吉斯變天，導火線是不久前舉行的議會大選。阿卡耶夫為鞏固自己的權力，近來一個時期排斥異己，把大量政敵解職的解職，關押的關押，把中亞封建王朝的做法引入原本相對民主的政治。這次大選中，他在老婆的支使下，用舞弊的手段，把自己的女兒、兒子、大舅子小舅子統統塞入議會，從而引起巨大的民憤。更深一層的起因則是國家經濟和社會發展停滯不前，人民生活十分艱難，處於水深火熱之中。職工月退休金只有七美元。阿卡耶夫的女婿利用特殊地位，成了吉國的大富豪，許多大商場和超市都是他的財產。由此而產生的各個家族利害衝突成了變天的動因之一。吉國由天山山脈一分為二，北部和南部。北部經濟比較發達，首都比什凱克即位於北部。南部的經濟落後，形成北富南窮的局面。再加上阿卡耶夫提拔北方出身的官員，排斥南方人士，南北之間的地區矛盾十分激烈。南方大城市奧希市正是這次民間革命的發源地。南方群眾在反對派的鼓動下用暴力強占地方政府。當地軍警沒有介入。南方群眾乘勝前進北方，進而占領首都和中央政府。阿卡耶夫倉皇出逃。統治吉爾吉斯十五年的阿卡耶夫王朝畫上了句號。

十五年對一個宣稱是民主國家的政府來說，執政時間太長了，何況治理國家的成績無從談起。95%以上的國民在生存線上掙扎。正是這些人支持這場「鬱金香革命」。俄國權威的《消息

報》社論指出，這是一場抗議不公平的暴動。雖說吉國的革命伴隨著趁火打劫，有流血抗爭，但引發這次革命的原因同格魯吉亞和烏克蘭革命一樣，後蘇聯形成的社會體制不公平不合理，民主革命的任務並沒有得到解決。一頭是廣大群眾日漸貧困化和對民主化的失望；另一頭是掌權者的自私和短視，表現在政治上的氏族化和經濟上的家族化。該報警告說，如果政權的精英不面向老百姓的利益，民主的外部表現，競選和相對的言論自由，就會變成擊發裝置。那樣的話，吉國的革命將不是最後一次，吉爾吉斯的流血也不是最後一滴。

外部勢力對吉爾吉斯政局的大變，在俄國有不同的評論。一種說法是西方民主國家長期支援當地的民主化進程，同反對派保持密切接觸。西方曾經對阿卡耶夫抱著很大的希望。阿卡耶夫不是前蘇聯官僚出身，而是知識分子，有一定成就的物理學家，有著科學院院士的稱號。在中亞各國執政者中間是比較民主和傾向西方的人物。阿卡耶夫領導下的吉國是中亞率先加入世貿的國家，又是率先向美國提供軍事基地的國家。西方這次竟然從阿卡耶夫開刀，引起不少人的困惑。阿卡耶夫2003年10月在莫斯科發表演說時曾指出，中亞是俄中美三大國利害的交叉點。西方在中亞各國選擇吉爾吉斯為突破口可謂老謀深算。吉國在中亞各國是顯得最民主的國家。反對派在吉國有相當大的活動空間，率領反對派的人物在吉國政界有著深厚的根基。其他中亞國家都是集權統治，鐵腕政府，容不得反對派發動大規模的反政府行動。反對派如走上街頭，必然遭到血腥鎮壓。吉國政府則是一觸即潰，連總統都逃之夭夭，更何況各級執法機構，樹倒猢猻散。因此，歐盟一些駐吉國的大使館和歐洲安會與合作組織代表在整個過程中與反對派保持密切聯繫。插手格魯吉亞和烏克蘭革命的美國人

和格魯吉亞的政治界人物都轉戰吉國，為這次革命「提供優質服務」，使西方穩操勝券。

據此間媒體透露，俄美雙方有一項共識——不管什麼顏色的革命，只要不是綠色的即可。兩國都擔心伊斯蘭勢力抬頭。國務卿賴斯說，「基本事實是俄國周邊的空間正在變化，而且是透過民主的方式。」她還說，「這只是一個開端。」這番話說明美國的目標遠不止吉國。俄國議會聯邦院國際委員會主席馬爾格洛夫表示俄國接受任何顏色的革命，除了綠色革命以外，就是說不容許伊斯蘭基本教義分子掌權。

應對美國在後蘇聯地區咄咄逼人的政策，中亞各國已經動起來。哈薩克斯坦宣佈修改選舉法，將禁止在競選活動結束到正式公佈選舉結果期間舉行群眾大會、遊行示威等等。同時，哈薩克斯坦領導從吉國事件得出教訓，不能讓社會問題累積到危機水準，政府不能表現軟弱。俄國邊防部隊將把駐塔吉克斯坦的安全培訓中心移交給塔國，讓塔國早做準備，加緊培訓防暴人員。後蘇聯地區的一些集權政府心有餘悸，加緊鎮壓反對派。白俄羅斯動用防暴員警驅趕抗議政府稅收政策和要求釋放反對派領袖的遊行群眾，執法機關審訊示威領導人。

吉國革命有美國的背景已是不爭的事實。那麼，美國的戰略目標是什麼？俄國論者認為除削弱俄國在後蘇聯地區的影響力和控制整個中亞外，主要目標還是中國。俄國邊界地區合作協會的戰略研究專家索比亞寧認為美國的目的是控制多事的新疆喀什地區，遏制中國的發展，在中國的西部邊陲製造麻煩。吉國事件已經直接影響到修建中吉烏鐵路和電力能源進入中國的輸電線。烏茲別克等中亞油氣管道也會受到影響。從地緣政治角度來說，吉國一有動靜，就必然殃及中國邊境安全和中國打擊疆獨及東突的

事業。

　俄共領導人久加諾夫譴責吉國政變。他說，吉國事件是一場悲劇，「事件的進展非常可怕。沒有實際的政權，民警跑散了。結果到處是趁火打劫，所有的政權機關被打碎了。總的來說，是一場悲劇。」俄國外交部長拉夫羅夫與歐盟負責外交和安全事務的高級官員索拉納就吉爾吉斯事件發生衝突。索拉納說吉國的選舉不符合國際標準，因而加劇了當地的緊張局勢。拉夫羅夫則指出這番話缺乏「建設性」。俄國關注事件的發展，重要原因之一是當地有不少重要的俄國軍事基地，包括空軍基地、海軍水雷靶場（伊薩克湖）、戰略導彈部隊的通訊和地震監測系統。

　吉爾吉斯的這場革命是不是民主革命？還要拭目以待。

　吉國著名作家、現任吉國駐比荷盧三國大使艾特馬托夫認為吉爾吉斯進入了新的歷史時期，根除腐敗，「這是首要任務」。他呼籲大融合：地區融合、中亞融合、歐亞融合，「這是中亞的未來」。

18 普京：
民主化是正道

　　普京今年的國情咨文是國內外政治形勢的產物。據俄國媒體透露，國情咨文曾在總統行政班子裡經過激烈的辯論，最後自由派大勝。自由派包括總統行政首腦梅德維傑夫、副首腦蘇爾科夫和舒瓦洛夫。諮文中重點強調民主化和個人自由，有其國內原因，也有國際因素。

　　國內方面，要求加快民主化進程的呼聲日漸深入民心，批評普京過於集權的浪潮從未停止，潛在的民族主義對抗引發分離主義傾向日漸尖銳，國家財政收入穩定增長，經濟發展趨勢向正面發展，政府當局同工商業巨頭的矛盾已經妨礙國民經濟的發展，資本外流增加，都促使普京重新思考施政方針。今年以來政府採取的經濟改革措施，集中在如何將社會福利的負擔轉嫁到老百姓頭上，取消實物福利，改為不能補償的貨幣福利，以及提高公用事業收費，引發全國各地的抗議示威遊行。聯邦議會要求政府辭職的呼聲此起彼伏。據《Forbes》雜誌統計，俄國三十六名富豪擁有一千一百多億美元的財產，占國內生產總值的二成四。同時，二千五百萬俄國人月收入不到八十七美元。高加索地區分離

主義分子活動加劇。巴什基爾共和國不久前出現反對派的活動，並自稱是「綠色革命」。下新城的穆斯林抗議當地政府只撥款給東正教教會，違反憲法規定的各宗教一律平等的原則。莫斯科市長盧日科夫甚至說，「顏色革命」可能在俄國發生，原因是貧富差距已經要用十億美元來計算。

外部來說，自從普京提出加強垂直行政體系，別斯蘭事件之後提出一系列集權化的政改措施，動用執法和稅務機關打擊政治對手，放任用經濟手段整治媒體，引起國際社會的激烈批評。美國布希總統一而再再而三地批評普京政府的去民主化傾向。賴斯以國務卿身分首次於4月下旬訪問莫斯科。訪問前，她就俄國形勢發表了代表美國的看法。她說，美國的原則是推動俄國的民主化，「削弱其他行政權力，包括國家杜馬和獨立司法的權力，把權力集中在總統手上，肯定引起非常不安。」她提到普京新的州長選舉辦法（由選民直選改為總統提名州議會通過最後總統任命）──修憲以便普京得到第三任期。她特別強調指出俄國沒有獨立的電子媒體。不過她也指出，俄國要退回到集權主義是不可想像的，因為俄國人已經享有公民權力。她建議布希不要「隔離俄國」，不要觸怒普京，免得失去重要的反恐同盟軍。她在訪俄前夕會見美國報紙出版商的新聞記者會上說，「我們大家都希望看到一個民主的、精力充沛的、繁榮的俄國。這符合我們的共同利益。美國的政策在於使俄國接近西方，使莫斯科繼續朝著民主和開放的市場經濟前進。」賴斯在會見普京之後，又對媒體說，「為了加深美俄關係，為了使俄國充分發揮潛力，必須走民主發展的道路，權力不能過於集中在總統手裡。」與此同時，美國國會有一幫人繼續堅持要將俄國從「八大國集團」裡開除出去，理由仍然是俄國脫離民主和企圖影響周邊國家的大選。除了美

國的施壓外，俄國周邊國家，即獨聯體成員國發生的「顏色革命」，特別是俄國在烏克蘭大選中嚐到的苦果，連續失去對格魯吉亞、摩爾達維亞、吉爾吉斯的影響力，也是一種政治壓力。是被動挨打，還是主動順著歷史潮流向前，正是普京確定國策的參照。

普京在前幾次國情咨文中就國家民主化和政制改革問題發表過意見。2000年7月8日：「我們諸多失敗的根子在於公民社會不發達，在於政權不善於同公民社會對話與合作。目前還難於解決個人自由的價值與國家利益之間的似是而非的衝突。」2002年4月18日：「目前的基本任務是創造條件，使俄國公民能夠掙錢。為此，首先要大大改變國家機構的工作體系。」今年的國情咨文，有了相當大的跨越。

普京首先提出建國的方針，「自由人的自由國家」，「對當代俄國來說，民主的價值不低於經濟任務」。這方面，他提出三大關鍵任務：發展國家（體制）；鞏固法制和政治體制；發展公民社會。「我們沒有計畫把國家交給效能很差的腐敗的官僚。」他狠批官僚，指責他們已經成了「封閉的傲慢的官員幫會，他們把公務看成是做生意。」因此要大力開展反腐鬥爭。加強社會院的權力，特別是監督各國營電視頻道遵守言論自由原則情況的權力。普京提出，國營電視應當保證議會各派都有平等的發言機會，同時建立議會進行法定調查的機制，發揮議會監督行政的權力，發揚公民機構實行社會監督和參政的積極性。加強國家機關的透明度，也是這次作為民主化的政策之一。選民的知情權是民主社會的標準之一。任何公民都可以要求官員提供真實情況。總統可以提名地方大選中獲勝的政黨代表出任州長，增加民選的涵意。總統行政首腦梅德維傑夫指出有些媒體認為普京說到自由民

主的價值是外交辭令。他說應當看得廣一些。「社會上出現了對價值問題的嚴重關注，已經要求闡明價值體系。國情咨文就是對這個問題的回答。自由和民主是我國社會得以進一步發展的基礎價值。這份國情咨文主要談堅守這些價值，是總統本人的意願。」

發揚民主價值和建立自由民主社會，要靠市場經濟作後盾。普京在國情咨文裡提出一些具體措施。提高工資，三年內增加五成；禁止稅務機關搞「稅務恐怖活動」，將稅務責任從十年期縮短為三年期，包括私有化合法性檢查期；大赦逃往國外的資金，只要繳納13％的所得稅和將資本轉入開在俄國銀行裡的戶頭即可免於追究；不設追究所欠稅款的計畫額，以助企業可以穩定發展；明文公佈不容許外國投資的企業名單，以防官僚隨意擴大和敲詐勒索外國投資商；取消遺產稅；保護私有制；改善兒童教育條件，提高兒童出生率。

普京的第六次國情咨文，一共讀了五十分鐘，總共獲得了創記錄的二十七次熱烈掌聲。咨文照顧了左中右三派的利益，自然獲得掌聲。權威的《消息報》評論說，無論從術語來說，還是從提出的一些步驟來說，這次具有意識形態和指導意義的咨文，都是相當「自由主義的」，特別在涉及普通老百姓利益方面，更是不同凡響。該報記者重點指出，在普京談到俄國是「自由民族」，批評政府工作不力，支持國外俄僑，要求全國電視在最大限度上擺脫「集團影響」，提高工資，掌聲特別熱烈。該報社論稱普京的咨文是「帶有人性面孔的自由主義」，是為自由主義平反，還專門引用了普京的話：「我們的出發點是，國家不僅需要民主的程序，而且經濟上也是有好處的。」著名政治學家布寧認為，在俄國權力垂直集中的形勢下，唯一能促進俄國現代化的途

徑就是自由主義的改革和民主化。這樣才能限止官僚的胡作非為。普京堅持民主化的道路說明他意識到官僚幫會對國家發展的威脅。獨立電視評論員彼得羅夫斯卡婭一針見血地指出，普京已經看出俄國各大全國電視頻道喪失了言論自由，封閉了全部自由表達政見的節目和趕走了這些節目的主持人。普京已經不信任各大電視頻道的負責人，提出要由社會公眾監督電視。

Headline 19 俄國電影的永恆題材

2005/05/09

　　俄國人民牢牢記住先輩捍衛祖國的歷史功績，從不為一時的經濟或政治利益而忘記那四年的苦難和浴血奮戰的經歷。衛國戰爭成了俄國電影藝術說不完道不盡拍不全的題材就不足為奇了。近六十年的蘇聯和俄國電影藝術與衛國戰爭分不開，年年都出現描繪衛國戰爭的影片。令人驚奇的是，四年的事，拍了近六十年，仍然拍不完，成了名符其實的永恆的主題和素材。今年為慶祝衛國戰爭勝利六十周年，俄國第一電視臺推出「六十部戰爭影片」的專題回顧展，從戰爭前夕到現在，精選影片在黃金時段播出，滿足各個階層各個年齡段各個政治派別的不同需要，為多元社會所接受。四十年代的《望穿秋水》、《兩名戰士》、《偵察員的功勳》和《莫斯科的天空》，五十年代的《雁南飛》、《五月之星》，《戰士們》和六十年代的《生者與死者》、《復仇》、《遠離祖國》和《戰士的父親》，七十年代的《這兒的黎明靜悄悄》、《解放》、《沒有戰爭的二十天》和《餘生之戀》，八十年代的《合法夫妻》、《特務分隊》、《明天爆發了戰爭》和《德黑蘭，四三年》，都在這次紀念衛國戰爭六十周年

期間重上俄國銀屏。九十年代以蘇聯作家瓦西利耶夫的小說《未列入名冊》改編的電影《我是俄國士兵》得到好評，至今仍在上演。到了新世紀，俄國電影進入一個復興時期，年產故事影片一百部左右。在全民準備慶祝衛國戰爭勝利六十周年期間俄國電影界沒有讓俄國觀眾失望，拍出一大批令人注目的新影片。

六十年來，衛國戰爭題材在蘇聯和新俄時期的電影中，取得了許多成就，出現了不少問題，經歷了許多變化。四十年代，戰爭進行時期，蘇聯電影以粗線條正面描繪蘇軍戰士和基層軍官的浴血奮戰和大無畏精神，藉以鼓舞士氣。這在國家生死存亡的關頭，是非常及時的。四十年代的影片主線如此。不過，我們仍然可以看到像《望穿秋水》這樣的抒情片。五十年代蘇聯出現意識形態的解凍，破除個人崇拜，導正人民在國家歷史發展進程中的作用，從新的視角觀照衛國戰爭。蘇聯電影出現了戰爭扭曲人生和人的命運的新題材。《雁南飛》、《晴朗的天空》和《一個人的遭遇》這樣的影片應運而生。這些現實生活中的活的事實，人們是十分瞭解的熟知的，不過只能限在「廚房裡」交談而已。六十年代，突破只從一個人的命運來觀照衛國戰爭的局限，出現了從較大範圍較高視點思考這場戰爭的影片，如《生者和死者》，在影片中展示無辜受到史達林清洗，但得到平反，重返前線指揮作戰的謝爾皮林將軍的命運。與《一個人的命運》不同，這裡涉及到整個戰爭的勝敗和史達林的歷史責任問題。七十年代，蘇聯電影提供的衛國戰爭畫面更廣闊，既有《這兒的黎明靜悄悄》，描寫一個小分隊但具體到每個人的命運的影片，也有像《解放》和《自由戰士》這樣繪製大場景的作品。八十年代，與七十年代相比，沒有重大的突破。九十年代俄國經歷大動盪，全社會都處於反思之中。隨著俄國政治形勢的變化，衛國戰爭的許

多檔案,一方面出於意識形態的變化公佈於眾;另一方面,由於年限到期,俄國衛國戰爭和那個時期的蘇聯政治歷史檔案公開,外國的第二次世界大戰檔案也陸續見到陽光。俄國電影界受到極大衝擊,加上經濟崩潰,國家不再投資拍片,一些電影從業人員大學好萊塢產品中的低級影片,拍出一批令俄國人自己臉紅的作品。像《我是俄國士兵》這樣生動描述衛國戰爭的故事片屈指可數。這部影片寫的是1941年6月21日爆發戰爭幾個小時,邊防軍學校的畢業生寇里亞到達蘇聯西部邊陲布列斯特市就職。他在餐廳認識一個名叫米拉的姑娘。當夜凌晨四時,德國法西斯侵入布列斯特市。當地要塞大部分戰士犧牲,寇里亞中尉指揮餘下的人浴血奮戰。最後只剩下他一個人時,米拉協助他尋找蘇軍大部隊。他找到了,但是他的所愛米拉卻犧牲在偽員警的手下。

值得注意的是九十年代出現了一批揭開蘇聯歷史包括衛國戰爭史面紗的文獻片。關於史達林—里賓特羅甫秘密協議,蘇軍秘密槍決四千名波蘭被俘軍官的卡迪事件,史達林清洗紅軍高級將領的秘密文件,衛國戰爭時蘇軍將領的生活秘史,都是文獻片的素材。同時經過九十年代的醞釀,新世紀的俄國衛國戰爭影片出現大豐收的喜人局面。

連接新舊世紀電影藝術的影片,可舉兩部重拍片為例。一是《星》。這部片子最初於1949年搬上銀幕。一部是《44年8月》。這兩部影片繼承了蘇聯衛國戰爭電影的英雄主義主題。

《星》表現的是1944年夏,紅軍前進到蘇德邊境。德軍正準備發動反攻。蘇軍指揮部派出一個七人偵察小組打探敵軍調動地點。這七個人以生命的代價,取得德國坦克部隊駐地的情報,及時向上級報告。新片除了利用彩色加重心理表現外,還把他們的行動表現成半現實半虛幻的形象,在晨霧中漂蕩。在德國人眼中

他們像是「綠色的幽靈」，從心理上給德軍以打擊。本片導演列別傑夫指出，他拍這部片子時注重兩點：最大限度的忠於真實和最大限度的浪漫色彩。製片人是莫斯科電影製片廠總經理沙赫納札羅夫。他說，「這部影片確實富有現代氣息，非常及時。它有助於人們認識身邊的世界和自己在這個世界中的位置，決定自己的公民立場。」有趣的是，這部影片的演員都到過偵察兵部隊體驗生活。這在當今的俄國電影是罕見的。

《44年8月》也是重拍片。七十年代中期小說（有中文譯本，《涅曼案件》，王燎譯），出版後曾有人動手搬上銀幕，那只不過是一部傳統的間諜片，小說作者曾經反對那個本子。這次拍攝過程中小說作者再次反對，最後在白俄羅斯總統魯卡申科干預下得以走上銀幕。1944年8月，離衛國戰爭結束還有不到一年的時間。白俄羅斯已經光復。但是有一個德軍行動小組留在當地，不時向德軍總部發出重要情報。據蘇軍反間諜機構「斯梅爾士」（間諜必死）的情報，這是由蘇奸組成的情報小組，對蘇軍總部的作戰計畫帶來很大威脅，因此史達林要求一天之內破獲。三名蘇軍反間諜人員受命。他們發現一些證據，吸過的煙頭，踩過的草地，碰斷的樹枝，村民的目光，樹葉的搖曳，終於發現敵軍間諜小組。間諜穿著蘇軍制服，妝扮成蘇軍，兩個小組面對面較量，看誰是真的，誰能撐過心理之戰。這部影片得助於作曲家格拉茨基的配樂。在寂靜的林中，音樂的急迫節奏或沉重的音符，渲染緊張氣氛，彷彿是處於恐怖情景之下。因此，這部影片與其他衛國戰爭片不同的是，導演在拍這部片子時採用了恐怖片的手法，一破傳統的英雄片或者心理片格式。雖說片中沒有政治和愛國的口號，戰士的行動傳達出最好的最令人感動的資訊，給觀眾留下繞耳的餘音。這種用恐怖片結合推理片的格式，在俄國

衛國戰爭題材影片中一枝獨秀。

　　衛國戰爭中有一些題材過去屬於禁區，禁了六十年。直到新世紀，人們的心懷、思緒、感情、意識、審美，隨著時間的拉遠，都發生了很大的變化。更客觀、更平靜、更寬容、更細膩、更高尚。歷史觀照的立足點超越了舊世紀。俄國以衛國戰爭為題材的新影片，恰恰反映出這種人文變化。一大批影片尋求新題材，擴展表現內容，轉換攝影機鏡頭的角度，給衛國戰爭添加新的色彩，豐富新一代俄國人對自己國家歷史的認知。

　　今年4月在聖彼得堡舉行的俄國電影節上，《懲罰營》一片榮獲大獎。懲罰營是蘇聯衛國戰爭時期，戰場上的一種特殊的部隊，人數約有一百五十萬。按照史達林的命令，凡是做過俘虜的人都是人民敵人，一律以叛徒對待。戰爭初期，數萬蘇軍士兵和軍官因統帥部指揮失當，心理備戰不足，加上希特勒發動突然襲擊，戰場上一片驚慌失措，戰線全面崩潰。一些人被俘，一些人吃敗仗，一些人向後方逃。最初的命令是凡一切違反軍紀、膽小鬼、歸隊的戰俘，一律就地槍決，後來為了補充兵員，把他們編入專門建立的「懲罰營」。這樣的懲罰營各個方面軍都有。一名紅軍少校，因受傷被俘，兩天後逃回部隊，甄別集中營的酷刑審問沒有迫使他承認莫須有的罪名。後來他因為偶然遇見過去的熟人才得解脫，但被派到懲罰營擔任指揮員。這個營裡，除了軍官和戰士，還有從監獄裡派來的犯人，給他們贖罪的機會：蘇聯政府非常信任你們，給你們一個機會，用血洗去自己的罪過。懲罰營裡有前中央委員，有莫斯科軸承廠的黨委書記，有「進行反蘇宣傳」的反革命，都是犯了蘇聯憲法第五十八條的罪行（反蘇罪）。戰場上不先排雷就命令這些人衝上去，大量傷亡。他們上戰場的時候，前面是敵人的槍眼，後面是內務部軍官的槍眼。

儘管如此，他們心裡裝的是祖國災難和對侵略者的仇恨。他們頂著槍彈衝向敵人。一個營，七百多人，除個別人外，全部戰死。他們的戰功一向屬於禁區。片中還點綴一些場景。如一名猶太士兵，因同軍官打了一架，被除送到懲罰營，一個俄羅斯少女卻愛上了他。他最後捐驅沙場。再如一名神父也落入懲罰營。他在全營快犧牲時，突然看見雲中隱隱約約現出聖母和聖嬰，給了他上天堂的希望。本片導演陀斯塔爾說，影片主題是要說明，衛國戰爭的勝利得之不易，是全民做出犧牲得來的。

　　衛國戰爭中，各部隊都設有內務部（克格勃前身）特派員。他們以軍官身分，監視全體指戰員。上至司令，下至戰士，都在他們的視線之內，他們是真正的主宰。蘇軍的高級將領為這些人的飛揚跋扈感到頭痛，但又無可奈何。下級軍官和戰士對他們恨之入骨，往往一有機會就教訓他們，甚至消滅他們。這個題材長期屬於禁區。近來俄國影片觸及這個題材的影片漸漸多了起來。《懲罰營》裡的內務部軍官哈爾岑科，《軍訓生》裡的科仁少校，就是這些軍官的化身。

　　《軍訓生》也是一部多集故事片，劇本是根據俄國著名電影大師多陀羅夫斯基的親身經歷寫成。1942年冬，紅軍因初期戰爭失利，大量基層軍官犧牲，火線急需補充連隊以下的指揮官。後方各中等軍校加緊培訓中尉級軍官。《軍訓生》表現的就是一所炮兵學校的學生，經過九十二天的培訓就走上戰場的故事。這些年紀只有十七、八歲的小夥子們，天真爛漫，雖說經受每天嚴格無情的訓練，卻不忘自己的天性。他們講義氣（協助軍官偷糧食給他的至愛），談戀愛，開玩笑。他們親歷臨近戰線的日常生活，克服初學的困難，目睹嚐盡戰爭苦果的教官，感受戰爭給火線退下來的老戰士的心理傷害。對軍校的教官和學員來說，最大

的人格侮辱是特務人員科仁少校對他們的無處不在的懷疑眼光。校長同科仁少校不斷發生衝突，教官蔑視他，學員揭露他的雙重人格。他跪下求饒的一幕，給觀眾認識他的本質留下足夠的空間。俄國電影評論界認為這個題材在這些影片中只是一個開始。

不斷發掘新題材是衛國戰爭電影得以成為永恆主題的保證。這次為紀念衛國戰爭勝利六十周年電影界推出一大批新影片，各具特色。今年勝利節剛剛上演的新影片《聯合的時代》，描寫1945年5月德軍投降之後，德軍佈雷軍官魯道夫懺悔自己在蘇聯領土上犯下的戰爭罪行，個人決定返回他的佈雷地點，親手排除地雷以示贖罪。蘇軍大尉焦明在戰爭中失去了家庭，極度仇恨德軍。從不接受魯道夫到與魯道夫共同冒著生命危險並肩排雷，這個過程充滿細膩的心理變化，給人足夠的可信度。協助他們之間溝通的是年輕的女譯員涅莉婭。她首先理解魯道夫的贖罪心態並且尊重他的人格，然後促進焦明對魯道夫的認同。「我從沒想到會去保護一個德軍軍官免受蘇聯人打殺。」其中一些細節和對話都含有深意。「我願意改正。」「我不會脫這身德軍軍服，因為我要記住自己過去是一個什麼樣的人。」魯道夫在這段不長的時間裡心靈深處受到衝擊。在參加一家婚禮時，一個小孩子開槍打他。當他瞭解到小孩子的父親是被法西斯殺害後，深感慚愧。魯道夫最後自願完成規定任務外的掃雷工作，以至在孤兒院排雷時犧牲，使焦明反而自責沒有保護好他。魯道夫死於德軍地雷，有力地說明法西斯也是德國人的敵人。就在魯道夫被炸死前幾分鐘，焦明接到指示，完成排雷任務之後押送他去內務部受審。焦明感到無法理解。他們兩個人聯合起來共同排除法西斯罪行，正是今天德俄新關係的基礎，是造福後代的歷史認知。

表現衛國戰爭時期類似題材的影片還有2003年攝製的《金牛

星座》，由前面提到的彼得・多陀羅夫斯基導演的。一名德軍開槍打傷俄國少年伊格爾，自覺懺悔，反過來給伊格爾治傷。這種題材只有到了硝煙散盡、心靈復元、人性回歸、認知大同才能出現才能理解。另一部影片的命運也說明，有些題材只有到了一定時候才能化為藝術作品。

2004年攝製的《紅的天，黑的雪》，劇本多年前寫成。故事發生在1943年，衛國戰爭如火如荼。大批居民從國家歐洲部分疏散到內地，西伯利亞一座鋼鐵工業城就住著不少這樣的居民。其中一位名叫莉達的姑娘成了本地第一美人，大家都愛上了她，差一點爆發一場新「特洛亞之戰」。然而此地真的正在進行一場後方的戰爭。這裡的德軍俘虜營首長排擠軍工廠廠長，打小報告，偷倉庫裡的東西。軍工廠的先進生產隊長過著雙重生活。白天積極勞動，晚上帶領一批土匪出來搶劫。工廠裡的青年人在軍訓教官的領導下，同土匪展開一場真正的戰爭。影片導演奧戈羅德尼科夫說：「我想給大家講一講幾乎無人知道的另一場戰爭。影片裡沒有戰線，沒有炮火連天。戰爭發生在每一個人的心靈裡。我們的任務就是了解並感覺一下這場戰爭。」開拍前，導演要求每個青年演員閱讀俄國名作家阿斯塔菲耶夫的長篇小說《被詛咒與被殺者》。這部小說描寫蘇軍中無辜被殺的人，殘酷的真實使導演淚如雨下。紅色是鋼鐵廠煙囪裡冒出來的濃煙；黑色是公園雪地上的煙灰。紅與黑的永恆鬥爭，無論在衛國戰爭的前線還是後方，都存在。後方的戰爭過去也是禁區。

縱觀俄國電影發展史，可以清楚地看到，衛國戰爭主題不會消失，只會不斷擴大和加深，只會不斷衝破禁區。戰爭的英雄主義與殘酷的真實並存；傳統心理手法與現代電影語言並存。對那場戰爭的再認知，只會有助於建立大同世界。正像俄

國演員說的，他們的雖然出生在六十年代，已經很少看到戰爭的遺跡，但是衛國戰爭的愛國主義精神已經深入他們的基因，永遠不會忘記。

烏茲別克：中亞
第二響炮的悲劇

2005/05/16

　　紅場慶祝衛國戰爭勝利大典剛剛落下帷幕，俄國剛剛顯示了
自己的武力；國家杜馬剛剛聽完聯邦安全局局長的國家安全情況
聽證，報告首次點名指責美國、英國、科威特等國披著民間組織
外皮的機構，在俄國及其周圍布下了反俄的情報網和製造動亂，
發動「顏色革命」，而且指出下個目標可能就是俄國西鄰白俄羅
斯。誰知東方卻出了事。中亞的烏茲別克共和國費爾幹納谷地安
集延市發生了一場動亂。牽一髮而動全身，引起全世界的關注。

　　5月12日，伊斯蘭解放黨下屬的埃克拉米亞穆斯林組織在安
集延市組織被關押在當地拘留所的二十三名成員親屬和上萬名群
眾上街，要求當局釋放他們，包括這個組織的領導、《真理之
路》的作者尤爾達舍夫，保證全體烏茲別克公民享有自由和權
利。13日，當局拒絕這些要求，武裝分子首先攻占巡警和部隊武
庫，奪取槍械，然後攻擊拘留所，放出兩千多名在押犯。接著集
會群眾達到五萬人。動亂領導人要求俄國和普京總統出面調停。
烏茲別克總統卡利莫夫一面致電普京討論局勢，一面派出軍警圍
住已經占據政府大樓的武裝分子。烏茲別克當局加強首都塔什干

的警戒，限止CNN和BBC以及俄國電視頻道的節目。當天，卡利莫夫總統率領全部強力部門領導人到安集延視察和佈置。在武裝分子拒絕投降後，政府軍警強攻。戰鬥中死傷人數至今沒有準確統計。媒體報導人數也不一致。美聯社根據一名匿名醫生的消息說，有五百人喪命。他說第十五中學停放大量屍體，軍隊包圍了學校，只准親屬前往認屍。官方拒絕透露死傷人數。全市在軍隊控制之下。14日，卡利莫夫返回首都，召開新聞發佈會。他在會上宣佈，這次暴動是國際恐怖主義組織介入，已經準備了三至六個月，目的是建立伊斯蘭國家，推翻世俗政府。暴亂策動者計畫依吉爾吉斯事件劇本行事，先搶奪武器，然後抓人質，煽風點火，激發民眾不滿，製造動亂，指望動亂導致改變全國政權。他指稱，這次暴動的背後是極端主義組織伊斯蘭解放黨及當地的埃克拉穆斯林組織。暴動與國外有聯繫，政府截獲武裝分子用手機在大樓裡與吉爾吉斯和阿富汗通話。普京在與卡利莫夫通話中，表示對中亞形勢嚴重關切。雖說安集延暴動初步壓了下去，動亂又波及到卡拉蘇地區。大量難民奔向烏茲別克與吉爾吉斯邊境，強行越境，已經引起聯合國的關注。

事件發生後，世界媒體紛紛發表評論。英國《泰晤士報》認為安集延事件是吉爾吉斯、格魯吉亞和烏克蘭革命的繼續和回聲，指出卡利莫夫是「蘇式集權主義領袖和鐵拳頭」，指出事件的根源是當地群眾不滿集權政治和腐敗，要求民主，公平。《紐約時報》也認為是吉爾吉斯革命的延續。《華盛頓時報》的言論可以說代表美國的真實立場：烏茲別克是美國反恐戰爭的關鍵盟友；卡利莫夫向美國提供軍事基地，協助美國在阿富汗的反恐戰爭，因此不能動。

安集延事件爆發後，俄國的官方態度是不干涉內政。最初的

反應是俄國外交部代表洛西寧。5月13日，他在回答俄國「燈塔電臺」問題時說，安集延事件的原因是當地政府無能，居民社會和經濟狀況不佳和所謂的伊斯蘭原旨主義者鬧事。外交部長拉甫羅夫5月15日說，這次暴動是塔利班組織的。在這種情況下，任何一個自尊的國家都會採取必要的措施。由於有外國人參加，因此俄國要求聯合國安理會反恐委員會、獨聯體反恐中心和上海合作組織參加調查。此前，國家杜馬國際事務委員會主席科薩喬夫表示，沒有根據說安集延事件是烏茲別克大革命的前奏。「我認為不要隨便說是第三國的陰謀活動。可能是當地政府居民同政府的衝突。否則會在烏茲別克散開，那將是一個令人不安的徵兆。烏茲別克並非這個地區最不民主的國家（暗指還有更不民主的國家土庫曼共和國）。不過仍然有通過政治途徑解決問題的條件。上街和動用武力為時過早而且效果不好。俄國應當促使局勢穩定下來和地區化，即不要傳開來。」他的意見未必代表官方，外長的表態才具有權威性。俄國實際支持卡利莫夫的所作所為。外交部發言人說，俄國譴責極端主義分子的暴行和導致人員傷亡，譴責用武力和非憲法手段達到政治目的。「我國在這個困難時刻支持友好的烏茲別克領導。」不過，俄國人權組織呼籲烏茲別克領導停止在安集延的暴力行動和同反對派進行對話。

　　歐美的立場各異。美國白宮表示對暴動不安，特別是從監獄裡放出來恐怖主義組織成員。烏茲別克人民希望有一個比較有代表性和民主的政府，但應過通過和平途徑而不是使用暴力。英國外相認為情況非常嚴重，呼籲雙方通過民主方法解決衝突。歐盟則重點指責烏茲別克當局製造流血事件，「抗議活動表明政府製造緊張局勢，尊重人權和法律不夠，救濟窮人不夠。不能用殘酷手段解決問題。烏茲別克政府應當進行政治和社會改革，充分尊

重人權和法律規定。」

　　這次安集延事件發生在多事的費爾甘納地區。這個地區戰略地位很重要，是烏茲別克、吉爾吉斯、塔吉克和阿富汗四國恐怖主義分子窩藏的地方，也是中亞毒品經此地走私到歐洲的必經之地。烏茲別克以前發生的幾次恐怖事件，包括刺殺卡利莫夫，都是從這個地區指揮的。中亞宗教狂熱分子也是以這裡做基地。歷史上曾是兵家必爭之地。現在，中亞地區是中、美、俄三大國戰略利益的交叉點，因此各自都有打算。美中俄三國都在爭取這個地區的能源。這次美國左右為難，沒有明確支持卡利莫夫的反對派，沒有提所謂民主化的問題，也沒有花很大的力量去指責政府使用武力和造成大量平民死傷。難怪英國駐烏茲別克大使指責美國搞雙重標準。俄國實際上支持卡利莫夫動用一切力量把動亂鎮壓下去，但外交上持不干涉內政的態度，反而要求中國占主導地位的上海合作組織介入，要把中國拉進來。看來俄國估計中國會關注這個地區的走向。反恐和宗教極端主義是這個地區三大國的共同利益。西方把這個地區的民主化放在次要地位。特別是美國已有空軍基地設在烏茲別克，因而不會冒太大的風險。外界所傳俄美兩國在吉爾吉斯事件中有一項默契，不允許在中亞地區搞綠色（即伊斯蘭）革命。這次明顯帶有綠色革命的色彩，所以卡利莫夫動用武力，沒有遭到強烈反對和譴責，答案就在這裡。

　　東西方政界在分析這次安集延事件時有一個共同點，即卡利莫夫實行的是集權統治，壓迫反對派；烏茲別克的民眾生活困苦。分歧是西方提到民主和人權問題。俄國則認為是外部力量的陰謀活動和圍阻俄國。俄國安全局長指出下一個目標是白俄羅斯，因為有證據指美國撥款支持和培訓白俄羅斯反對派，學習烏克蘭和格魯吉亞顏色革命。不過，這次烏茲別克的顏色革命因大

國利益的交叉而釀成流血事件。可是，如果本國的政治、人權、民主、社會、腐敗、兩極分化等情況不能滿足民眾的需求，顏色革命就有社會基礎。只有順利解決這些社會問題，才能從根本上阻止顏色革命的發生。

Headline **21** 面對美日挑戰中俄合作增溫

2005/05/31

5月25日莫斯科舉行中俄友好和平發展委員會第六次會議。委員會名譽主席、俄國工商聯主席、前總理普里馬科夫發表講話，盛讚中俄關係大發展。的確，近來一個時期中俄關係加溫之度數，令人驚歎；加強雙邊關係的一些措施令人眼花繚亂。5月9日，中國領導人胡錦濤在會見俄國普京總統時提出，希望中俄戰略夥伴關係能在雙方努力下充實新的內容。俄方表示支持這一願景。今年以來中俄雙方互動，可以說，兩國關係全面示新，其深遠的戰略意義，不言而喻。

中俄雙方談了四十多年的中俄邊界問題，終於塵落埃定。據自始至終參加中俄邊界談判的中國前副外長和駐蘇大使李鳳麟說，談判曾經困難重重。現在兩國領導人、兩國政府表現出大智大慧，找到了解決辦法。他的對手，俄國前副外交、剛剛離任的俄國駐華大使羅高壽則強調指出，這次是「我們都贏了，沒有輸者。兩個國家、兩國人民、兩國政府、莫斯科和北京，都是贏家。」羅高壽從1964年中蘇開談邊界問題以來就是參加者，對這次中俄邊界補充協議終於得到雙方批准，作為當事人，他無勝感

慨，而且為中俄邊界問題在他任上畫上句號而引以自豪。自去年10月普京訪華達成關於中俄國界東段補充協議以來，雙方加快完成法律手續。中方表現十分積極，先於俄方於今年4月27日由中國人大常委會批准。俄方經過議會兩院公開聽證和審議，也已分別批准。據此間媒體報導，兩國外長可能在6月2日弗拉迪沃斯托克中印俄三國外長非正式會談中交換批准文本。國界問題的解決是中俄關係劃時代的重大事件。由於中俄國界問題長期以來政治化和意識形態化，談判進行的非常艱巨。雙方現實解決國界問題是從1991年開始，即雙方推行務實外交政策和從建立戰略夥伴關係以後，才得解決。俄國外長拉甫羅夫指出，這項協議的批准，使雙邊關係中的一個潛在負面因素消失了。俄國議會通過公開聽證，相對透明，因此也引起各界的激烈反應。正面解釋工作主要由外事部門進行。地方政府、媒體和民眾多持反對意見。這次審議中左派的俄共和祖國黨，極右的民族主義自由民主黨（日里諾夫斯基）一致投反對票。中方主張採取妥協、讓步和兼顧雙方利益的態度，得到俄國中央政府的支持，解決了中俄關係中最難的問題。難怪羅高壽說，「給全世界解決領土爭端樹立了榜樣，包括遠東地區。」他自然指的是俄日領土爭端。

中俄在外交事務中的互動，由於雙方各自全球戰略利益的某些重迭，近年來基本調子一致。無論是南斯拉夫還是伊拉克，從中亞到獨聯體事態的發展，雙方有不少共同點。在對抗美國獨霸世界方面，兩國都支持多極世界的觀點和做法。對日本「入常」問題，雙方的基本立場也是一致的。6月2日，中俄印三國外長在弗拉迪沃斯托克舉行非正式會晤，具有極其重要的意義。這是首次三國外長單獨會談。近來中印關係急速改善，是這次會晤的基礎。普里馬科夫任外長期間，曾經提出中俄印三國聯合對抗單極

世界。中國沒有接過話頭。現在國際形勢逼人，中俄印三國走到一起，未必會像普里馬科夫所建議的那樣，建立三國軸心聯盟，至少對分別有著戰略夥伴關係的中俄、印俄，成為世界新秩序的一極，對全球穩定與和平是一個積極步驟；對中俄戰略夥伴關係填充新內容也是重要的措施。普京在同歐盟主要成員法、德、西班牙三國領導人會談時，當著他們的面宣佈俄國支援中國今年通過的《反分裂法》，中國自然會給普京加分，也會給中俄關係加溫。

中俄軍事合作，今年也進入新篇章。兩國軍事合作歷史悠久。在中蘇交惡期間，兩國從軍事合作到發生珍寶島戰事。八十年代以來，兩國重新啟動軍事合作。毛澤東的「蘇修亡我之心不死」已無人提起。中國重新開始向蘇聯採購軍備；九十年代重新開始派遣軍事留學生和進修生；在上海合作組織框架下舉行聯合軍事演習；兩國軍事專家舉行有關戰略問題的學術研討，都是雙邊軍事合作的具體內容。迄今為止，中國軍隊達到國際先進水準的裝備，很多來自俄國。在美國對中國禁運軍火，歐盟遲遲不肯解禁，中國採購軍備的主要對象自然是俄國。今秋將在中國領土領海上舉行史無前例的現代化軍事演習，雖說規模並不大，但兩國軍方認真準備和協商解決不同意見的機制和態度，兩國防長和總參謀長參與策劃，更加重了這次軍演的重要性。在遠東地區來說，美日把臺灣列入戰略安全計畫之內，促使中國更加重視與俄國的軍事合作，以保持遠東地區的戰略平衡、和平與穩定。

5月30日，俄國在普京總統主持下舉行政府例行工作會議。俄國能源和工業部長赫列斯吉堅科再次肯定俄國開始修建泰納線輸油管，並宣佈首先修建第一期泰伊舍特到鄰近中國的斯科沃羅丁諾的管道，輸油能力為每年三千萬噸，而且確定完工日期為

2008年；第二期再修到納霍特卡附近的別列沃茲納亞港，輸油能力總共達到八千萬噸。俄國確定分兩個階段修建輸油管並指定將西伯利亞地區的產油供應這條管線，以保證出口，可以說，在相當大的程度上靠向中國的需求。俄方終於採取務實態度，確認中國經濟高速發展的事實和從中取得好處。對於日本的出而反而，將輸油管與北方領土聯在一起的做法，引起對日本的最大失望和反感。中國十年苦苦爭取俄國石油，也許這次可以修成正果。另外，俄國主動提出兩國合作，在遠東地區修建發電廠，把電能輸向中國缺電的地區，也有助於中國經濟的發展。

中俄國界全部界定，中印俄三國外長會晤，中俄高級聯合軍事演習，輸油管靠近中國，中俄戰略夥伴關係大大充實，可說是當今國際事務的重頭戲。這場戲的背後耐人尋味。

中俄關係增溫是國際新形勢促成的，也是兩國從各自基本利益出發做出的決策。俄國現在大有陷入四面楚歌的險情。美國近來在俄國周邊大力推動「顏色革命」，一個一個蠶食獨聯體國家。最近又不顧白俄羅斯是與俄國共同組成的聯盟國家一部分，將白俄羅斯定為下一個「顏色革命」的目標，美國和歐盟在中亞的活動，直接威脅俄國的戰略利益。歐盟和北約新成員向俄國提出領土要求和占領賠款。二戰結束六十年，俄日之間至今沒有簽署和約。日本把和約與北方領土聯在一起，遭到俄國堅決抵制，兩國關係降到新低點。由於北方領土問題近期內沒有解決的可能，俄日關係不可能有重大突破。日本對俄投資，特別是原來允諾提供修建遠東輸油管的資金，也與領土問題聯在一起，迫使俄國另找出路。中國在俄國國營公司收購尤科斯公司下屬尤甘斯克天然氣石油公司時，伸出援助之手，提供六十億美元的超大額石油預付款，解決了俄國燃眉之急。在這關鍵時刻，指望日本是沒

戲的。在中國方面，因紡織品貿易問題，同美國和歐盟發生嚴重摩擦。中國呼籲歐盟解除武器禁運，遭到拒絕。無獨有偶，中國同日本的關係，也降到了最低點。美國及其盟友在中亞發動「顏色革命」直接威脅中國西部的安全。中國四處尋找能源，暗中也遭到發達國家的抵制。中國和平發展所需大量資源和能源，俄國可以提供一部分，在這方面，中國有求於俄國。因此，從中國長遠發展的戰略來說，加強中俄戰略關係至關重要。兩國的互補關係，不能只從貿易或物質交換來考慮。特別是當今兩國有許多共同的全球利益，如打擊國際恐怖主義和防止核武和大規模殺傷武器的擴散。

目前中俄戰略夥伴關係的增溫，俄國相當主動呼應中國。這同俄國當局重新認識中國有關。俄國認識到一個強大的中國可以有助於建立多極世界。然而，俄國社會甚囂塵上的「中國威脅論」，是中俄戰略關係的潛在威脅。

22 胡錦濤訪俄
戰略搶灘

2005/07/04

　　兩月之內，中國主席胡錦濤兩次造訪俄國，不能不說是中俄關係史上破天荒的事。即使在中蘇同志加兄弟的蜜月年代也沒有這樣的先例。這次胡錦濤的到訪，雙方都做了實質性的鋪墊。俄國方面，明確表態安納線油管先修第一期，通向離中國邊境只有數十公里的斯科沃羅丁諾；第一列俄國油罐車裝載著四千多噸原油披紅戴花地到達大慶；普京不顧眾多反對意見，強行在國會通過中俄東段國境線的補充協議；雙方就8月份舉行的聯合軍事演習最終敲定日期、規模和人數；答應償還歷年來所欠中國公司的債款；願意加快制定保護中國投資的法規；等等。中國方面，在普京總統故鄉聖彼得堡投資建設一個面積達一百六十二萬平米的住宅區「波羅地海明珠」；向俄國預付六十多億美元的石油款；中國表示有意向俄國投資一百二十億美元；中國表示不僅對俄國的原材料有興趣，還願在俄國投資興建電廠並向俄國購回電力；支持俄國的倡議，舉行中印俄三國外長會晤；開放中國公民對俄旅遊……等等。這些，正如兩國領導人共同指出的，為中俄戰略夥伴關係填進了實質性的內容，為中俄兩國發表聯合政治聲明打

下了基礎。

　　這次普京和胡錦濤簽署的兩國聯合公報和對本世紀國際秩序的聯合聲明，可以說是比中俄睦鄰友好合作條約更具政治力量，對美國布希政府近年來的咄咄逼人政策，作了回答。雖然中俄雙方都一再說，兩國的戰略合作不是針對第三方的，但是我們讀一讀聯合聲明的字裡行間，不難看出是對誰說的話。例如，新世紀多邊國際秩序，明顯針對美國獨自稱霸世界；再如，尊重各國主權和領土完整，明顯指的是南斯拉夫事件；再如，一切國際維和行動，都要符合聯合國憲章、宗旨和原則；再如，反對把國家分成領導國家和被領導國家，要求平等對待各國，是針對美國為所欲為和發號施令的；再如，反對任何分裂主權國家和挑動民族歧視，不難見到科索沃的影子；再如，要求國際關係民主化，是對美國一家說了算的挑戰；再如，反對把恐怖主義同具體國家、民放和宗教聯在一起的做法，是誰這樣做呢？再如，反對反恐的雙重標準，這是俄國多年來就車臣問題對美國耿耿於懷的問題；再如，主張互不侵犯、互不干涉內政、建立公平合理的世界秩序、各國自選本國發展道路、發揮聯合國的中心作用、反對經濟歧視、反對施加壓力和懲罰以達到使對方單方讓步的目的、在維護人權方面要求考慮本國特點和傳統及反對以人權問題干涉他國內政，這些訴求不能說沒有對象。

　　中俄聯合公報裡特別提到臺灣問題，用詞完全符合中國要求，如：認為「臺灣問題是中國的內政，外部勢力無權干涉。俄羅斯堅持一個中國原則，反對任何形式的『臺灣獨立』，不接受『兩個中國』、『一中一臺』，反對臺灣加入聯合國及其他只能由主權國家參加的國際組織，不向臺灣出售武器。俄方理解中方根據《反分裂國家法》為實現國家和平統一所做的努力。」這

可以說是外國對臺灣問題最徹底最明朗最完全支持中國立場的表述。俄國的這一態度對中國是極大的支持，特別是在日本和美國聯合企圖干預臺灣問題的時刻，這一支持實在重要。聯合聲明中還說到共同對新的挑戰和威脅做出反應，保護共同利益，頗有盟國的內含，加上兩國表示在軍事合作方面會有更大的規模，更高的層次，更深的內容，對臺海局勢增加了新的因素。

中俄峰會可說「政治搭臺經濟唱戲」。雙方的政治信任比以往大有長進。這也是中方一再呼籲的事。在目前這種良性互動的環境下，經濟合作向進跨進了一大步，發生了質的變化。原來中方說的「互補」，只停留在中方需要俄國的原材料，向俄國提供低級的日用品，造成許多誤解。俄國公眾以為中國只有這些產品，大傷中國貨的名譽，至今沒有恢復。俄國對同中國經濟合作一直保持一定距離。例如，當年中國企圖收購斯拉夫石油公司遭到挫折，正是明證。近一個時期以來，中俄雙方認識到要提高雙方經濟合作的層次。首先從投資開始。俄方同意中方私營公司參加開發俄國油氣，就是很大的收穫。中國願意投資開發西伯利亞的電力，建立發電廠，以便把電力輸向中國。俄國統一電力總公司總裁丘拜斯甚至建議在大遠東地區（東北亞）建立統一電網，供應中國東北地區用電。這種做法必可得到俄國公眾的理解。俄國同意中國在敏感的西伯利亞地區投資，開發資源，建廠生產中國所需產品，包括木材工業紙漿工業化學工業，而不是單純地收購俄國的圓木。雙方的做法可以說是高瞻遠矚。既開發了俄國西伯利亞和遠東的豐富資源，促進這些地區的經濟發展，俄方得到實惠；中方也解決了資源短缺的困難。中國這次搶先進入西伯利亞和遠東地區，打破了日本覬覦這些資源的美夢。胡錦濤不辭辛勞，風塵僕僕前往新西伯利亞訪問，不能不說是一步妙棋。中國

大舉在俄投資，帶來的經濟效益，對雙方都有利。當然俄方還希望中方不僅在開發資源方面投資，還希望在高科技、航太、飛機製造等領域投資與合作，幫助俄國把國民經濟總產值翻一翻。

中俄關係發展到今天這一步，首先是雙方對對方的認知達到一個新水準。雙方都認識到與對方合作是雙贏。俄方領導人認識到中國經濟發展對俄國是好事，可以從中得到好處；中方領導人則認識到把俄國當作單純的資源供應國是沒有前途沒有戰略眼光的做法。其次是國際形勢逼人。中國在臺灣問題、貿易問題、資源問題、人民幣匯率問題、武器和高科技禁運問題，都受到西方打壓。俄國則受到美國和北約在戰略利益方面的打壓。這些因素迫使中俄兩國加強戰略合作。

胡錦濤這次訪俄，在俄國公眾引起相當多的議論。俄國科學院遠東研究所研究員貝格爾從即將舉行的蘇格蘭八國首腦會議視角來評估中俄聯合聲明。他說「莫斯科—北京聲明好像是俄中雙方在八國首腦會議前共同協調行動」。據他看來，中國需要俄國的支援，因為中國在出口方面遇到了西方強大的壓力問題、傾銷問題、人民幣匯率問題、軍力增加問題。中國越來越強硬反對外國干涉中國內政。這個立場可能得到歐洲的支持，因為歐洲也正在想法擺脫美國的壓力。這位中俄關係專家建議在俄國加工資源，把產品賣給中國，對於雙方從口頭到實際投資感到高興。國家網電子報的評論員普列奧勃拉熱斯基提出兩點看法，一是聲明的內涵是針對美國的，因為美國近年來越來越傾向於使用武力把自己的國家政治制度強加給其他國家。二是中國向俄國示好是為了石油。《獨立報》專欄作者布爾諾夫認為普京和胡錦濤利用一切機會見面，互訪也好，國際論壇中私下會談也好，說明兩國建立了高度的信任和互相理解。不過，他認為兩國關係中難免會出

現一些問題。中國的立場可能會與俄國的其他夥伴的立場發生對立，會使俄國外交處境尷尬，因為俄國也要考慮其他的意見。

　　有趣的是，胡錦濤這次訪俄前夕回答俄國記者場記訪時曾說，他熟知和喜歡普希金和果戈理的作品。這使我們回想起當年他第一次回答俄國記者問題時，說他喜歡《卓婭和舒拉的故事》和《鋼鐵是怎樣煉成的》。單從兩次回答的內容來看，就可以說，胡錦濤對俄國的認知有了長足的進步。

23 梅克爾：德國
「鐵娘子」的
童話

2005/07/09

德國聯邦總理施羅德領導的社會民主黨在地方議會選舉中屢戰屢敗，逼得他孤注一擲，宣佈提前大選，把原定2006年秋的議會選舉提前到今秋舉行。施羅德指望通過提前大選取得多數以繼續推行改革政策。如果失敗，則基督教民主黨的主席梅克爾將取而代之。俄國獨立報發表格利果利耶夫的評論文章說，「梅克爾被推舉為基督教聯盟的總理候選人是對施羅德的挑戰。」

梅克爾何許人也？她平坦的政治道路，上升的速度，不能不令人豔羨。

梅克爾1954年出生於西德的漢堡。就在這一年她的父母遷居東德。她父親是親「工農政權的」新教神父，母親是德國統一社會黨的黨員。她本人則是東德的「自由德國青年團」的團員。因有團員身分，1973年她考入名校萊比錫大學物理系，取得物理學博士學位，從事量子化學的研究。她因思想獨立，被東德情治機關列為「思想破壞分子」。1989年，柏林牆倒後她才加入東德的「民主突破」運動，並成為東德最後一屆內閣成員。1990年，德

國統一前兩個月，她加入基督教民主黨。再過三個月，德國統一後，她進入科爾總理的內閣，成了婦女和青年事務部長。在黨魁科爾的支持下，1991年她出任黨的副主席，直到2000年。九十年代末她開始帶頭批評科爾的路線並提出「沒有科爾的新開端」的口號。1998年，她當選基督教民主黨總書記。2000年4月在基民黨大會上以高達96％的票數當選黨主席。2004年得以續任。2003年她公開大膽支持美國的伊拉克政策，卻反對土耳其加入歐盟。據保加利亞電臺報導，她在保通社的專訪中說，歐盟應當重新考慮自己的優先點；歐盟至今所推行的擴大政策，已經耗盡了接受新成員的能力。布魯塞爾現在應當完成自己對保加利亞、羅馬尼亞和克羅地亞所承擔的義務。然後停止一段時間接受新成員的進程。這裡指的是其他巴爾幹地區國家。

梅克爾少女時代就表現出優異成績。1968年，十四歲時，在東德舉行的俄語大賽中獲頭獎，得到的獎賞是到莫斯科旅遊。這是她第一次見到俄國。當時乘坐的是「友誼號專車」，在莫斯科紅場上的國家百貨公司特供部買了一件小紀念品：一張披頭四的唱片。當前德國政治家中能說俄文的可謂鳳毛麟角。身為德國基民黨主席的梅克爾於2002年2月她再次訪問莫斯科。這次她是克里姆林宮的客人。普京特別高興地指出，他可以同梅克爾用俄文交談，不勝愉快。梅克爾則表示，她願意隨時參加俄語大賽並有把握再次獲勝。德國《Die Welt》報透露了一些這次訪俄的有趣細節。雙方坐下來後，普京背後是彼得大帝的肖像，梅克爾背後是葉卡傑琳娜二世（德裔俄國女沙皇）。原定會談四十分鐘，卻談了一個半小時。梅克爾提出媒體自由的問題（當時持反對派立場的TV-6臺正面臨關閉）。不過她相當客氣，沒有直接批評俄國，只是說，新聞自由是「民主發展」不可缺的一部分。至於車

臣問題和北約擴大問題，雙方意見不合。她對普京的鐵腕政策表示一定程度的理解，因為俄國改革「任重而道遠」。到達莫斯科後的第一天她就前往賴莎戈爾巴喬娃墓前獻花並留影紀念。她這次同普京會談後，在記者招待會上說，德國議會各派政治力量有一項共識，即有必要同俄國保持夥伴關係。俄國媒體還透露，梅克爾在酒會上手持紅酒，私下對德國記者說，「對俄國有好感。」

梅克爾的另一項政策是恢復德俄夥伴關係同泛大西洋夥伴（美國）關係的平衡。她說，「德國同歐洲和美國之間，雖說有些問題，但是，同德俄之間相比，共同點要多，儘管俄國有一定進步。在政治態勢方面，這一點沒有得到應有的體現。缺乏尺度，缺乏中庸之道，缺乏慎重的考慮。我不想維持對俄美平等的距離。」她表示德國應當全力支持北約。梅克爾的親美立場可能改變歐洲的政治牌局。

梅克爾可能面臨的前景是：基民黨一黨勝利，或者與德國自由民主黨合作取得議會大選勝利。德國基督教民主黨和基督教社會黨聯合推舉梅克爾女士作為兩黨聯合候選人，參加議會大選。她可能成為德國歷史上第一位女聯邦總理。

俄國政界對梅克爾可能出任德國聯邦總理一事非常關注。俄國的反對派卻寄希望於她。此間著名人權鬥士科瓦廖夫說：「我不寄希望於奇蹟但是，如果梅克爾出任總理，今天橫行的拍馬屁現象可能壽終正寢。」他對《FOCUS》雜誌說，親身吃過蘇聯體制苦頭的人，會對俄國今天威權主義的發展另有看法。作為前東德富有經驗的公民，梅克爾對俄國今天發生的許多事情會有深刻的理解。這些事在直覺的水準上是無法向聯邦總理施羅德解釋清楚的。

莫斯科卡內基中心副經理特列寧持另一種看法。他特別強調說，「梅克爾俄文說得很流利，曾奪得俄語競賽第一名，獎項是參觀莫斯科郊區的列寧故居。」她與施羅德和大多數西方政治家不同之處，是她同俄國有一種感情聯繫。她曾說過，自己最大的夢想就是從莫斯科坐西伯利亞大鐵道到弗拉迪沃斯托克一遊。特列寧作為政治學家，認為梅克爾會同普京建立一種真正的對話關係。

　　《消息報》的記者科瓦連科認為梅克爾上臺必將引起歐洲政治力量大洗牌。梅克爾將優先搞好同華盛頓的關係；放棄所謂「法德之間的特殊關係」；支持布雷爾改進歐盟的計畫，暫緩吸收土耳其和烏克蘭加入歐盟。與此同時，她將更多的批評俄國在車臣違反人權、壓制民主和媒體。因此，在梅克爾治理德國的時代，俄國將退居二線。

　　歐洲政治地圖今年來發生了一些變化。以對俄政策為分水嶺：德法老歐洲熱烈慶祝俄國的勝利節，認為是從法西斯手中得到解放；「新歐洲」，即前蘇聯衛星國家，則認為是新占領的開始，要求俄國道歉。梅克爾如果上臺，伊拉克戰事期間形成的巴黎—莫斯科—柏林軸心，現在可能會遇到問題。梅克爾作為前東德的公民可能會像「新歐洲」一樣，對俄國會有不同於施羅德的看法。梅克爾在一次專訪中說過，「良好的友誼不排除批評，就像聯邦總理稱普京是真正的『民主派』時，俄國總統知道民主的涵意。不過，我覺得，他的一些作為不能說是純正的民主。只要看一看車臣政策或者對言論自由的政策。這裡有很多問題。」

　　梅克爾的副手貝爾說她「無與倫比」、「毋寧懷疑」。

　　作為女性，梅克爾也有一些個人愛好。她喜歡種花，下廚房做菜。她的拿手好菜是蘆荀加新鮮土豆加咖啡色奶油和炸麵包粉

牛排。早餐是橙汁、乳酪、香腸、咖啡。午餐則是牛肉薄片或者
鵝腿加土豆泥及酸白菜。喜歡穿絳紅色衣裳。沒有子女。現任丈
夫是化學教授。

　　梅克爾將會盡一切力量表明，她不是東歐式的政治家，而是
完全符合西方文明形象的政治家。為了達到這一點，她會同俄國
保持一定距離。

　　同美國做朋友，批評俄國，這就是俄國可能面臨的俄德關係
現實。

24 中俄軍演 反恐反獨

2005/08/09

　　籌備已久的中俄軍事演習，力排眾議，終於要在8月18日這個對中國人來說特別吉祥的日子開鑼了。對中俄兩國來說，都是史無前例的重大軍事合作專案，自然引起多方關注。美國已經安排駐太平洋地區部隊全程監視。日本自衛隊也加強警戒。莫斯科有消息稱，除兩國防長將督導軍演外，兩國首腦也可能前往觀察。

　　俄方這次參加軍演的規模，是俄國十多年來參加國際軍演的最大的一次，而且也是動員軍備最全面最重量的一次。俄國太平洋艦隊新聞發言人稱，此次軍演將有八千人參加。據多家俄國媒體報導，俄方參加的軍事人員數量約三千人，中方參加五千人，總共人數達到一個師，這在雙邊軍演中也是空前的。從俄國派出的軍備來看，更是令人吃驚。空軍方面有很少出國的兩架圖95MC戰略導彈轟炸機，四架遠端轟炸機圖-22M3，一個中隊的改進型蘇-27CM殲擊機。這些都是俄國迄今為止沒有向中國提供過的戰機。這次把它們帶到中國進行參加軍演，意義很別重要。其他還有七十六空降師的一個連，太平洋艦隊包括巨型反潛艦在內

的若干艦艇和海軍陸戰隊的一個連。

俄軍方透露，軍演第一階段將在弗拉迪沃斯托克舉行，以兩國總參謀長的政治和軍事協商的形式進行。第二、三階段將在中國山東半島和黃海舉行實際軍事演習。據俄國媒體的消息說，8月18至19日兩天，中俄兩國總參謀長將在俄國軍演地區磋商「政治和軍事」問題。可見這次軍演有一定的政治意義。軍演的高潮是兩百名海軍陸戰隊將在旅順口附近演習登陸。據莫斯科回聲電臺報導的一些軍演細節也很有意思。軍演臺本是在一個位於中國的假想國，發生民族衝突。假想國向各鄰國和聯合國請求援助。取得授權以後，開始軍事行動。行動的目標是隔開衝突雙方並在假想國內建立和維持秩序。參加中俄軍演的全部人員都注射預防禽流感的疫苗。

自2004年12月12至13日，俄國防部長伊萬諾夫訪華期間雙方達成舉行這次中俄史無前例的軍演，兩國宣佈這次軍演的宗旨是「抗擊國際恐怖主義攻擊」以來，外界議論紛紛。中俄雙方都多次宣稱不針對第三方。俄方似乎說的更多。俄國防部長伊萬諾夫不久前更以強硬口氣表明態度。7月31日，他在弗拉迪沃斯托克說，近年來俄國曾同美國、北約國家、印度、日本都進行過聯合軍事演習，「我們為什麼不能同中國舉行軍事演習？我看不出有什麼原因和不妥之處。我們兩國是鄰居。我們有著陸鄰關係，貿易額在擴大。我們是戰略夥伴。」他特別指出俄方參加軍演的有遠端航空兵、空中加油機、遠端雷達預警機和改進型蘇-27CM殲擊機。對其他國家感到緊張的事，他更說，那是他們自己的問題。俄國獨立電視臺報導俄國陸軍副參謀長莫爾頓斯科伊的話，說「中俄軍演不具有示威的性質，也不針對任何國家」。他代表官方，說這次軍演目的是「加深兩國在防務和安全方面的相互信

任，加強友好聯繫、合作和配合行動。研究中俄兩國部隊聯合進行反恐和極端主義，解決地區危機」。他還說，這次有常規潛艇參加。但按計畫消滅假想敵並不需要動用這樣規模的武器。同時也不會採用地毯式轟炸。

這次世人矚目的軍演，把西方排除在外，只邀請上海合作組織成員國參加觀察這次軍演是一大特點，更引起西方的關切。

另一個特點是動用戰略武器演習打擊國際恐怖主義，也是國際反恐的新動向。發人深省的是，至今未見反恐行動中動用如此重大的戰略武器。要麼是反恐鬥爭的升級，要麼是矛頭另有所指。

國際軍事評論界指出這次軍演背景，主要是回應美國對中俄兩國的軍事包圍、「顏色革命」的挑戰。

美國東西方（EAST-WEST）分析中心總裁查理·莫里遜在香港回答俄國新聞社的記者問時，表示美國不認為中俄軍演會威脅亞太地區的穩定。不過他承認中俄軍事合作發展的勢頭和速度在美國一些人士中引起擔心。這家中心成立於1960年，由美國國會倡議建立。目的是「改善美國同亞太地區國家的互相理解」。莫理遜則是公認的最權威的美國亞洲安全問題的專家之一。近九年來該中心發表的年度《亞太地區安全問題》報告，對美國制訂外交重點有一定的影響。

俄國軍事觀察家費爾根高威爾提醒公眾注意，在此之前俄國只同西方國家的軍隊舉行過軍演，特別是同北約國家舉行「和平夥伴」軍演。這次轉向東方，很可能這次軍演具有「政治顯示」的性質。因為一般聯合軍演往往是盟國之間進行的。目的是訓練盟國軍隊採取聯合軍事行動。中俄聯合軍演不具備這種性質。「因為在任何情況下兩國都不會攜手同某國作戰」。俄國方面參

加這次軍演「是對烏克蘭事件和其他顏色革命的回答」，「是有意向美國表明我們有盟國，普京政權可以保護自己，有人支持他」。這位觀察家認為中國的目的有別。「中國現在主要的不是反美，而是改善同我國軍方的關係，使軍方不反對中國向我國購買非常重要的軍備系統，包括核軍備在內。」他的結論是，中俄兩國永遠不會聯合作戰。這次軍演只是一種政治顯示。

《俄羅斯工商諮詢》電子日報的評論家認為中俄軍演將搶救俄國的軍工業。該報對俄國專家進行了一次調查。多數專家認為這次軍演是向潛在的購買者中國展示俄國戰略武器在實戰中的表現，俄國指望各軍工企業將得到大量中國訂單，俄方可以騰出手來開發新武器以裝備本國軍隊。彼得堡「設計未來」分析小組負責人博羅維科夫認為實際上是在形成中俄軍事結盟，目標是打退外國侵略。「當然不是指臺灣，而是指日本，日本正在備戰；也指美國，美國已經用中亞的軍事基地包圍了中俄兩國。」該報還引用一名俄國軍事專家的話，說中方有意購買俄國的戰略戰機，這樣中國就可以加入擁有戰略空軍的高級俱樂部（美、英、法、俄）。俄國也有興趣向中國出售而且不擔心中國會反戈一擊。「因為有專門的技術安排防止出現這種情況。另外每架飛機都具有個性。俄國專家瞭解這些特性，有力量阻止它飛行。中國的軍款可以用來開發第五代殲擊機和重型運輸機KR-860，同時恢復生產更先進的圖-160戰略轟炸機。」

親西方的莫斯科《商人日報》認為這次軍演實際上是「練習侵入臺灣」。該報透露中方原要求在離臺灣較近的浙江沿海舉行登陸演習。在俄方堅持下轉移到山東半島沿海舉行。

俄國的中國問題專家米赫耶夫明確指出，「這次演習是對臺灣的隱蔽警告。」俄羅斯新聞社的軍事問題觀察家李多夫金在回

顧中國參加上海合作組織在中亞舉行的多次軍演和中印、中法、中國巴基斯坦軍演以後指出，從來沒有人認為那些軍演構成威脅。現在本身就是軍事集團如北約成員的國家擔心出現「新的軍事結盟」是不體面的。中俄兩國不會接受這種態度。

《消息報》發表莫斯科卡內基中心專家葉夫謝耶夫的談話。他說「這次軍演臺本的弱點是難以找到符合事實的理由。維和或者反恐都用不著遠端航空兵和潛水艇」。該報進行了以《我們聯合中國會反對誰？》為題的民意調查。結果是六成五的人認為是反美；不到一成的人認為是反恐；其餘的人認為是反對外星人。

俄國電子報《STRANA.RU》提到軍演與維吾爾族騷動有關。

總之，遠東地區這次最大規模的中俄軍演正成為本地區安全結構的新動向。

25 德大選牽動
歐洲權力平衡

2005/10/02

　　德國大選落下帷幕，這次選戰激烈，反對黨、東德出身的梅克爾領導的基督教民主聯盟獲得了約35.2％的選票，而現任總理施羅德領導的執政黨社會民主黨獲得約14.3％的選票。梅克爾表示，她已經得到執政的許可，雖然本來可取得更好的成績。觀察家認為，梅克爾可能不得不仍要與施羅德合作，組成聯合政府。

　　梅克爾五十歲，出身於原東德地區的一個貧窮城鎮，八十年代在東柏林的中央物理化學所工作，是一個勤奮、興趣廣泛的科學家，她也熱衷文化與藝術。柏林牆的倒塌令梅克爾的價值觀發生巨變，那也是許多東德青年人生的新起點，由左翼轉向右翼。

　　右翼基督教民主聯盟梅克爾的勝出，給俄國政界和媒體帶來了一枚酸果。政界沒有發表直接的評論，但是，媒體則反映了社會各界的惶惑與不安。

　　俄國與德國的關係近十多年來一直處於「熱戀」。德國前總理科爾與前蘇聯領袖戈巴契夫因蘇軍撤出東德、促進兩德和平統一，而成了好朋友。葉利欽在對德問題上繼承了前任的政策，兩國關係得到進一步的發展。葉利欽也成了科爾的密友。科爾下

臺，施羅德上臺，曾在俄國引起一陣困惑和騷動。但施羅德沒有改變前任的對俄政策，反而同俄國走得更近。「知德派」普京就任總統，同施羅德聯手發展兩國友好關係，達到空前地步。自從美國總統布殊著力稱霸天下，獨斷獨行，發動伊拉克戰爭，促使美俄形成特殊關係。近年歐洲出現「俄德法」抗美軸心，令俄德關係進入巔峰。德國如今是俄國最大的經濟夥伴，是在俄國投資最多的國家，兩國文化交流更是紅火熱鬧。俄國三代領導人和德國兩代領導人建立的戰略友好關係，目前面臨新的考驗，增加了新的變數。

對於梅克爾新政府的對俄政策，莫斯科沒有把握，至少有一點已引起克宮的關注，即梅克爾聲稱她不贊成「反美軸心」，要同美國建立更加密切的合作關係。三十歲前是東德人的梅克爾，未必不會像其他東歐同行，如波蘭總統克瓦什涅夫斯基那樣，成了反俄的急先鋒。這是莫斯科最憂心的。由此可見，俄國各界對這次德國大選的特殊關注，就更可以理解了。這一點也可以從梅克爾大選勝出、俄國政治評論界和媒體都不願爽快承認的態度中看出。媒體報導和評論角度，通常都說明了問題的實質。首先，俄國媒體強調梅克爾只以「不足掛齒」的一個百分點領先，權威電子媒體《俄羅斯工商諮詢網》稱，這次大選其實「不分勝負」，德國政局處於「絕境」，「還不清楚未來由誰主沉浮」。

在德國大選整個過程中，俄國媒體評論選戰都不使用中性用語，而大多採用負面用語，如「一團糟」、「慌亂」、「中風」、「絕路」，等等。《消息報》從柏林發來的消息題目是《施羅德幾乎勝出議會大選》，大談施羅德一派的競選成績，稱雖說形式上施羅德並沒有領先，但「在道義上已經取勝」。在描述施羅德競選總部的狀態時，大書特書他們興奮的心情，「香檳

如注」。在介紹梅克爾競選總部的情況時，《消息報》則形容「人人雙目無光，表情沮喪」，說梅克爾「用缺乏信心的口氣對莫明其妙的追隨者表示，『我們是議會的最大黨，我們有能力組織政府』」。她的支持者用缺乏信心的掌聲回應她。施羅德呢，「相當堅決」地表示不肯放棄政權，要主動出擊，組織聯合政府，「獲得興高采烈人群的支持」。兩相對照，傾向十分明顯。配文章的照片也很有意思：梅克爾的大幅宣傳像正在卸下來。猶如她本人一頭栽倒下來。俄國媒體顯然在給施羅德打氣。《商人日報》稱，右派保守勢力雖然一開始具有優勢，遠遠超出對手。但施羅德在競選中表現也很優異，取得成功。他「以國家命運為重的形象再次得到證實。他至少可以成為強有力的反對派首領。」

對於梅克爾及她的政黨可能執政，《商人日報》說那必然遇到許多難題。國內方面，主要難點是她的黨是「冷酷無情的官僚」，「只要經濟發展，而不顧下層民眾的疾苦」。這種不人道的態度是施羅德可以好好批評的，作為射向梅克爾陣營的一支支利箭。評論說，在對外政策方面，梅克爾新政府首先要重溫與美國的友好關係，恢復兩國因伊戰而冷卻下來的交往。梅克爾團隊反對暗含反美色彩的「柏林—巴黎—莫斯科」軸心，「不允許再出現這種情況」。談到德國工商界時，該報說「工商界非常失望，擔心國家穩定遭到破壞，經濟改革受阻」。

俄國媒體還強調德國大選結果對歐洲經濟產生負面影響。連續報導歐洲證券市場和貨幣受到衝擊的情況。德國各主要證券下滑，歐元貶值，似乎都是梅克爾獲勝的「罪過」。

俄國政治學者認為，德國大選的結果顯示有可能舉行第二輪。俄國科學院歐洲研究所德國研究中心主任別洛夫認為，確實

存在第二輪的可能性。不過他看好組成所謂「大聯合」,即梅克爾同施羅德兩派組成聯合政府。別洛夫說,比較現實的選擇是,由梅克爾主持「大聯合」。因為兩派在一些意識形態問題上實在沒有太多的分歧。雙方都主張推行重大的經濟改革。譬如,施羅德主張改革勞動市場、稅務、保健和退休金體系。施羅德要求按照勞資協定簽訂勞動合同,以保障職工收入。梅克爾則要求繞過這些協議,使雇主有更多的選擇。另外,施羅德要求保護職工利益;梅克爾要求照顧雇主利益。不過在對俄關係上,別洛夫認為,雙方不會有太大的變化。兩位政治領袖都強調要維持良好的德俄關係。

目前,選戰「鹿死誰手」的最終結果尚不能輕言,因此俄國政府正在靜觀,不急於表態。其實,在俄國總統普京曾在德國大選前夕訪問過德國,同施羅德密談過兩國關係和國際問題,足見俄國對德國的政治發展絕非無動於衷。專家認為,其中必定包括對梅克爾及她的政黨選戰勝出和上臺的可能,以及要做各種準備。

2005/10/30

　　9月中旬，俄國影壇突然出現一部轟動全國的大片《第九連》。初演五天即有一百八十六萬觀眾，放映三星期票房收入已達一千五百萬美元。主要觀眾群是從十四歲到四十五歲的俄國男子。年青人對影片中小戰士的硬漢子形象極為崇拜。中年人反思阿富汗戰爭的歷史教訓。影片導演小邦達爾丘克說，他想表現的就是八十年代這一代人的遭遇。從製作來看，影片成本為九百萬美元，拍攝組一百五十人，攝製了一百五十一天，動用群眾演員兩千人，行程一萬公里，喝了兩萬五千公斤茶和咖啡，吃了一萬三千五百噸食品，使用了二十三架飛機、二十架直升機、八十輛坦克和裝甲運兵車，拍攝了七萬米膠片，完全是好來塢大片的製作態勢。導演說，他的影片說戰爭，說青年人的嚴格追求，說男子漢的友誼。這是他的導演處女作，可說是一炮打響。

　　《第九連》是俄國首部以阿富汗戰爭為主題、正面描繪阿富汗戰爭的影片。影片表現真實存在的蘇軍空降兵第三四五團第九連。這是一支赫赫有名的部隊，屢建奇功。阿富汗戰爭一開始就從駐地費爾幹納跨過邊境，進入戰場。影片呈現給觀眾的是兩

部分內容：一是這支部隊的部分新兵從西伯利亞的克拉斯諾亞爾斯克應徵入伍，到訓練基地接受特種培訓的情景，一是投入阿富汗戰場的實戰畫面。培訓從實戰從發，毫不留情。有的士兵實在支援不住，倒在地上。阿富汗戰場這一段主要描述九連受命占據三二三四高地，保護蘇軍大部隊安全通過。最後彈盡糧絕，三十九名官兵，六人犧牲，十二名受傷。打敗敵軍十二次強攻。就在九連殘餘官兵高呼現在大部隊可以安全通過時，上級代表卻告訴他們，政府已經早就宣佈撤軍了，並問為什麼沒有同上級聯絡。九連沒有得到通知，做了最後的無謂犧牲。正如蘇聯發動的阿富汗戰爭一樣，是一場無謂之戰。

　　《第九連》的問世，恰與現今俄國社會的心理狀態共鳴。普京上臺以後，適逢石油大漲價，俄國大發石油財。石油美元滾滾而來，國庫豐潤，外匯儲備超過歷史最高水準，以致俄國政府不知如何使用這些意外之財。為了壓抑居高不下的通貨膨脹，政府不得不建立穩定基金庫，把多餘的外匯收入存進這個基金庫。手中有錢，自然好辦事。普京領導治理國家的主要理念就是恢復俄國在前蘇聯時期享有的國威。軍費年年增加，對外政策不斷強硬。這種大國情結在社會上不斷發酵。俄國人，特別是青年人，對歌頌俄國人硬漢子精神的影片情有獨鍾。所以，《第九連》公演第一周票房收入創俄國新高，就不足為奇。另一個重要的社會心理因素，是俄國人的阿富汗情結。雖說阿富汗戰爭對俄國人來說，已經成為歷史，但是，阿富汗戰爭給俄國人心靈上留下來的創傷，至今沒有癒合。這場戰爭是俄國繼衛國戰爭之後最大規模的一次對外戰爭。前後派駐六十二萬名官兵，一萬五千人捐軀異國。阿富汗一戰，牽動俄國絕大部分家庭。而至今仍是一個隱痛，一個尷尬。雖說歷史已經有了公論，那是一場不義之戰。但

是，在那些轉戰阿富汗、吃盡戰場苦頭的普通官兵眼中，他們盡了軍人的天職。第九連的官兵在訪談中對攝製組說，「上級命令我們開赴前線，說是需要這樣做。我們也就整裝前往，沒有問為什麼。」二十多年來，國家把他們稱作「國際主義戰士」，許多人獲得蘇聯英雄稱號，曾經享譽全國，感情上無法理解他們打的是一場侵入別國的不義之戰。《第九連》歌頌俄國下級官兵的英勇和遭遇，在某種程度上化解了許多俄國人的阿富汗怨氣。另外，俄國青年眼見國家受到美國和一些鄰國的擠壓，心中積累的大量怨氣也趁機渲瀉。

《第九連》主創人員攝製這部影片的理念，正如導演費奧多爾‧邦達爾丘克所說，真實描述阿富汗戰爭的情況，不寫當時的政治，不美化那場戰爭，只寫一支小部隊的日日夜夜，一支由十八、九歲新兵組成的部隊從培訓到上戰場的經歷。導演說，有朋友問他，是不是在拍電影，想不想拍一部描寫阿富汗戰爭的片子。當時他正計畫重拍父親的《一個人的遭遇》，但寫的是車臣戰爭。決定拍攝《第九連》之後，攝製組採訪了第九連現存的官兵。巴賓科上尉對攝製組說，「我們是執行軍人的天職。那是歷史的一部份。希望影片能反映我們和犧牲者父母的心情。」列兵什科洛夫說，連長曾經命令大家把犯過的錯誤都集中起來看一看，原來大家都一樣，既能打仗，也能像普通人一樣生活和犯錯誤。「不過那是一架真正的絞肉機。」列兵庫茲涅佐夫回憶當時作戰的情景說，每天早上六時開始，敵軍有三四百人來強攻高地，許多人犧牲。打了一天一夜，敵人退下去。十九歲的人，看到身邊死人活人混在一起，很不適應。見到戰友犧牲，痛嚎不止。九連連長沃斯特羅金為自己的戰士感到自豪，「領導告訴我們說，這是去把阿富汗人民從封建壓迫下解救出來，我們會像西

班牙國際戰士一樣受到尊敬。」另一位普通戰士卻道出了真情：「我們侵犯了當地熱愛自由人民的權利，這就是為什麼他們那樣恨我們，向我們開槍。」就在俄國社會對這場戰爭截然不同的看法中，主創人員攝製出這部轟動俄國影壇的大片。

《第九連》中一些場面使人難忘。首先是練兵場面。老戰士要求新兵捧打，不時動用體罰。儘管如此，新兵很佩服他，同情他的遭遇。據守高地一仗，打得淋漓盡致，交戰雙方傷亡慘重。蘇軍轟炸阿富汗村莊的場面驚心動魄。阿富汗民眾抵抗外來侵略者，卻遭到野蠻的屠殺。一片火海將土居夷為平地。影片中只有一個女角色，白雪公主。她既美又醜。她既純潔又骯髒。她既是戰士眼中的白雪公主，又是軍營妓女。新兵們要她解決性需求，又把她看成神聖的女神。一名戰士說她很美，說她是希臘神話中的人物。大家都撲在地上，圍在赤裸的她身邊，吻她的腳，她激動得眼淚直流。編劇說，這段故事是他本人服兵役時目睹的真實事件。一名學畫的新兵，帶著油彩上戰場，受到大家的譏笑。他卻在戰場上看到了美麗。他說，阿富汗很美。他在影片中告訴大家，米開朗哲羅說過，所謂的美就是沒有多餘的東西。戰爭是美麗的，只有生與死，沒有多餘的東西。在訪談中，他對攝製組說，阿富汗大自然的美，給他留下終生難忘的印象，至今他仍以阿富汗作為自己創作的素材。影片裡阿富汗大地多用紅色和黃色的暖調，猶如陷身在一片火海之中。

《第九連》的主創人員實力非常雄厚。製片人葉蓮娜‧亞祖爾被美國《新聞週刊》稱作「俄國最天才的女製片人」。編劇柯洛特科夫在此之前，已經寫過十二部故事片劇本並攝成影片。導演邦達爾丘克出身電影世家。父親是國際頂級電影大師，《一個人的遭遇》和《戰爭與和平》的導演。母親是扮演《戰爭與

和平》中艾倫的著名演員。他在導演此片之前，擔綱主演許多影片，攝製不少短片。這次抖膽攝製二十多年無人敢問津的入侵阿富汗題材，儘管只用客觀主義態度反映真實事件，但留給人們思考的素材卻很多。他追求真實。連演員應徵入伍剃光頭，在五個月的攝製過程中，頭髮日日見長，證實他們入伍的時間和在戰場上的經歷，也是他有意為之。俄國影評界有人稱這部片子是俄國的《現代啟示錄》。由青年演員組成的陣容表現不俗。他們都有著豐富的表演經驗，在影片中的表演從第一個鏡頭開始，始終抓住觀眾的心。

《第九連》中有些句子可說是至理名言。「你們是去一個伊斯蘭國家，他們對生和死的看法與我們完全不同。」「瞧，這是我們的地雷。我們是種雷得雷，自己挨自己地雷的爆炸。」隱隱約約可見是在對美國發動侵犯他國的戰爭敲起警鐘。

《第九連》的出臺說明俄國正在向國際社會發出一個訊息：不要低估俄國的精神力量。俄羅斯人是一個能征善戰的民族。

27 莫斯科反猶血案 新法西斯主義 抬頭

2006/02/13

　　新年伊始，莫斯科冰天雪地。俄國人民正在歡度漫長的十天假日。這裡有西曆新年，有東正教的耶誕節（元月7日），還有俄國舊曆新年（元月13日）。就在俄曆新年前夕，元月11日，年僅二十歲的俄羅斯族青年亞歷山大‧科普佐夫手持利刃，衝進位於莫斯科市中心帕爾沙亞勃隆納亞大街的猶太教堂，連傷八人，其中三名外國人。兇手當場落網。接著檢察院下令對他家進行搜查，發現一批繪有納粹標誌物的影像製品、民族主義讀物、火藥、子彈。警方在他家還發現一些莫斯科其他幾座猶太教堂的地址，並且標在莫斯科市地圖上，因而懷疑他攻擊的對象不止一家。他在受審時說，曾通過互聯網尋找民族主義的讀物，讀過一些這種題材的書。檢方在搜查他的家時，發現一些宣揚民族仇恨的書籍。這一切都說明他是自覺地前去教堂行兇。檢方已立案，並按俄國刑事法向科普佐夫提出多項指控：第一零五條企圖殺人罪、第一一一條嚴重損害肢體罪和第二八二條鼓動仇恨或敵意、侮辱人格罪。莫斯科法院已宣佈，將在2月中旬開庭審訊。

慘案發生後，俄羅斯全國上下震驚。媒體說他是一個新現象，即單槍匹馬的新法西斯主義者。此地的安全機關與媒體並不諱言俄國存在一些民族主義政黨，個別政黨甚至連黨徽都很像希特勒納粹的十字徽。但是，經過檢方初步調查，他沒有參加黨派，也沒有參加光頭黨之類的青少年極端主義集團的活動。然而此地公眾紛紛發表評論，認為慘案不是孤立事件，社會上的極端民族主義已經危害國家安全和公眾生活。

　　去年11月，巴黎街頭事件傳到俄國，莫斯科極端民族主義者利用這個事件，橫行無阻地在市中心抗著「移民們，滾出莫斯科！」的標語遊行，一些俄國政治家們叫囂「黑色威脅」，引發莫斯科的《消息報》在通欄標題《從各民族友誼到各民族戰爭》下用一整版討論俄國，特別是莫斯科的各民族關係問題，發表絕然對立的看法，以引起公眾和當局重視問題的嚴重性。編者說，「仇恨只能引發相應的仇恨，只能點燃巴黎式的大火。」這一版總共發表了四份材料，反映不同意見。一份材料是名叫庫維奇科的婦女寫給編輯部的信。她認為外族人來的太多了，「現在已經出現了從民族成份方面徹底改變俄國的威脅，威脅到俄羅斯人作為一個民族的存在。」「誰想恢復俄羅斯民族意識，誰就被指責為沙文主義者、法西斯」。一份材料是莫斯科市議會「祖國黨」小組負責人沃爾科夫的短文。他說，「這些民族社區是最最可怕的了。甚至在美國沒有一部警車會開到『華人區』或者『黑人區』。莫斯科也可能出現這樣的民族社區。」在這份材料的上方，是一份莫斯科中國廚師對《消息報》記者的談話。這位華人廚師是應莫斯科市中心一家著名俄國老闆的高級中餐館之聘出任首席廚師的。他說到自己向新到的中國同胞傳授在莫斯科活命的訣竅。第四份材料是著名電影導演沙赫維爾吉耶夫。他指出民族

關係出現緊張情況的癥結所在。首犯是那些貪官污吏，是那些大行敲詐勒索的「本地同志」，而不是外來人。

俄國各大城市出現民族關係緊張的社會情勢，已經影響到社會和公眾的安全。俄國文化之都的聖彼得堡，連續發生殺害有色人種外國留學生的事件（喀麥隆人、剛果人、越南人）；首都莫斯科警察局批准排外的民族主義者遊行，卻禁止反新法西斯人士上街。這一切都促使俄國當局重新評估制訂反極端主義法問題。就連極端民族主義活動相當囂張的莫斯科市，時任副市長的米哈伊爾~緬恩也提出要求莫斯科市的執法部門調查去年11月4日市中心舉行極端民族主義大遊行事件。他要求禁止類似的遊行，聲稱一切納粹主義的口號都要受到懲罰，因為俄國每一個家庭都深受法西斯之害。

制訂反極端主義法一事，在俄國的過程曲折複雜，曾遇到相當大的阻力。

2002年7月25日開始施行《反極端主義活動法》以後，國際國內形勢有了很大變化，為了加大反極端主義活動的力度，曾經多次試圖修改，但都受到阻力，沒有成功。2002年秋莫斯科發生車臣恐怖主義分子占領劇場慘案，俄國國會要求修改這項法律。2003年4月俄國大眾傳播公會向克宮提出強化追究宣傳恐怖主義和極端主義責任的修改法案，沒有得到支援。2004年6月，在車臣前總統卡迪羅夫被炸死之後，國家杜馬立法委員會主席克拉舍尼科夫提出準確界定恐怖主義與極端主義的概念，因為執法部門往往縱容極端主義分子的活動，將其定性為「流氓行為」，以從輕處理和開脫他們的違法行為。這項建議仍然沒有下文。當月，內務部副部長切卡林要求制訂嚴懲極端主義的修改法案，執法部門未向國會提出任何建議。9月，發生別斯蘭慘案。杜馬議員提

出加強人員密集地點安全保障措施的法案，但沒有下文。2005年秋，在聖彼得堡和沃羅涅什市兩名外國留學生被殺後，司法部長恰伊卡在國家安全會議上提出必須制訂更加嚴屬的反極端主義法，簡化取締極端主義宗教和社會組織的程式，堅持追究傳播極端主義讀物者和刊登極端主義分子網站服務商的刑事責任。但是，反極端主義法沒有得到改進。

俄國公眾指責政界出現支持新法西斯主義活動的行徑。起因是2005年1月，二十名杜馬議員、俄共和祖國黨成員，一批俄羅斯極端主義分子，發表致俄國總檢察院的一封公開信，要求總檢察院禁止在俄國建立猶太人社會組織。一百八十多萬線民要求處理這一事件。當年秋季，莫斯科市議會競選過程中，祖國黨在電視上公然宣傳排外思想和沙文主義，號召把非俄羅斯人趕出莫斯科，雖然引起公眾強烈反對，但執法機關並沒有採取法律制裁。巴黎街頭的大火促使俄國當局加強反極端主義立法。近兩千萬俄國的穆斯林是當局不得不考慮的社會因素。普京總統去年4月在國情咨文中要求嚴懲排外的光頭黨分子及其活動。5月總統府制訂有關法案。巴黎事件出現後，普京在政務會議上要求加快修改反極端主義法。在討論這項法案時，爭論很大，因為其中涉及到極端主義一詞的界定。新法案中除了反對極端民族主義活動外，還反對一切「阻撓聯邦和地方政權的合法活動」。這一條引起反對派的強烈反對，認為這條法案的實質是偷樑換柱，為保護政府矛頭指向反對派而訂。今年2月9日《反極端主義活動法》在杜馬一讀通過。俄共投了反對票。支持政府的俄羅斯統一黨議員列茲尼克表示：「別去花時間爭論法西斯主義日漸氾濫的問題，該是動用政權的時候了。」

極端民族主義能在俄國氾濫，在很大程度上是近年來社會上

盛行俄國復興強國地位、擺脫國際社會二等成員的精神需求，扭曲為民族主義，錯以為發揚大俄羅斯民族主義就可以重震雄風。一些政治家利用這種情緒爭取選民支持。原是一些市儈們的街頭巷議，卻經由類似祖國黨首領羅果津在電視上大呼驅逐非俄羅斯居民，實在是新法西斯主義最突出的表現。俄國青年反法西斯運動「我們的人」在公開聲明中指出，「遺憾的是，俄國有法西斯主義，祖國黨就是明證。」《共青團真理報》的評論員「堅信大多數同胞隨時準備抵制陰暗的本能和愚昧的仇恨」。

　　俄國的有識之士，已經看清部分政客宣揚人種優劣，不僅打擊俄國的國際形象，而且危害俄國的經濟。俄國靠獨聯體移民保持人口數量。一旦他們害怕前來俄國，難免有一天，「俄羅斯會成為領土廣闊但杳無人煙的國度」。

Headline **28** 蘇共二十大
五十年後的歐洲

2006/02/19

　　今年1月25日，在蘇共二十大召開五十周年前夕，歐洲議會經過許多次長久激烈的辯論，不顧歐洲十五國共產黨代表走上街頭遊行反對，還是通過一項決議，認為有必要譴責共產主義集權制度犯下的罪行。由於這裡指的是蘇聯式的共產主義制度，在辯論過程中，為了照顧俄國議會代表團提出的考慮俄國公眾的情結，把一些容易引起俄國公眾反感的說法取消或者減弱譴責力度。例如，由全面譴責共產主義改為只譴責共產主義集權政府的罪行，取消了原來的決議草案中把共產主義集權制度的罪行與納粹主義相提並論的提法。再如，草案建議歐盟各成員國開展相應的資訊和宣傳運動，向公眾介紹「為了共產主義的意識形態和以共產主義意識形態名義犯下的罪行」，同時「改寫歷史教科書」，也刪除了。再如，撤除歐洲各國現存的共產主義領袖的紀念像和改掉用共產主義領袖命名的城市和街道名稱。俄國許多人的戀共情結不可能支持這項決議。俄國反共急先鋒日里諾夫斯基大為高興，乘機大反政治對手俄共領導人久加諾夫，向俄國和外國記者大談俄共，甚至要求「就在會場上把久加諾夫抓起來，給

他載上手銬」。會外議論紛紛，也曾討論過這項決議可能帶來的後果，包括會不會引發針對共產黨人的「新紐倫堡法庭」。歐盟議會主席林登回避直接回答這個問題，並且向俄國《消息報》記者表示，這份決議不包含提出任何法庭審訊的事。

這項決議在歐洲媒體引起空前的關注。《費加羅報》指出這項決議的歷史內涵，「是對各共產制度罪行的首次國際譴責」。歐洲各國共產黨曾力阻通過這項決議。在辯論中法國共產黨聲稱，他們當時已經對列寧史達林迫害做出過相應的評價。俄共也提出相同理由，指出蘇共當年在二十大上已經做出過譴責史達林的決議。俄國代表團內部意見不一。代表團團長、俄國國家杜馬國際事務委員會主席科薩喬夫說「罪行應當由法律界界定，而不是由政界出面」。他的副手斯魯茨基則說「這份文件對我們來說是不愉快的，但不是令人憤慨的」。成員沙拉丁議員表示不會投反對票，因為「與俄國毫無關係。俄國本身已經談過布爾什維克當局的罪行，布勒斯特和約（列寧向德國割讓一百多萬平方公里領土）、槍殺德國大使米爾巴赫等。」

歐洲議會決議傳到俄國，引起各界不同的反應。一方面，能否譴責作為意識形態的共產主義？另一方面，為什麼共產主義制度都是集權主義的？這裡我們可以看一看俄國各派著名代表人物的論點。俄國左派代表人物、俄共議員、前蘇聯最高蘇維埃主席魯吉揚諾夫說世界上許多國家的群眾參加共產主義運動。他同這項決議的起草人談過話。起草人的原意是禁止世界上一切共產黨。後來七十三國共產黨代表一致反對，因為這樣做會導致社會主義運動也受到打擊。中派代表、國家杜馬副議長、俄羅斯統一黨領導人之一別赫京並不否認有必要譴責共產主義集權制度的罪行，不過首先是俄國人有權討論這個問題。「1993年動盪時期我們已經查

封了共產黨。我們已經走上民主發展的道路，承認共產黨犯下的錯誤。我們記得古拉格群島（俄國的勞改營），把人當作螺絲釘的態度，政治謀殺。這些事我們早就經歷過了，早就送進了歷史。」右派力量黨領袖別雷赫明確宣佈「共產制度是犯罪制度」，「共產主義壓制人，與民主和人權沒有任何共同之處。」著名老作家格拉寧採取分析的態度，「蘇維埃制度敗壞了自己的名譽，犯下了許多違反人性、人性法則和人權的罪行。我指的是三十年代迫害的事、消滅富農的政策、戰後排擠一些民族的事。不過老百姓還是忍了下來，原因是共產主義思想本身是很高尚的，是一種公正社會的思想。因此，無條件地全面譴責蘇聯往事是不公平的。」這種把共產主義思想同蘇維埃制度區別開來的態度，在俄國有不少支持者。哲學家丘白斯指出，「蘇聯是一個集權主義國家，它一下子崩潰了，因為它是建築在謊言和迫害的基礎上。但是，馬克思闡述的共產主義思想是關於國家消亡和社會公正的最光輝的思想之一。但是，社會主義集權國家偷樑換柱，用『共產主義』包裝起來的內容完全不是那回事。馬克思認為社會主義社會是一個沒有剝削的社會。蘇聯社會不僅有剝削，而且剝削的水準超過西方各國，還有一個階層來實行這種剝削，那就是當權派。」在二十大召開五十周年之際，俄國公眾意見調查中心做了一次民意調查。大多數俄國公民把共產主義同七十年的蘇聯歷史聯在一起，他們不承認這段歷史是犯罪的。目前有五成的人正面評價史達林，三成七的人負面評價他。但是，現在共產主義吸引的人占14%。約有二成人希望歸政於民、重建共產主義和恢復蘇聯。

二十一世紀的歐洲，是一個沒有共產黨當政的世紀，沒有共產主義制度當家的世紀。上個世紀中葉，蘇共二十大是改變世界歷史進程的重大事件。目前俄國報刊發表了部分二十大的關於批

判史達林個人崇拜的秘密決議。俄羅斯國家電視臺播放了一部四集文獻紀錄片，以俄國各國家檔案館，包括國家安全局和和外交部的檔案為根據，揭露列寧接受德國情報機關提供的活動經費，為德國情報機關服務的情況。權威的第一電視臺播送根據諾貝爾獎得主索忍尼辛琴的長篇小說《地獄第一層》改編的電視連續劇。這部電視劇揭露史達林時期，把持不同意見的科學家以違反蘇聯憲法第五十八條（反蘇）的罪名關進特設的集中營，從事保密專案的研究。劇中寫的是要求他們在最短期間內研製出根據發聲特點判明打電話人的設備。同時報刊上討論列寧對當前俄國社會的意義。莫斯科國際關係大學的米羅諾夫教授認為「十月革命及其產生的蘇聯（包括偉大的和可怕的章頁）是我國人民對世界歷史和文化的重大貢獻」。一項民意調查還顯示，58％的人正面評價列寧；只有21％的人否定他在俄國歷史中的作用。

本來就不太熱火的歐洲議會與俄國的關係，這項決議又澆上了一盆冷水。在俄國政界眼中，歐洲議會是同俄國搗蛋的主謀。無論是同一天通過的關於車臣問題的決議，還是指責俄國通過的非政府組織法不符合歐盟標準，都是針對俄國的。俄國也不甘示弱，威脅要退出「付款大戶」的名單。俄國公眾要求政府和議會不要做傻瓜，每年支付二千三百萬歐元，卻老是受氣。不過，此地評論界認為如果減少會費，必然導致減少俄國同歐盟的合作，結果對雙方都不利。

在歐洲，雖說共產主義制度退出歷史舞臺，但是，社會民主主義卻是很得民心。在成功實行社會民主主義思想的國家，以北歐各國為例，主要就是民主制度加市場經濟，而不是「蘇維埃政權加電氣化」（列寧語）。歐洲選民心目中的社會主義絕不是蘇聯式的集權主義制度。

29 俄國民主化政治
改革的三巨人

2006/03/04

　　前蘇聯風風雨雨血血淚淚度過了六十多年，於1991年壽終。
蘇聯的崩潰各有各的說法，其實在原因是體制，或者意識形態的
沒落。許多不明真相的人以為幾個領導人就可以把世界最大的黨
搞垮，把一個超級大國搞垮。他們不知道，早在1982年，長期擔
任克格勃首腦的安德羅波夫已不相信政府統計局的數字，決定動
用情治系統克格勃，要求克格勃調查國家經濟真實情況。克格勃
向他報告的資料大大出乎意料。七十年代蘇聯經濟開始走下坡
路。1982年蘇聯經濟成長率是零。工業生產率是西方先進國家的
三分之一不到；農業生產率是西方的五分之一。此後蘇聯的經濟
每況愈下，再加上入侵阿富汗，耗費大量軍費，民眾生活水準年
年下降。一夜之間整個黨垮了，確實令外人難以置信。蘇共的普
通黨員與幹部，特別是高級幹部，在蘇聯完全是兩個階級。普通
黨員住大板房，黨的幹部住高級磚房。普通黨員與廣大勞動群眾
一樣，為生活奔波。高級幹部享受特別供應。難怪1989年5月實
行自由直選人民代表時，三十五名州委第一書記落選。這一事實
恰恰說明體制已經腐朽，民心思改。

蘇聯時期，一方面是全民犧牲一切，建成以軍工為主的現代化工業體系，老百姓在低工資低消費的制度下過著大大落後於國際先進水準的日子；另一方面是充滿暴力的歷史，是以專政為工具的蘇維埃政權實行的統治。十月革命時期的暴力行動，二十年代的國內戰爭，三十年代的清洗，四十年代戰前戰時戰後的鎮壓，五、六十年代武力鎮壓東歐改革，七十年代迫害異見知識分子，八十年代入侵阿富汗，無不與暴力有關，只是程度和形式不一。就是在這種錯綜複雜的歷史進程中，蘇共和蘇維埃體制內部必竟有一些人瞭解民情，看出癥結。這些蘇共黨內的開明派以政改三大巨人為代表。他們是赫魯雪夫、戈巴契夫和葉利欽。他們代表了俄國歷史發展進程的三個時期。赫魯雪夫的貢獻就是蘇共二十大上的秘密報告，打破個人崇拜的神話，揭露蘇聯體制的黑暗面，為蘇聯政治改革奠下了第一塊基石。蘇聯此後出現的改革反覆，四十年的舊勢力根深蒂固。他本人也是體制裡的人，歷史局限性束縛了他的手腳。但是蘇聯畢竟不一樣了，改革磕磕碰碰，加上第一次中東之戰時期石油美元滾滾而來，經濟壓力減輕，改革停滯不前，形成了蘇聯歷史上的「停滯時期」。

　　今年3月2日是蘇聯政治改革的第二個巨人戈巴契夫七十五歲。生日前夕，他接受記者採訪，回首往事，為自己完成歷史使命而慶倖。他對記者說，「我問心無愧。」他認為自己推行的改革「別列斯特羅伊卡」（PERESTROIKA）和新思維是一場和平的反集權主義革命。這場革命做了不少有利大眾的事：揭露批判蘇共的迫害政策，比赫魯雪夫更徹底地平反；提倡公開性，言論自由；解除蘇共的一言堂，撤銷新聞檢查制度；首次在蘇聯實行真正的民主選舉，無論是選舉人民代表還是選舉總統，打破過去由蘇共提出等額候選人名單的傳統做法，在蘇聯開放了真正的

競選活動。正是在戈巴契夫解禁的大形勢下，蘇聯廣大國土上才出現了改革的浪漫主義運動。1989年5月，前蘇聯在戈巴契夫領導下選舉和召開第一次真正涵意上的人民直選代表大會，討論國是，一反前最高蘇維埃橡皮圖章式的議會。會議由電視和無線電直播。開會時全國空巷，人人關心會議進程。可以說是前蘇聯有史以來第一次做到最大的透明度，使民眾能參與國家大事的決策。許多對立的意見都在會上湧現出來。對立面的爭論白熱化。大會決定開放政治，開放黨禁，修改前蘇聯憲法第六條，取消蘇共作為國家領導黨的地位。此後俄國出現了許多黨派。但是細細一看，起作用的都是前蘇共黨員，可以說是黨內不同派別的較量，最後是開明派改革派占了上風。從那時起，雖說蘇共退出歷史舞臺，但是，直到現在，俄國的掌權者都是前蘇共黨員，只是他們能「識時務者為俊傑」，能順應歷史進程並抓住機遇，「與時俱進」而已。現在俄國的掌權者，極少不是共產黨員出身。從這個意義上來說，共產黨員並沒有失去權力，只是看他能否順應民心。

　　戈巴契夫在解釋自己發動史無前例的改革運動時說，目標是改造前蘇聯的集權主義體制，建立真正的民主和社會主義，為將蘇聯改造成真正的有效的聯邦國家，有機地將強大的中央同分權的「獨立自主」的各加盟共和國結合起來。但是，前蘇聯後期政治經濟危機四伏，計畫經濟崩潰，特別是民眾生活困苦。當時到過莫斯科的人都記得排隊買麵包的長龍。各共和國的領導人紛紛把責任推到中央身上。戈巴契夫說「改革激發了各共和國的民族自我意識，地方上的知識分子精英沒有做好迎接民族主義偏見、分裂和敵對情緒氾濫所造成的挑戰。」他在答《莫斯科共青團員報》記者時透露他當年發動PERESTROIKA的動機是「摧毀否定

民主和依靠專政支援的社會主義模式」。他表示支持俄國現總統普京的政治路線，因為他實行的是社會民主主義路線，既不是激進的左派路線，也不是激進的自由派路線。這符合他改革的初衷。這家報紙刊出當年蘇共領導人集體照相，全是一統的灰色大衣。報紙評論說，「戈巴契夫之後世界變得多彩了」。

戈巴契夫執政時期，對當時緩和國際形勢做出的貢獻也是有目共睹。結束冷戰，撤出阿富汗，和平統一德國，減少核武，結束中蘇對立，放棄控制東歐，都對各國人民有利。因此，他在國外的名聲好於國內就不難理解。

俄國官方沒有對戈巴契夫七十五大壽做出過多反應。媒體卻相當熱烈。俄國的各電視頻道，包括反映官方意見的第一臺和國營的俄羅斯臺，都播送有關他的文獻片和脫口秀。俄羅斯臺播送兩個小時的《過程開始了！》政論片，肯定他摧毀舊體制的作用，也報導了對他的批評和譴責。有趣的是，片中開始處用一座大廈漸漸倒下的過程穿插說明，而最後則是這座大廈又以新的面貌重新矗立起來。恰像中國人所說的破舊立新。權威的《消息報》在他生日當天，頭版發表他與兩個外孫女的照片，評價是「他像通常一樣，精力充沛，身板挺直，構思多多。」他至今堅持自己的信念，「公開性能促進人民的積極性和創意，能把當權派和黨的官僚置於人民監督之下。他希望俄羅斯成為能使人舒服居住的地方，平靜的，富有人情味的，政治經濟穩定的地方，可以自由呼吸自由發言自由做出決定的地方。希望國家是一個開放的，最終擺脫史達林主義的國家。」

戈巴契夫這次慶祝七十五大壽，在國內並不熱鬧。2月28日，莫斯科音樂廳舉行義演，獻給他已故夫人創辦的兒童白血病基金會。普京總統致電祝賀他生日，給予他高度評價，說他是

「影響當代世界歷史進程的國務活動家」，「我國走向民主改革的轉折與您的名字聯在一起」。他的老朋友們，德國前總理科爾和根舍外長，親來莫斯科參加他在一家酒店舉行的壽宴。

戈巴契夫雖說不在位，但在他改革後的國家，不在位的政治家能與他一樣，繼續進行政治與社會活動，這就是當代俄國與前蘇聯最大的區別。

無巧不成書。今年2月1日是俄國當代改革第三位大將葉利欽的七十五周歲。葉利欽的七十五大壽，相當風光。首先，普京總統向這位新俄首任總統送上熱情的賀電。賀電高度評價葉利欽對俄國的歷史性貢獻：「俄羅斯在很大的程度上，是靠您、靠您積極和富有成效的活動，在建成法制國家、文明的公民社會、復興傳統的精神和道德價值方面，取得了實質性的成就。」接著，普京在克里姆林宮總統府特設壽宴款待葉利欽，而且親自主持。下午六點三十分，貴賓們先在克宮的孔雀石大廳裡向葉氏表示祝賀。這場大禮與總統就職典禮不相上下，何況參加者都是當年葉利欽就任總統時的級別。然後在亞歷山大大廳舉行賀壽文藝演出。最後是數百人參加的大型酒會，當然少不了葉氏的最愛伏特加酒。不過知情人說，他現在已經不喝了，這次酒會上只是略沾一下以示禮貌。普京說「正是在葉利欽領導俄國時，我國人民，俄國公民，得到了改革最主要的成果──民主。」

普京一語點出葉利欽對俄國當代歷史發展進程的主要貢獻。葉氏領導俄國近十個年頭，是俄國最困難的時期。國家混亂，政局波動，經濟崩潰，民不聊生。但是，正是在他領導下，俄國民眾堅決不走回頭路。嚐到了自由美酒的老百姓，決不允許國家回到集權政治。他主持制定的俄國新憲法把人權價值放在主權價值之上。這在前蘇聯是不可想像的。俄國的國家自我意識漸漸恢

復。回首往事，葉氏不無感慨地說，「有趣的是，我在擔任總統的年代裡一直堅持言論自由，自己卻成了言論自由的犧牲品。不過我認為獨立於國家的電視是公民社會的基礎。我們應當全社會一起來捍衛自由媒體。」這是他在華誕前夕答記者問的話。對他來說，言論自由是最主要的。自由媒體是自由文明國家的基石之一。「我從不後悔我們取消了新聞檢查，現在新聞記者可以自由公開表達自己的思想。」即使他已經不在任上，現在俄國出現言論自由遇到問題時，他總會挺身而出。他認為自己重要的優點之一就是引用青年人。他的團隊裡的人往往比他小二、三十歲。他認為自己選中並推薦年輕的普京做接班人供民眾挑選，是成功之舉。對一個政治家來說，智慧、意志、人情味是三大要素。他認為普京符合這些要求。不過他的肺腑之言是力勸記者：「如果你想讓自己的孩子得到幸福，決不要他們去搞政治。」此話出自一位歷經滄桑的老政治家之口，不能不讓人感慨萬分。

俄國現代史上，這三位改革家：赫魯雪夫、戈巴契夫和葉利欽，都是捨身衝擊集權主義政治，個人的命運都不那麼令人羨慕。俄國人民現在能呼吸自由民主的空氣，是他們的功勞，是三代領導人奮鬥的結果。當然，真正走進完美的民主社會還有待時日。

30 俄英間諜戰的
戲外戲

2006/04/08

　　俄英兩國的情報戰從來也沒有停息過。一些重大戰役令外人
口瞪目呆。1971年英國政府一次驅逐蘇聯駐英使館的一百零五名
外交官間諜。鐵娘子也曾經一次驅逐過二十五名蘇聯外交官。蘇
聯也按國際遊戲規則，以牙還牙，驅逐相同數量的英國外交官
間諜。這一次，「石頭間諜」案公佈以後，遲遲不見動靜，不
禁令人狐疑。隨著事件的發展，人們才明白原來戲外戲更熱鬧更
好看。

　　去年下半年俄國聯邦安全局已經發現了英國情報機構利用
裝在石頭裡的設備聯絡間諜和傳送情報。但是秘而不宣。只是在
討論是否有必要制訂非政府組織法法案和通過《非政府組織法》
的前夕，俄國總統曾經正式提出來，說一些非政府組織同外國情
報組織有聯繫。他還特別指出，不允許非政府組織接受外國的資
助。這項法案引起國內外同聲批評。不少人都指出這項法案是為
了打擊非政府組織，特別是保衛人權組織。這項法案在杜馬審議
過程中引起反對派阻止。於是，聯邦安全局出面說一些非政府組
織與外國情報機構有聯繫，但是沒有指名道姓。不僅沒有解決問

題，反而引起更多的議論。安全局接著又公佈領取外國資助的人權組織名單。從這裡可以看出當局的重點是放在通過非政府組織法，以便控制反政府組織的活動。何況俄國當局對英國在俄活動早有芥蒂。媒體報導，早在去年8月，聖彼得堡檢察院就曾對英國外交部下屬的英國文化委員會撥款一百萬英鎊作為發展北高加索地區的教育事業一事進行調查。當時克里姆林宮就對外國資金進入北高加索不滿，擔心這些錢會落入反政府組織手裡。

這次俄方正式公佈活捉英國間諜的日子，恰恰是俄國新設的社會院召開首次會議的一天。這就不能不引起俄國公眾的議論。這件醜聞敗壞俄國一些人權組織的名譽，因為這些組織從英國間諜手中領取贊助費。俄國聯邦安全局說一共十二家組織接受英國大使館資助，並且公佈了一項從英國大使館領取經費的名單。六家人權組織榜上有名。它們是莫斯科赫爾辛基小組（二萬三千英鎊）、非政府組織中的反酷刑委員會（五萬六千英鎊）、人權和公眾政治研究所（二萬五千英鎊）、歐洲吉卜賽權利中心（八千九百英鎊）、救助遭受性迫害人員獨立慈善中心「姐妹們」（五萬英鎊）和發展民主和保護人權中心（八千英鎊）。莫斯科赫爾辛基小組主席、著名人權活動家阿列克塞耶娃發表聲明，說當局利用英國間諜事件對人權組織施加壓力。她說，她本人認識英國使館的二等秘寶馬克，兩年前確實從英國使館領取過贊助費，是應英國埃塞克斯郡大學的要求，制訂人權國際文件編寫法用的。

俄安全局發現寶馬克曾將不少款子匯給一些俄國民間社會團體。同時，安全局還指出，許多國家的情報機構利用俄國的非政府組織以達到自己的目的。過去沒有管這些事，現在要密切關注它們的活動。如果發現犯罪聯繫，要依法懲治。這是給非政府組

織的一次嚴重警告。可是俄國公眾並沒有住嘴，反而越鬧越凶。

俄國各界包括國家杜馬都對英國間諜事件表示關注，成了俄國公眾的熱門話題。杜馬專門召開內部聽證會，邀請聯邦安全局出席作背景介紹。議員們對外國情報機構披著非政府組織的外衣在俄國活動表示深感不安。國家杜馬議員、安全局退役上校古特科夫對媒體說，在各國情報戰中利用外國社會組織是司空見慣的事。因為兩者的戰略甚至戰術利益可能是一致的，他舉列寧為例。他說，列寧並不是德國情報機構的編內間諜，但是德國利用他削弱俄國。

普京總統為搜集民意而建的俄國社會院，緊接著在第二次會議上呼籲政府機構和媒體不要利用英國間諜事件破壞俄國非政府組織的權威，目前社會上「圍繞間諜事件的爭論目的是敗壞社會團體的聲譽。」俄國退役情報官員認為這一次是人權組織的利益與英國情報機關的利益吻合，但不能指控人權組織有意識地為外國情報機關服務。

在這一浪潮裡，美國歐亞基金會日前宣佈中止在俄國的活動。這個在1993年成立的基金會目的是「促進前蘇聯領土上建立民主和市場經濟進程」，重要專案之一是支持獨立媒體。現在形式上是將項目轉給新註冊的「新歐亞基金會」，實際上也是投鼠忌器。專家們認為這是俄國通過《非政府組織法》後的第一個後果，而且奇怪的是時間上同間諜事件吻合。

俄國當局無法阻擋公眾對「石頭間諜」案的議論。俄國著名作家、前克格勃駐英情報員柳比莫夫認為把保衛人權組織綁到英國情報活動上有些勉強。前蘇聯時期可以這樣說。例如外國情報機構曾經試圖支持薩哈羅夫基金會和索忍尼辛琴基金會的反對蘇聯和反對蘇聯政府的活動。現在時代不同了。這些錢完全合法

地匯給這些組織。人權組織「紀念碑」認為把人權組織和間諜活動拉在一起是人為的。俄國外交和國防政策委員會主席卡拉甘諾夫說得很清楚：「它們對外國情報機關來說沒有意思。因為它們不能接近國家機密。我不認為英國大使館會通過人權人士搜集情報。支援非商業性組織很可能是他們的一項附帶職能。如果認為人權人士是國家潛在的敵人，那就是另外一回事。不過我不認為他們是這種人。」右派力量聯盟副主席戈茨曼說「人權組織是為俄國利益報務的，這些組織的人和機構也是為了我國利益工作的」。俄共中央法律問題書記索洛維約夫認為「人權人士的貢獻很大。他們提出尖銳的社會問題，如車臣戰爭。人權組織的數量增加不是因為情報機構要用它們作掩護，而是對改革時期開始的民主進程遭到收縮做出的反應。」現在許多人都明白了真正的內涵不在間諜，而在加強對俄國非政府組織的壓力。民眾議論正是由此而發。

英國間諜事件已經給俄國人權組織帶來麻煩。據莫斯科人權組織中心負責人勃洛德說，他們計畫安排一些保衛人權的活動，要求一些俄國組織支援，得到的回答是：「你們為外國情報組織服務，因此我們暫時不同你們這些人權組織合作。」他說當局的目的是證明有兩種人權組織。一種是親政府的，如社會院，這些組織是保護俄國利益的。另一種是不好的，與外國情報機構合作，分裂俄國。不過，他們仍將繼續接受外國的資助，因為在俄國找不到贊助經費。「大家都知道，俄國工商界已經嚇壞了，停止贊助非政府組織。提供過贊助的人眼下在哪裡，大家都知道（暗指正在坐牢的霍多爾科夫斯基）他的遭遇就是對俄國工商界的一種特殊的警告。」

英國駐俄大使布里奇頓在莫斯科回聲電臺正式宣佈，英國方面不會停止同俄國非政府組織的合作，對這方面的工作表示自豪，而且說，這些工作也是為了俄國的利益。

莫斯科赫爾辛基小組領導人阿列克塞耶娃則宣佈，她的組織已經決定向法院控告安全局敗壞自己組織的聲譽。

「石頭間諜」案仍在發酵。一些官方人士發現自己也是非政府組織成員。俄國議會聯邦院議長米羅諾夫就是一個國際抗愛茲病組織的成員。他對媒體說，已經去信詢問組織情況。

俄英間諜戰由來已久。俄國聯邦安全局已經立案查處英國「石頭間諜案」。普京作為情報老手，提出未必有必要將寶馬克等四名英國間諜驅逐出境，因為驅逐這四名，再派來更聰明能幹的間諜，又要花精力去查找，不如讓這些已經曝光的間諜待在英國大使館裡，更好對付。還說，事件絕對不會影響兩國的熱絡關係。

可見，戲外戲才是最重要的。

Headline **31** 普京鐵腕反貪污啓示

2006/06/04

掃蕩腐敗是現代化的應有之義。俄國總統普京最近鐵腕肅貪，不惜逮捕「強力部門」的親信，挽救民心。俄國民主思想基金會的一項民意調查顯示，有五成五的居民深受腐敗之害。為了解決日常生活問題，人們每年不得不拿出三十億美元去送「好處費」。工商界被迫送掉的紅包每年有上千億美元，令人震驚。儘管有人對這個數字表示異議，但政府機關的腐敗嚴重，危及國家安全，已是不爭的事實。

反腐鬥爭在俄國時而進入高潮，時而轉入低潮。俄國法律上實行立法、行政、司法三權分立制度。安全部門、法院和檢察院互補又互相監督，因而不時會有一些重大案件曝光。但當局很少把貪腐提到國家安全的重要地位和反貪的戰略意義，更未提到保衛民主制度的重要措施。月前，總統普京在政府例行會議上問經濟部長格列夫：「我們什麼時候能整頓好邊境上的秩序？什麼時候能停止海關（海關當時歸經濟發展和貿易部管）機關和工商界一些機構狼狽為奸，在經濟上胡作非為的情況？」

總統一席話，猶如千斤巨石激起千層浪，俄國政府和社會各

界為之震盪。普京的話並非空穴來風，一場清理整頓海關系統的戰役早已在悄悄部署，總統已掌握初步證據。

4月23日，俄國各家通訊檢察院和聯邦安全局揭發海關官員夥同犯罪團體走私貨物的消息。當天，莫斯科反團夥犯罪局員警抓獲三十九名走私犯，其中包括伏努科沃國際機場海關主任監督員葉爾馬科夫和西多羅夫。接著，亞羅斯拉夫爾州十名海關人員被指控走私貨物。他們偽造報關單，向進口商索取好處費，每一集裝箱收取三千至八千美元，已經查明的有四百五十九輛集裝箱汽車。布良斯克州前任海關關長瓦斯布拉托夫因敲詐勒索受到刑事指控。

一百五十節火車車廂走私中國貨事件，也震動全俄國。遠東地區海關官員簽署報關單上所列貨物數量和價格，全都大幅壓低，曝露遠東與首都海關、機場官員的犯罪事實。幾天後，又一批涉案高官落馬。他們不是別人，而是監管外經活動和海關業務的安全部門官員，由於他們失職，導致海關走私更猖獗。

經濟部的官員濫用職權，非法發放七萬五千噸的肉類進口許可證，允許壓低海關報關價，給國家造成二千七百多萬歐元（折合約三千二百五十萬美元）的損失。

反貪大行動也涉及到俄國農業部。農業部負責制訂食品關稅和進出口配額。檢察機關正在調查那些同經濟部犯罪官員有過接觸的人員。4月底，從土耳其飛來一架客機，在莫斯科伏努科沃國際機場落地後，警方盯上了這批人和貨。這次一共一百包重三噸的走私貨物。

通常每週都有數架次航班從土耳其走私日用品，有關部門在檢查過程中發現了問題。這些貨物屬於一個在莫斯科著名的契爾基左沃市場（許多中國商人也在這裡做生意，俗稱集裝箱市場）

活動的犯罪集團。商人在機場海關人員協助下，企圖用瞞天過海的手法走私過關。檢察機構當場拘留二十人，其中包括兩名海關主任監督員。機場檢查展開的同時，警方還在市場上和附近辦公室進行全面搜查，查獲皮衣、牛仔褲、上衣等共價值一千萬盧布（折合約三十九萬美元）的走私貨物。按俄國法律，他們將遭到最高可達十二年的監禁。去年對海關官員刑事立案五百三十宗，今年第一季度已立案一百七十三宗。事實再次證實普京所說，「海關同商界狼狽為奸，在經濟上胡作非為」。

內務部派出五名軍官，專門進駐伏努科沃機場，秘密監督犯罪團體和海關人員的走私活動。他們調查一批昂貴日用電器和電子產品是如何入境的。這些被拘留嫌犯落網後紛紛認罪並供出背後的靠山，他們是聯邦海關總署的兩名副署長，阿札羅夫和洛茲賓科。

總檢察院消息人士說，莫斯科檢察院的第一副檢察長尼科諾夫和總檢察院的副局長波利秀克「未能執行自己的職責，沒有及時報告犯罪活動和嫌犯，其中包括執法機關人員、安全機關人員、海關和經濟發展和貿易部官員。對他們的處理方案是或者立案審查或者辭職」。他們現已解職，有關部門將對他們的問題做進一步的調查。總統普京在索溪度假時就這次大規模反腐行動和撤職查辦大量高官問題表示意見，「這次是執法機關幹部，首先是聯邦安全局和海關內部安全部門長期有針對性的工作成果」。當局這次打擊海關腐敗，並非針對某一國。總檢察院對布良斯克州、卡魯加州、新西伯利亞州和莫斯科州海關放行走私外國酒事件也已立案審查。

聯邦安全局的官員對於本局高官落馬大吃一驚，幾乎人人都表示，「簡直晴天霹靂，不可理解」！這是安全局有史以來從

未遇到過的打擊。安全局有消息說，一些將軍多年來掩蓋各級高官、海關和內務部工作人員的罪行。

在俄國老百姓眼裡，檢察院系統是「最乾淨的官場」，檢察院過去也一直自比為「貞潔的卡珊多拉女神」，但這次莫斯科第一副檢察長卻犯案落馬，百姓大眾驚愕不已，於是百姓以「原來卡珊多拉女神不那麼貞潔」的調侃來挖苦檢察院系統，而罵得更難聽的稱他們是「戴肩章的妖魔」。

月前，莫斯科別羅沃區第一副檢察長費多先科夥同助理科切羅夫向一家違法聘用外籍工人的建築公司勒索一萬美金。建築公司先告到總檢察院，於是他們兩人收錢時被當場揪住。由於類似的敲詐勒索在各地見怪不怪，因此，費多先科與科切羅夫被抓倒成了熱炒新聞。

普京大打貪官污吏令政府官員惶惶不可終日。5月18日政府日常會議上，經濟部長格列夫說：「我們這裡是一團糟。」他認為造成腐敗的原因是法律不健全和貪官污吏無法無天。他舉出銷售沒收物資的情況為例，「有些事實令人髮指。偵查人員決定沒收一批物資，藉口儲存費用高，急急忙忙處理掉，後來就再也找不到這批物資了。」

這種事對在莫斯科的中國商人來說，已成了家常便飯。近年來，執法機關的一些人員常把中國貨從市場或倉庫裡拉走，害得貨主如熱鍋上的螞蟻。有的物資經中國大使館交涉，尚可找到；有的則是連渣兒都找不到了。可是，過上一陣子，這些失蹤的貨物就在市場上出現了，但貨主已是他人，個中內幕耐人尋味。

其實，也不單單是中國貨遭此厄運，俄國貨也時常倒楣。經濟部長格列夫說，俄國沒收的財產額已超過私有化的國有資產。「執法機關不僅對工商界，還對政府高官說，你們別多管閒事。

工商界還敢來告狀嗎？數億、甚至數十億美元就在我們眼皮底下被盜竊了。」格列夫表示，他要在一個月內解決問題。

俄國社會各界大力支持普京的反貪鬥爭。一些重要案件公佈後民眾拍手稱快。「民主思想庫」負責人、前總統葉利欽的助理薩達羅夫認為，問題的核心在於「如果不能民主、誠實地組織政權，這個政權一定是腐敗的。這是一條鐵律」。俄國電子報紙《GAZETA》5月20日發表評論，說「腐敗向政府提供了一面鏡子」，敦促政府洗心革面。

如何同腐敗作鬥爭？國會下議院議員戈里亞切娃認為一是挑選好幹部，二是改革工資制度，提高執法機關工作人員工資。「民主思想庫」負責人薩達羅夫從政治角度來審視這個問題。他要求確保法院獨立、改革國家管理工作、國家不搞工商業。議會聯邦院反壟斷委員會主席奧金佐夫支持總統的反腐鬥爭。「國家向腐敗宣戰，太好了！我們國家的腐敗太嚴重了。為了解決簡單的住房、土地、汽車問題，老百姓首先要存錢來解決問題。不過，不希望只是一次走過場的運動」。

線民克魯格爾說：「總的來說，這是一個積極的進程。不過，反貪是一個天長地久的事，特別是像我們國家病入膏肓的情況更需要長期鬥爭。」線民「小混混」說：「我們地區（指弗拉迪沃斯托克）的高官都搞外貿，議員、『白宮』、『灰宮』（議會和地方政府），都埋在魚、木材、進出口裡，他們應當好好想想。」

《莫斯科真理報》署名文章認為俄國海關長期以來是各種黑色清關、灰色清關、走私武器毒品的通道。總檢察長烏斯吉諾夫5月15日在全俄執法機關和法院反犯罪團體工作會議上指出，全國各地各行業各級政府都有犯罪團體。現在要加大反貪反有組織

的犯罪活動，以保衛國家安全。

　　普京下大決心整頓海關，對中俄貿易是一件好事。長期影響兩國關係的「灰色清關」問題，有希望得到解決。兩國不法商人在俄勾結搞灰色清關，最終的受害者是中國商人。因此中國政府和使領館呼籲中國商人守法經營。中國商人只有走合法經營的道路才有在俄發展前景。俄國總理弗拉德科夫說，反貪鬥爭將繼續下去。在此之前，都是由武力部門監督海關。現在發現，他們卻常常掩蓋走私的犯罪活動，並收到好處費。因此，普京下令將海關總署從經濟發展和貿易部轉由總理直接管轄。俄總理已任命新署長，準備對海關系統進行大換血。新任海關總署署長安德列‧別里亞尼諾夫，1957年生，1992年前在克格勃系統工作，曾在東德做情報工作。此後任職於銀行界。2000年起任俄國武器出口公司總經理。2004年4月起任國防部國防訂貨署署長。他也是聖彼得堡團隊人物，深得普京信任。

　　普京的任期還有兩年多，他表示要嚴守憲法，開放俄國市場，整肅執法部門和政府機關，樹立以法治國的基本，把反貪進行到底。俄國出版有高等學校《反貪教科書》，闡述腐敗實質和反貪戰略及手段，可見俄國社會對反貪的重視，大有誓不甘休的勁頭。

俄國反貪戰役中落馬高官名單

一、地方海關系統

　　1.遠東地區海關署署長巴赫舍江

　　2.遠東地區海關署第一副署長沃羅比約夫

3.弗拉迪沃斯托克海關關長馬克西莫夫

4.西伯利亞海關署布拉茨克海關代理關長阿斯莫洛夫

5.莫斯科伏努科沃國際機場海關主任監督員葉爾馬科夫

6.莫斯科伏努科沃國際機場海關主任監督員西多羅夫

7.莫斯科多莫傑多沃國際機場海關督察沙雷金娜

二、聯邦海關總署

1.署長熱里霍夫

2.副署長阿札羅夫

3.副署長洛茲賓科

三、聯邦安全局

1.保衛憲法制度和反恐署辦案偵查局第一副局長科列斯尼科夫少將

2.保衛憲法制度和反恐署辦案偵查局副局長普洛特—加龍省尼科夫少將

3.保衛憲法制度和反恐署反走私和毒品非法流通局局長福緬科中將

四、檢察院系統

1.莫斯科市第一副檢察長尼科諾夫

2.訴訟程式監察總局第一副局長波利秀克

五、內務部系統

1.內務部第十辦案偵查局副局長波波夫上校

2.內務部第十辦案偵查局第五十六處要案偵查專員西涅爾尼

科夫少校

3.內務部第十辦案偵查局第五十六處要案偵查高級專員索科洛夫中校

4.內務部第第十辦案偵查局五十六處要案偵查專員科茲洛夫少校

5.內務部第十辦案偵查局第五十六處副處長伊薩羅夫中校

6.阿德列爾站交通內務處處長米納相上校。

俄國這次反貪大動作還涉及一批聯邦院議員，他們是濱海邊疆區代表伊萬諾夫議員、涅涅茨自治州代表薩巴達什議員及亞馬拉涅涅茨自治州代表古京議員等，已被提前撤銷職務。

腐敗害慘了中俄貿易

中俄貿易年年磨擦不斷，癥結之一就是灰色清關問題。總統普京對中俄邊境海關情況瞭若指掌。為了一網打盡，悄悄安排了一次大戰役。

今年2月，一百五十車皮從中國各地發出，貨物紛紛到達遠東納霍特卡港。俄國安全局和總檢察院秘密派員等候「客人」。為了讓貪官露出水面，普京派出的有關人員沒有沒收這批走私貨，於是這批貨物到達莫斯科。清關公司奇怪的是，這些車皮沒有到達莫斯科各貨站，而是被拖到了莫斯科週邊的編組站備用線路上。俄國和中國的清關公司長久取不出貨來，煩躁不已。於是他們四出活動，各級海關官員和執法部門的熟人、關係戶和保護人，紛紛出籠。他們一如既往，以為只是一些小關節沒有打通，只要多找關係多塞紅包即可迎刃而解。其實他們早在控制之中。

辦案人員把他們的活動一項一項記錄在案，把一個一個涉案人員記錄在案，而且掌握確鑿證據。最後落網的落網，落馬的落馬，一場緝拿灰色清關中國貨的戰役，順利結束。

此役也曝露大量的廉價中國貨究竟是怎樣進入俄國的：透過一些所謂包運包稅管道湧入俄國市場。兩國不法商人狼狽為奸，利用俄國海關的腐敗，非法走私，敗壞兩國貿易，大量劣質產品混入市場，使得中國的正規產品品質受到俄國民眾的懷疑。因為是非法灰色清關，中國商人拿不到正規的報關單，年年發生俄國稅警或者內務部反經濟犯罪局的員警，從倉庫裡拉走中國貨。沒收的名義就是沒有報關單。

中俄政府為灰色清關，不知打了多少官司，上至國家領導人、外交部、商業部、大使館，下至海關負責官員，談了無數次，都是不歡而散。有一次，雙方談完以後簽署紀要，先是俄方簽署，再是中方，但中方簽署後把俄方的鋼筆放進了自己的口袋。俄方官員欲討回鋼筆，中方說，請證明它是你的，提醒中國貨在俄國受到的「冤情」。

Headline **32** 地緣政治新焦點中亞局勢複雜化

2006/06/20

　　6月中旬，參加上合組織和亞洲相互協作與信任措施會議的各國首腦，風塵僕僕，東奔上海，西飛阿拉木圖，數天之內順利舉行兩次多國峰會，簽署一大批重要文件，為亞洲特別是中亞地區穩定和平不遺餘力之際，中亞的利益爭奪大戰沒有停頓，中亞地區可能成為國際各勢力集團各強國角力的新中心。

　　中亞地區原是前蘇聯的領土，蘇聯瓦解後，俄羅斯自顧不暇，加上執行親美親西方的外交路線，基本上處於放任自流的態勢，只有駐紮在塔吉克斯坦的俄國邊防部隊協助塔吉克斯坦守衛南方邊界，防止阿富汗塔里班勢力滲透到中亞地區，威脅俄國安全和戰略利益。中亞各國，特別是一些小國，無所事從，夾在中俄兩大國之間，處境相當微妙。哈薩克斯坦在九十年採取防華政策，急急忙忙把首都遷往遠離中哈邊境的內地，新建首都阿斯坦，就是擔心來自東方的威脅。至於西邊，哈國總統納薩爾巴耶夫耿耿於懷的是，葉利欽等三人秘密謀劃退出蘇聯，沒帶他玩，而且打碎了他的蘇聯總理之夢（有材料說，戈巴契夫的改革蘇聯方案裡，有任命納氏出任總理的安排）。

普京上臺以後，加快調整外交政策，特別注重全方位外交，開始放眼中亞。十多年的真空，正像俄國俗語所說，「聖地是不會空蕩蕩的」，土耳其在美國支持下，企圖建立大土耳其斯坦，土耳其和美國的滲透沒有達到戰略目的，可是已經留下伏筆。

　　阿富汗反恐戰爭給了美國及其盟國進駐中亞的藉口。6月下旬，法國又一批戰機飛駐杜桑貝機場。法國的空軍增加三架戰機，人員翻了一翻，達到二百五十人。法國是2001年紐約九一一事件之後進駐塔吉克斯坦的。當時的理由為了打擊塔里班，現在的根據，據塔吉克駐法使館外交官說是「國際反恐總戰略」。美國正在同哈薩克斯坦、吉爾吉斯共和國談判租用空軍基地。今年1月，哈薩克斯坦同北約簽署了《夥伴關係》的單獨行動計畫，哈國將擴大同北約的合作。北約的觸角已經到了中國西部大門。對俄國來說，哈薩克斯坦與北約的合作有三點值得注意：一是北約與哈薩克斯坦超越俄國，伸出合作之手，而俄國一向反對北約東擴；二是北約成功地在以俄國為主導的集體安全條約組織裡打進了一枚楔子；三是為了平衡，哈薩克斯坦也許會更加強同俄國的合作。據北約發言人稱，6月下旬，哈薩克斯坦將舉行一系列活動，「北約之週」，包括在各城市舉辦有關同北約合作的研討會等等，企圖說服社會接受與北約合作的現實。今年4月，哈薩克斯坦同英國簽署了補充的軍事合作協定書。3至6月，美軍人員向哈薩克軍隊傳授使用美國軍車的技術。美國在哈國建立了機動部隊所用軍車「亞細亞—哈默」的技術維修中心。與此同時，美國已經向哈國提供了一百億美元的投資，並打算近五年內翻一翻。哈國計畫參加建造繞過俄國的輸油管「巴庫—梯比里斯—澤漢」。哈國還加強同格烏阿摩（格魯吉亞、烏克蘭、阿塞拜疆、摩爾達維亞）反俄同盟的合作。吉爾吉斯坦總統曾經要求美軍撤

出馬納斯空軍基地，近日在美國軟硬兼施之下，已經同意美軍繼續駐留，現在只餘下租賃費用的問題。

　　俄國也沒有睡大覺。俄國首創建立集體安全條約組織，組織準軍事同盟。其秘書長博爾久熱宣佈，今年8月，將在哈國舉行例行的快速展開集體軍力的演習。國家戰略理事會雙主席之一的吉斯金說，「哈薩克斯坦很明白，沒有地區的安全，它就會處於強烈的地緣政治壓力之下，其中包括東方鄰居的壓力。」吉斯金更是露骨地說，「如果（吉爾吉斯坦政府裡）有聰明的人，他們會明白，俄國近在咫尺，美國在萬里之外。而中國，有許多能源的問題，這是一種實際的威脅，總要有人來遏止。」這位先生是為美國進駐中亞找說辭，還說美國進駐中亞是符合俄國利益的。他的說法是華盛頓和北京在本地區的欲望迫使中亞國家尋找接近俄國的新途徑。烏茲別克斯坦所走的一條曲折道路耐人尋味。卡利莫夫總統先是同美國談愛，美國卻向烏國輸出顏色革命。集權主義統治者一怒之下，把美國軍隊趕出烏國，同時倒向俄國，立即參加上合組織，維持政權穩定。

　　哈薩克斯坦納薩爾巴耶夫總統多年來呼籲建立歐亞共同體，以掌握中亞問題的主動權，作為稱雄中亞的資本。近來在俄國支持下有所進展。從前景來看，中亞版圖最大軍力最強經濟發展最快的哈薩克斯坦可能成為中亞的領軍國家，如今在俄中美和北約之間遊刃有餘，是地區多極秩序的重量級一極。

　　中亞是中國西部安全的軟肋，中國非常重視中亞態勢。一則新疆西藏是多事之地，二則是中國能源重要產地，三則是中國能源進口新戰略的重要通道，四則是中國防止各種極端主義分裂國家的戰略要地。近年來中亞地區展開的能源爭奪戰有增無減。哈薩克斯坦和土庫曼的石油和天然氣是中俄關注的焦點，也是利益衝

突之點。這裡還要提一下中亞已經發生了一場「顏色革命」；不能排除還會發生。這也是中國關注中亞態勢發展前景的重要原因。

中亞問題的一個要點是我們不能把它看作是地區性問題，中亞的一舉一動都是國際態勢的映射，這對決策者來說，務必牢記在心。歐美近一個時期加強協調，加大對中國的壓力，無論是經濟磨擦，如歐盟針對中國的紡織品、鞋類和汽車配件問題，美國針對人民幣匯率問題和貿易差額問題，歐美共同針對中國的保護智慧財產權問題，人權問題，還是美國在中國後院加強軍事合作，從中亞到蒙古，到印度，都是美國全球遏止中國發展的戰略棋子。

中亞發展的新態勢值得注意的另一個要點是新的橫跨歐亞大陸的國際集團方興未艾。這裡指的是由俄哈兩國主導的歐亞經濟共同體。在原蘇聯中亞各加盟共和國和俄羅斯及白俄羅斯基礎上建立起來的這一機構，是各國看到獨聯體實際已經日薄西山，加上格魯吉亞和烏克蘭一再表示要加入北約，已沒有前途可談，為了自保，全力發展的具有相當實力的國際團體。這一構想的始作俑者是哈國總統納薩爾巴耶夫。6月份第三場多國峰會，就是在白俄羅斯首都明斯克舉行的集體安全條約組織成員國會議。中國不是這個組織的成員，因此無緣與會。會議提出要把歐亞經濟共同體和集體安全條約組織發展成一個歐盟式組織的願景。也許會有人一笑置之。可是，這個歐亞聯盟具有相當重大的潛力，單是它所控制的能源和鈾礦，軍力，人口資源，軍工技術和生產，特殊的戰略地理位置，總之，一個強有力的實體，就足以不可等閒視之。一個新興的國際秩序極邊對形成國際多極架構應當說是好事。

當一個地區成了利益衝突的焦點，這個地區的命運並不令人羨慕。

33 機場演戲：
　　　　　　美俄關係新變數

2006/11/16

　　11月15日，布希總統在前往河內參加APEC峰會途中，頂著凜冽寒風在莫斯科做短暫「技術性停留」。他的美國空軍一號在莫斯科貴賓機場停留了一小時二十分，加油。普京總統夫婦為表示對老友的支持，親到機場迎接並宴請布希伉儷。雖然布希的共和黨在美國中期選舉中失利，布希已經成了「跛腳鴨」，但是，他在莫斯科卻不忘表現自己是獨霸世界的牛仔。事先雙方禮儀官員商定，兩國首腦同時開步，互相致意。實際上普京夫婦不得不在氣溫零下的寒風中等了十秒鐘，布希才姍姍出現在艙口。蘿拉身著高領衫和平底鞋，一身休閒裝；普京夫人柳德米拉則披著皮領大衣蹬著高跟鞋，一身盛裝。布希在機場滿臉堆著笑容，向記者們頻頻揮手致意，正是表演對言論自由的支持。普京則十分含蓄，沒有抬手。這些細節十分引人注意。普京如此遷就，是做給美國朝野看的。

　　俄美之間還有不少問題需要解決。這些問題在布希執政期間可能更容易理順。比如，俄國加入WTO，布希總的來說，抱支持態度。民主黨則不同。民主黨常常對俄國說三道四，在許多

問題上同俄國過不去。看來俄國高層已經分析，美俄關係將出現新的變數。熱情接待布希，也是期待布希能實現諾言，簽署美國同意俄國加入WTO的協議。據普京的新聞秘書說，雙方會晤是在「友好」氣氛中進行的。實際上，對討論的問題，雙方觀點卻相差甚遠。伊朗核問題，包括向伊朗輸出技術和材料的問題，伊拉克問題，美國制裁俄國公司問題，特別是「蘇霍伊」飛機製造公司問題，都是涉及俄國利益的重要問題，也是俄美關係發展的絆腳石。美國中期選舉民主黨得勝，要搬開這些絆腳石，相當艱巨。因為俄國一些政治學者預測下一屆美國總統將是民主黨人。

美國中期選舉，民主黨大獲全勝，引起俄國政界和媒體的關注，不僅上了頭版頭條，而且成了各界討論的主要話題。

俄國政界普遍認為民主黨獲勝，是美國選民對布希政府說不，是對當前美國政策的批判，特別是對布希入侵伊拉克的否定。這一點雖然對俄國是一個安慰，但伊拉克形勢已難逆轉，俄國的利益和影響已難恢復。俄羅斯科學院院士、美國加拿大研究所所長羅戈夫認為，美國處於中東地緣政治全面崩潰的邊緣。他預計美國會在兩年內撤出伊拉克，布希的單極世界政策也就隨之破產。《消息報》評論員說，不排除彈劾布希總統的可能性。

民主黨一向與前蘇聯和俄國作對，對於民主黨獲勝，俄國政界大都認為不是什麼好消息。影響俄國產品輸出美國的傑克遜修正案，至今沒有撤銷，雖說兩國有「戰略夥伴」關係。1975年美國國會通過的傑克遜修正案，說來話長。1972年前蘇聯政府為了阻止俄國猶太人出國，規定申請出國定居的人員必須繳納「教育賠償費」。數額很大，一般人負擔不起，從而限制了出國人數。1974年，美國開始把貿易與人權聯繫在一起，要求限制同不允許自由出國和信仰自由的國家進行貿易。1975年則出現了針對前社會

主義國家的傑克遜修正案，蘇聯首當其衝。目前，美國取消了對烏克蘭的限制，但對俄國仍然堅持不鬆口。如果民主黨上臺，取消這條影響俄美貿易的修正案，更是困難重重遙遙無期。

共和黨覬覦下屆總統寶座的約翰‧馬刻因參議員和民主黨的希拉蕊‧克林頓參議員，都要求將俄國從八國首腦會議中開除出去。這個例子說明兩黨在對俄態度上有許多共同之處。民主黨上臺，必將加重對俄國在人權問題上的批評，無助於改善目前兩國問題多多已經相當冰冷的關係。一向以觀點新穎著稱的《獨立報》評論說，從長期發展來看，華府可能回到孤立俄國的路線；這是民主黨傳統的路線。民主黨控制國會，必然會壓迫布希政府在人權問題上對普京施加壓力；對俄國的能源外交政策、俄國同鄰近國家的關係（指烏克蘭、格魯吉亞、摩爾達維亞、波羅的海三國等）都會提出批評，要求俄國修正。

俄美協會副主席奧茲諾比雪夫指俄美關係進入「新」時代，一個不是最好的時代。美國必會在俄國民主化進程、增強軍力、軍事活動加劇、對鄰國的「新殖民主義」、言論自由諸方面批評俄國現政府。莫斯科卡耐基中心的專家特列寧說得更遠，「可能重新出現冷戰局面」。

政治學界也在為俄國政府出主意，建議政府在對美關係方面應在兩條戰線上工作：既與布希行政當局合作，也要與民主黨多多溝通，以取得長期外交的主動權。普京到機場迎送布希，也許正是這種策略的體現。

俄國公眾又是如何看待民主黨的勝利呢？據《消息報》進行的民意測驗，五成五的人認為兩國關係不會有任何變化，不會好起來，也不會壞下去；一成七的人認為會壞下去，總之，沒有好的期望。

莫斯科貴賓機場上演出的一出外交戲，就是在這樣背景下出臺的。

Headline **34** 市場外交應當
成為中國的王牌

今年的氣候比往年要暖得多。金秋送爽，中國的外交活動更是熱鬧。天時有利，在外交戰線上，中國掀起一陣熱旋風。前有北京的中非首腦論壇；後有亞太經合組織的峰會及其後的胡錦濤主席訪問南亞各國。不僅訪問同志加兄弟的社會主義國家，也訪問與中國仍有許多爭議問題未決的印度。這裡既可看出中國的傳統外交路線，重點突出對亞非國家的外交，又可看出中國在建立多極世界秩序的新戰略。訪問印度可以說是這項新戰略的重彩。未來能與中國各自成為可與美、歐、俄、日成為多極世界的一極。中國提出的和平發展路線，這次也在多種外交場合下得到闡明，也得到許多亞非國家的理解。

古今往來，外交總是自私的，總是要為本國利益服務的。炮艦外交，實力外交，核彈外交，能源外交，無不如此。各國視自身條件打出自己手中的王牌。打王牌，就像做生意一樣，討價還價，達到折中和平衡，雙方滿意。

中國的快速發展，解決中國自身的問題，對世界發展有利，卻引起美、日、韓、澳等國的種種議論。美國獨霸世界的政策已

經破產，卻仍想在亞洲稱雄，千方百計壓制中國在亞洲的新作用。美日不斷加強對中國的軍事圍堵。美國壓中國提高人民幣匯率，從而破壞中國商品的競爭力，減少中國的外貿收入，減少中國外匯存底的價值。歐盟一邊排擠中國產品，一邊又要中國多買歐盟產品，卻不肯把武器賣給中國。歐盟限制某些中國商品進入市場；有的國家限制中國勞動力入境工作；都是以本國市場情況為理由的，目的都是保護本國市場。

在河內峰會上，胡錦濤主席對布希總統說，中國正在發展消費導向經濟，如果成功，會給美國帶來新的商機。胡錦濤的這番話，從世界經濟的格局來看，就是中國將出現一個世界空前的消費市場。另一條重要的消息是中國十到二十年將出現一個三億富裕人口的階層。這些人的收入將相當於美國人收入的水準，生活水準將可與美國相比。這兩條消息預告中國市場的容量。中國有一個十三億人口的消費市場，目前是世界上最大的市場。不僅是當今世界上最大的戰機進口者之一，也是客機的最大進口者之一。中國的汽車市場正在角逐世界第一的寶座。中國將是出國旅遊人數最多的國家。中國的消費和生產市場容量和品質，都在不斷擴大和提高。市場已經成了中國手中的一張王牌，是中國絕好的機遇。如何運用這張王牌，大有學問。

中國政府在運用市場作為實現戰略目標的手段，已經初露端倪。在海峽兩岸事務中，中國向臺灣資本開放市場，給予臺灣投資特別優惠，以至於臺商每年都有大量盈餘匯回臺灣，在臺灣的外匯收入中占據相當大的比重。中國中央政府向臺灣開放農產品市場，開放大陸居民到臺灣旅遊，近期目標是為了加強兩岸交流，戰略目標是為了解決和平統一國家的歷史任務。在對外事務中，中國與東盟簽訂了自由貿易協定，中國與智利簽訂了自由貿

易協定，中國與巴基斯坦簽訂了自由貿易協定，目前還在與一些國家洽談建立自由貿易區問題。這些自由貿易協定都含有進入市場的條款。中國市場正是世界許多國家夢寐以求的目標。有朝一日，亞太自由貿易區一旦建立，將與歐盟自由貿易區一東一西，相映成趣。趣在中國的多極世界貿易戰略一步一步得到實現。

中國的市場應當成為中國外交的利器，應當為實現中國的外交戰略服務。在一些有爭議的外交問題上，不妨打出市場這張王牌，以保護中國的戰略利益。向誰開放市場，開放什麼市場，開放中國市場能得到什麼回報，對中國的開放發展改革有什麼促進作用，對加強中國的國際地位有什麼好處，對解決中國的外交任務起什麼作用，一句話，要把開放某項市場同中國的眼前利益和戰略利益結合起來。在這個實用主義外交盛行的國際大環境之下，無可厚非。在這方面，要研究研究俄國的能源外交。能源外交就是要保護俄國的利益，不僅是經濟利益，還有戰略利益。俄國的豐富能源，賺錢不說，還為俄國的國際戰略服務。單是能源的價格，區分不同國家，各不一樣。有的是為了爭取更多的外匯；有的是要占領他國的能源市場；有的是要取得他國能源公司的股票，或控制或參預管理；有的是為了政治需要。太平洋輸油管的修建，就把中國和日本玩得團團轉，最後還是以俄國自身的戰略利益為準，並不以中國的一廂情願為轉移。總之，俄國把能源這張王牌玩得爐火純青，大大有助於加強俄國在國際事務中的份量和說話權。

當然，中國的外交王牌決不止市場外交一張。不過，認識中國市場對中國外交的戰略意義，認識市場外交應當成為中國手中外交王牌之一，對中國的和平發展必然有利無弊。

Headline 35　蘇聯的崩潰：在劫難逃

2006/12/05

　　二十世紀影響全球歷史發展進程的兩大帝國興亡事件，一是第三帝國的興亡，一是蘇聯帝國的興亡。第三帝國的興亡，似乎已經有了定論。在第三帝國廢墟上建立的聯邦德國，已經成了發達國家，正在和平發展，得到普世尊重。蘇聯帝國的興亡，至今仍是一個爭論的焦點，出現不少誤導公眾的資訊和論點。在蘇聯帝國廢墟上建立的獨聯體，成了一個多事的地緣政治版圖。大概是由於蘇聯帝國的滅亡時間相距甚近，要做結論還有待時日。不過見證者仍活在世上，指出誤導，是一切良知者的歷史使命，重蹈覆轍退回過去，是走不通的。或者說是沒有腦子。值此前蘇聯瓦解十五周年之際，我們來看一看蘇聯瓦解的原因。

　　「民族自決權」是蘇聯各加盟共和國獨立的思想、政治和法律依據。為了達到發動世界革命的目的，列寧強調民族自決權。這套理論說，每個民族都有權決定自己的命運。十月革命前，俄國社會民主黨就鼓吹民族自決權，說這是「超歷史的需求和任務」，是與建立無產階級專政平等的任務。早在1913年俄國社會民主黨就在列寧建議下，通過決議，支持民族自決，擺脫沙皇專

制統治，受壓迫的民族應當分離出來組建自己的獨立自主國家。1916年4月，列寧在《社會主義革命與民族自決權》一文裡就提出社會主義革命勝利會帶來民族自決權，即政治分離。當時為了動搖和推翻沙皇專制，列寧支持生活在沙俄帝國邊區的各民族起來造反，支援他們擺脫沙皇統治，從俄羅斯帝國裡分離出來，組建自己的共和國。在十月革命的過程中，在原俄羅斯帝國的版圖上，建立了許多大大小小的共和國，有以民族為主的，如中亞和高加索的各民族共和國；也有以地區為主的，如遠東共和國和烏拉爾共和國。原來中央集權的帝國，在布爾什維克的鼓動下，四分五裂。十月革命後，列寧為了發動世界革命，繼續鼓吹民族自決權。布爾什維克奪得政權以後，試圖再把俄羅斯帝國版圖上的各共和國聯合在一起。不過這時已經無法恢復中央統一的國家，只好在1922年組建各平等共和國的聯邦國家。此後的蘇聯憲法都有各加盟共和國有權退出蘇聯的條款。如1924年《蘇聯憲法》第四條，1936年《蘇聯憲法》的第十七條。1977年《蘇聯憲法》的第七十二條說「每個加盟共和國都保留自由退出蘇聯的權利」；第七十六條說「各加盟共和國都是蘇維埃社會主義主權國家」；第八十條說「各加盟共和國有權與外國建立關係，締結條約，交換外交和領事代表，參加國際組織」。總之，前蘇聯各加盟共和國退出蘇聯是完全合法的行為。不存在所謂非法的問題。民族自決權是一把雙刃劍。這把劍既可建立蘇聯，也可分解蘇聯。現今的俄國，也面臨種種民族問題和加盟主體的矛盾。例如，以盛產黃金和鑽石著名於世的薩哈共和國，三分之一的鑽石開採收入和12%的黃金開採收入，留給薩哈共和國；而作為聯邦平等成員的俄羅斯盛產天然氣和石油的各州，全部收入上繳。這個問題成了地方與中央經常發生齟齬的原因。

蘇聯共產黨管治國家七十年，既取得許多傳世成就，也犯下了罄竹難書的罪行。從經濟發展來看，蘇聯瓦解前的狀況，已經病入膏肓，無可救藥。克格勃領導人安德波羅夫接掌政權（1982至1984年）後，通過國家統計局、各地黨委和克格勃三個系統瞭解國民經濟形勢，只有克格勃報上來的是實情。蘇聯經濟已經處於負增長。十月革命前俄國是歐洲主要糧食出口國。但在二三十年代，蘇聯實行計畫經濟，農業政策失誤，農業生產每況愈下，多次發生全國性饑荒，據有關統計資料顯示，前後餓死上千萬人。上個世紀六十年代末，中東戰爭時期，蘇聯大發石油財，大量石油美元湧入，可惜沒有用來發展國民經濟，大部分用來發展軍工企業。軍備競賽耗盡國家財力。到了1985年9月13日，沙烏地阿拉伯宣佈繼續擴大石油生產，油價急劇下跌，落到十美元一桶，蘇聯經濟受到致命打擊。這個時期，八十年代後期，蘇共中央政治局委員、書記處書記梅德維傑夫寫道：「第八個五年計畫（1966至1971）是國家經濟發展的最後一個好時期。在外經因素良好的情況下，六十年代推行經濟改革，經濟發展速度加快。最近兩個五年計畫，包括社會發展計畫，未能完成。能源和原材料價格居高不下，支持了一個階段。現在只有一個部門不斷發展，即軍工部門。軍費壓得國家喘不過氣來。」蘇聯政府沒有採取對應措施，「無為而治」，開始靠借貸過日子。到了1988年，外國停止貸款給蘇聯。蘇聯政府領導對國內經濟形勢的評估用語，從危機到嚴重危機到災難。1989年8月11日，蘇聯糧食部長布迪卡向第一副總理尼基京報告，說：「今年穀物收穫量缺口三千零七十萬噸。根據這個情況，有必要從國外採購穀物。」與此同時，由於蘇聯欠帳太多，外國停止向蘇聯裝運糧食。1990年10月31日，蘇聯外經部報告說，石油出口情況極糟。1990年11月

16日，蘇共中央政治局會議，列寧格勒州第一書記包利斯・吉達斯波夫報告說，「早晨我上班的路上看見商店排隊長龍有幾百人上千人。我心裡想，只要有人打破一個商店櫥窗，列寧格勒就會爆發反革命。那樣的話，我們就無法救這個國家。」1991年11月26日，蘇聯外經銀行副行長諾斯科寫信給國民經濟管理委員會：「國家的硬通貨儲備已經全部用光。出口所得外匯不足於支付國家外債。」蘇聯總統助理契爾尼亞耶夫透露前蘇聯召開安全會議的內情。他寫道：「昨天召開安全會議討論伙食問題。眼下的具體問題是糧食，麵包。按常用量計，現在缺口六百萬噸。莫斯科和各地排隊買麵包的長龍已達到兩年前排隊買香腸的程度。」蘇聯經濟的生產率大大低於資本主義國家。據蘇聯發表的資料，原料耗用量是美國的一點六倍；能源耗量是二點一倍；工業項目建造期蘇聯是十年，美國是兩年；蘇聯生產的收割機是美國的十六倍，化肥使用量是美國的七點六倍，但糧食產量低於美國。這就是蘇聯崩潰前夕的經濟狀況。

為什麼蘇聯經濟會走到這一步？一是蘇聯的勞動帶有一定的強制性。史達林時期，集體農莊莊員沒有身分證，不得進入城鎮工作。歷次大清洗把無數知識分子和黨政軍隊幹部關進集中營勞改營，許多著名大型工程，如白海運河，地鐵，都灑滿無辜鮮血。蘇聯實行低工資低消費政策，把大量財富集中在國家手中，民眾只能維持低水準生活。沙皇俄國最流行的俗語是「大家都偷」。即使在蘇共對大眾教育改造了七十年，目前仍然是民間表述官僚貪腐的最佳用語。集權主義制度，勢必推行計畫經濟，把財富集中起來，相當一部分供各級黨政官僚消費，供他們過著「共產主義生活」。蘇聯瓦解後第一屆俄國政府的副總理紹欣最近在回憶自己從科學院一名研究室主任突然進入國家領導層時

的生活細節。他說，住進政府專設別墅後，服務員來問他夫人，訂什麼樣的伙食。她以為同自己在研究所裡訂食品一樣，不外乎一根香腸，半斤乳酪，一公斤白糖等。服務員一邊暗笑，一邊對她說，您想要什麼都行，都有。這時，街上的老百姓正在為麵包排長龍。二是實行僵硬的計畫經濟。全國實行調配。從原料到成品，全部由國家計委安排。令人不可理解的是，蘇式計畫經濟規定，企業領到原料，到期上繳產品。各企業上調的產品是否有銷路，與生產企業無關，一律由計委安排銷路。全國價格一律由計委制定，是否賣得出去，與商店無關。利潤有無，與生產和銷售企業無關，與職工工資不掛鉤。赫魯雪夫提出物質鼓勵（當時譯成物質刺激，以應「反修」需要），工資開始與產量掛鉤，卻與品質無緣。三是軍費開支獨占鰲頭。勃列日涅夫上臺以後，開始與美國展開軍備競賽，給國民經濟帶來不可彌補的創傷。入侵阿富汗消耗巨額國民經濟收入。經濟破產是前蘇聯推行集權政治的必然後果。經濟破產又帶來集權制度的破產，互為因果。前蘇聯的崩潰並不是某些個人行為造成的。只從個人因素出發必然誤導歷史。

　　若大一個前蘇聯超級大國，一個超級共產黨，一夜之間倒臺，確實令人目瞪口呆，不可思議。實際上冰凍三尺非一日之寒。民族關係一直是前蘇聯的大問題。史達林掌政期間，清除對象包括許多民族幹部，大批民族幹部扣上「民族主義」帽子，遭到鎮壓。衛國戰爭前夕和戰爭期間對少數民族持高壓政策，懷疑少數民族不忠，把整個民族流放到西伯利亞和中亞。與三十年代流放富農不相上下。全部掃地出門，整個民族流離失所。不僅德裔蘇聯公民（沙皇時代有大批德國精英應邀到俄國工作，有幾任外交部長都是德裔。）從伏爾加河流域流放到中亞；遠東的朝鮮

族流放到中亞；南方克里米亞半島的韃靼族流放到內陸；車臣族和高加索的一些少數民族流放到遠東和西伯利亞；這些給他們造成難以癒合的創傷，為日後的民族矛盾留下了無情的種子。在經濟困難的情況下，各民族共和國都在尋找出路，民族主義情緒上升，離心傾向和反俄傾向加重。各加盟共和國的統治集團和利益集團早就覬覦自己領土上的財富。這些前蘇共的民族高級幹部，在歷史關頭表現出是一批私欲極強的人物，一旦有機會，就把所謂黨性拋到九霄雲外，紛紛爭奪利益，紛紛當起總統。就連俄羅斯的許多幹部也趁機大發財。現在俄國的許多富豪大亨，億萬富翁，都出身於前蘇共高級幹部或者政府高級官員。俄國三大石油巨頭、魯科伊爾石油公司的老闆就是前蘇聯石油工業部的副部長。正是前蘇聯高級幹部的蛻化變質，加速了蘇聯的瓦解，造成大批前蘇共黨員的幻想破滅。

前蘇聯的政治檢查制度，繼承了沙皇俄國的政治檢查體系，有過之無不及。任何國家都有政治檢查。有國家檢查，有自我檢查。有的檢查是必需的，如保護國家軍事機密。有的檢查是為了保護政權。在保護民主制度時，通常都依法進行檢查，包括新聞檢查在內。在保護集權制度時，就缺乏法制。史達林時期搞的三人小組，就是不通過法律程序鎮壓不同政見幹部的非法手段。前蘇聯成立後，先有捷爾任斯基領導的特別委員會（契卡），後有格帕烏（政治管理總局），內務人民委員部，國家安全部，國家安全委員會（克格勃）。這些機關都負責政治檢查。在意識形態和文藝政策方面，是蘇聯政治思想檢查機關的重點。對於這個機關的做法，俄國著名文藝家和革命家、教育部長盧那察爾斯基在1927年曾經寫道：「國家在藝術政策方面，不能搞得太激烈，因為，否則的話，藝術就會變成官方的，全民都討厭的東西。」

儘管黨內有這種苦口婆心的聲音，但二十年代百花齊放的局面被三十年代的管起來政策葬送掉了。俄國布爾什維克在十月革命中奪得政權以後，當年立即頒佈《出版令》，禁止不同政見的刊物出版。1922年成立文學和出版社管理總局（GLAVLIT），全面開展對新聞和出版、文藝的政治檢查。各新聞出版單位都駐有代表，負責監管本單位的意識形態情況和出版物的檢查，工資還要駐在單位負擔。「檢查對我們來說，是對抗資產階級意識形態腐蝕影響的工具。」儘管前蘇聯負責政治檢查的主管機關多次改組改換名稱，但GLAVLIT巍然屹立，直接接受黨中央宣傳鼓動部領導；而對人員的政治檢查則由安全和情報部門負責。鎮壓、流放、驅逐出境（流放國外）都是安全部門的事。前蘇聯黨政治理國家的七十年裡，採取胡蘿蔔加大棒政策。順我者可以得到各種優渥的生活條件；不聽話者，卻難以維持起碼的溫飽生活。不少有成就的知識精英被迫流亡國外。二十世紀俄國有五名諾貝爾文學獎得主，只有一名，肖洛霍夫得到官方認可，其他四名都因諾獎遭受迫害。GLAVLIT曾是前蘇聯歷次意識形態鎮壓的幫兇。蘇共二十大以後，它的作用受到限制，檢查的範圍縮小。開放了一批當年遭到封殺的文藝作品。當然，仍要經過GLAVLIT的刪節，以減少「不良影響」。GLAVLIT並不甘心退出歷史舞臺。第一個公開向檢查制度開火的是索忍尼辛琴。1967年他在致蘇聯作家代表大會的公開信裡指出，現存的檢查制度是違反法的，因為蘇聯憲法裡並沒有政治檢查的條文。他寫道，「我建議大會通過一項要求，撤銷一切對文藝作品公開的和秘密的檢查，免除出版社報批每一印刷頁的義務。」隨著俄國民主化進程，政治檢查機關的作用日漸衰落。九十年代相繼成立了一些機關，負責解密，包括前蘇聯政治檢查機關，GLAVLIT，自身的密件也解密了。它的作

用已經消失了。但是在九十年代初期還作困獸之鬥，竟然別出心裁，搞起商業化，表示要向工商界提供經濟資訊和安全。不過已經沒人願意與臭名昭著的GLAVLIT合作，只得在1991年10月25日壽終正寢。俄國憲法也明確規定禁止新聞出版檢查。新聞出版檢查未能保住行將就木的蘇聯集權帝國。蘇聯政治檢查制度的命運成了蘇聯瓦解的縮影。

　　蘇聯和蘇共雖然有幾次政治經濟的改革嘗試，都被保守派和教條主義者破壞了。遲遲不進行改革，不識世界歷史大趨勢，導致政權垮臺，國家崩潰。即使前蘇共一些領導人，副總統，總理，克格勃主席，軍方負責分，內務部長，於1991年發動武裝政變，由於人民反對，軍隊拒絕向人民開槍，三天不到就流產，未能挽回已面臨死亡的蘇聯帝國，反而成了蘇聯帝國瓦解的催化劑。這是蘇聯劇變的歷史教訓。我們應當從這個視角來考察蘇聯的瓦解，才可推動歷史的發展。蘇聯的瓦解是歷史的進步，是集權制度和計畫經濟的崩潰，就連無孔不入的政治檢查，也無濟於事。民主化的新俄羅斯會給俄國人民帶來長久利益。

2007/01/20

　　今年元月15日，俄國開始施行新的《移民登記法》和修改後
的《外國人在俄羅斯聯邦的法律地位法》，目的是在俄國建立
「文明的勞動力市場」和保護國內勞動力市場不受非法移民的入
侵。法案制訂者抱著善意，希望勞動移民覺得做合法移民要比做
非法移民容易。施行新法規，首當其衝的是莫斯科的各大農貿市
場和小商品市場。筆者特地選定17日這一天實地走訪一些莫斯科
市場，因為喜歡吃新鮮水果蔬菜和其他副食品的老百姓，家裡的
食品儲備有待補充，紛紛上市場採購。

　　丹尼洛夫斯基市場，位於莫斯科市中心偏南地區，是最著
名的農貿市場之一。一向十分熱鬧的市場，今天冷冷清清，賣貨
的和買貨的人稀稀落落。許多水果攤覆蓋著布，停止營業。這裡
的小販主要是阿塞拜疆人。他們說，拿不到打工卡（就業許可
證）。阿里說，他在移民局接待中心排了一天隊，還是沒有領到
打工卡，因此無權營業，只好守著自己的貨。他說，辦理打工卡
的窗口隨意開關，工作人員在裡面嘻嘻哈哈。即使領到打工卡，
也只能幹到3月底，4月1日起禁止外國人在市場上從事零售業

務。阿里耶夫在莫斯科居住的時間很久，七十年代就來了，在前蘇軍服過軍役，仍然沒有取得俄國國籍。他說：「我只有娶個莫斯科女人才能拿到俄國國籍。可我有老婆呀！」一位俄國老婦人同他鬥嘴：「你們這些人來得太多了！」阿里耶夫回敬她：「那誰來擺攤呢？莫斯科人幹嗎？早上五點到夜裡十二點，你幹嗎？每月收入只有一萬二千盧布（約合四百五十美元，莫斯科平均工資為一千美元）。」俄羅斯人格利高里在市場上擁有三個攤位。他說，莫斯科人是不會來這裡工作的。他雇傭摩爾達維亞姑娘作營業員。現在她們只好回去。格利高里正在發愁，從哪兒去找售貨員。他自己的孩子們大學畢業，不會來接班的。買賣雙方都認為，漲價是必不可免的。莫斯科的阿塞拜疆人通常是批發商。他們收購，然後加價出售。由於加價過高，常遭居民抱怨，引起公眾敵意。

布迪爾斯基市場位於工莫斯科偏北地區。15日當天，全國電視現場轉播聯邦移民局檢查市場情況。一聽說要來檢查，不少人逃之夭夭。有不少空攤位。17日這一天，倒是十分熱鬧。幾乎沒有空攤位。斯拉夫人賣牛肉，高加索人和中亞人賣水果蔬菜。這裡的小商販和售貨員有打工卡，只是人數超過法定配額。今後怎麼辦？各有各的對策。有的高薪聘請俄國人做售貨員，工資自然轉嫁到消費者身上。有的更妙，莫斯科庫茲明基地鐵站門口原來有個水果蔬菜攤。老闆是阿塞拜疆人。17日這一天攤頭不見了。原地貼著一張廣告：老顧客們！免費送貨上門！送貨上門是新規定沒有明令禁止的。

莫斯科東區有一個馳名全國和海外的萬人小百貨零售兼批發市場：切爾基耶夫斯基市場。每天數百輛大巴運來川流不息的外地客商；市場上中亞苦力川流不息地來回運送貨包；川流不息的

中國貨紛紛裝上大巴。移民法新規定涉及外國人的條款，自然也涉及中國人。17日這一天，只有少數中國人在攤位營業。這些人都有合法身分和打工卡，身分有問題的華商沒有來市場。游走在各個華商攤位推銷本地中文小報的中國婦女明顯減少。不少華商都是早上四點多鐘起身，奔赴市場。五點左右開始向外地來的俄國客商發貨。攤位對這裡的華商來說，既是零售點，更是展示點和小額批發點。新規定對莫斯科華商影響很大。因為如果不在原攤位營業，老客戶就找不到他們。業內人士估計，華商的營業額將大幅下降。

俄國各地對移民法新規定十分關注。媒體報導了各地市場的情況。與華商有關的地區，市場情況與莫斯科又有一些不同。西伯利亞主要城市之一的克拉斯諾亞爾斯克有兩座市場，「東方市場」和「大家庭市場」。八成商人是中國人和中亞來的俄羅斯人。17日這一天移民當局前來檢查這兩座市場。市場裡的商人事先已經得到消息。證件符合要求的人留下營業。不合手續的人躲了起來。現在市場當局正在研究對策，如何適應新情況。15日那天檢查中發現一名中亞人手續不全，市場當局遭罰款六十萬盧布，相當於兩萬多美元。這個罰款額也是新規定之一。

遠東地區與中國緊鄰，絕大部分日用品和很大一部分副食品來自中國。相當一部分勞力也來自中國東北三省。15日開始執行新規定當天，弗拉迪沃斯托克中國小商品市場上的中國人都沒開攤營業。該市分管工商事務的市長顧問魯薩連科說，不是外國客商停止營業，是市場老闆擔心巨額罰款關掉的。當地市場上有三千五百名外國人，主要是中國人。中國攤主為應變，打出招聘俄國售貨員的廣告。市場上售貨員的月薪為六千到一萬二千盧布。俄國人嫌工資低，不願應聘。市場老闆說，只有中國人願

意。對邊境地區的中國農村勞動力來說，月工資二百到四百美元還是有相當吸引力的。所以當地居民認為中國人還會回到集市上。

俄國政府認為新規定有助於整頓全國集市貿易和調整移民形勢。新規定對獨聯體國家中同俄國有免簽協議國家的公民給予優惠。入境後以備案形式取得臨時居留權就可得到一年期的就業證。這批人約有一千多萬。沒有免簽協議國家的公民將受到限止。中國公民自然在此列之內。俄國官方和專業人士對新法規意見相左。經濟發展部長格列弗在國家杜馬聽證會上表示，新規定「不會導致商品消失和市場關門」。對於4月起禁止外國人在集市上工作的後果，格列弗心中無底。獨立專家們則擔心好事變壞事，大量集市將關閉，價格將急劇上漲。國際消費者協會理事長亞寧對俄國記者說，「第一，外國人離開集市後，勞動力必將缺乏。俄國人補充不上來，因為俄國人無法接受獨聯體公民在俄國各地的臨時居住條件。第二，新規定要求改建市場，以百貨商場購物中心代替。投資商不願冒風險。集市形勢不穩定，沒有人願按新規定組織商業活動。莫斯科的農貿市場可能由高價的『文明的』購物中心取代。集市關閉不僅影響窮人的生活。一般莫斯科市民喜歡到集市採購食品，因為集市上的食品品質比商店裡的要好。總之，新規定代價要俄國老百姓掏腰包。」

集市貿易與國籍連在一起也引起不同看法。時事評論員尤辛（YUSIN）擔心發放俄國國籍會引來麻煩。即使歸化的外國人，主要是亞洲人，都有自己的文化傳統和風俗習慣，喜歡集中居住，很難同化。十年後難免發生類似法國和德國歸化國民鬧事的風潮。因此不能允許大量移民來。另一位時事評論員沃洛申娜則持另外一種意見。新規定不限止外國人擁有集市、不動產、商

店、土地，可以生產食品和副食品，可以做農場主，批發商，二道販子，卻不能做集市售貨員，太荒唐了。

　　新法規直接影響在俄華人的處境和利益。取得進入俄國的工作簽證數量將受到限制。來自中國的非法移民必將大量減少。華商將面臨大浪淘沙的考驗。華商不能在生意繁忙的集市直接營業，營業額必將下降。通過中間人或者雇傭當地售貨員，將工資加進貨價；或者租賃高價的商店開展零售業務，必將降低中國貨的競爭力；或者壓低利潤，減少華商的收入。對俄國人來說，俄國廣大民眾需要的價廉物美的中國貨，品種減少，漲價無疑。俄國媒體已經提出這樣的預言。要理順這一切還有待時日。在俄華商只有順時應變，改變經營理念和方式，才能適應俄國集市貿易的新變化。

　　套用孔夫子的話，對遠人要「修文德以來之。既來之，則安之！」此話對懷有恐外心理的人，無疑是一副良藥。只有自信的民族才不擔心外來移民會把自己同化掉。

37 普京咆哮
啓示錄

2007/02/18

　　俄國熊咆哮了！普京咆哮了！2月10日，慕尼克召開安全政策問題會議。面對北約秘書長斯赫菲爾、歐盟輪值主席德國總理梅克爾、歐盟外交事務專員索拉納、美國新任防長蓋茨，痛斥美國和北約背信棄義，威脅俄國安全。用詞之尖銳，態度之強硬，可謂普京就任以來在國際場合之最。普京選擇面對北約領導人集體在座的機會，把俄國對北約特別是對美國的內心話，拋去外交辭令，如實奉告，在世界外交政壇上掀起九級巨浪，以致有人說出「新一輪冷戰的開始」；有人甚至說與當年邱吉爾導致冷戰開始的富爾頓演說不相上下；有人說，新一輪冷戰開始了。由此足見普京這篇演說的歷史地位。

　　普京對美國近年來，特別是布希的外交政策，做了全面批判。普京指責美國和北約背叛了自己不擴張的諾言，不僅不斷擴大成員國的數目，而且漸漸逼近俄國的安全警戒線，把軍機和偵察設施及部隊佈置在俄國的鄰國，離俄國首都伸手可得。北約的先遣部隊美軍各五千人進駐保加利亞和羅馬尼亞。最近又要把導彈防禦系統PRO的組成部分推進至俄國的鄰國波蘭和捷克，同時

遊說急於加入北約的格魯吉亞和烏克蘭同意佈置PRO，直接挑釁俄國的安全。普京指責美國推行霸權主義和單極世界，不顧國際社會眾多中小國家的利益和願望，唯美國利益為是，導致國家社會動盪，成了「人類新悲劇的發動機」。在隨後訪問近東國家前夕，普京在接受半島電視臺的訪談時說，大家都認為近東全部災難的原因就是單極國際關係體系。俄國則有能力影響建立新的世界秩序。新秩序應當照顧所有國家的利益。普京指責美國在核裁軍問題上留一手。為此，他當面開銷美國新防長蓋茨：「如果今天合眾國的新防長向我們宣佈，說美國不會把多餘的核彈存放到倉庫裡，也不把核彈匿藏在『枕頭下』或『被子裡』，我建議全體人士站起來表示歡迎，這會是一項非常重要的聲明。」全場電視鏡頭轉向蓋茨，蓋茨無言相對。普京指責美國把自己的民主概念強加給其他國家，非法動用武力推進民主（指南斯拉夫和伊拉克）。民主不需要武力。他舉俄國為例：「我們國家不就是和平過渡到民主的嗎？蘇聯體制不就是和平轉化的嗎？」普京指責發達國家對發展中國家經濟援助和慈善活動旨在維持受援國的落後經濟，不讓這些國家接近先進技術，製造社會不公正現象，引發社會衝突，從而為極端主義和恐怖主義提供養料。普京指責歐安會喪失了初衷，成了維護不是歐盟發起國的某一個國家或某一組國家的外交利益的工具，干涉他國內政。總之，普京把俄國上下對當今世界政治形勢的考慮，開誠佈公地展現給西方政治家。

　　普京這次強硬演講是俄美關係近年來發展的必然結果。十年來美國和北約自行其事，很少考慮俄國對一些國際事務的不同看法和多次強烈反對，強行占領俄國的戰略利益範圍，不斷蠶食俄國在獨聯體的勢力範圍，利用部分獨聯體成員國和前蘇聯波羅的海三國作為圍堵俄國的橋頭堡。最近又在阿留申群島佈署了PRO

的雷達站。美國新防長蓋茨就任伊始就把俄國列入敵對國名單，猶如火上加油，使普京忍無可忍，當著蓋茨的面宣佈俄國將採取「不對稱措施」以應對美國的壓力。這些「不對稱措施」可能已經有所設計。一些蛛絲馬跡漸漸顯露出來。普京回國後，立即宣佈將俄國防長伊萬諾夫提升為第一副總理，不僅是外界所猜測的總統接班人選之一，也是為提高軍備在國民經濟中地位、一旦出事國民經濟立即轉軌的先期準備。如果國際形勢朝對抗發展，這位熱門候選人就很有可能登上總統寶座。普京在演講中宣佈俄國正在考慮退出銷毀中短程導彈協定，根據就是美國計畫把PRO體系裝備在俄國鄰國，只有中短程導彈可以抵消。俄國總參謀長巴盧耶夫斯基大將說，俄國有充分理由單方面退出俄美銷毀中短程導彈協議。俄國戰略導彈部隊司令索洛夫佐夫向媒體透露，一旦美國把PRO導彈佈署在東歐，俄國的導彈將定向到這些目標。早先俄國已多次聲明說，有能力抵擋PRO，俄國導彈可以穿透PRO。

　　普京指責美國鷹派利用「俄國威脅論」要求國會增加軍費撥款。其中部分撥款是為了繼續伊拉克和阿富汗戰爭，與俄國毫無關係。「我們不明白，為什麼要用反俄牌解決內部問題。」

　　普京的慕尼克演說是俄國總結了十多年來同美國相處的歷史經驗。從戈巴契夫開始，到葉利欽，俄國一直採取對美國讓步的政策，一直對美國抱有一定期望。發現上當以後，被逼到牆腳裡以後，俄國熊咆哮了。俄國評論界一致認為是給美國潑了一頭冷水。中國龍會不會有一天也咆哮起來？普京的演說具有相當的啟示作用。

　　美國一直把中國作為戰略對手，把中國列入敵對國名單，這不是什麼新聞。美國所謂維持臺海現狀，反對任何一方改變臺海

現狀，就是要維持中國的分裂現狀。美國為此與日本聯合，部署PRO，矛頭自然是指向中國。美國經濟出了問題，就一而再，再而三地壓中國提高人民幣匯率，絲毫不顧人民幣升值對中國經濟發展的負面影響。美國阻擋歐盟出售武器給中國，不願看到中國增強武力。美國也利用中國威脅論這張牌解決內部問題。總之，美國威脅的是中國的戰略利益。普京的演說會不會對中國的戰略家們有所啟示呢？是不是也顯示一下保衛中國國家利益的強硬態度？

38 俄國轉向東方
聯合中印

2007/03/08

　　普京的慕尼克綱領性外交演說，正在俄國轉向物化。新的
國家預算增加軍費開支，其中一半用於採購新型戰略武器。未
來十年內俄國將支出五萬億盧布（一美元約合二十六盧布）武
裝軍隊，三分之二用來採購新武器，三分之一用來改造現在服
役的武器。2007年俄國防部採購武器裝備的支出計畫為三千零
二十七億盧布，採購新武器部分比去年增加兩成二，包括採購
十七套洲際彈道導彈（去年只採購了四套）和若干戰術導彈「伊
斯坎德爾」。修理費用六百億盧布，即增加一成六。開發費用
九百八十億盧布，增加兩成。正如俄國政府軍工委員會第一副主
任所說，現在錢多得如雨，正愁如何使用。為解決這個問題，俄
政府調整機構，設立聯邦武器供應署和負責監管經費使用情況的
聯邦國家國防訂貨署。正如俄國政府精英伊萬諾夫所說，到2015
年將有四成半的武器得到更新。他還力主軍工生產多樣化，以民
用補軍用。一方面組建全國統一的航空工業和造船工業集團公
司，正在研究組建裝甲技術集團公司；另一方面，打算解密部分
航天器提供的資訊，為民用導航、通信、經濟情報提供服務。不

像上世紀九十年代軍工企業沒有軍轉民經費，只好生產鈦質平底鍋和鐵鍬。現在要利用軍用高新科技生產高精尖的民用產品。值得注意的是俄國已經決定撥出大量經費開發第五代戰略導彈，以對抗美國的國家導彈防禦系統。新晉升的第一副總理謝爾蓋‧伊萬諾夫說，新一代戰略導彈具有三合一的性能：集防空、防導彈和防太空武器功能於一身；又集雷達、發射與控制於一身。據報導，第五代戰略導彈可以衝破任何防禦系統。海軍在2006到2015年間將裝備數十艘新型艦艇，包括五艘戰略導彈驅逐艦和大批新型核潛艇。第五代戰機屆時也將投入服役。為應對美國計畫開發試驗的新型艦用彈道導彈氫彈頭「三叉戟」，俄國核工業署長吉里延科在考察了俄國核實驗基地後宣稱，「新地島正在進行核武器模擬試驗。我們進行足以瞭解我國核武器現狀的試驗。」總之，俄國現在有力量有決心同美國一比高下。

為了適應國際局勢新變化，俄國正在調整外交部局。這是另一種慕尼克演說的物化。在新的外交態勢中，東方，即亞洲，將在俄國全球戰略中占據極為重要的地位。就此問題，俄國戰略專家們正在進入深刻研討。他們的一些論點將納入俄國新全球戰略的原則。

「哪裡和我們玩，我們就在那裡玩。」這是俄國國家戰略理事會共同主席之一霍緬科夫的觀點。什麼地方同俄國玩呢？他認為是東方，即中國，東南亞，印度，中東。這個地區政治上不是鐵板一塊，俄國將利用這個地區各國的矛盾，見縫插針。他指出，中日之間有衝突，俄國將與雙方合作，以取得本國利益。從俄國的外交實踐來看，已經早見端倪，如通向太平洋港口的輸油管線。俄國不是只考慮中國的需求，而是從本國戰略平衡需要，做出決定，一改只通向中國大慶的初衷。南韓感覺受到北朝鮮

的威脅，俄國可以「玩一玩」。至於說新加坡和馬來西亞，可以把俄國產品推進去。看來這位專家自然是指俄國的軍火和核電站了。俄國指望加強在這個地區的政治經濟活動，必將引起美國注意，迫使美國就範，與俄國合作，利用俄國與北朝鮮和中東的特殊關係與影響，以擺脫困境。俄國則可漁利其中。

「三角外交日益增強活力。」俄國政治基金會主席尼科諾夫（莫洛托夫外孫）特別關注俄國同中國和印度的關係，對俄中印三國關係的順利發展很是欣慰，對俄國在這方面的積極外交活動很是讚賞，並指望會有進一步的大發展。他舉例說，俄國政府正在加緊修建通向中國的油管，正以「每天兩公里」的速度走向中國邊界。另據報導，俄國環保機構已經批准弗拉迪沃斯托克附近的科茲米諾港建造方案，計畫於明年底建成。這是俄國西伯利亞—太平洋油管的出海口。俄國正以本國經濟安全和能源出口多樣化戰略為出發點，加快這條油管的建造，以應對西歐揚言能源供應多元化的政策。俄國已經決定加大遠東地區的發展，準備投入巨額資金建設遠東和弗拉迪沃斯托克，爭取在該城舉辦亞太峰會。尼科諾夫指出，中日成為盟國的可能性不存在；日韓也不可能成為盟國。俄中印三角戀倒是大可發展。

「瞭解的越少越害怕。」俄羅斯科學院獨聯體研究所副所長札利幸在中國做了一次在華俄人社群心理調查。這些調查對象都是大學畢業生，普遍認為俄國媒體幾乎不介紹中國，很少有中國的資訊。正因為不瞭解，才引起恐華症。他據此得出結論，要先多瞭解中國，才能順利合作。在北京舉行的一次論壇上，他聽到有中方學者表示，是否可研究中國加入歐亞經濟共同體或者集體安全條約組織？俄方倒是很坦誠，說不願意考慮，因為現在俄國在這些組織裡是龍頭老大，中國進去算老幾？可見俄方並不認為

雙方利益一致。相反，札利幸建議提出承認臺灣是中國的一部分換取中國支持俄國對獨聯體領土上一些未被承認國家的立場，換句話說，就是承認這些國家是俄國的一部分，自然遭到中國學者的婉言謝絕。他說，印度同中國與巴基斯坦的關係有問題，俄國可利用這些問題向東方推進。

「我們希望最大程度的密切合作。」在哪些方面呢？加強上海合作組織，首先是防務方面的合作，包括建立中亞安全體系，目的就是削弱美國在中亞的影響。這一點符合中俄兩國戰略利益。加強同中國和日本的雙邊合作，目的自然是為俄國的國家利益建立舒適的環境。這是俄國政經交流公司總經理奧爾洛夫的建議。在開發遠東地區問題上，他提出，首先要保證俄國國家公司控制當地資源，包括油管、礦藏等等。其他都可與中國和日本密切合作。不過要防止中國居民和小資本滲入這個地區，也不希望中國投資到油管、石油開採業，不希望建立華人聚居點。最好吸引中國投資到本地區的基礎建設。在他看來，莫斯科—德里—北京未必能建立三角關係，因為三國文化背景差異太大，戰略利益常常不一致。應以西伯利亞—太平洋油管為中心發展合作。

「來自東方的威脅與來自西方的嚇人話不可同日而語。」這是俄羅斯科學院地理研究所高級研究員奧列什金的警告。「實際上中國正在醞釀嚴重的國內問題」。中國的經濟效率不好，能源消耗過高，每年石油消耗量增長15％，而工業增長率只有10％。其次，極為嚴重的環保問題，人口過多和缺乏現代技術，必將導致中國土地和水資源不足。第三，發達的沿海地區與落後的內陸地區差別過大。中國面臨選擇：要麼發展，貧富差異加大；要麼放緩，可以減弱反差。他的觀察是中國決定放緩，上海案件就是明證。用發達地區救不發達地區，很像前蘇聯。他預測十至十五

年內，大多數貧困居民會起來反對富人族，其結果要麼是內戰，要麼是戈巴契夫式的「改革」，也說不定會向北進軍呢，因此要加強東方邊界的武力和開發遠東地區。

「最主要的是我國的東方，遠東的命運。」俄國地方問題研究所總經理吉阿諾夫提供一份最樂觀的劇本：與中國談妥移民政策；與日本解決或者長期拖後解決千島群島問題；與中國、日本、韓國簽署發展遠東地區經濟的協定。最悲觀的臺本則是這些問題都談不成：同日本的島嶼之爭激化，對日關係出現危機；中國和朝鮮移民湧向遠東並且失控；俄國的遠東可能被迫成為獨立於中央的自治地區。

這些俄國戰略家的考慮、憂心、建議、立場、心態，可以說基本上全面反射俄國朝野在受到美國和北約的擠壓和圍堵下的心裡話和無耐。再來看俄國採取的一系列國策，恰恰印證這些基本理念。至於對中國的心結和預測，未必準確，恰如札利幸所說，是缺乏資訊的後果。

Headline **39** 中國年喧天聲中的思考

2007/03/28

　　胡錦濤主席與普京總統這一次新會晤最重要的背景是發生在普京慕尼克演說之後。有了這個基本考慮，許多問題就可以迎刃而解。雙方在國際事務中的政策幾乎沒有什麼分歧，而是相當一致。無論是多極世界秩序還是太空非軍事化，無論是朝鮮半島無核化還是和平解決伊朗核問題。因此，在雙方發表的聯合聲明中，大書特書國際問題的一致觀點。中俄兩國在國際舞臺上的活動也印證了這一點。儘管兩國各有自己的國家利益，不可能完全一致。至於雙邊關係，重頭戲是經濟合作。恰恰在這方面有許多令人思考的空間。只有克服雙方的歧見，方才有可能順利發展兩國經貿合作，兩國的戰略夥伴關係才有穩固的基礎。只靠政治，關係難以穩定。政治總是千變萬化的，「隨行就市」的。

　　俄國經濟發展部的資料顯示，2006年中俄貿易中，俄方的原材料和軍備占輸華貿易總額的90.051％。石油占總額的一半以上。中國採購的俄國機電設備微不足道。為此俄國耿耿於懷，特別是中國常常把核電站的訂貨定向到西方。

　　一場隱形的中俄貿易戰正在進行。俄方以控制向中國出口

資源，特別是原油、天然氣、戰略物資和木材，以及高級軍工技術，作為向中國施壓的手段。中方則將採購軍火同提供軍工技術綁在一起。俄國希望中國採購更多的俄產民用飛機；可是中國的採購大單一再飛向波音和空客。俄方對中方不肯下訂單以協助發展俄產民用飛機非常失望。

中方這次在雙邊會談中，再次提出要求俄方改善投資環境，確保投資安全。說白了，仍然對向俄投資表現猶豫不決。中國在俄投資只有十億美元；俄國在華投資還要少，只有七億美元。俄國現有外國投資總額為一千四百二十九億美元。因此，對雙方來說，都是不足掛齒的投資。這說明一方面雙方的互信不足；一方面說明雙方在向對方投資問題上裹足不前。莫斯科的《俄羅斯工商諮詢日報》3月26日指出，「北京口頭上歡迎增加從俄國進口機械設備，但實際上只想拿到軍用和民用高新技術。」俄國經濟界權威人士常說，為何西方各國在俄投資千億美元以上，而中國卻說投資環境不好？這個問題不解決，雙方經貿合作就難有飛躍性的進展。俄國希望中國在俄投資資源深加工部門，將適當升值後的產品賣給中國，包括原油和木材在內。這一趨勢值得中國發展對俄經貿合作人士的注意。

俄國一些專家認為從俄國自身利益出發，應當加強同中國的技術合作。俄國戰略與技術分析中心副主任馬基延科說，中國近十五年來占俄國軍火出口的四到五成，一共採購了二百八十架戰機，四艘驅逐艦，十二艘潛艇，二十八套C-300和二十七套TOP-M1導彈。目前中國正在學習掌握這些新武器，採購有停頓現象，特別是俄國未能按時交貨（伊爾-76運輸機，可作為空中預警機的基礎機型），引起中方不滿。他建議俄方與中方加強技術合作，如向中國出口蘇-35型戰機（準第五代）；提供航母和

艦載戰機、攻擊航母的圖-22M3型戰機和949型潛艇（庫爾斯克號型）。一旦臺海出事，這些對中國很重要。對俄國來說，中國有了這些裝備之後，美國會把注意力轉到中國身上，以減低俄國受到的壓力。馬基延科還建議與中方合作開發新一代航母、第五代殲擊機、艦載戰機和大型運輸機A-124。這些都是中國急需的最新軍工技術。還有人提出中國如能與俄方聯合完善俄產伊爾-96巨型客機，有益雙方，有助中國開發大型客機。

俄國資料顯示，2006年俄國向中國提供了總共一千四百萬噸石油，其中鐵路運送一千一百萬噸。這次俄國鐵路總公司與中國鐵道部達成協議，鐵路運油將增加到一千五百萬噸。與原來俄國應允提供三千萬噸原油的目標，相差甚大。至於走向中國邊境與大慶相聯接的輸油管，進度緩慢，每天只修建兩公里。為了解決這一尷尬，俄國開放經濟中心專家科茲馬建議吸引中國人和中國領導對原材料生產方面的合作，同時與向中國轉讓高新技術產品綁在一起。俄羅斯電力總公司副總經理德拉切夫斯基向媒體表示，他的公司正在積極開發遠東市場。為此，成立了東方能源公司，規劃建設新電廠，輸出電能到中國。2008年出口中國黑龍江省三十六到四十億度；2015年增加到六百億度。這種模式得到俄方的支援。因為，除向中國供電外，這項系統工程對俄國開發遠東地區、加快基礎設施建設、促進本地區各行業的發展、增加就業崗位、減少流向俄國歐洲地區的人口、改善俄國電力網，都大有好處，具有重要的戰略意義。這種互補模式應當說，對雙方都是有利的，因而也是可行的。與時俱進，更新能源換輕工產品的「互補經濟」概念，才能真正做到有益雙方的互補。

俄國朝野上下均存在不同程度的「恐華症」，擔心中國「和平擴張」、「經濟占領」俄國遠東地區。俄國電子報《Gazeta》

3月27日的社論提出，加入北約和歐盟以抵抗中國的「和平擴張」，把北約推向中國大門；呼籲俄國當局改變反美反西方政策，聯合美國對抗中國。

胡錦濤與普京會談和發表的聯合聲明中都提到向中國建工企業開放俄國建築工程市場和農業勞力市場、保護兩國公民合法權益。這裡深層內涵是俄國向中國開放勞動力市場問題。中國曾用開放勞動力市場作為同意俄國進入WTO的條件，後來放棄了。現在換了一種方式回到了初衷。其實俄國缺乏勞動力，中國提供勞動力是好事，但俄國擔心中國人聚居，一再反對建立「唐人街」。

希望鑼鼓喧天的俄羅斯中國年，有益於兩國人民的交流理解，化解俄國公眾對中國崛起的擔憂和誤解，一改「政熱經冷」和「上熱下冷」的局面。

40 莫斯科影迷拜倒
在《黑眼圈》下

2007/04/07

　　每年3月底4月初的一周，莫斯科都要舉辦《春的愉悅》影展。今年的影展於4月4日舉行閉幕式，選映國際著名電影大師蔡明亮的新作《黑眼圈》，作為此屆影展的高潮。渡過多雪的冬天，俄羅斯大地回春。伏特加溫暖了俄國的心靈和肉體。春的騷動，恰是接受《黑眼圈》的最佳時刻。難怪上映和推介蔡明亮影片的莫斯科市中心清水塘花園街羅蘭電影藝術中心座無虛席。閉幕式主持人是俄國著名的影評人安德列‧普拉霍夫。他首先解釋影片的譯名。俄文名稱是根據英文譯出，用的是《我不想一個人睡覺》。他說，俄文這裡用的是陰性，當然也可譯成陽性。「不過，最確切的譯法應當是中性。是中性的肉體不想一個人睡覺。影片中男男女女在沉重的日常生活中唯一可以追求的就剩下肉體的愉悅。」這位俄國權威影評家每年都參加世界三大電影節，對蔡明亮的藝術十分瞭解，因而非常欽佩蔡明亮的藝術濃度和深度。他認為「蔡明亮可以說是當代電影中最傑出的哲人式導演。他在自己的影片裡不斷深化自己的藝術任務。」

　　《黑眼圈》令俄國觀眾大為震驚。影片中沒有歐洲觀眾所熟

悉的漂亮肉體和五彩繽紛的畫面，沒有俄國觀眾喜愛的俏皮而幽默的對話和好萊塢式的情節。咎嗇的對話，沉悶的故事，壓抑的情緒，簡單的動作，在觀眾席裡時而引發低低的笑聲。這笑聲卻掩不住《黑眼圈》的特殊魅力。蔡明亮透過貧民窟顯示人對愉悅的追求，特別是最後一個畫面，「蔡明亮的人物像釘在床墊上，註定永遠渴求愛的觸摸，生來就是要人們去擺弄的肉體。他們默不作聲，就像古代希臘的模擬喜劇演員。」女影評家赫列布尼科娃如是說。莫斯科觀眾，絕大多數是青年人，離開影院時，卻是靜寂而沉思的。春的愉悅還會繼續籠罩莫斯科觀眾的心。影展之後，《我不想一個人睡覺》（《黑眼圈》）今年4月19日至5月2日還將在莫斯科正式公演。

俄國以推介藝術影片為主要內容的網站ARTHOUSE圍繞《我不想一個人睡覺》提供了許多相關資料。除了蔡明亮生平簡介和創作影片年表，刊登了蔡明亮的多次訪談錄，還發表了許多俄國影評界從歐洲文化角度看蔡明亮影片的評論。在談到《黑眼圈》時，指出這部影片與他前七部影片的不同點，著重這部影片的結構、情緒、感覺，說他展示出不同民族不同文化、不同語言的相處和交流。吉隆玻光怪陸離的霓虹燈世界與影片主人公們生息的貧民窟，給俄國觀眾留下極其深刻的印象。

2005年6月，莫斯科曾經公演過蔡明亮的另一部名作《天邊一朵雲》。這部片子剛登上莫斯科銀幕，立即引起轟動。電影專業人士和觀眾都覺得這部片子怪怪的。令他們驚愕的是，蔡明亮竟然如此巧妙地將情色片與音樂喜劇片（MUSICAL）特點結合得天衣無縫。情色片往往是自然主義的，音樂喜劇片往往是注重加工的，兩者是對立面。蔡明亮卻將它們揉合在一起，成了一部俄國人稱之謂情色音樂喜劇片。俄國影評家克列班諾夫，專為這

部影片在俄國公演採訪了蔡明亮。蔡明亮在訪談錄裡回答了令俄國人感到費解的一些問題，如為什麼很少用對話，儘管克列班諾夫堅信蔡明亮運用對話的技巧入神入化；影片的幽默令俄國人傾倒，是不是受了法國導演塔吉（Jacques Tati）的影響。蔡明亮則回答說，他受戈達爾和特呂弗的影響。影片中的西瓜令俄人大為不解。蔡明亮向俄國觀眾解釋西瓜的實用和色情暗示，才讓俄國觀眾恍然大悟。

俄國人在《天邊一朵雲》裡也是著重人的肉體。一位影評家說：「肉體是一個秘密。可以是靈活的，怪異的，庸俗的，也可能是一個機械體。一個經常吃飯，喝水，吸煙，清腸，嘔吐的機械物。影片裡人們很少有肢體接觸，很少對話，但互相觀察互相關注。蔡明亮在表現人體的痛苦時，添上一些可笑的因素，因此，他的作品沉重又輕快。以輕快的情懷折射出人生條件的黑暗和無望。」

俄國電影界對蔡明亮的藝術成就給了極高的評價。主持閉幕式的普拉霍夫夢想有一天能在莫斯科舉辦蔡明亮大師的影片回顧展。

俄國影評人眼中的蔡明亮

俄國影評界對蔡明亮藝術的認知和評價，自有獨到之處。這裡集中選錄了一些俄國電影專家對《黑眼圈》的評論，從中可見對蔡明亮推崇備至。

馬祖羅夫：「得到喜愛的人，同他一起睡在臭蟲亂爬的床墊上，愛撫他的肉體，同時又得到愛撫的回報，這就是導演所要表現的，也是那些默不作聲的人物，懷著喜劇式的頑強，在歌劇

詠歎調和甜蜜蜜的中國歌聲襯托下所追求的，普通的，人性的東西。」

卡拉別吉揚：「就在城市漸漸地沉浸在有毒的煙霧裡，令人窒息的場景由瘋狂的喜劇式的場面取代，美麗無比的末場畫面，毫無疑問，都說明我們面前是一部真正的傑作。」

古夏金斯基：「《我不想一個人睡覺》（男女通用）是一部手法極其清淡的作品。影片中無形的東西要比有形的東西更強烈，未表現出來的東西要比表現出來的東西更有力。蔡明亮的極端簡煉手法，是對觀眾感官的考驗，是檢驗我們在沒有銀幕運作，在沒有任何藝術援助下，具備何種感受、同情、惻隱心的能力。」

《勞動報》，普拉霍娃：「威尼斯電影節還有另外一部華語影片，依我看來，更為優秀的影片，就是蔡明亮攝於吉隆玻的《我不想一個人睡覺》。他的人物也是孤獨的，也在尋求人間溫暖，有時甚至使用奇怪的手段。不過這裡的背景不是「改革」，而是全球性的災難，環境災難和人道災難。他們害著奇特的病，東遊西蕩，戴著面具做愛，到處滲透出『大洪水』的水珠。」

《商人日報》，普拉霍夫：「再說一下這次電影節（威尼斯電影節）領導為了照顧政治正確性和藝術的平衡不得不做出的犧牲。這裡首先是另外一位華人蔡明亮的傑出影片《我不想一個人睡覺》。電影節眾多人士認為它是參賽影片中最優秀的影片。」

《莫斯科新聞》，道林：「兩百多年前，在同時代人看來，莫札特，就像當今的蔡明亮，是一個沉重的惹人煩的人物，出於固執，不願意娛樂人們。無論歐美還是亞洲，主流思想在莫札特前後都曾占據上風。主流思想的隊伍日漸壯大。但在另一側，一些靜悄悄的天才，如蔡明亮，心裡總是有準備的，知道他們的新

傑作，可能對觀眾來說，只是一道優秀的安眠藥。」

《汽笛報》，薩維里耶夫：「蔡明亮刻畫出的三角戀超乎他慣用的版本：一男一女追逐一個男人。蔡明亮有機會成功，因為他的影片是極其細膩極其新鮮的東方最低限度主義的樣板。還有一個原因是，威尼斯傳統上偏愛亞洲電影。」

《新聞報》，庫夫申諾娃：「請看，這是文化全球化的第二個怪事：我們以為是民族特色的東西，可能根本就不是。因為在任何一個國家，那些汲取本國文化，或者不局限於本國文化的知識精英，才能成為導演。在觀看參賽影片、蔡明亮的新作《我不想一個人睡覺》時，開始明白，為什麼這位馬來西亞—臺灣導演認為只有歐洲人，從法斯賓德到安東尼奧尼，是自己的偶像。再說，一條床墊和兩個城市邊緣人物的故事，幾乎不說話，卻沉浸於熱浪和欲望之中，不僅能發生在吉隆玻，也可能發生在任何地方。」

《新報》，馬柳科娃：「蔡明亮這位具有挑釁意味的電影詩人，他的影片《我不想一個人睡覺》，是這屆電影節最激進最無聲的影片（毫無疑問是金獅獎的奪標者之一）。這部電影完全是邊緣的，卻又是簡樸的……影片裡的最主要的東西是它的表現磁力，磁力大到整整兩個小時把電影宮的大量觀眾推進入迷狀態，發呆狀態。未來的世界電影家們必將研究和詳細分析影片的一些場景。」

《消息報》，波塔帕夫：「在本屆電影節上看到的影片可分為西方電影和東方寓意電影。如果從電影語言和結構的試驗來看，東方電影占主導地位。像蔡明亮（《我不想一個人睡覺》）或者賈樟柯的《三峽好人》，特點是情節進展緩慢，必定有亞洲工人階級代表現身，觀眾高度的疲勞感。正像義大利電影媒

體所說，影評人不會失眠。然而，評審團正是從這些影片中挑選勝利者。」

《日報》，傑夏吉里克：「蔡明亮運作視覺語言達到爐火純青的地步。他可以把任何一個場景拍得令人入勝。正因為如此，冗長的，無聲的片斷，人物長時間做著單調的一成不變的事：照顧病人，吃飯，洗東西，抬床墊，卻使觀眾能一口氣看下去。沒有一點多餘的東西。運用對象和自然力（水和煙）得心應手。」

《商人日報》，普拉霍夫：「《我不想一個人睡覺》的主人公是人的肉體。肉體成了最最細心、千方百計照顧的對象。肉體是看不見的靈魂外殼。因此，人心裡對愛的渴望和需求，衝出心靈，投向肉體。肉體的痛苦是人生註定的。人正是從肉體這個源泉尋找歡樂和幸福。」

41

哈薩克斯坦：大國角逐能源你死我活

2007/05/11

哈薩克斯坦共和國作為中亞大國，占有特殊的戰略地位，影響這個地區的全域，是國際利益集團和各種政治勢力必爭之地。近年來在納薩爾巴耶夫總統領導下，走出困境，經濟發展迅猛，年增長率均在兩位數上。然而，正是因為處於國際力量較量的風口浪尖上，不安定因素難以避免，迫使哈薩克斯坦走在鋼絲上平衡對外關係。

上個世紀九十年代初，蘇聯瓦解，哈國在納薩爾巴耶夫總統主持下宣佈獨立，開始了哈國的新篇章。建國伊始，困難重重。由於哈薩克斯坦夾在中俄兩大國之間，特別擔心來自東方的安全威脅，因此，儘管國力不足，仍堅持將鄰近中哈邊界的首都阿拉木圖內遷，決定打造新首都阿斯坦納。國際能源需求和爭奪戰，卻為哈薩克斯坦帶來新的機遇。一夜之間，哈國成了各大國各國際利益集團朝聖之地，各國政要和大亨趨之若鶩。

哈國能源成了國際角逐的對象。官方公佈的數字說，哈國的石油儲量在一百億噸以上；天然氣儲量約一億八千萬立方米。中

亞另一能源大國土庫曼斯坦擁有二十二億八千萬立方米天然氣，占世界四分之一；石油儲量達一百二十億噸，大大超過哈國。中亞如此巨大的能源資源，使外國人饞涎欲滴。俄國、中國、歐盟三方在此爭奪能源之戰已達白熱化階段。目前爭奪的關鍵是能源輸出的走向，即管線的走向問題。一種是通過俄國走向歐盟各國和亞太地區；一種是不通過俄國直接進入歐洲，有美國和歐盟支持；第三種是哈國和土庫曼斯坦的管線不經俄國直接修往中國，中國支援。三方所取策略各不相同。俄國利用傳統聯繫，施加政治影響，允諾經濟好處，大張旗鼓投資和建立合資企業；歐盟在資金方面和價格方面大作文章，必要時在外交上支持中亞各國擺脫俄國陰影；中國則是只做不說，免得樹大招風。中哈、中土管線正在建造之中。持獨立外交路線的土國，能源出口多元化不僅對中國有利。土國利用出口多元化手段已經迫使俄國提高購進土國天然氣的價格。三方的目的都是為確保自身利益，企圖控制中亞的油氣。誰控制了能源，誰就能影響需求國的經濟發展速度。

俄國在中亞能源戰場上大刀闊斧。總統普京乘著慶祝二戰勝利日的雄風，5月10日，風塵僕僕飛向中亞，急訪哈薩克斯坦和土庫曼共和國。究其原因，中亞的油氣流向何方，成了各大國首腦睡不著覺的棘手問題。有關報導說，中亞和裡海能源儲量很可能榮登世界首位，各大國都急著搶先占據橋頭堡，以左右今後若干年中亞油氣的流向。歐盟大受獨聯體內部矛盾之苦，屢遭能源供應危機，大唱能源安全，全線出擊，修建繞開俄國的管線，千方百計確保能源供應。俄哈兩國聯繫密切，有著全面的合作，既是獨聯體的積極成員，又是建立「統一的經濟空間」的支持者。雙方國民互免簽證，關稅合作。但是恰恰在重要的能源合作方面，卻有不少磨擦。

哈國的石油原來主要是通過俄國輸油管線運輸的。一部分自己出口。一部分賣給俄國，供俄國轉手出口。一部分供給俄國煉油廠加工。據歐亞網提供的資料顯示，2006年哈國通過俄國管線運送四千三百萬噸。2006年4月，哈俄達成協議，增加一倍。通過裡海管線，即從阿塞拜疆的巴庫到俄國的諾沃羅西斯克港，運送量從二千八百萬噸增加到六千七百萬噸。但是今年卻令俄國不安。莫斯科《新聞時報》發表《俄哈冷淡了》的文章，意味深長。俄國現在擔心哈國是否能確保實現諾言。外部原因是歐盟想通過新建避開俄國的管線，使哈國可以獨立輸出油氣。巴庫—弟比里斯—傑伊漢管線的建成投產就是一例。哈國原無意參加，並向俄國表達了這個意思。但是在美國壓力下，同時考慮到本國輸出管線的多元化，於當年6月最後決定參加。哈國決定參加是對俄國不願哈國參加由俄國、保加利亞、希臘合作修建的布林加斯至阿歷山德魯波利斯管線的回答。建造方案討論初期，2002年，哈國就曾表示有意參加，但是俄國的石油公司沒有邀請哈國加盟，哈國耿耿於懷。哈國為此採取對策，有意參加由格魯吉亞、烏克蘭、阿塞拜疆、波蘭建造的繞開俄國的奧德薩港（烏克蘭）至格但斯克港（波蘭）管線。有關國家元首定於5月11日至13日在波舉行峰會，商討修建這條管線的問題。普京急急忙忙在這幾天到訪哈國，就是拖住納札爾巴耶夫總統不要去參加這次峰會。哈國總統已經在雙邊首腦會談中表示，哈國的石油將主要經俄國管線出口，但不是全部。這個消息對中國和歐盟來說，不一定是好消息。在同一地區建造多條管線，勢必打破俄國的壟斷，何況油氣產量不是無限的，必然減少通過俄國管線運送的數量，影響俄國的切身利益。

　　哈國從本國經濟和安全考慮，就能源開發和利用問題全方

位對外合作。中國是近年同哈國能源合作突飛猛進的夥伴。中信（CITIC）集團用二十億美元從加拿大Nations Energy公司手中購進一家哈國採油企業。中海油（Cnooc Ltd.）用四十億美元從加拿大公司購進Petrkzazkhstan石油公司。還有一些其他合作專案，都是涉及原油生產的公司。俄國由此擔心，哈國是否能完成向俄供應油氣的計畫。中亞各國還在考慮向南發展通道，印度、巴基斯坦、土耳其都是可能合作的對象。俄國急著擺平中亞能源市場的心情，就顯而易見了。

哈國還有一項重要的能源資源是鈾礦。目前探明的儲量為二十五到三十萬噸；年產量為五千到六千噸。俄國對這項資源一向十分關注。這次普京出訪哈國，目的之一就是鎖定鈾礦。雙方已經建立了三家合資企業，投資約一百億美元，聯合開採鈾礦、濃縮鈾、建核電站和研製可供出口到第三國的新型反應堆。

哈薩克斯坦在處理卡拉恰肯諾克氣田（KARACHAGANOK）一事朝三暮四，也引起俄國關注。這個氣田原是供應離哈國很近的俄國奧倫堡油氣加工廠原料的產地，年產八十億立方米。由於俄國天然氣總公司出價低，哈方願考慮輸往中國。此事再次說明哈國是一個現實派，誰出價高就賣給誰，這就是最高原則。對正在積極與哈國進行能源合作的中國，不能不注意這一點。

中哈兩國的政治經貿關係也是隨著中亞形勢趨向安定、能源開發引起國際關注、中國大力推展上海合作組織、修改國際能源戰略、能源供應多元化、能源投資全球化等等，中國在哈薩克斯坦的地位也日益上升。目前中國同哈國的貿易額已占該國對外貿易的第二位，已達六十億美元。雙方有意增加到一百億美元。除了前面提到的中哈在油氣方面的合作外，中國在阿拉木圖州參加建造莫伊納克水電站，是兩國能源合作項目之一，開始發電後，

一部分輸送到中國新疆。哈國對向中國輸出天然氣也很重視，雙方協力修建通往中國的輸氣管線並連結到中國西氣東輸的管線上。中哈俄也在制定集裝箱鐵路運輸大陸橋的專案，將遠東地區的集裝箱從連雲港經隴海鐵路、蘭新鐵路、阿拉木圖、俄國直達西歐。這些方面的合作給雙方能源合作添磚加瓦。當然，雙方關係還有一些問題。一是哈國對中國持有一定的戒心，擔心所謂「黃色擴張」；二是哈國政界有一些人驚呼中國的經濟滲透。哈國議會有代表在議會上對中國石油公司滲透到哈國石油開採業表示關注。總之，大國插手哈國的能源分配，或者說能源爭取戰，是哈國能源供應仍至全域不穩定因素之一。華人投資商理應關注態勢的發展。

42

俄國光頭黨魁落網

2007/07/08

莫斯科市中心一條僻靜的巷子裡，平時來往人並不多。這裡有一家在莫斯科知識界文藝界常常光顧的一家現代派會所，「BILINGUVA」（雙語）俱樂部，帶有一定的自由派色彩。今年2月28日，本地著名記者拉迪寧娜與科諾年科對談俄國自由主義發展道路問題。正當辯論進入高潮，突然間一名身著迷彩服的光頭青年要求發言。麥克風到了他的手裡之後，他大吼一聲「ZIG！」，場上他的同夥應聲大呼：「HEIL！」連呼十聲，來了一段向希特勒致敬式的開場白。這位名叫馬克沁・馬青克維奇的人，接著大發議論，聲言要「×！殺死五十歲的塔吉克學者和四五十歲的黑人，還要殺死這批自由派！」一邊說一邊滿口髒話。俱樂部的保安竟然無動於衷，沒有干預。

今年6月21日晚，在克里姆林宮牆外的馴馬廣場、市中心的斯拉夫廣場和西區的菲里，發生族群互鬥。參加人員為非俄羅斯族與俄羅斯族群。雙方打得不過癮，決定次日再會戰。事件引起政府安全部門關注，也為次日防止流血事件做好準備。

6月22日，莫斯科總統辦公廳前廣場上發生了一場群眾性惡

鬥。當天晚上十點多，一批青年衝到市中心的斯拉夫廣場，兩群人各執鐵棍，大打出手，一群人是高加索地區人，另一群是俄羅斯族人。一人重傷住院治療，數十人受傷。特種員警和各治安部門早已做好準備，部署在附近的六輛軍車警隊一湧而上，立即逮捕了二十八名極端民族主義分子和十四名高加索族人。據辦案部門初步調查，事端是由莫斯科的極端民族主義和沙文主義組織「反對非法移民運動」和「俄羅斯公社大會」挑起的。事先雙方都在互聯網上通知群鬥的事，號召同夥到廣場上來打倒對方。

6月29日，在莫斯科市中心的庫爾斯克火車站廣場再次發生斯拉夫人與高加索人的群鬥，一人受傷。莫斯科內務總局對連續發生族群衝突極為關注，呼籲各派政治力量和各政黨不要挑動青年少年參加違法活動，特別是不要挑動民族鬥爭和人種鬥爭，同時命令下屬各單位嚴屬打擊違法活動，特別是基於民族問題和人種問題挑起的衝突。挑動者、組織者和參加者都將依法受到制裁。

除了莫斯科之外，俄國其他地區也存在民族和人種衝突問題。聖彼得堡不斷發生殺害亞非國家留學生事件。一名塔吉克小女孩遭到殺害，兇手早已逮捕歸案，至今沒有判刑。俄國南方的斯塔夫羅波爾市，5月24日發生族群惡鬥，一名十八歲車臣大學生活活被打死；雙方數十人受傷。九天之後，高加索族群上街，引發衝突，雙方約有三百人參加。兩名俄羅斯族人學生被害。6月5日給俄羅斯族學生送葬，轉化為反高加索民族的示威遊行。

極端民族主義組織和分子，特別是使用暴力的光頭黨（SKINHEADS），在俄國社會引起不安。俄國立法機關、司法機關和安全部門，面臨相當嚴峻的形勢，因為民族主義思潮在社會上有一定市場；極端民族主義組織有一定的政治勢力的支持；

十多年來虎已養成；至今沒有對民族主義分子進行過嚴厲打擊。在這種情況下，7月2日，莫斯科治安與安全部門逮捕一個光頭黨組織的首領，引起各界很大震驚，各大報都上了頭版頭條，電子媒體不僅公佈詳情，還發起線民討論，為本來就多事的俄國增添新話題。

「雙語俱樂部」事件發生後，主持當天論壇的俄國在野黨亞布洛科（蘋果黨）地方負責人諾瓦爾尼，正式向治安部門揭發光頭黨頭子馬青克維奇聲言要「殺死黑鬼、塔吉克小姑娘、自由派分子和反法西斯分子」，要求當局立案調查。經過偵查，證實「斧頭」馬青克維奇挑動民族主義的行徑，決定將他緝拿歸案。2日這一天，當局動員了大批軍警，聯邦安全局、特種部隊、內務部反集團犯罪局和反恐中心，都荷槍實彈參加逮捕行動。內務部擔心光頭黨暴力抵抗。在強大的軍警面前，「斧子」沒有使用永遠隨身攜帶的利斧，而是束手就擒，但口頭上大聲反抗。檢察院已經對他提出指控，依俄國刑法第二百八十二條控告他「宣揚極端主義性質的思想和觀點，展示類似法西斯標誌的象徵物」。莫斯科哈莫夫尼基區法院正式指控他犯有「挑動民族仇視罪」，決定對他實行拘留，為期兩個月。按俄國刑法，可以判他五年以下剝奪自由和入獄。

馬青克維奇現年二十三歲，五年級大學生，就讀於國立社會大學（前蘇聯共產黨中央高級黨校），2005年組織「FORMAT-18」光頭黨隊，自認首領。早期曾參加光頭黨的「俄羅斯目標隊」，曾是極端民族主義政黨「人民民族黨」黨員，也是「國家社會主義協會」的領導人之一。自幼受到的家庭教育就具有民族主義因素，「如果你不學會保護自己，異族就會揍你侮辱你」。6月底，他曾參加光頭黨的「軍訓」：「戰士在同敵人面對面直

接接觸時的行動」。他在網上傳播光頭黨襲擊非俄羅斯人的記錄短片。《莫斯科共青團員報》報導說，檢控單位很快會對馬青克維奇提出來新的指控，包括策劃、組織和積極參加馴馬廣場和總統辦公廳對面斯拉夫廣場發生的群鬥事件。另外，他領導的光頭黨隊FORMAT—18被檢察單位懷疑與一樁殺人案有關。據透露，還會有一批極端民族主義分子和光頭黨被拘留審查。

令人感到驚愕的是，光頭黨首領被拘留後，他的鄰居們，儘管知道他少年時代曾經親手殺死一隻貓，剝了皮，煮了與同夥們共食，這種在俄國人看來是殘酷的行徑，卻為他說了不少好話。他們竟然懷著敬意說他沒有不良習氣，從來不跟別人吵架，靠做搬運工人掙錢養家，安分守己。連他所在地的戶籍警都說他寵愛自己的小妹妹，為了保護小妹才去鍛煉身體。「是一個安靜的小夥子，從不頭一個動手」。員警在他們的所謂「軍事愛國主義俱樂部」列隊走過的時候，甚至行舉手禮。當然，也有不少正直的人清醒地看到本質。一位拍過FORMAT—18光頭黨隊記錄片的記者說，「馬青克維奇不隱瞞他是思想上的種族主義者。我覺得他是一個很危險的人物。」

光頭黨在俄國的活動非常猖獗。網上甚至刊有專門的教材，教極端主義分子和光頭黨分子如何襲擊異族人。為此聖彼得堡的檢察院曾立案偵察。線民BRUNET提到這本書時說，「可怕的是書裡灌輸一種精神，為犯罪活動辯護」。線民BAKINKA說自己是俄羅斯人，「在地鐵裡一見光頭黨我就嚇得雙腿發軟。」有的線民認識到問題的本質，提出光頭黨不僅危害外族人對俄族也是一種危害，「俄國是俄羅斯族的，莫斯科是莫斯科人的口號，也危害俄族人」。

光頭黨在俄國出現與發展也是近十多年的事。前蘇聯瓦解

後，民族狹隘主義思想氾濫，成了光頭黨的思想基礎。隨著出現一批極端民族主義組織和政黨，有的甚至正式註冊。一批政客和政黨明裡暗裡支持光頭黨。俄國公眾在媒體上一再提出許多令人難以解答的問題，為什麼沒有依法追究光頭黨犯罪的責任？為什麼他們有自己的訓練基地？為什麼新法西斯主義組織的宣傳廣告和口號能上電視？光頭黨為民主俄羅斯抹黑，卻無人過問？外國使館曾為光頭黨殺害本國公民向俄國政府提出抗議。這一切都引起俄國當局的重視。安全機關早就派有線人臥底，熟悉這些組織活動情況。這次採取了措施，防止了一次大規模的族群衝突。

俄國當局在處理民族主義問題上，有了明顯的變化。從不承認俄國有民族問題到承認其存在；從回避民族種族衝突到採取防止措施；從從輕發落到加重量刑。總的來說，民族主義問題已經列上日程表，特別是在國會與總統大選前夕，俄國正在加緊立法，保障社會穩定，正式表態要嚴懲一切極端主義活動。莫斯科市長就目前首都連續發生族群互鬥事件表示「嚴懲一切沙文主義、排外主義和民族主義」。當然，俄國領導正面臨如何解決「重振俄國雄風」與「打倒民族主義」之間的平衡。這是一個回避不了的問題。

2007/08/29

　　俄國的石油天然氣行業，一向水深火熱。近十多年的變遷，
足可寫一部長篇驚險小說巨著。從葉利欽時代金融寡頭乘私有
化之便，掠奪國家資源，大量收購油氣公司、油田、氣田、提煉
廠，到開設離岸公司逃稅避稅，將大量外匯留存國外。上個世紀
九十年代開始，油氣界就展開你死我活的爭奪戰。俄國黑手黨應
運而生，猖獗一時，橫行八道，數不清的業內人士命歸黃泉。進
入新世紀，俄國政府重建國家發展戰略，加緊整頓緊系國家命運
的油氣行業。通過種種手段壯大國營公司，扶植親政府企業。尤
科斯公司事件已經成為往事，主要企業已經轉到國營的俄羅斯石
油公司手中。主要老闆霍多爾科夫斯基已在西伯利亞服刑。拍賣
尤科斯資產所得，已經收入國庫。然而，油氣行業是樹欲靜而風
不止，新「尤科斯事件」已經初露端倪。

　　8月28日，莫斯科特維爾法院宣佈缺席逮捕羅斯石油公司前
總裁和擁有者米哈伊爾・古采利耶夫。此前，今年2月12日，俄
國檢察機關控告古采利耶夫從事非法經營（根據是他的下屬公司

私自超額開採石油）和逃稅一百七十億盧布（約合六億七千萬美元，證據是通過假冒銷售公司出售產品）。7月，他在本公司的報紙上公告辭去公司領導職務的原因。他說，這是執法機關和稅務機關對他施壓的結果。他同時宣佈將公司出讓給新的老闆。親克里姆林宮寡頭德里巴斯卡的「基礎元素」（BAZEL）集團公司對羅斯石油公司有興趣，願意出資六十億美元購進羅斯石油公司，並向聯邦反壟斷署申請批准購入這間石油公司。但是，反壟斷署藉口文件不齊全遲遲不批。

據古采利耶夫的熟人說，他目前在倫敦。他就是從倫敦前往巴庫參加兒子成吉斯的葬禮的。消息來源說，如果古采利耶夫人在國外，他的財產就會落到國家手裡。劇本與尤科斯公司遭遇一樣。

古采利耶夫是俄國最成功的企業家之一。1958年出生，做過搬運工人，畢業於莫斯科國立石油天然氣大學、聖彼得堡大學法律系（法學副博士）、聯邦政府金融大學（經濟學博士），曾發表多本專著和學術論文。曾在車臣首都格羅茲內一家企業從工人做到總經理。在前蘇聯時期，上世紀八十年代末開辦俄國第一家合作銀行。1992年創辦工業金融集團BIN（投資與新技術銀行），1995年當選為國家杜馬議員。2000年出任斯拉夫石油公司（中國曾投標競購這間公司，被杜馬阻止）總裁。2001年當選為俄國工商聯副主席。2002年自創羅斯石油公司。這是一家多企業聯合的控股集團，擁有二十九家採油公司，兩家煉油廠，一家運輸公司，三百一十一家加油站，分佈在全國二十一個地區，擁有可開採量六億三千萬噸，現在年產一千七百萬噸石油。另外，他還擁有的一百五十處不動產、三間由萬豪管理的賓館和兩家假日酒店、多間購物中心。在他宣佈要出售自己的資產後，法院查封

他的全部財產並於8月6日發出聯邦通緝令。俄國杜馬前主席謝列茲尼奧夫說，「我不排除今天落入德利巴斯卡的手裡，明天會轉到俄羅斯石油公司的手裡。如果古采利耶夫繼續反抗，他就會重複霍多爾科夫斯基的遭遇。」

國家能源安全基金會主席西蒙諾夫認為，古采利耶夫受到壓力的原因是選錯了購買自己公司的對象。因為此前有消息說，國營的俄羅斯石油公司對羅斯石油公司有興趣。俄國政治工藝研究院副總經理馬卡爾寧則懷疑古采利耶夫案件會進行到底，因為從國內原因來說，他是多事的高加索地區印古什共和國的有影響人物，公開進行審判會造成問題，同時會造成印古什人同聯邦的衝突。從國際上來說，對俄國吸引外資產生負面影響，而且倫敦方面也不會引渡古采利耶夫，因為案件的政治背景太明顯。

前尤科斯公司副總經理傑梅爾科現身說法：「俄羅斯石油公司想用搞尤科斯公司的方法把羅斯石油公司搞到手。股票已經查封。接著很可能宣佈破產。然後以國家利益為名，通過拍賣，半價收購這家公司的股票。攻擊古采利耶夫可能是為了嚇唬其他所有的潛在收購人。古采利耶夫運氣不錯：他的公司比尤科斯公司小，他本人政治性不像霍多爾科夫斯基那麼強。已經把他放出國了，他的生意夥伴也沒有被作為人質抓起來。」俄羅斯工商聯副主席尤爾根斯表擔心逮捕古采利耶夫的決定引起俄國和外國工商界的關注。「在達到社會共識和古采利耶夫不再管事之後，這樣的決定無法解釋。古采利耶夫案件的新一輪可能與某些法律情況有關。」

俄國LENTA電子報署名阿木津的文章說，事件發生可能有三種因果關係。三種因果關係都與古采利耶夫與當局的衝突有關。第一種說法，他有政治野心。他當年被解除斯拉夫石油公司

總裁的原因就是支持自己兄弟參加印古什共和國總統的競選，沒有支援安全局將軍。當局曾經警告過他，不要把生意與政治混在一起。第二種說法是他的羅斯石油公司於2006年2月，收購了屬於尤科斯的斯洛伐克管道運輸公司49％的股份，激怒了政府。第三種說法，一家國營大石油公司找他，要收購他的公司，付給他十億美元。他覺得少了，不肯出手。

古采利耶夫事件與俄國未來政壇有關係嗎？《莫斯科共青團員報》發表一篇評論。作者羅斯托夫斯基提出，這次事件是2008年後普京俄國政治現實的「第一隻燕子」。他認為，這次是克宮強力集團領軍人物謝琴和葉利欽家族寡頭德利巴斯卡合作的結果。這兩人將在普京之後起重要作用。2001年，古氏任杜馬副主席時，曾與另一名親克宮寡頭阿勃拉莫維奇爭奪斯拉夫石油公司（這就是當年杜馬阻止中國收購這間公司的深層真實原因），古氏後來被迫離開。再後來古氏又自作主張，收購了尤科斯公司的部分資產，不顧克宮已經指定了收購者。由此種下了禍根。這次又是得罪了人，沒有老實就範。作者擔心的是普京之後鬥爭將更加激烈。

當代俄國發展的定律之一是隨著政權的更迭，必將出現資產再分配。我們可以進一步說，這也是後社會主義的一條定律，因為資產原來是國有的，各利益集團都靠手中權力占為己有。一旦新人執政，新的利益集團就會要求再分配。俄國現實的另一條遊戲規則是，企業界無權干預政治，企業家不要有政治野心。普京執政八年，經濟改革的重大措施之一就是加大國家在重要經濟部門的占有量，重組核能、造船、飛機製造等行業並交由國家控制。在這一背景下，古采利耶夫事件就不難理解。

Headline **44** 黑馬上陣治國

　　俄國普京總統興致勃勃從APEC非正式首腦會議歸來，帶著來之不易的印尼十億美元的戰機訂單，為俄國軍火打開新市場。想不到的是，印尼的多多地震竟由普京總統帶到了俄國政壇。這一周間，俄國政壇發生天翻地覆的大震盪。

總理驟然失色

　　2007年9月12日是俄國前總理弗拉德科夫一生中最富戲劇性的一天。他分管俄國的經濟工作。而當前俄國的經濟發展勢頭特別好。油價居高不下，石油出口附加稅季季上升，石油美元滾滾入庫。國民經濟增長率已近8％，是俄國史無前例的速度。弗總理心情自然十分舒暢。當天按他的日程表，應在莫斯科第四十六稅務局召開工作會議，討論稅務改革問題。他主張大幅降低增值稅，但遭財長反對，一直無法落實。上午在睡眼惺忪的財長庫德林陪同下，先考察稅務局的辦公大樓。平時頗富幽默感的總理，這一天卻心不在焉。突然，他的隨行人員輕聲附耳數語。他聽了之後，臉色驟變，立即轉身直奔座駕。在場人員猜想，肯定是緊

急電話。非要他本人接的電話，只有總統的召喚。兩分鐘後，他返回繼續參觀。隨行記者關切地問：「一切都好嗎？」臉色陰沉的總理，突然樂呵呵地說：「好的很，姑娘們！」可是，數小時之後，各大通訊社紛紛報導總理已經辭職。事件的發生，既出意料，也在意料之中。只是總理頭上的達摩克里斯之劍何時會落下，連他本人也不知道。不過他知道自己只是總統全域中的一隻棋子而已，遲早不得不退出遊戲。

總統悠在悠在

普京總統「接受」了總理的「辭職」，稱讚他「做得對」，然後獎給他一枚一級貢獻祖國勳章，自己按原定計畫，輕鬆地前往外地視察《國家教育規劃》實施情況。總統的隨行記者，提前到達視察地點，對於總理辭職之事，毫無所知。莫斯科的同行電話通知他們，他們個個驚詫不已。眾人等總統發表談話，他卻若無其事地按原定計畫前往一間農村學校進行考察。在電腦室，記者們瞭解到新總理提名已經公佈，即祖布科夫，多次試圖請普京發表評論。普京卻說：「你們現在哪兒？在學校，那就幹你們份內的事吧。」記者們故意從網上找出祖布科夫的肖像，指著對學生們說，這可能是下一任總統哩。學生們哈哈大笑，以為這是一個笑話。普京不置一語。教師說，現在經費不那麼短缺了。普京聽後滿臉笑意，好像國家政壇沒有發生任何事情，一派胸有成竹的氣派。

政界瞎猜一氣　媒體大跌眼鏡

　　在宣佈弗拉德科夫辭職和公佈新總理候選人名單之間，有幾個小時空白。俄國政界紛紛猜測，誰來接任？各黨派猜測的人選，沒有超出此前的各種名單，並且都把現任第一副總理伊萬諾夫放在第一位候選人。自由民主黨魁日里諾夫斯說：「誰會成為新政府首腦呢？根據近來的事件看，很可能是伊萬諾夫。不過也可能是在納雷什金（副總理）、切梅索夫，實在不行，會是亞庫寧（鐵道總公司總裁）。」俄共主席久加諾夫說，很可能是伊萬諾夫。也有人說，是另一名第一副總理梅德韋傑夫。還有人指出一些在俄國已經成了口頭禪的名單。總之，沒一個人猜到年齡已超過界限的祖布科夫，會成為俄國政壇舉足輕重的人物。西方媒體也感到十分驚詫和困惑。驚詫之餘，一般看法是普京是為了鞏固自己的影響，以確保2008年總統大選後新人會繼續執行普京路線。新人並沒有足夠的政治支持和分量，使普京有更多的迴旋餘地。

黑馬上陣

　　據採訪國家杜馬的記者報導說，在格雷茲洛夫主席宣佈普京已向杜馬正式提出由祖布科夫擔任下一屆總理時，全場鴉雀無聲，恰如果戈理《欽差大臣》的終場時出現的啞場。就連杜馬第一副主席斯莉卡也說總統的「選擇令人意外」。普京為什麼會選中祖布科夫？眾說不一。有的說，因為祖氏是普京的老搭檔，早在普京步入聖彼得堡政府時，他就是普京的副手。普京對他信任

有加，一直關心這位老同事，不斷提升。無論今後普京處境如何，這位忠心耿耿的下屬一定會按他的旨意行事。有的說，普京還要看一看各派力量和各人的表現，再定何人接班。祖氏自可成為沒有參加克宮各利益集團鬥爭的總統接班人。有的說，祖布科夫在任職聯邦金融監測中心期間表現良好，清官一個，掌握全國金融情報，特別是一些政治人物和富豪的金融情況，既可加強反貪，又可對不喜歡的人施加壓力。有的說，普京是放長線，自己有意四年之後重登寶座。因為先讓祖氏做一任總統，到時已七十高齡，不可能再做下去，正好讓普京從幕後重登前臺。總之，如將這些說法融合在一起，可能得到一個全面的解釋。不過，各種說法都圍著普京轉。

新總理治國方針

新總理祖布科夫在討論他的任命聽政會上公佈施政重點說，他準備革新政府，從施政方針到閣員。他給自己定的任務是在內閣建立反貪機關，減輕賦稅；提高俄國產品競爭能力。在對外政策方面，《俄羅斯工商諮詢日報》發表的署名文章說，新總理將推行強硬的對外政策。何況他瞭解西方政治家金融活動內幕，包括洗錢的內情，西方政治家不得不讓步。

不同聲音

這次舊總理的免職與新總理的任命，都是克宮內部做的決定，並未與議會或者公眾進行磋商。俄共主席久加諾夫指出，「祖布科夫9月11日就接到通知，說要任命他出任總理。其他人

12日才聽說。說明新總理的任命像是一場『秘密行動』，而不是民主程序。這是俄國十五年裡第九位總理，太多了。」難免黑箱作業之嫌。《莫斯科共青團員報》專欄作者、著名記者明金發表致總統公開信說，「這樣的任命看起來不像是對國家的關心，而是利益集團幕後的狗咬狗的鬥爭」。

　　普京在任命新總理時談到下一任總統候選人的情況，說現在至少有五個人可供選擇。據當前情況來看，普京可能指的是：祖布科夫、伊萬諾夫、梅德韋傑夫（以上三人普京團隊）、久加諾夫（俄共）和亞夫林斯基（民主派代表）。誰登總統寶座？出現了新的變數。原來一致公認普京指梅德韋傑夫，後又指伊萬諾夫。不過普京早就聲明過，可能推薦名不見經傳的人。不過從目前情況來看，鹿死誰手，還需拭目以待。俄國式的民主再次說明，威權制度過渡到民主制度是一個漫長的征途。

祖布科夫簡歷

　　1941年生，1965年畢業於列寧格勒農業學院，曾任國營農場場長。1985至1991年擔任蘇聯黨政工作，曾任列寧格勒州第一副州長。1992至1993年任職聖彼得堡外經委員會副主任，是普京的副手。1993年11月起任聖彼得堡稅務局局長。1999年晉升為稅務部副部長。2001年11月起改任財政部第一副部長兼金融監測委員會主任。2004年3月出任聯邦金融監測署署長。經濟學副博士。國防部長謝爾久科夫是他的女婿。

Headline **45** 俄國印度
「布海布海」

2007/11/15

　　熱鬧的亞洲一再大搶國際鏡頭。位於次大陸的印度，不僅在經濟上大露鋒芒，就是在國際政治舞臺上的分量也隨之加重。今年俄印、中印、俄中印，不斷互動，大大沖淡美國在這一地區的影響。亞洲社會對這個地區的關注順理成章，而俄印今年的互動更是引人注目。

　　新年伊始，元月，普京不辭勞苦，飛越萬里，風塵僕僕前往新德里參加印度建國六十年大慶活動，給足印度面子，使幾乎落入美國懷抱的印度，再次確認同俄國的特殊戰略友好關係。就在2007年走向盡頭時，11月中旬，印度總理辛格也不辭勞苦，克服四十度的溫差，奔赴莫斯科，會見普京總統，雙方達成了幾項具有戰略意義的重大協定，各國外交界和媒體都在評估這些協議的後繼影響。

　　辛格總理訪俄的重頭戲有三項。一是雙方在軍事技術和武器裝備方面的合作。俄國多年來，一直是印度在國外的主要軍火供應商。印度是俄國武器出口的禁臠，占俄國武器出口的四成，不容他人涉足。俄國除向印度供應蘇霍伊戰機、海軍艦隻、艦

用導彈之外，這次雙方達成重要協定，印度將在研製第五代戰機和多用途運輸機方面與俄國合作。這裡，多用途運輸機，有不少學問。當代不少軍用專門用途、特殊用途的戰機，都與運輸機有關，都是在運輸機的基礎上組裝的。先進的預警機也不例外。11月12日，俄國軍事技術合作署長德米特里耶夫與印度駐俄大使舒克拉在普京和辛格面前，簽署有關協議書。印度在這項合作中將與俄國分享新的軍事技術成果，印度在地緣政治和全球政治的作用將會乘此東風不斷上升。印度在這方面從俄國得到的優惠超過中國。

二是聯合探月，即「全月球」計畫。11月12日，印度宇宙研究組織主席納伊爾與俄國航太署長別爾米諾夫簽訂兩國共同探月協定。此前俄方曾經透露雙方可能共同開發無人駕駛登月專案。俄國的探測月球計畫主要由拉瓦奇金公司負責。這家公司是俄國研製無人駕駛航太工具的主要機構，同時完成與國防有關的任務。除探測月球外，還有探測火星和太陽的計畫。俄印兩國探月計畫內容分四大部分。第一期從2010年開始，研究月球的內部結構和礦藏，遠距離探測月球，由俄方獨立完成。第二期是研製新一代登月車並送上月球著陸，車重四百公斤。這一期從2011年開始，與印度合作完成。印方出運載火箭和從地球飛到月球的航太船，俄方出登月著陸器、登月車和科研儀器，從印度的航太基地發射升空。第三期為採取月球土質進行分析。第四期（2012至2015年）為研製開發和在月球上設立月球實驗場，供長期探測研究月球之用，同時開展對已取得的月球實地材料進行研究。預計2008年通過月球實驗場規劃。這個專案中，值得注意的是火箭與登月高技術的開發及其與軍事用途有關的技術。俄印兩國在航太方面的合作源遠流長。早在1975年第一顆印度衛星上天就是與前

蘇聯合作的。現在雙方還聯合開發和使用格洛納斯全球衛星導航系統。

三是俄印在核能方面的合作。這次雙方確認了普京年初訪問印度時所簽核電站合作備忘錄，同時擬訂俄國將在印度庫坦庫拉姆再建四座核反應爐的協議。目前此地正在由俄國公司建造兩座核發電機組，核燃料由俄方供應，採用最先進的第三代技術和多層次防護系統，符合國際原子能機構的安全要求。據俄國核工業署說，雙方在這一領域的合作前途光明。有趣的是，美國曾經試圖插足印度的核計畫，表示願向印度提供相關的技術和設備，引起俄國關注。火上加油的是，印度恰恰對俄國提供軍事訂貨存在的問題表示不滿，包括拖期和執行合同中提高價格等問題。如俄國為印度建造的戈爾什科夫號航母超出原價一倍。印度為此公開表示不滿，甚至暗示在武器採購多元化。俄國則針鋒相對，放出重話。國家杜馬議會國際事務委員會主席科薩喬夫說，「巴基斯坦有興趣同俄國進行軍事技術合作。如果我們發現其他傾向，發現印度轉向其他武器供應商，歐洲，美國；俄國自然會考慮別的可能性，同這個地區別的國家進行合作的全能性。」此話一出，印度心領神會，再三表明與俄國戰略合作的重要性和決心。這次雙方簽署的重要專案正是印俄合作比較實際的出路。

兩國其他方面的合作，如高科技方面，兩國將建成三個高科技研究中心，包括有色金屬、生物醫學、加速器和雷射技術；雙方並商定建立生產發展軍工必需的鈦合金產品的合資企業。如經濟方面，包括提高雙方貿易額。為此專門成立一個混合小組，研究如何擴大經貿合作，從現在的每年十億美元，即兩國各自對外貿易額的1％，於2010年提高到一百億美元。印度方面希望俄國多買一些印度高價值的商品，如寶石和手飾。

印度總理辛格訪俄前夕接受俄新社記者訪談，特別強調兩國政治與戰略合作的重要性，說俄國在印度外交中占有特殊地位，兩國的關係經過時間的考驗，是建築在深刻的相互理解和互信的基礎上的，兩國有許多共同的戰略利益。俄國方面則一向重視與印度的合作。歷史上，早的說，曾經有過俄國商人和旅行家阿法納西‧尼吉丁於西元十五世紀航海到印度，寫出《三海紀行》一書，記敘同印度人友好交往的故事，傳為美談，並成為俄國古代文學中的重要文獻。近的有尼赫魯與前蘇聯的合作，達到「布海布海（印地語兄弟之意）」這樣稱兄道弟的水準。赫魯雪夫甚至在中印衝突中公開支持印度，足見俄國視印度為自己的重要的右翼安全屏障和平衡對華關係的戰略手段。這次訪問中。雙方再次確認互辦國家年的計畫。2008年將在印度舉辦俄國年；2009年將在俄國舉辦印度年。預計屆時將有一百五十多個項目，包括舉辦各種展覽會、交易會、工商界論壇、新聞界互訪、科技展、書展、電影展、時裝秀、烹調藝術等等。

　　這次俄印峰會是在俄國不斷呼籲加強俄中印三國戰略合作的大形勢下進行的。因此兩國領導人都表示重視俄中印三國合作的重要性。普京總統和印度總理會晤後在克里姆林宮舉行新聞發佈會。普京在會上強調俄中印三國的合作「有著擴大和加深的趨勢。2006年三國領導人在聖彼得堡八國首腦會議期間舉行了會晤。三國外長經常交流。三國政治學家也在向各國領導提出政治方面的建議。智庫合作十分重要。」辛格也說，「我們極為重視與俄中兩國的協作。我們是鄰邦，互可補足，有義務研究開發具有共同利益的部門。」

　　時常唱出一些不同音調的俄國《獨立報》，11月15日發表一篇評論印度總理訪俄結果的文章。作者擔心印度會轉向美國，或

者與中國友好，從而拋棄俄國。結論是「可能出現完全荒誕的情景：俄國與中國結盟（歷史上我們不信任他們），卻成為潛在盟友印度的對立面。」

俄中印三套馬車的始作俑者、俄國老資格外交家、對外情報專家、科學院院士普里馬科夫，當年是從全球戰略和多極世界、抗衡美國獨霸世界提出的。中國起初沒有回應。現在全球形勢和中印關係都出現了新局面，中國作為負責任的大國，對地區和全球安全發揮更大作用，開始積極參與三國合作的活動。今年，中國主動邀請三國於10月24日在中國哈爾濱舉行三國外長會議。俄國對此深感鼓舞。據俄國外長拉夫羅夫說，哈爾濱三國外長會晤取得很好成果，就有關問題達成一致意見。其中有：三國外交部將建立三方合作的協調機制；在農業、衛生、資訊技術、抗災方面確保高品質的有效合作；三國將在上合組織框架內加強合作；三國同時表示不會組成軍事同盟以對付美國的國家反導彈系統（PRO）。三國合作發展到今天，有了明確的理念，進入了務實階段。

中印俄三國聯手，將是本世紀的重大事件。

2007/12/03

　　12月2日，俄國一億零七百萬選民，六千多萬人走向九萬
六千多個投票所，投下自己的一張選票，直選國家的立法議會。
這是新俄羅斯建立民主制度以來，人民第五次實行自己的普選權
利，是俄國人民前赴後繼爭取來的主要政治權利，也是普京總統
倍加指責的九十年代民主化僅存的碩果。然而，沒有九十年代的
民主化，就不會有今天掌握國家大權的普京總統及其團隊。民主
國家有一個特點，大選時投票率一般不會很高，達到五成已經是
很好的結果。只有形式上的民主實際上集權的國家，才會出現九
成九或百分之百的投票率。這次俄羅斯大選與以往不同，出現了
類似指導思想的東西，出現了以往大選沒有過的議會大黨極其激
烈的競選活動，甚至動用了總統的威信，由號稱超越黨派的總統
親自掛帥參加競選，這是當代俄國史無前例的事。前一屆俄國杜
馬議會（下議院）的多數派統一俄羅斯黨，通過普京總統的競選
言論表達了自己的綱領，即「普京道路」或「普京計畫」。更有
意思的是，統一俄羅斯黨和普京把這次選舉議員活動視作對普京
執政的信任案，要求選民投票支持。

普京親自上陣解說自己擔任總統以來的成就和自己的歷史任務，即所謂「普京計畫」。普京一向以出奇制勝著名。在俄國這次議會大選中也不例外。11月28日，普京在克里姆林宮舉行酒會，招待外國使節和國際組織代表，二百名各國駐俄使節無一缺席。普京舉行這次招待會的目的很清楚。一是解釋情況宣示自己的綱領，一是向外國打招呼，為國際承認大選結果造勢。他說，這些年來，俄國政府盡一切力量使國內不發生動盪，把國家引向演化的發展道路而非激進的革命道路，同時也絕不允許外部勢力來調整俄國這個發展過程。他的這段話，可以說是一言千鈞，擲地有聲。他明確地告訴西方和政敵，別想在俄國搞顏色革命。俄國的大多數居民經過九十年代的苦難，不想再發生社會動盪，因而支持普京。普京也向外國使節表明，俄國的政治方針已經明確界定而且不會改變。他說，這項方針就是民主發展，優先確保和實現人權和自由，創造發揮每個公民潛力的條件。外交的優先點是獨聯體，保持本地區的和平、安定和昌盛，是主要任務。

　　11月29日，普京以統一俄羅斯黨第一號候選人的名義發表全國電視講話，為自己的黨叫票。他說，與九十年代相比，國家情況有了很大的進步，經濟穩步發展，貧窮慢慢克服，今後要開展同犯罪、貪腐和恐怖主義的鬥爭。「政府欠老百姓的債還很多，但比九十年代已經做了許多。」在普京的眼中，九十年代是「受辱、依賴外國和崩潰的時代」，「絕不能讓九十年代曾經領導國家的人重新執政，為了保持路線的連續性，請投統一的俄羅斯黨一票。」

　　普京在自己的競選演說中多次指出，俄國大選是在國內外極其複雜的政治鬥爭中進行的。國外，歐盟為派出觀察員問題同俄國發生爭執，實際上拒絕出席。普京指出，這是美國國務院的

指示。他在演說裡還指責俄國的自由派人士，「在外國大使館門前搖頭擺尾乞求」，把他們看成外國勢力的走狗。還有流亡在國外的俄羅斯寡頭如別列佐夫斯基，不甘心失敗，會支持反對普京的人出來活動。國內，普京也認為有人要奪權，以保護自己的利益，即所謂寡頭復仇黨。據俄國媒體評論，國內有人要復辟九十年代控制的政權，具體人物是當年支持葉利欽七大銀行家裡唯一留在國內並大力發展的人物，即俄國阿爾法集團的老闆米哈伊爾・弗里德曼。競選時期，俄國食品大幅度漲價，擾亂民心，責任就在控制俄國食品生產和零售的集團。這些寡頭引進西方資本，達到兩成以上，使政府無法收購或者控制這些行業。弗里德曼已經控制了相當大數量的俄國移動通訊業務，近來又積極兼併各大城市的供水工業，引起政府關注。一旦出現情況，供水和通訊掌握在反政府的寡頭手裡，必將影響國家安全。何況弗里德曼在反政府的報刊上刊登攻擊政府部長的漫畫，更引起政界的反對。上次大選中，他曾支持過反對黨。另外，有消息說，今年初秋，普京收到報告，說寡頭們答應為普京的政敵右派力量聯盟（得到1％的選票）提供四億美元的助選經費。在這之後，執政黨和普京猛烈批判寡頭黨，對親西方勢力施加了空前的壓力。這場搏鬥的背後，當是控制國有企業的執政集團與親西方寡頭利益集團之間的殘酷鬥爭。

這次大選勝出的四個政黨，都有一些自己的特點。大獲全勝的統一俄羅斯黨主張主權民主政制（以「主權民主論」為理論構架，64％選票）和市場經濟，主要成員是在位的政府官僚。因此，有人說，是官僚資本黨。俄羅斯共產黨（11.6％選票），認為普京是反人民的政府，要求實行改良的共產主義。俄共的支持者比上一次大大減少，但仍是第二大黨。俄羅斯自由

民主黨（8.2％）反映中下層人民的意願，但政治上是口頭的反對黨實際上的親普京派。第四個進入杜馬的黨是公正俄羅斯黨（7.8％），宣揚瑞典式的社會民主主義，與普京的一些思想接近，但與執政黨水火不相容。這個黨只有一年的歷史，卻有一定的選民支持，所得選票，分析界認為是分出了俄共的選票，再次說明俄國社會上，傳統共產主義正在失去市場，社會民主主義思想正在取而代之，也是對當前政治不滿的表現。選民這次發出的信號，是對普京的恢復俄國作為強國地位思想的認同。俄國與九十年代已經不同，國際社會有必要認清俄國新趨勢，以制定對俄政策。

反對派對這次大選，持批評態度。俄共領袖久加諾夫認為選舉中有上萬的違法情況，不相信中央選舉委員會的統計，要由自己在各地的觀察員統計票數。俄共第一副主席梅爾尼科夫說：「如果說當今的方針是唯一正確的方針，而且與國家在民眾面前的責任聯繫起來，很像訛詐。我們同意，九十年代治理國家的人不應當回來執政，但這些人並未消失，他們都在今天的政府機構裡工作。」他認為普京如此激動地講話，說明他「信心不足」。俄國政治行情中心總經理維諾格拉多夫指出，總統「用緩和的形式嚇唬選民，目的是動員選民去投票。」為預防俄國出現烏克蘭每次大選後失敗政黨組織群眾上街遊行示威的事件，親普京的青年組織已經預先印好傳單，準備一旦需要，即走上街頭，對抗反對派。有消息說，俄共準備發動全國七百萬人上街抗議大選舞弊。

國外對俄國大選態度不一。美、英、法、德四國分別表示對俄國大選情況不滿，要求俄國中選會調查選舉舞弊情況。白宮說「大選不夠民主」；德國總理梅克爾認為「俄國人表達意見受到

實質性的限制」。北約表示「關注大選中言論和集會自由受到限止」。歐洲安全合作組織代表和歐洲議會理事會代表說「不能說是公正的和符合歐洲大選標準」。法國總統則向普京發出賀電，祝賀議會大選成功。與西方針鋒相對，上海合作組織觀察小組和獨聯體觀察小組認為沒有舞弊，完全符合俄國選舉法規定。

俄國議會大選結束了。主要的成果是直選和四個政黨進入立法議會，而非一黨專政。這次大選的政治意義與後果仍在不斷發酵，並將影響明年3月的俄國總統大選。普京認為自己的國策得到大部分俄國選民的支持，為自己繼續領導國家奠定了道德基礎。此前俄國思想界長期討論的「主權民主論」和「俄國特色的民主論」，九十年代的普世民主價值觀和葉利欽國策徹底結束。杜馬競選過程中，政論界已經有人指出「普京個人迷信」的問題。總之，「普京的俄國」將是國際社會研究的新課題。

Headline **47** 俄國富豪如何尋歡作樂

2007/12/06

蘇聯瓦解以後，經濟改制，國有資產私有化，有人趁機大撈，出現一批富豪。近十年來，石油價格飛漲，俄國富豪大發石油財，億萬財產給這些暴發戶的生活既帶來快樂，也帶來了苦惱。他們極盡奢侈的生活，曾遭普京指責。普京特別提到，有些人出國度假，把自己的私人飛機裝滿美女，在國外尋歡作樂，大丟俄國人的面子。一位俄國著名億萬富翁寡頭普羅霍洛夫，前些年曾因率領大批美女前往法國庫沙維爾取樂，被法國治安當局拘留，指控他組織賣淫。美女，美酒，賭場，波音，遊艇，美食，海灘，已經都滿足不了他們的欲望，忽發異想，要嘗試新奇的玩意兒。莫斯科媒體深入採訪，在報刊上介紹了這方面的一些「趣聞」。

「另外一種生活」。這是一種遊戲，相當於體驗陌生的生活。有的遊戲是參加者穿上又破又臭的衣裳，在莫斯科的大街上或者地下人行道裡，裝扮成叫化子，苦苦哀求行人給點錢。有人報導說，發生過一件有意思的事。一個控股集團的老闆，化妝成流浪漢，乞討時，一名衣著體面的先生，用腳狠狠踢他，踢得這

位百萬富翁滿口流血。他氣得當場暈倒在街上。平時他在自己公司裡不可一世，下屬們個個在他面前低聲下氣，想不到一旦以窮人身分出現，就會遭到如此對待。另一名百萬富翁，在淚流滿面苦苦哀求中，一位老太太見他可憐，給了他十個盧布，令他大為感動，現在定期向養老院提供慈善資助。

闊太太們飽食終日，美容院和夜總會已經玩膩了，也別出心裁，有人竟然要去嘗試妓女的風塵生活。這種遊戲通常是太太們在先生的陪同下成群結隊進行的。太太們穿上曝露的性感服裝，站在流鶯們日常招徠顧客們的街頭，風情萬種地去搶顧客。她們的丈夫躲在不遠處的汽車裡觀察和控制局面。受到嫖客詢問最多的人為勝者。有一次，一位闊太太在活動中，沒有嫖客光顧，氣得丈夫將她揍了一頓。「你這個呆傢伙，把上衣解開！多露一點大腿！笨蛋！」

俄國有錢人喜歡玩的另一種遊戲是「扮交通警」。有兩個有錢人穿上交通警制服，被安排在從郊區通往莫斯科市內的要道上。這兩個人很努力，不斷把進城的車子攔截下來，對違章駕車的人進行教育。莫斯科有不少汽車混身是泥，髒得很。兩位假交通警在批評駕駛員以後，突然送給髒車駕駛員每人兩百盧布，叫他們去洗車，弄得駕駛員莫明其妙。原來莫斯科的交通警以向駕駛員敲竹槓出名，現在發錢給駕駛員，難怪他們驚詫不已。

「到陰府走一趟」是新玩意兒。富翁穿戴如死人，躺在棺材裡，送到公墓，由專門聘請的職業演員帶領「死者」的親朋好友舉行公祭。這些親朋好友往往並不知道這是一場遊戲。大家舉儀如常，然後將棺材放進墓穴裡，這時，「死者」突然在棺材裡坐起來，哈哈大笑。不知情者嚇個半死，富翁卻得到「精神享受」。

世界一流鋼琴家馬祖耶夫三十周歲時，他的朋友們為他準備了一場別開生面的生日活動。那一天，突然一隊員警跑到他家，宣佈說他被捕了。馬祖耶夫丈二和尚摸不著頭腦，只得上了警車。警車呼嘯而去。員警在車上嚇唬他說，他要吃苦頭了。結果員警把他送到了朋友們為他準備的生日宴會上，大家為這個玩笑不亦樂乎。類似的玩笑還有。莫斯科一名大老闆的賓士車裡發現一公斤「白麵」，反毒員警把他關進鐵籠子裡，籠子裡有一批演員扮演的流氓，把他嚇得要死。接著，滿臉殺氣的審訊官威脅說，要判他十五年徒刑。這位老闆哭著喊冤。就在鬧得不可開交時，他的朋友們衝進鐵籠救他。這出活報劇費用是九萬美元，相當於普通退休職工四十五年的退休金總額。

　　有一種活雕塑晚宴也是莫斯科的一道新風景線。這種宴會由美女們全裸化裝成古希臘雕像，站在宴會廳裡紋絲不動。客人們以為是大理石雕像。宴會中途，這些美女們走下雕像底座，特別性感地扭著屁股走進人群。男客人們趁機動手動腳，摸個不止。

　　當然，也有一些比較文明的享樂。例如，有人花鉅資拍古裝電影。專門為富豪服務的經紀人，為男士們訂做古代武士或騎士的服裝和盔甲，專用的寶劍和弓箭；為女士們訂做古代仕女長裙；為他們租用古堡，排演一齣古裝宮廷悲劇。由專業攝影師拍成電影，供富人們自我欣賞。更富一級的金融工商寡頭們，則用高價聘請大明星出席派對，以顯示自己身價不凡。據報導，莫斯科Vimm Bill Dann飲品集團的老闆普拉斯吉京為十五歲的女兒吉拉，自命不凡的服裝設計師，特請大明星派里斯·希爾頓（Paris Hilton）在走秀臺上展示「史汀」兩小時，兩百萬美元就裝進了她口帶。著名流行歌手史汀（Sting）在俄國鋼鐵大王利欣五十五歲壽宴上獻技，得到一百萬美元的酬金。一位客人再加碼

二十萬美元，請他加唱一首《Shape of My Heart》。相形之下，好萊塢大明星洛貝斯在莫斯科的出場費五十萬美元，就顯得是小巫見大巫了。

每每見到莫斯科街頭行乞的老人們，總叫人心頭不是滋味。

48 俄遠東發展新模式　回應中國

2007/12/20

　　橫跨歐亞兩大洲的俄國一向以歐洲部分為中心，遠東地區的發展一向落後於全國發展水準。近十多年來遠東地區每況愈下，引起俄國上下強烈關注。莫斯科已提出七年規劃，即《遠東和後貝加爾地區經濟和社會發展聯邦規劃》。

　　遠東地區的現實情況是：地域廣袤，占全國領土的三分之一；人煙稀少，只占全國人口的5％，人口密度為每平方公里一點一人，而全國為每平方公里八點四人。1989年以來，人口減少高達二成（大部分遷往歐洲地區）。但遠東及東西伯利亞又是俄國資源最豐富的地區。油氣、森林、礦藏、水電、水產、淡水、有色金屬、金礦、鑽石，都占全國首位，但最東端地段離國家政治經濟中心遠達一萬公里，運輸費用占產品價格的五成五至七成，造成二成多的居民處於最低生活標準之下。現在遠東區約七百萬的稀少居民人數已拖累俄國在該地區的發展。為此，總統普京於2007年初召開國家安全會議，專門討論遠東地區問題。他在會上說，遠東地區的狀態已威脅到俄國的國家安全，與全國經濟、資訊、交通空間聯繫已經大大削弱，威脅到俄國在亞太地區

的政治與經濟地位。俄對開發遠東一向說的多，做的少，成效差。普京提出，俄國應當積極有效參與地區一體化的進程，加深與鄰國的雙邊合作及邊境地區合作，制定綜合環保措施，監測自然資源使用情況，加強協調各級政府、地方自治共同努力，綜合開發遠東和東西伯利亞。會議決定成立國家遠東開發委員會，由政府總理出任主席。

俄國開發遠東的規劃要點是發展本地區的資源優勢、建設基礎設施、擴大歐亞大陸橋運輸通道和發展新科技。開發資源的新動向是加大勘探礦藏力度，發展加工業，提高資源的附加值。其中擴大石油化工和天然氣化工企業、木材加工企業及發電設施，中國應當有興趣。在有關會議上，哈巴羅夫斯克邊疆區州長、通訊院士伊沙耶夫就強調指出，中國經濟發展速度處於東北亞地區領先地位，在今後一個相當長的時期仍然如此。這個情況已經開始影響俄國的未來。他說，中國在東北地區積極發展木材加工業和石化企業，指望的就是俄國出口原材料。俄國絕不能成為東北亞地區的原材料附屬國，只有加快發展加工工業，如木材、冶金、機械、電力才有希望。在高科技方面，伊沙耶夫提出本地區共青城的飛機製造（各類蘇愷戰機和新開發的民用客機）、造船、有色金屬，應成為發展重點。

俄羅斯遠東發展基礎設施分三大類。一是加速港口現代化。遠東是俄國直接進入太平洋的東方通道，有不少天然良港和不凍港。2007年9月，總統普京委託第一副總理伊萬諾夫在遠東召開政府海事委員會會議。他在會上對遠東港口狀況表示強烈不滿，批評運貨量至今尚未達到前蘇聯七千二百萬噸的水準。去年只有七千萬噸。港口使用效率低下，集裝箱要停放數星期才能發出去，把港口當成了倉庫。現決定投資七百四十億盧布

（約合三十億美元）實現港口現代化，將主要港口之一的東方港改建成物流港口。投資一百六十億盧布修建東方港專用鐵路；二百五十億盧布用於發展現有的貝阿大鐵道。在各港口建設經濟特區和全免稅區，加快歐亞大陸橋的運營。二是新建運輸線，包括八千五百公里的公路及配套輸電線路；投資五百億盧布增加電網，另建十五億瓦的發電能力，以確保新建輸油管的用電；改建弗拉迪沃斯托克航空港。三是建設通向太平洋港口納霍德卡港的輸油管。2008年元旦起將有一百三十七項工程動工，新增七萬個工作職位。投資一千四百七十五億盧布，將弗拉迪沃斯托克建成亞太國際合作中心。普京特別要求全面開發該市的離島俄羅斯島，爭取作為2012年亞太經濟合作峰會的會址。他親自上島視察，確定將俄羅斯島開發成國際商務和旅遊休閒勝地。

這次投資規劃對俄國來說，也別具一格。規劃投資總額為五千六百六十億盧布，其中國家投資四千二百七十億，其餘為商業投資。為了防止國家資金流入貪官手裡，政府決定避免中間環節，國家投資部分將不經過商業銀行運作，而是由國庫直接撥給承包商。同時由審計部門監測資金使用情況。如能全部實現，到2013年，該地區GDP可增加160％。

兩年前，莫斯科卡內基中心研究部主任特連寧曾做過一個專題研究，提出一份報告，內容十分重要，首次提出發展地區的「大戰略」。大戰略的背景是俄國遠東與東西伯利亞地區關係到俄國國家統一與領土完整，而外部挑戰主要是中國崛起。中國正在成為亞洲主要大國和全球玩家，俄國應當像看待美國一樣重視中國。但特連寧反對「中國威脅論」：「俄國不要去說什麼中國威脅論，不存在這種威脅。俄國應同中國搞好關係。」特連寧提出的大戰略主要有六個內容：能源戰略——成為遠東最大的石油

與天然氣供應商，並以此吸引外國投資；在不威脅俄國國內安全的前提下，實行積極的移民政策，吸引勞動力；東北亞的安全戰略——以解決朝核問題的六方會議和雙邊關係為基礎；政治戰略為與中國發展穩定友好關係，但不能成為中國的原材料附屬國；排除與日本建立友好關係的障礙，使日本成為俄國在遠東地區技術現代化的重要夥伴；充分發揮俄國科技潛力制定開發新技術的戰略；地區發展的新政策為加強能源勘探、基礎設施和科技進步。總之，可以看出特連寧從亞洲特別是東北亞的大環境為出發點，考慮俄國發展遠東地區的戰略。其中涉及到中國的論點，值得玩味。

俄國發表遠東地區發展規劃之後，立即得到日本的熱烈回應。日本駐俄國外交官在接受媒體訪談時說，安倍前首相及時發表《加強日俄在遠東和東西伯利亞地區合作的倡議書》，並且得到普京總統的支持。日本方面建議兩國開放合作新空間，譬如，能源、運輸、資訊、郵電、打擊違法捕魚和走私、海上救援等。日本希望俄方注意日本在技術和金融方面的潛力。據悉，日本已經在薩哈林建造世界上最大的天然氣液化廠。按照俄國關於合資企業產品分割的法律，日本將按投資比例得到自己的產品。

遠東新規劃直接涉及中俄合作和中國經濟發展的利益，但中國如果指望俄國提供原材料給中國加工企業可能會失望，一味要求俄國提供原材料的想法，缺乏長期戰略合作的眼光。俄國的歐亞大陸橋，勢必會與中國的歐亞大陸橋爭貨源。不過，新規劃既是挑戰，也給中國創造了新的合作機遇。俄國遠東的開發，中國如能在資金、技術、勞動力方面提出雙贏的合作方案，對中國是有好處的。

俄國推出遠東地區發展新規劃，具有深遠的戰略意義。俄

美在國際事務中分歧越來越大；俄國與歐盟的關係也遇到一些麻煩。俄國大力開發遠東正是為了從東西兩翼鞏固自己的安全。目前中俄戰略夥伴關係對俄國更顯重要，普京一再表態要加速俄中合作。但是，國與國的利益關係，首先要捍衛本國利益。但俄國力求出現穩定發展的局面，對東亞和亞太地區也是一個機遇，就看誰能把握了。

Headline **49** 山海間的冬季
奧林匹克

2008/01/04

　　俄國南方黑海邊上的索契市，中國人訪問的不多。通常大
家談論的是莫斯科，聖彼得堡，弗拉迪沃斯托克，北海（貝加爾
湖），卻很少有人知道索契這個陌生的地方。索契在俄國人心中
是人間天堂。早在沙皇時代，就是皇家和王公貴胄暑天度假的勝
地。前蘇聯時期，黨政領導把休養地定在克里米亞。然而史達林
卻很喜歡索契，在鄰近的地方設有他的秘密山間別墅。蘇聯的勞
動人民，年年有人在索契或弄潮，或登山。到了新俄，九十年代
索契曾經「賦閑」，前來遊玩的人大大減少，但是意外成了俄國
民間創辦的「電影綜覽」國際電影節的基地，年年為索契增添不
少春意和色彩。每年電影節之際，國內外電影人群集索契，眾星
照得藍藍的海水，光影起舞。到了普京總統執政，索契又奇遇意
外。原來這位新總統喜愛山地滑雪運動，而且身手不凡，每年都
要來滑雪，而且成了索契的常客，時常在這裡的行宮會見外國領
導人。這樣，索契成了俄國非正式的夏都，同時成了滑雪勝地。
索契同時成為度夏和滑雪的名城，成為洗海水澡和登山滑雪的名
城，這在世界上也是不多見的自然現象自然風光。

這兩年索契的服務大有改進，一部分俄國遊客把目光轉向依山旁海的索契。到了夏季，索契海濱熱鬧非凡，特別是俄國北方的居民，如潮般湧向這裡；學生們一到暑期也紛至遝來。除了私家車賓士在通向索契的聯邦國道外，飛機和火車都是一票難求。鐵路部門增加的臨時客車也解決不了來來往往旅客的需求。冬季的滑雪運動過去只是少數人的享受，只見新聞媒體報導，某某大亨某某寡頭去奧地利法國德國瑞士滑雪。現在索契也成了俄國新貴們趨之若鶩的地方。其中心照不宣的原因之一，就是握有實權的官僚們時常在出現這裡。

新年伊始，普京總統前來索契主持紅色園地滑雪綜合設施開幕儀式，並宣佈作為2014年冬季奧林匹克運動會的首期工程正式完工。他說，這是可與外國滑雪中心匹敵的良好競爭者，是索契冬季奧運會準備工作的第一隻春燕。同時，普京表示堅信各項工程將按時完成。

紅色園地滑雪綜合設施位於海拔一千四百三十六公尺的普謝哈科峰，首期工程包括建於阿奇普塞河谷，共計五十一個建築項目，如索道和滑雪道，可接待一千名客人的三家賓館，一座別墅區，總共每天可接待八千人前來滑雪。索道每小時可將兩千人送到山頂。首期設施於今年年中即可投入商業運營。二期工程安排在2008至2011年，包括建造冬季奧林匹克運動場，七條索道，一座公眾文化中心和長達十五公里的滑雪道。

索契能夠奪得舉辦2014年冬季奧林匹克運動會，與它的自然條件也是緊密相聯的。這裡既有旖旎的溫帶風光，又有豪放的雪山景色。甘泉與銀雪為伍；叢林為平湖佈景；山谷兩邊懸崖峭壁上的野花惹人憐愛；皚皚雪山把凡人帶入一塵不染的仙境。摸著阿赫祖谷地的殘垣廢墟，一幅俄國風景畫浮上腦際。這裡當

年曾有一座遠離紅塵的修道院，一座小巧玲瓏的藍頂教堂，儼然一處世外桃源。當然，美景並不是可以舉辦冬季奧林匹克的主要條件。更重要的是有無足夠的良好的白雪覆蓋滑雪場與滑雪道。索契在這方面也別具一格。目前索道可以直達的最高山頂是海拔二千二百三十八米的地方。這裡積雪可達二百至二百五十釐米厚，滑雪道的雪層達一百釐米厚。主要滑雪區的一千五百米處，積雪可達八十至一百二十釐米厚，滑雪道的雪層達七十釐米厚。不虧是天賜之雪場。位於海拔五百米的紅色園地主要休憩地山莊，冬季也是一派琉璃世界。作為攀登山頂的過渡區和基地，別處難覓。絕妙的是如此靚麗的雪山，竟離亞熱帶的海濱只有四十公里之遙，是世界上雪山離亞熱帶最近的地方，因而此地的白雪品質很好，一定的空氣濕度，為白雪提供了養分，使白雪鬆軟又能支援一定重量。

穿過高加索國家保護自然公園和索契國家公園，進入市區。十九世紀俄國皇家開始大力修建這座花園城。白黃相映的精緻的火車站最能代表歐陸休假勝地的建築風格。以玉蘭花為市花的索契，市內有兩大公園，一為林木公園，是以各種樹木為主的植物園，保留了天然風光。一為供遊客休憩的法式里維拉公園，更多的人工雕琢。市郊的索契國家公園，擁有十九萬公頃面積，三千多種植物，二百五十多種脊椎動物。蘇聯時期大量建造療養院、休養所、賓館，各部委、各社會團體都在這裡建造了自己的休養場所。大索契市的海岸線長達一百五十公里，沿岸大大小小風格各異的建築物，星羅棋佈。海濱浴場連綿數百里，蔚為大觀。

索契在俄國文化史上也有自己特殊的記憶。十九世紀，兩位著名的12月黨人，詩人奧多耶夫斯和小說家別斯圖熱夫（瑪律林斯基）都在索契告別了人間。二十世紀，蘇聯著名作家奧斯特洛

夫斯基在這裡寫完了《鋼鐵是怎樣煉成的》和開始創作《暴風雨所誕生的》兩部小說。當年蘇聯政府贈送給他別墅，現在是他的文學紀念博物館。二十一世紀，索契最重要的記憶，將是2014年的冬季奧運會。俄國政府和普京總理，把主辦這次冬奧會看成是重振俄國體育雄風重振俄國國威的一項壯舉。

50 俄國普選總統
主權民主論治國

2008/01/28

今年3月2日俄國選舉新一任總統。圍繞俄國下一任總統的種種爭論與猜測也將落下帷幕。普京肯定讓出總統寶座已成定局。同樣已成定局的是下一任總統將由普京親自挑選的學弟梅德韋傑夫接任，也成了定局，除非發生意外。目前民調已經顯示梅氏勝出沒有問題。其他候選人沒有一個可與梅氏同日而語。

普京本人信守憲法規定，不顧大量呼聲，不追求第三期連任，可說是俄國法治與民主化的成果。全民普選總統，儘管普京行政當局運用行政力資源，但最後選票還是在選民手中。普京早就依自己的治國理念著手為接班人制定好國策，並以誰能堅持這一國策作為推薦候選人的標準。最後得以中選的就是梅氏。梅德韋傑夫這個姓來自俄文的「熊」，通常是俄國的代表形象。不過這頭熊不僅是俄羅斯民族性格的象徵，而且受過良好的法律教育，本人從政前是法學教授，又出身於教授家庭，是俄國近代史上罕見的知識分子精英派國家領導人。普京團隊為這位青年總統做了大量接班工作，從治國理念到治國政策都醞釀了良久。

「主權民主」是俄國執政當局推出的治國主體理念。自從蘇

共統治的國家瓦解消失之後，俄國社會的價值觀經歷了大震盪。有了民主權利，如何理解與運用民主成了全社會的關注焦點。外人可能不一定瞭解俄國人在十多年前，經過七十年集權統治後得到民主的狂喜與困惑。前蘇聯體制內的人士，也有一些政治精英，或者喜歡動腦筋的人。他們一方面對蘇維埃體制十分留戀，因為他們有機會受到良好的免費教育，得到稱心如意的工作，職務晉升如平步青雲，工資優厚。就是這樣的一個人，心裡還是覺得有所不足。他缺乏的是民主，是言論自由，是集會自由，是選擇的權利。俄國民主化的第一階段，「浪漫的民主」，對大眾來說，不會因政治笑話被關進大獄或者流放，不會因三人在一起就受員警和特務的「詢問」，不必被迫投票選舉自己不認可的人。這些最基本的民主權利得到了保證。這也是民主普世價值在俄國得到認可的階段。但是，從集權制度過渡到民主制度，伴隨著不可避免的損失。原因就在於一旦獲得民主和自由，長期生活在集權統治之下的社會大眾，往往陶醉大於理智，缺乏保持自由與管理平衡的經驗，如何使用民主這個工具，仍然是後共產主義國家的重要課題。在俄國，出現了政令不通，國家權力不出克里姆林宮，社會公眾缺乏凝聚力，使一個本應成為一面旗幟的民主新俄國淪落成二等國家，加上經濟崩潰，民生滑坡，造成集權主義復辟的險情。葉利欽及時交出權力，俄國進入普京時代。

政治強人普京著力整頓秩序。俄國出現了針對普京治國方針的說法，即「管理下的民主」。其實際做法是一系列政經體制改革，從建立垂直權力系統、改直選地方行政長官（州長和直轄市長）為總統提名地方議會通過再由總統任命（基本掃清親西方的領導人）、統一全國法制、明確分割國家稅收；加重自然資源開發權的附加稅，增加國庫收入；重整軍事力量與開發更新武

庫；在媒體領域採取所謂市場手段，由政府控制的大型經濟集團收購不斷放出不諧和音的重要媒體，如天然氣集團專門成立與自身經營範圍無關的媒體總公司，收購獨立電視頻道，扶植親政府的平面與電子媒體；加強安全部門的作用，打擊分離主義傾向，處理前任遺留下來的棘手問題，在車臣扶植親中央勢力，以解決高加索地區的安定問題。普京在任後半期加快經濟體制改革、制定國家規劃以改進民生品質；面對美國單邊主義和北約東擴，開始對西方採取強硬外交以顯示俄國恢復大國地位的決心和力量。但是，普京為此也受到西方和國內左右派的抨擊，認為他在民主化的道路上後退。他的智囊團不負所望，提出新的治國理念，即「主權民主」，俄國民主化和建立民主社會進入第三個階段。

俄國「主權民主」的始作俑者是普京總統行政副首長蘇爾科夫。2006年他正式提出這個命題。他對這一命題的解釋是「涉及俄國人民和俄羅斯民族尊嚴的問題」、「民主是一個過程」。他還說，「我們應當有自己的政治語言版本」。提出這一理論的根據是國家的主權不能只靠行政力量維持，也是政治文化、藝術文化的一部分。對俄國的現實政治來說，主權民主的要害就是不允許任何外部勢力干涉俄國內政。這些理念與普京的治國綱領一致，得到他所領導的統一俄羅斯黨全力支援。普京執政後期採取的一系列國內外政策恰恰印證了主權民主的理念。

蘇爾科夫的理論根據是各國民主發展的道路、民主的形式、民主的歷史、民主的內涵、各國的文化背景等等，都各不一樣，各有特色。俄國則有自己的民主形式與內涵。在執政方面的表現，如立法禁止本國的非政府組織使用外國經費就是一例。建立兩黨制，三權分離，是普京常說的主張，但他和蘇爾科夫一致的看法是，這都有一個過程，並非朝夕的事情。

主權民主論，也有反對者。普京推薦的總統候選人梅德韋傑夫就曾發表不同意見。他說：「主權與民主是兩個範疇的概念，不能相比。如果在『民主』這個詞前面加上一些界定語，就會給它添加怪味，使人想起這裡說的是另外一種非傳統的民主。」前總理普里馬科夫則表示絕然反對使用這個術語，「因為這會導致否定人類共同的價值，如政權分離，選擇的自由。」戈巴契夫用自己的從政經驗說明「類似的界定語歪曲民主的實質，正如『社會主義民主』或者『人民的民主』的概念歪曲民主的實質一樣。」

俄國現政府在各個施政領域實現主權民主論。在國際事務方面，向國際社會表明，俄國不是二等國家，仍然是世界強國之一。從外交政策的強硬化到出動遠端戰略轟炸機巡航全球到航母與導彈巡洋艦在世界海洋巡弋，從堅持獨立外交立場到聲稱必要時動用核武器捍衛俄國和同盟國的主權與領土完整，無不為了體現俄國的尊嚴感。在國內事務方面，終於把提高人民生活品質列入行動計畫，從住房、保健、教育、農業著手，由梅德韋傑夫負責監督執行；與民眾分享巨額石油美元收入，增加工資與退休金，設立開發基金以促進地區發展。普京的一項重大的經濟政策是增加國營企業在國民經濟中占有的比例。例如，通過各種手段已使國營公司在石油開採這個要害部門所占比例，由2003年的7.2％提高到2007年的40％，股票市場上三分之二的石油天然氣股票由國營公司控制。國家控制最大的兩家銀行。通訊部門四分之三的股票在國營公司手中。另一些重要的措施是重組大型國營工業集團，以便由中央控制。新組建的聯合航空製造工業集團，控制了全國九大飛機製造廠，今年將生產四百三十架飛機。2007年組建的聯合造船總公司，聯合了全國三家主要造船集團，年訂貨

量達一百五十億美元，重點建造巨型運油船和漁船。占全國造船業兩成五的軍用造船廠都是國營的。聯合造船總公司的總裁由國防部長出任，足可見其輕重地位。俄國股票市場市值的三分之二由國家控制。普京執行的這一政策包含深遠的國家戰略意義。一是控制國家經濟命脈，二是完成外交任務，三是防止私營企業和寡頭出軌並進一步左右國家政策，四是應對全球化以保護俄國利益。總的來說，這一政策與當前世界上資本集中的趨勢相適應。

普京的繼任者面臨相當嚴重的經濟任務。俄國經濟增長速度已超過七個百分點，外匯儲備已占世界第三位，但是經濟形勢相當嚴峻。一是通脹連年達到二位數，居高不下；二是外債大增。目前俄國公司與銀行所借外債已達四千七百二十億美元，國家的外匯儲備為四千七百四十億美元，外加穩定基金約一千五百六十八億美元。扣除外債，所餘不多。俄國金融專家擔心盧布出現危機。三是食品價格飛漲，本國農業現代化步伐緩慢，四成以上食品依賴進口。如何加快農業改造與發展也是新總統面臨的艱巨任務。四是房地產的泡沫經濟，也面臨破裂。現在投資一個盧布收益可達五個盧布，已處於非正常狀態，難免出事。五是全國處於貧困線以下的居民人數占人口的14％左右。三千多萬退休人員的退休金低於最低生活標準。因此，提高居民生活品質的任務相當繁重。六是反貪腐任務艱巨。

俄國總統大選就是在這種形勢下進行的。由於梅德韋傑夫當選已為不爭的事實，普京路線必將繼續下去，新總統短期內不會改變這條路線。世界社會面臨的就是這樣一個俄國。

51 俄國大選
要穩定要民主
要反貪

2008/03/03

　　3月2日俄國舉行了總統大選。當天，全國一億零七百萬選民中的七成，走進投票站，選舉下一任總統，創下新俄大選的參選人數新記錄。由於這一次選舉要選出另一個面孔，意義自然特殊。為了吸引選民積極投票，從即將卸任的普京發表電視講話呼籲選民踴躍投票（《莫斯科共青團員報》一位專欄作者調侃普京，說「什麼人深更半夜睡不著覺？」）到選委會下令在各投票站採取種種措施以吸引選民。前蘇聯時期，商品食品匱乏，在投票站特設小賣部，選民搶購。這次又繼承這項「光榮傳統」，把投票設計成節日活動。投票站前音樂不停；站內有優惠商品供應；選民還可以嚐一嚐中央選委會主任丘羅夫推薦的熱烤大米餡包子（他說這種包子含有「浪漫情調」）；有的地方還可以參加抽獎。總之，投票伴隨著花邊活動。在這種前呼後推之下，俄國選民投票率達到七成以上。梅德韋傑夫遙遙領先，獲得三分之二的選票。大選當天晚上，支持梅德韋傑夫的選民在紅場上舉辦盛大的以「俄羅斯，前進！」為題的搖滾音樂會。克里姆林宮

的紅牆和鐘樓，象徵俄國的古老教堂，在聚光燈的照耀下，一片光明。鄰近子夜，音樂演唱會仍然熱火朝天。普京帶著梅德韋傑夫冒著雨雪，連袂而至，普京笑容滿面，梅德韋傑夫表情稍許矜持。他們接受支持者的歡呼和向選民表示堅持普京道路的決心。

這次共有四名總統候選人，統一俄羅斯黨的梅德韋傑夫，俄共主席久加諾夫，俄羅斯自由民主黨的黨魁日里諾夫斯基，俄羅斯民主黨的主席波格丹諾夫。後三人從民調來看，沒有一個可以勝出，只是借大選之機宣傳自己的政治主張。自由派沒有一個人能註冊為候選人。

俄共領袖久加諾夫對此次大選得票超過議會大選表示滿意。但俄共二把手對這次總統大選仍有意見，聲稱發現不少違法事件，如扔票，發給選民已經填好的票，這是俄共全國五十萬觀察員報導的消息。得票第三的日林諾夫斯基也聲稱大選有違法事件，並且已經記錄在案，如有的地方有賄選情況，有選委會的人強迫投梅德韋傑夫的票。他要投訴，但又說不會有結果。

這次大選有近三百名國際觀察員。上合組織觀察小組表示總體上對大選過程十分滿意。獨聯體組織的觀察員表示很好。歐盟議會觀察員小組認為大選情況正常，符合國際標準。歐洲議會聯盟觀察組長說沒有發現違法現象。歐洲非政府組織派出十九名代表觀察俄國大選，組員有法國、波蘭和比利時人。法國人貝拉爾女士對媒體發表談話，說「我們在你們這裡見到的一切都是第一流的，沒有任何違法情況，一切都組織得很好，符合規定，同時百分之百符合國際標準」。他們極為驚歡的是選民可以在投票站看到候選人的個人財產情況。事前為觀察大選而同俄國鬧得不歡的歐盟遲遲不肯發表意見。

俄國大選結束了，三分之二的選民把選票投給了梅德韋傑

夫，表示對維持國家穩定局面的訴求，對改善生活的渴望。梅德韋傑夫無數次表示堅持「普京路線」，「執行普京規劃」，意在給選民吃定心丸。普京作為一個老謀深算的政治家，知道自己在任期內只是做了調整的工作，沒有來得及徹底解決民生問題，刻意提攜梅德韋傑夫，把涉及民生最重要的一些專案，如住房、醫療保健、教育等需要辦實事的業務作為「國家優先規劃專案」交給他辦，撥給他目巨額資金。他走遍全國，深入底層，溫文爾雅，普散盧布，頗得民間好評。年青有為的形象為他的勝出錦上添花，沒有辜負普京的厚望。

俄國大選結束了，選民行使了一人一票直選國家首腦的民主權利。儘管有種種潛流，但天賦於公民的選擇權利仍然在民眾手中；差額選舉的原則神聖不可動搖。四名候選人，選民有選擇餘地。事實也證明，只要執政者有足夠信心，不愁在大選中勝出。也沒有某些國家九成九選票集中在一個人身上的現象。儘管俄國中央選舉委員會主席坦承，各候選人在媒體宣傳自己政綱的機會是公正的，但不是平等的。大選前各派政治綱領都得到相當充分的表述。俄共就毫無情面指出，普京政權是反人民的，是給人民帶來不幸的。支持這種觀點的選民近二成，不怕戴上反革命的帽子，與蘇共統治相比，足見差異。當然，俄共這種「反革命言論」竟然可以在中央電視頻道上講出來，可見比蘇共掌權時大有進步。俄共要求實行國有化，將原材料和戰略產業等決定國家經濟命運的經濟部門收歸國有，與現行政策完全背道而馳，一樣可以在選民中宣傳。普京和梅德維傑夫利用行政資源競選，梅德維傑夫天天在中央電視露面，自然受到其他候選人的指責。再者，梅德維傑夫拒絕參加電視辯論也引起一些負面評價。

俄國大選結束了，普京推薦的繼承人梅德韋傑夫順利當選。

當選之夜，梅德韋傑夫在記者招待會上表示尊重投票給其他候選人的選民；今後兩個月內，將與普京共同商量組織政府班子，繼續執行國家優先規劃專案，外交優先是搞好同獨聯體國家的關係，首訪國家將是某個獨聯體國家，對外政策中心是捍衛俄國利益。選民已經要求新總統加大反貪力度，完成普京坦承沒有在任期內實現的承諾。在回答他與普京關係時，他特別強調一切依憲法辦事。當權派彈冠相慶。評論界有人指出，他們為保住既得利益不遺餘力。在俄國十多年來政府如走馬燈一樣，不斷更換，官僚們捨不得薪俸遠遠低於工商業大亨們的收入。但是，一旦權在手，權的含金為他們提供了大大超過平民的優裕生活。在野派政治人物就是用這種說法來解釋為什麼克宮的官員們及親克宮的政治技術從業人員早就呼籲保住普京班子。現在如願以償。實權仍然握在普京手裡。

俄國民主化的成果就像打開的潘朵拉盒子，無法再關上。對於這次俄國大選，自然也允許發表各種議論。經常發表不同政見的俄國政治評論家羅斯托夫斯基，這一次不顧官方言論，也發表了針對當前政府領導人的意見。第一副總理伊萬諾夫在慕尼克發表「俄式選舉優於他們的選舉」說法，例子就是俄國有四名候選人，而某些國家只有兩名；普京在最後一次記者招待會上說「競選活動相當心平氣和，沒有那些辯論啊搞亂社會啊，並不說明我國缺乏民主程序，而是說明絕大多數的俄國公民支持近年來執行的路線」。作者對俄國大選與美國大選進行了比較。他說，美國是千百萬人參加導演的「秀」，而俄國則是按少數出品人安排的臺本演出的戲。就拿計票舞弊來說，兩國也不同。「美式」可以調整票；「俄式」則會出現某些地區官方候選人能獲得九成多選票的「滑稽局面」。「美式」競選必經你死我活的辯論，「俄

式」則是同跑龍套的人競爭。一句話，對俄式民主不滿意。

　　梅德韋傑夫一再聲明，他與普京工作一直是和諧的，一再表態執行普京政策，既是要爭取選票，也是在表忠心。然而，每個人總有自己的特性，有自己的理念，例如，他說自由比不自由好，自由的各種內涵，包括自我表達的自由，都應當得到尊重。梅德韋傑夫勝出，可以歸結為三方面的因素：選民支持普京路線、求穩定和自由派人士形象。

　　俄國現行憲法是當年為抵制俄共上臺而制定的，賦予葉利欽總統最大的權力。除了總統是三軍最高統帥之外，要害之一，就是強力部門的部長由總統任命並管理，名義上這些部（國防部、內務部、安全局、對外情報局、準軍事的緊急情況事務部）和外交部都是內閣成員，但都直接對總統負責。梅德韋傑夫上臺之後，大權在握，與即將出任內閣總理的普京形成奇特的結合。俄國媒體已經透露，有人已經提出制定將強力部門轉歸總理領導的法案，不能不說是俄國今後政壇形勢的新端倪。俄國總統與總理形成雙頭鳥，很像俄國的國徽。總統與總理雙頭鳥，一鷹一鴿，如何和諧，煞是好看。

　　俄國已經有人對後普京政權結構發表評論。俄新社發表的署名文章《5月的兩難困境》，提出新總統5月就職後可能出現的三種方案：一是四年之內普京與梅氏平起平坐，分工主管一些問題。二是實權轉到總理手上。法理上沒有太大阻礙，因為俄國憲法界定的總理職權也不小，何況還有一些模棱兩可的條文。從民眾來說，普京的高支持率可以保證他不會受到社會公眾的追究。三是一兩年內全部大權歸給總統。一切要看當前的官僚們的態度。官僚們為了保住既得利益，民眾們為了求穩加上適應能力強這一民族特性，可能不會出大問題；否則就會出現複雜局面。

俄國自由派人士，從前代總理蓋達爾到前總理凱西揚諾夫，從世界冠軍加斯帕羅夫到前副總理涅姆佐夫，再加上前副總理亞夫林斯基，沒有一人進入候選人圈子之內，既與他們上個世紀九十年執政失敗，又與他們脫離選民過久有關。他們的親西方形象，在西方對俄加壓的當前形勢之下，很難取得選民的理解與認同。他們多年來試圖推舉共同候選人，各自為小利益集團著想，十多年來從未達成協議。已使選民失去了對他們的支持，跌落到了俄國政壇的邊緣。

　　這次競選中，出現一些中國式的政治術語，不能不令人好奇。梅德韋傑夫提出「四個i」，即俄文中的體制、投資、創新、基礎設施四個詞的第一個字母，作為今後俄國經濟發展的綱要，也許間接說明他熟知中國政情？

52　俄國貪腐危及
國家發展

2008/03/31

　　普京在向俄國公眾報告自己八年執政的成敗時，不得不承認，他的敗筆之一就是沒有消滅俄國政府機關和官員的貪腐。上至部長下至員警，各級公務員；各行各業，從情治機關到高等院校，從將軍到教授，無不貪腐。新聞媒體天天都有貪腐案件報導，光怪陸離，令人咋舌。貪腐已經進入了俄國大大小小官僚的血液之中。代表民意的議會，也不時傳出為了通過某個有利於一定集團利益的法案，收受賄賂，消息人士說，有時一票價值二十五萬美金。州長市長議員因貪腐而鋃鐺入獄者並不鮮見。至於每年各級官員受賄與勒索的金額，相當於全年國家財政收入。這就不難理解俄國總檢察長恰伊卡3月28日向上議院聯邦院報告工作時，批評反貪鬥爭效率極其低下，要求重視反貪。可是，議員們非常消極，一拖再拖，政府六年前簽署的聯合國反貪公約，在普京的壓力下剛剛批准。俄國至今沒有一個雷厲風行的反貪機構。同樣，歐洲理事會關於貪腐刑事責任的決議，俄國直到2006年才批准，可是，至今沒有付諸實施，因為沒有制訂相應的法規，沒有調整與這些公約相衝突的俄國法律條文，公約的一些法

律規範沒有寫入俄國現行法律。

　　候任總統梅德維傑夫在俄國烏拉爾地區的托波爾斯克召集國務會議主席團，討論小型企業發展的問題。小型企業目前在俄國國民經濟中只占一成七。普京總統提出的國民經濟發展規劃要求到2020年時增加到六、七成。會前梅德維傑夫考察了兩家小型企業，瞭解到俄國的小型企業通常要受到三十家聯邦機關的檢查，更不要說地方政權各色官僚和低級工作人員的「合法」壓榨。他質問：為什麼一家食品小店需要配備防毒面具？他提出禁止各種檢查。不過，「這可能引起各級檢查人員突發心肌梗塞。眾所周知，他們是怎樣通過檢查大大賺錢的。」怎樣賺錢呢？一是政府機關巧立名目，制訂種種法規，要求小型企業主在開始營業前，辦理二十種批准文件。每種文件都要收費，壓得小業主們叫苦不迭。二是這些機關的工作人員，以檢查為名，而檢查種類高達四十五個方面，除了要求繳納一定的檢查費外，還私下要求「紅包」，不給紅包的，輕則恐嚇，重則偽造罪名，敲詐「免災費」。此種案件天天見諸媒體。最近一件重案就涉及聯邦檢察院高官。

　　3月25日，俄聯邦總檢察院偵緝總局長道夫基及其副手諾維科夫因涉及濫用職權和敲詐勒索案被解職。道夫基等人以提供方便，協助案犯擺脫罪名或者從拘留所釋放出來為魚餌，先後勒索與收受一百五十萬美元和兩百萬歐元，被下屬告發。去年10月，俄聯邦毒品監管局的布林勃夫將軍也因濫用職權和受賄被捕。他利用手中截聽電話的職權，竊聽副部長級官員的通話，再將這些電話記錄出售給犯罪團夥或者涉案人員，以謀取私利。有時甚至接受「訂貨」，收取賄賂。

　　今年3月，俄國《消息報》分三天用三大整版詳細報導自

2000年立案以來偵訊的走私與貪腐特大案件，其轟動程度可與中國的賴昌星走私與貪官案相媲美。這就是有名的《三條鯨魚》傢俱走私案。素有俄國傢俱大王之稱的祖耶夫，擁有莫斯科兩家傢俱城《三條鯨魚》和《格朗德》（後者是歐洲最大的傢俱城），專門進口與銷售外國傢俱。2000年9月，海關指控他犯有走私罪，表現形式為壓低進口傢俱的數量與價格，逃稅額一千八百萬盧布，共有八人涉案。一千八百萬盧布不是俄國近年來走私案中逃稅最多的案件，但是，與走私案相關聯的貪腐大案，卻震動全國。案情發展的曲折程度遠遠超過推理驚險小說或電視連續劇。立案後又撤銷；撤銷後再立案，幾次三番。辦案人員自己被辦；案犯關進去又放出來。辦案人員放出來，案犯再進「宮」。審案法官遭受壓力和撤職查辦。執法機關通過媒體互相攻擊。各系統二十多名高官因出於私利干預辦案而丟官。兩名官員甚至丟了性命。記者出身的國會議員謝科奇欣因從事記者調查本案而神秘死亡。

　　新聞記者別列克列斯特的調查報告說，俄國執法機關先是對《三條鯨魚》公司的資本進行了調查，發現主要投資商是車臣三兄弟（因此取名三條鯨魚）利用一名國際洗錢組織老闆名義註冊的。當局發現投資人中有一名是內務部的官員（曾任內務部長助理）奧爾洛夫。此人在內務部臭名昭著，利用職權「把每一句話或每一個手勢都化作金錢」。《三條鯨魚》公司總經理祖耶夫除了內務部有「房蓋」（幕後支持人）外，在聯邦安全局也有。有人說，原來他用的保安公司老闆是安全局副局長札奧斯特夫采夫的父親。他本人也同副局長來往密切。就在國家海關委員會調查這家公司走私和逃稅的時候，安全局副局長派人出面說情。接著，副總檢察長比留科夫強行接手，目的是撤銷此案。公開代價

是十二萬五千美元，私下代價是兩百萬美元。祖耶夫得手後，利用關係把辦案人員關進了監獄。總之，祖耶夫得到了內務部、安全局、國家海關委員會和總檢察院裡高級貪官的支持。

《三條鯨魚》案曲折發展史落到媒體手裡，各報紛紛報導內情，驚動了普京總統。總統代表向普京報告案情並建議不交總檢察院和安全局偵辦，普京採取了相應措施，將此案列入總統監督之下。前文提到的涉案高官都紛紛落馬。如今祖耶夫本人也已二進宮，等待審判。案件也轉到聖彼得堡法院審理。是非還在追索之中。還有多少貪官落馬，仍在公眾關注之中。立案史已長達八年，幾起幾伏，至今還沒有水落石出。原因就是貪官插手太深。

俄國審計署長斯傑帕森（前總理）對貪腐做了具體評估。他在《獨立報》發表驚心動魄的貪腐程度數字。他以一年一度的國家採購為例。2007年國家採購額達三萬億盧布（約一千二百五十億美元）。經過國家審計署的審計，發現三千億盧布不見了，這些錢進了貪官的口袋裡。他說，據俄國科學院的一項調查顯示，目前的貪腐水準，使每年的GDP增長速度減少5%。更可怕的是，由於貪腐盛行，社會上的價值觀發生了變化。不受賄，不盜竊公款，不以權謀私就會遭人恥笑，說是只有傻瓜才這樣做。反貪成了公眾呼籲的焦點。為了打擊貪腐，俄國政府正在制訂國家財政監督法。普京在去年12月回答美國《時代》週刊訪談時，特別談到要建立公民社會對國家機關活動的監督體系，擴充媒體監督政府的條件。

俄國國家杜馬憲法立法和國家體制建設委員會主席普里金在論述俄國貪腐的實質時指出，一旦社會與政權的關係出現問題，就會出現貪腐。社會無法通過立法和民意機構保護自己的利益；立法機關無力監督行政機關；一旦某些個體或社群不通過議會即

立法機構，不通過社會組織或政黨公開合法解決問題，而是通過部委負責人和執法人員及其家屬、親朋好友私下擺平問題，就必然出現貪腐。他呼籲加強民意機構即議會的作用，發揮公民社會對立法和行政系統的監督，確保民意代表和行政官員的輪替，把非政府機構列入反貪體系，從而建立一個完整的反貪體制。

2008/05/11

　　今年紅場上的勝利節閱兵式煞是好看。地面上，俄軍帥哥踩著鋼鐵般的步伐氣昂昂地走過紅楊，踏得石塊鋪設的廣場鏗鏘有聲。空中，戰機隆隆呼嘯而過，引得觀眾引頸大行注目禮。在俄國新舊總統交接之際，自慶祝衛國戰爭勝利五十周年（1995年）以來，俄國首次舉行出動最新武器的閱兵式，既是為了展示普京執政八年在恢復俄國軍事力量方面的政績，也是為了給新任總統打氣，再次向頻頻壓向俄國邊界的北約和美國展示強硬路線。有了如此強大的武庫，再加上外交方面的新努力，整合與獨聯體首位強國哈薩克斯坦和世界四強之一中國的戰略夥伴關係，俄國手上的戰略牌越來越多越來越強，勢必影響新時期的國際局勢。

　　這次俄國閱兵式，突出點是向世人展示俄國有超越美國武庫性能的武器。公眾很少有機會看到的早就成為神話的戰略轟炸機和洲際導彈，能夠衝破美國PRO系統的導彈。對各國軍界來說，並不是秘密。所以，這次顯示武器，更多的是政治動作，是面向各國民眾，是動員俄國民眾的愛國力。

　　與新任總統梅德韋傑夫姓氏涵意一樣的遠端戰略轟炸機

圖-95（北約稱之為「BEAR」，俄文發音為梅德韋季），可在空中加油三十噸，每分鐘兩噸。最多可裝八十七噸油，作戰中足可飛行十五至十七小時。四臺各一萬五千匹馬力的發動機，巡航速度可達每小時七百九十公里，航程可達一萬二千公里。配備X-55巡航導彈，可擊中二千五百公里處的目標。上個世紀五十年代前蘇聯研發這種飛機的對手是美國的B-52B重型轟炸機。但是在性能上沒有超過對手，可謂不相上下。後經不斷改進，仍不失為當代重要的重型轟炸機。

這次飛越紅場上空的圖-160型遠端重型戰略轟炸機，正像俄國人自稱的「白天鵝」，北約稱之為「Black Jack」，是從俄國薩拉托夫州恩格斯空軍基地起飛的。圖-160的外形很像一隻在空中翱翔的白天鵝，浪漫而美麗。對北約來說，卻是可怕的黑傑克。與圖-95一樣，圖-160可輕易飛達美國、澳大利亞、印度洋、英國。它的四個基地分別位於北方的沃爾庫塔、遠東的弗拉迪沃斯托克、白俄羅斯的巴蘭諾維奇和吉爾吉斯的康特。從這些基地出發可以飛到一萬二千公里遠的目標地，而且絕大部分是在公海上空，因此不必事先照會別國。現在裝備的X-555飛彈，飛行距離達三千五百公里。在飛行中可以不斷改變速度，還可依地形上下，衝破美國的反導彈系統PRO不在話下。而自動瞄準目標和準確度到幾個公分，更是令敵人膽寒。俄國前空軍總司令德伊涅金說，前蘇聯為對付美國在義大利、德國和英國部署遠端巡航導彈，曾多次用圖-160顯示力量。「如果我們更新遠端空軍的戰機，那麼，我們在同美國人討論反導彈問題時，證據就更有力。」據現任空軍總司令說，目前每年增添三架「白天鵝」。「白天鵝」的對手是美國的B-B1（LANSER）戰略轟炸機。相比之下，俄機占優勢。俄機巡行速度為二千二百公里/小時，美機

為一千五百公里/小時；俄機可載二十四枚高超音速巡航導彈，美機只有十二枚高精確度巡航導彈。

　　這次紅場上的觀眾有機會親眼目睹威震全球的俄國洲際彈道導彈「白楊-M」的實物。與美國對手洲際彈道導彈LGM-30G相比，俄國的導彈射程要遠（一萬一千公里與九千六百公里）、發射的彈頭威力要大（當量五十五萬噸與四十七萬五千噸）、發射重量也大（一千二百公斤與一千一百五十公斤）。最重要的優勢是「白楊-M」是機動的，可以隨時轉移發射點，很難捕捉。而LGM-30G只能在固定的發射井發射。

　　陸軍的常備武器，也引起觀眾的注意。衛國戰爭中的卡秋莎火箭炮已經發展成「龍捲風」（9K58）。六部「龍捲風」即可抵擋一個師的兵力或者摧毀一座小城市。一次射擊即可炸毀六十七點二公頃面積上的建築物。最大射程為七十公里。其他如T-90坦克和BMP-3裝甲運兵車也轟轟隆隆走過紅場，使觀眾再次回憶起二戰中的蘇德坦克大戰。

Headline **54** 狙擊顏色革命的別動隊

2008/06/03

　　西方製造和支持的「顏色革命」，目前只在獨聯體的烏克蘭和格魯吉亞取得了成功。在其他國家，包括俄羅斯和哈薩克斯坦這樣的大國，都沒有進展。在俄國，親克里姆林宮的青年運動和組織「納什」（意思是「我們的」，「我們這一派」）在確保普京政權和阻止「顏色革命」起了重要在作用。

　　自從「納什」青年運動在俄國嶄露頭角，立即引起國內外各方關注，一致認為這個運動和組織的來頭不小。一是這個組織的創始人和領導人是前總統辦公廳的工作人員瓦西里・亞基緬科。由於護宮出色，目前已經入閣，成了普京內閣的青年事務委員會主任（部級）。二是這個組織得到普京的特別關懷，多次接見代表人物和熱情款待，親自任命其領導人之一為俄羅斯聯邦社會院的委員（由各界社會賢達和非政府組織代表人士組成，負責政治諮詢和社會審議法案的機構，使體制外聲音能傳到社會和當局耳中）。三是這個運動的一切活動都符合克里姆林宮的意圖；克宮不便出面的事，往往由這個組織代勞。四是這個組織的思想指導者為弗拉吉斯拉夫・蘇爾科夫。這位「主權民主論」的始作俑

者，已經成為普京治國思想的策劃者和理論源泉。

　　上個世紀九十年代，前蘇聯和俄國都發生了天翻地覆的變化。集權統治七十年的蘇聯，煙消雲散。新俄從全盤西化走向獨立發展。正是西方對俄政策的失敗，造成俄國離西歐國家越來越遠的後果。葉利欽主政時期，抱著浪漫主義的民主化理想，曾寄希望予同西方的合作和實行西方標準的改革，將俄國建成一個民主化現代化的國家，任用以蓋達爾為首的「哈佛學派」的青年改革派組成內閣，負責國務。這些改革者激情有餘，而施政能力不足，何況在頑固的保守勢力和既得利益者的抵制下，政令不通，措施失當，再加上西方的慨諾沒有兌現，經濟滑坡，民眾的物質生活沒有改善，反而下降。以美國為首的北約集團對俄國採取步步緊逼的政策，威脅俄國安全，使俄國大丟面子，引起俄國公眾的不滿，漸漸失去對西方式民主化的認同。在這個背景下，俄國的民族主義和愛國主義思潮漸占上風。普京恢復俄國大國雄風的國策就是在這個潮流這下應運而生。「納什」則是這個思潮的衍生物。

　　前蘇聯時期，青少年組織共產主義青年團和少年先鋒隊，在社會上有著強大的影響。蘇共垮臺，共青團也隨著消失。社會上青年沒有組織，對一個七十年都有組織活動的青年來說，無疑出現了失落感。各派政治力量搶奪青年的鬥爭十分激烈。無論是親西方的「蘋果黨」（亞布魯科），還是自由民主黨，都有相應的青年組織。極端左派的國家布爾什維克黨更是以青年為主。2000年，普京競選總統，總統辦公廳指派工作人員亞基緬科出面（他本人不承認受指派）組織青年運動「一起走」（原有「與普京」字樣，後撤去），發動青年支持普京競選。俄國各地紛紛召開大會，為普京跑票。最初這個組織的主要任務也就在此。2005年顏

色革命的擴散，迫使總統辦公廳加強青年工作並建立一支可靠與隨時可調動青年社會的力量以對付反對派的民主反法西斯運動「納什」。亞基緬科出任聯邦政委，即領導人。

　　亞基緬科，1971年生，畢業於國家管理大學。畢業後做生意，組織社會活動，曾任總統辦公廳社會組織聯絡處處長。據他本人說，沒有人指派他組織青年。還說「共同前進」創辦在他進入總統辦公廳工作之前。現在他已退出「納什」的領導機構。但「納什」的政治綱領和宣言仍是他在時制訂的。宣言的主要思想是：全球化是美國強行推進的全球計畫，目的是毀壞世界各國人民的文化特色；然而全球化是不可阻擋的客觀歷史進程，因此不能採取躲避政策，而是要從跨國公司手中奪過來，置於全球公民社會的監督之下。另一思想基石是主權民主理論。主要理論框架是俄國不打算在外部領導下發展民主；俄國要走自己的民主化道路，要符合俄國的國家利益和照顧本國各民族的傳統，絕不會犧牲本國公民的實際利益。宣言裡極力反對「顏色革命」，說「近十年來在民主化的旗幟下企圖創建外部管理一個國家的體制，即所謂顏色革命。格魯吉亞和烏克蘭就是外部管理一個國家的體制。例如，烏克蘭進入北約組織就是外部管理一個國家對外政策的體制」。至於「顏色革命」，宣言說「發展的不是民主，而是為了實現寡頭們對財產和政權的再分割」，「『納什』絕不容許在『顏色革命』的藉口下對俄國實行外部管理」。「納什」有自己的口號：「俄羅斯的主權與獨立」、「保衛俄羅斯的主權與完整」、「實現國家現代化」、「建設有效的公民社會」。「納什」的組織是用串聯的形式組織的。每人發展五個成員，組成小隊，由發展人出任隊長。組織的總人數不詳，但從三屆夏令營（由隊長以上幹部參加）人數的增長，可見一斑。2005年為三千

人；2006年為五千四百人；2007年已達一萬人。據此地《政權》月刊透露，2007年夏令營經費高達一千七百萬歐元。俄國媒體說，經費來源不透明。現任領導人是尼基塔・博羅維科夫。

2005年，親普京的青年運動改組，直接受到顏色革命的影響。無論是格魯吉亞，還是烏克蘭，劇本都一樣。都是在大選失利後，親西方的民主派發動選民，特別是青年人上街，舉行抗議示威，強行否定大選結果，進行重選，從而得手。為了防止在俄國重演這個臺本，又不能動用武裝或者警力，只有動用忠誠可靠的社會力量。「納什」的任務就是如此。去年國家杜馬大選，12月3至6日期間，為了防止反對派和維權組織上街，「納什」組織成員圍困各反對黨的總部，使其無法上街遊行。同時占據市中心各大廣場和主要地鐵站，防止反對派舉行選民大會。

普京十分關心「納什」。2005年7月26日，普京邀請參加「納什」第一屆夏令營的五十六名代表到總統行宮做客，各大媒體參加，歷時兩個多小時。會見時，普京向「納什」表示感謝，感謝他們組織了六萬人參加的慶祝反法西斯戰爭勝利六十周年的活動，並表示要吸收青年參與國事。後來普京任命參加會見的尤麗婭・戈羅德尼切娃為俄羅斯聯邦社會院委員。在這次夏令營的活動中，蘇爾科夫說「將來要把國家交給你們」；親克宮的政治技術專家帕夫洛夫斯基呼籲他們更強硬地對待法西斯遊行和用肉體打退反憲法政變。此地政治觀察認為這是為阻止顏色革命而組織的後備武力隊伍。

國內外關注普京背後的智囊人物蘇爾科夫。他生於1964年，畢業於莫斯科國際大學，經濟學碩士，曾服役國防部下屬的情報總局（GRU）的特種部隊。1987至1996年期間在落難的霍多爾科夫斯基手下的銀行工作。1999年起任職總統辦公廳。2008年5

月12日由梅德韋傑夫總統任命為總統辦公廳第一副主任。精通英文，喜歡寫交響樂和小說，與俄國搖滾樂界關係很好。

蘇爾科夫的主權民主論已成為俄國國策的基礎。他的一些言論很值得注意。「在政治實體中注入民主因素，必須考慮民族的文化特點和傳統」，「不搞威權制度也可以建成強有力的國家機構，而且必須建立這樣的國家機構」，「我不認為俄國輸掉了冷戰，是俄國戰勝了集權主義」，「不要忘記俄國對全球民主化做出的貢獻。東歐和中亞的民主化，俄國做的要比華盛頓和倫敦多」，「可以把主權民主界定為社會政治生活的一種方式，政權、政權機構和行動完全由俄國人民選擇、制訂和指導」。他認為，沒有民主，俄國不可能建成一個有競爭力的國家；沒有國家的政治和經濟獨立，就不可能保障發展民主的條件；需要解決的任務是在民主不受損害的條件下支持主權。

今年是前蘇聯開始民主化的二十周年。自從戈巴契夫提出公開性和新思維，到普京的主權民主，俄國思想界和政治界走過一個漫長的歷程。當今主權民主的思想已在俄國生根。普京有高達七成以上的支持率，正是這種社會自我意識的表現。這也是全球面臨的新俄現實。各國制訂對俄國政策時不得不考慮的現實。

55 俄國開發新戰略武器：糧食

2008/07/02

　　去年出現的全球糧食危機，波及俄國國內市場，引發食品全面漲價，特別是日常天天必需的麵包、植物油和乳製品，大幅提升零售價格，引起全國人民不安。俄國政府和時任總統普京，多次召開會議，研究解決辦法。在另售業務方面，主要是政府出面與各大零售商集團達成君子協定，到今年5月為止，凍結零售價格。由於議會在利益集團的支配下，俄國沒有商業法，批發商和零售商可以隨心所欲決定商業附加價和利潤，政府只設有控制壟斷行業的價格委員會，處理電費、公用事業收費標準等極少數價格。經過調查，政府發現零售價格中很大一部分為商業提價部分。這個情況促使政府在民眾壓力下加快制定商業法和尋找出路。普京把壞事變成好事，重提國家糧食安全戰略問題。

　　前蘇聯到了後期，農業，包括糧食和食品問題，在計畫經濟嚴格控制之下，越搞越糟，直到無法養活自己，要靠進口維生。當年紅極一時的笑話恰是印證。人問：「一條長長綠色的東西，飄散著香腸的香味。這是什麼東西？」答曰：「從莫斯科開出來的火車。」原來當年蘇聯全國缺乏食品，只能保證供應首都。全國都

跑到莫斯科去買食品，包括買香腸。到了上個世紀九十年代初，蘇聯要靠外國糧食救濟，重現二戰期間西方人道援助的景象。那時起，俄國有識之士開始關心涉及國家安全的糧食和食品問題。

上個世紀九十年代下半期，俄國政府開始重視國家糧食安全問題。1996年1月，國家杜馬通過《國家糧食安全法》。但是，此後俄國政局動盪不安，國家領導和行政部門忙於解決政治問題，糧食問題一直沒有提到日程上來，更不用說具體落實。去年出現世界糧食（包括食品）危機，引起俄國全民關注，使這個議題重新浮上水面。2007年6月20日，政府通過《農業發展規劃》草案，提交國會審議。草案規定逐年增加糧食投資，中央投資五千五百一十三億盧布（一美元＝二十三點五盧布），地方投資五千四百四十三億盧布；糧食產量增加23.4％，由時任第一副總理的梅德韋傑夫負責。10月，俄國政府召開全國實施《2008至2012年糧食規劃》會議，全面檢討糧食和食品生產及供應情況。

今年俄國明顯加大解決國家糧食安全問題的力度。3月18日，莫斯科召開「俄國糧食安全國際論壇」。歐洲各國農業部、俄國立法與行政機構和地方政府的代表，各地農業局長，農業科學界與會，由俄國農業部長戈爾傑耶夫主持，討論涉及國家糧食安全問題。俄國農業科學院第一副院長、農業經濟研究所所長烏沙切夫提出，國家安全的標準是達到80％的自足量。4月，俄國召開全國麵包供應研討會，本行業巨頭參加討論國家糧食安全問題。6月9日，普京總理在政府主席團會議上專題討論食品問題，以牛乳製品為例，追究零售價格上升而向農民收購價格下降造成的新型剪刀差問題，指令第一副總理祖布科夫嚴查。6月19日，梅德韋傑夫總統召開國家安全會議，專門討論國家糧食安全問題。引起俄國領導人關注糧食安全問題最初主要是兩個因素：一

是糧食和食品全面大幅漲價，社會公眾一片譁然。二是進口食品超過安全警戒線。

據俄國家統計局公佈的資料，今年1至5月，穀物價格上漲18％，麵粉上漲21％，葵花籽油上漲20％，雜糧上漲14％至30％。上漲幅度遠遠超過歐盟各國。三分之二的居民受到影響，民眾叫苦不迭，已經影響社會穩定。連年來食品進口超出國家糧食安全係數。2007年，俄國穀物和農業原料出口額為九十一億美元；進口額為二百七十六億美元，均為加工後產品。全國食品供應中，進口貨占三分之一。大城市糧食和食品七至八成靠進口供應，引起俄國各界不安。普京下令清查農業外貿情況，特別要求列出農業進出口商品清單，制定國家管理商業法。在利益集團控制下，俄國出口四級小麥。這個品種在俄國是生產飼料的主要原料。出口過多，造成俄國本國飼料漲價150％，肉類產品供應五成靠進口解決。火上加油的是，歐盟撤銷對農業出口的補貼，特別是奶粉和乳製品。國際市場糧油價格急劇上揚，逼使俄國物價向上調整。

國家糧食安全目前已經成為俄國理論界探討的重點。安全的標準，比較統一的看法是：全面安全級──充分滿足糧食需求，全民可以承擔的價格，五年戰略儲備，農漁林穩定發展，有能力向外提供援助，農業科技保證發展需求，改善生存環境；基本安全級──戰略儲備少於五年，其餘相同；部分安全級──自足85％，大部分人可承受的價格，戰略儲備不足，不保證意外需求；不安全級──國產糧食只提供六到八成，大部分人無法承受的價格，沒有戰略儲備。比照俄國現狀，自供量少，綠色食品只有富人可以享受，儲備不足，農業機械七至八成破損，農機生產量與全盛時期相比，只有一成。

俄國發展農業的資源相當豐富。全球9％的耕地在俄國，其

中40％是肥沃的黑土地，占全球黑土地的三成。據2006年全國農業普查，共有可耕地三億零售四百萬公頃。另據2007年統計，用地七千六百三十八萬公頃，生產糧食八千一百八十萬噸，出口一千六百萬噸（出口利潤高於內銷利潤）。俄國農業部長在不久前召開的羅馬聯合國糧農組織會議上聲稱，俄國打算近期內即增加一千四百萬公頃播種面積，增加出口兩千萬噸糧食。這樣，俄國將成為國際糧食市場大玩家。目前俄國是第三大糧食出口國。

在解決本國糧食需求的同時，俄國政府通過普京之口，表示要在未來的國際糧食市場上顯示實力。俄國戰略界的考慮是，全球理念的變化，從掠奪自然消費自然轉為保護自然；全球糧食需求不斷增長，特別是中國、印度、中亞、非洲、東南亞地區，隨著人口增長和生活水準上升，糧食自給程度將下降；全球暖化將導致俄國農作物產量增加一倍，而美國沙漠化面積擴大，產量將下降一半，出現全球糧食供應缺口，俄國可以乘虛而入（這也是俄國拒簽東京協議書的秘辛）；石油時代正在走向末日，糧食時代將取而代之，決定未來國際戰略地位的將是糧食。俄國戰略家認為，美國目前仍握有糧食出口主動權，也是美國施加政治壓力的資本之一。美國的糧食是為美國的政治戰略服務的。

糧食的獨立性是國家獨立與主權的保障。這一命題正在融入國際戰略玩家的血液和意識裡。不僅如此，糧食還有其他重要的涵意。糧食供應情況決定社會的穩定，維護人權的內容，能置對手於死地的政治手段。正像人們所說，糧食越少，糧食的政治含量就越高。有一天糧食激戰出臺，俄國未雨綢繆，現在即著手開發新的全球戰略武器，必將應對有餘。糧食成為戰略武器，是新世紀的一大發明。俄國糧食指望輸出到中亞、中國、印度、非洲地區，勢必影響這個地區的形勢。

2008/08/05

　　俄國當代偉大作家索忍尼辛琴走完了坎坷的一生，於2008年
8月3日23點45分駕鶴西去。噩耗傳來舉世震動。俄國總統梅德韋
傑夫在致家屬的唁電中稱他是「二十世紀偉大的思想家、作家、
人文主義者。他的逝世是俄國和世界不可彌補的損失。他的一生
獻給了祖國，是一個真正的愛國者，全心全意痛感俄羅斯人民的
命運，為樹立道德和精神理想而奮鬥。他對歷史轉折時期的研究
為發展世界文化做出巨大貢獻，影響了千百萬個性的發展。他的
名字永遠與俄羅斯命運聯結在一起。」普京對他的評價確切而
富有情意。他認為索忍尼辛琴的逝世，「是對全俄羅斯的沉重打
擊。我們為有索忍尼辛琴這樣的同胞和同時代人感到驕傲。他堅
強勇敢的精神和巨大的內在人格魅力將永遠留在我們心中。」普
京認同索忍尼辛琴的許多觀點，因此號召國民「學習他真正的自
我犧牲精神，為人類為祖國為追求自由公正和人道理想而無私奉
獻的精神。」

　　西方國家在索忍尼辛琴被蘇聯政府剝奪國籍之後收容了他，

給他創造了創作和生活的條件。法國總統薩科齊在唁電中稱他是一個傳奇式的人物，是陀斯妥耶夫斯基的繼承人。美國總統布希說「世界失去了一位擁護自由的人」。

　　索忍尼辛琴走過了一般人難以想像的人生。1918年生於俄國南方。十八歲就想寫一部關於十月革命的長篇小說，動手搜集素材。1936年進入羅斯托夫大學數理系學習，1939年又考入莫斯科哲學文學歷史學院函授部，攻讀文學，但未能完成文學專業的學習。1941年畢業於羅斯托夫大學。衛國戰爭爆發後，1942年以炮兵中尉的身分勇赴前線。因戰績出色，榮獲二級衛國戰爭勳章和紅星勳章。1945年在給兒時朋友的信中批評史達林和集權主義，稱史達林是「（土匪）頭子」，被朋友告密，從前線押回後方，因「進行反蘇宣傳」判處八年勞改，從此走上苦難的歷程。這八年親歷勞改營的非人生活，成了他一生創作研究的動力和題材。1953年刑滿釋放，但不得在蘇聯歐洲部分居住。1956年蘇聯最高法院為索忍尼辛琴平反。

　　索忍尼辛琴的小說《伊凡傑尼索維奇的一天》經赫魯雪夫默認後1962年得以在權威文學雜誌《新世界》發表。這部白描蘇聯勞改營內情的作品，開啟蘇聯大牆文學。在教學之餘，索忍尼辛琴以自己的經歷和對生活的獨特視角從事文學創作。古拉格（勞改營）成了他揭露批判集權制度的素材。他曾讀過一本關於原子能的小冊子，就被送到勞改營裡一個秘密研究所工作，當工人。這一段生活為他提供了創作《地獄第一層》（1968年）的素材。當年史達林曾將知識界有獨立思想的科學家冠以「反蘇」的帽子，關進勞改營，進行秘密的研究工作。《地獄第一層》寫的就是內務部要求研製破解人說話聲音的儀器以偵破有人給美國大使館打電話的案件。索忍尼辛琴在哈薩克斯坦勞改期間曾患胃

癌，經放射治療得以痊癒。1968年以這段經歷寫成長篇小說《癌病房》，描述一個勞改犯在治病過程中與主治醫師相戀的動人故事。隨著蘇聯政治解凍的結束，他的作品無法出版，只能由地下出版社和手抄本形式流傳。但同時卻有供上層領導閱讀的內部版。

索忍尼辛琴一生為獨立精神奮鬥。1967年5月發表致第四次蘇聯作家代表大會公開信，要求廢除公開的和秘密的文學審查制度，保證作家發表作品的權利。這封信遭到官方和體制內作家的聲討，卻未能動搖他的決心。

1970年，因「在追求俄羅斯文學不可缺少的傳統時所具有的道德力量」獲諾貝爾文學獎。索忍尼辛琴擔心出國領獎不能返回祖國，因此未能前去領獎。此後他在國內受到的壓力與日俱增。

1974年2月索忍尼辛琴因在國外發表作品以反蘇聯和叛國罪名被捕，次日即被剝奪蘇聯國籍，流放國外，從此開始了二十年的流亡生涯。在國外，索忍尼辛琴繼續思考俄國二十世紀的命運，撰寫大量研究俄國歷史變遷的著作。他利用美國斯坦福大學和耶魯大學搜集的俄國革命和流亡人士的資料，動員健在的流亡國外的俄國思想界、軍政人員、文藝界、普通老百姓寫下自己的俄國歷史見證。前後收集到一千五百份。

索忍尼辛琴的《古拉格群島》於1973年開始在國外發表。他的手稿原由一位朋友莉麗婭保管，被克格勃得知後，將她逮捕，經過五天酷刑拷問，她說出了手稿所在地。隨後莉麗婭自殺以謝索氏。凡是保藏這部舉世聞名巨著的人，當年都被蘇聯當局判八年勞改。因此，說這部書是浸在鮮血裡不為之過。

長篇史詩小說《紅色車輪》是他的主要作品，也是引發極大爭議的一部作品，鴻篇巨制十大卷，探討俄國二十世紀的歷史

進程，敘述和分析1905年至1922年俄國的局勢，包括第一次世界大戰、二月革命、十月革命、國內戰爭。原計畫還要寫下去，可惜未能遂願。書中具體歷史事件的描述與虛構人物男主人公薩尼亞和女主人公克謝尼婭的羅曼史交織為人與歷史的關係史，提出許多個人獨特見解。例如，他指責沙皇尼古拉二世，不顧國計民生，在關鍵時刻沉溺於家庭事務，沒有負起國君的責任，致使帝國崩潰。他認為人類的悲劇是人類失去了上帝，自私，軟弱，缺乏道德價值，貪權，等等造成的。人只有自由獨立才能得到幸福。然而，他的救國理念，也受到批評，特別是書中宣揚的俄羅斯民族主義和保皇思想，引起強烈的批駁。

1990年，戈巴契夫發佈總統令，恢復索忍尼辛琴的蘇聯國籍。此後索氏榮獲國家文藝獎。戈巴契夫認為索氏「對克服集權主義做出的貢獻是無法估量的。他奮鬥，為建立一個自由民主的國家不遺餘力。」葉利欽上臺後，索氏應邀回國定居。1994年，他到達遠東的弗拉迪沃斯托克（海參威），決心從東到西乘火車橫穿全俄國，以瞭解俄國的現實和民間疾苦。使他大感意外的是，他看見的俄國並非他理想中的俄國。上個世紀九十年代的俄國正處於轉型期間，經濟滑坡，民生艱難，動盪不安。他一再發表關於如何改造俄國的意見，發表《我們如何建設俄國》的小冊子，印行兩千七百多萬份，但是沒有得到公眾的認同。官方與公眾對他尊敬有餘，採納他的意見不足。1997年因他對俄國文學、歷史和俄語方面的成就，當選俄羅斯科學院院士，並榮獲俄羅斯科學院最高獎章。他將四十年收集到的被遺忘的俄語詞彙，編纂出一部《俄語擴展辭典》，受到學術界好評。他出資建立的俄國海外文學圖書館基金會，已在莫斯科對外開放，公眾可以讀到過去的禁書，看到俄國文學白銀時代極其珍貴的文獻和檔案，為豐

富俄國文學做了一件功德無量的好事，也向世人宣示，海外文學最終會納入祖國的文學寶庫。

　　普京對索忍尼辛琴十分尊敬。2000年當選總統後，曾親自登門拜望，為索氏的愛國主義和主持正義深表欽佩。2007年，索氏榮獲國家獎金，因行動不便未能親赴克里姆林宮參加授勳儀式。普京就再次以總統之尊親自登門拜望以示關心，同他交流建設俄國的意見。索氏與普京在建設一個強大的俄國和重振俄國雄風方面有著共同的語言。索氏對蘇聯瓦解早就有所預料，只是希望三個斯拉夫民族國家，即俄羅斯、烏克蘭、白俄羅斯，再加上哈薩克共和國，能保持在一個聯邦國家之內。歷史就是這樣有趣：受到克格勃迫害的作家竟成了克格勃出身的總統的知音。

　　索忍尼辛琴是一個複雜的人物。除了堅持獨立人格、勇於抵抗集權統治、維護民族精神和道德價值之外，也有些觀點受到不同的批評。他的民族主義和保皇思想，引起不少爭議，也得到不少支持。他批評俄國自由派，認為十九世紀的俄國自由派是瓦解俄帝國的罪魁禍首。左右兩派都不認同他的類似理念，這也是他無法融入目前俄國政治生活中的主要原因，儘管他的人格魅力得到眾口一詞的稱讚。

俄國知華派領軍人物謝欽

2008/08/10

應中國副總理王岐山邀請，俄國副總理伊戈爾・謝欽於7月26至27日訪問中國，在北京參加中俄能源論壇後，又訪問上海。雙方對這次論壇成果表示滿意，同時就能源和其他大型專案取得一致意見，為今秋中俄兩國總理定期會晤做準備。中俄雙方都對新的核電站項目表示合作意向。

中俄就能源問題進行磋商，其意義遠遠超出經濟範疇。能源的主要問題是價格問題難於拍板，以及輸油管未能按期建成。其原因既有國際的，也有俄國內部利益集團的鬥爭，包括對華態度的分歧。

中俄的能源合作前景極為廣闊，這是中俄戰略合作的重要組成部分，不僅涉及中俄兩國利益，而且牽動全球態勢。俄國是全球最大石油生產國之一，去年達四億九千萬噸。同時，俄國又是能向中國提供核工業技術的國家。中國在相當長一個時期內是全球能源消耗大國之一，包括核電能。所謂能源問題互補即體現在這裡。俄國採取能源出口市場的多元化，以控制價格和服務於俄國的全球戰略。中國採取能源進口多元化，從全球各地採購能

源，以保中國能源供應安全乃至國家安全。雙方在這些方面都取得了一定的成績。換句話說，雙方手中都有一些牌可用。因此，需要更多的磨合。俄方負責這方面工作的就是副總理謝欽。

謝欽大學畢業後就跨入俄國知識精英集團，無愧於俄國當前領導人高學歷團隊。他出任彼得堡市政府外事局局長時，普京當時即任分管外事和外經貿的副市長，是謝欽的頂頭上司。其後，謝欽隨著普京進入克里姆林宮，不斷晉升。謝欽2004年起出任新組建、市值四百九十億美元的俄羅斯石油總公司董事長一職，更加重他在能源領域的影響力。謝欽手握俄國能源大權，應是中國歡迎的人物，也是中國在這個問題上的主要對手和夥伴。

近來就北京中俄能源論壇一事，俄國媒體透露，俄國領導層在對外政策重點問題上有不同的看法，尤其對向東方傾斜的做法意見並不統一。謝欽則是主張加強中俄合作，共同對抗單邊主義。因此，俄國媒體稱他是知華派的領軍人物。這些人的意見是俄、中、中亞應當聯合起來，因為三方有著共同的戰略利益：保持這個地區的安定與發展勢頭，打擊分裂主義、恐怖主義和極端主義。

現在美國和北約在中亞地區的軍事基地，打擊阿富汗的塔利班分子未必是唯一任務，並不排除有個風吹草動就會轉化成針對中俄和中亞非親美國家的橋頭堡。中俄都擔心美國會把反導彈系統擴大到這個地區以監控中俄的軍事活動。

中俄能源合作，有利於加強上海合作組織的政治作用，協調兩國在上合組織中的立場，提升這個國際組織的政治力量，為應對中亞發生意外事件做準備。

謝欽作為普京的親信和左右手，作為俄羅斯石油總公司的董事長，對於順利解決中俄能源合作中遇到的問題，起著相當重要

的作用。長期以來,通向中俄邊境的輸油管建設遇到不少阻力。

　　據俄國媒體透露,在很大程度上是俄國一些親西方公司作梗。建成投產期一再後延,就是西方一些公司擔心俄國擴大向中國和亞洲地區擴大出口能源會導致減少對歐洲的供油供氣量,造成價格上升和提高俄國的叫價能力。美國則擔心中俄在本區地緣政治力上升。普京大力譴責這些利益集團破壞執行中俄協議。

　　至於俄國內部還有一些人對中俄經濟現狀不滿,「能源向東走,成品向西跑」,相信在中俄雙方努力下,這個問題能找到雙贏答案。謝欽是順利解決這問題的關鍵。

58 格國突擊惹禍
俄軍反擊猛攻

2008/08/12

　　正當全球公眾期待第二十九屆奧運會在北京開幕僅剩十幾個小時，俄美法等八十餘國領導人絡繹不絕抵達北京之際，8月8日凌晨零點（北京時間凌晨四點），格魯吉亞總統薩卡什維利不顧國際奧會和聯合國秘書長關於在奧運會期間停火及停止一切軍事行動的呼籲，下令軍隊發動攻勢，以占領南奧塞梯共和國首都茨欣瓦利為目標，動用坦克和戰機數小時之內就將茨欣瓦利夷為平地。據俄國媒體報導，近兩千名居民喪命，受傷人數更多。俄國維和部隊十五名軍人被打死，一百五十餘人受傷。戰火離俄國邊界只有三十公里。這一行動大出俄國及各有關國家的意外。

　　此前媒體就指出，「高加索火藥桶一觸即發」，但事發前數小時格國總統還公開表示不會採取軍事行動。正在趕赴北京途中的俄國總理普京和正在休假中的俄國總統梅德韋傑夫，都沒料到這宗石破天驚的大事。

　　8日清晨梅德韋傑夫立即中斷休假，返回莫斯科。已在北京的普京聽取了有關事件的彙報，在參加中國國家主席胡錦濤舉行的國宴前急忙與梅德韋傑夫和俄國國防部磋商。在宴會臨開始

前，普京向美國總統布殊通報情況。俄方報導說，布殊當即表示「現在沒有人需要戰爭」。普京參加奧運開幕式後，提前離開北京直飛北奧塞梯共和國首府弗拉吉高加索，親自指揮反擊。俄國主要精銳部隊高加索軍區第五十八集團軍（有八萬多作戰人員）在戰略轟炸機圖—22支持下迅速開進南奧塞梯共和國茨欣瓦利市，將格軍趕出該地區。俄國還動用黑海艦隊，前往另一個要求獨立的格魯吉亞下屬阿布哈茲共和國，從海上支持不肯聽命格魯吉亞又要求獨立、與俄國友好的地區。阿布哈茲已宣佈全力支持南奧塞梯，從東方開闢第二戰場。格魯吉亞腹背受敵，不得不建議雙方停火，但俄方懷疑格國總統薩卡什維利的停火誠意。格國反對派要清算總統的嚴重錯誤負責，包括謝罪下臺。

與此同時，俄國也不放鬆採取外交行動。普京在北京時曾與布殊談到南奧塞梯局勢，要求美國發揮作用。梅德韋傑夫應邀與布殊通話，指稱格魯吉亞挑起戰事，造成數萬難民逃離家鄉，呼籲歐美關注這個地區局勢並向格魯吉亞施加壓力，使其撤出軍隊並簽署不使用武力的協定。在與德國總理默克爾通話時，俄國總統指出，俄國維和部隊遭到格軍襲擊，平民受到屠殺。俄方正在採取軍事和政治手段促使格方停止暴力。美德兩國均對局勢「表示擔憂」，要求盡快停止軍事行動和通過談判解決衝突。

8月10日，俄副外長卡拉辛提出和談條件：格軍退回到8月6日陣地和簽署不使用武力的保證書。俄方多次要求召開安理會緊急會議。在當天的安理會上，美俄代表唇槍舌劍，互不相讓。俄外交部代表指責安理會有人搞「雙重標準」。對於法國外長庫什爾提出「雙方退到衝突前位置」時，俄國指出，當年科索沃事件中，塞爾維亞也提出各自退出衝突地區，但遭北約拒絕。俄方已向法外長表示，北約和歐盟已失去作為調停人的資格，唯獨

聯體的集體安全條約組織或者上海合作組織可擔當此重任。8月12日，格俄交火第五天，俄方宣佈懲罰目的已達到，停火但不撤軍。俄外長指格國總統「最好下臺」。

戰爭是政治的繼續。高加索長期以來就是大國角力的熱點。高加索的安定與和平事關俄國南部戰略安全，一直駐有重兵。自從格國發生顏色革命之後，薩卡什維利上臺，奉行親西方政策，積極要求加入北約和歐盟。美國協助格國發展軍力，提供軍事顧問和武器。

俄國指責北約力圖在這個地區建立反俄的軍事力量，從南部圍堵俄國。參加過俄格軍事談判的俄軍伊瓦紹夫上將對《莫斯科共青團員報》說：「我參加同格國防部長會談時，每提出一些建議，他就到下面的四樓，向守在那裡的美國和北約軍官請示批准，然後再做出決定。」格魯吉亞申請參加歐盟受挫，並被擱置下來。俄方認為薩卡什維利此次發動戰事就是要把歐盟拖下水。難怪他在宣佈決定時，背後除了掛有格國國旗外，還掛有歐盟盟旗，儘管按規定只有歐盟成員才可掛盟旗。可惜歐盟並未派兵協助。歐盟一方面指責俄國侵犯格國主權，一方面又派出歐盟負責官員前往格魯吉亞和俄國進行調停，同時向格魯吉亞供應軍火。

此外，俄國指美國已非正式地參與這場戰事，美國軍事顧問團仍在格魯吉亞繼續指導格軍，已有美軍人員被俄軍俘虜；美軍用飛機正在把格國在伊拉克的兩千名官兵空運回國，並派赴南奧塞梯戰場參加戰鬥。在俄國大軍事攻勢之下，薩卡什維利提出停火，但已遭莫斯科拒絕。

格魯吉亞局勢錯綜複雜，俄國宣稱決不會後退。普京在指揮反擊行動時提出法律依據，說俄國作為維和一方，按照1992年國際維和協議，在一方受到另一方攻擊時，有責任出兵保護受擊一

方。其次，保護居住在南奧塞梯共和國的俄國公民安全。此地居民中八成有雙重國籍，包括俄國國籍。第三，俄國認為格國對南奧塞梯推行種族滅絕政策，攻擊非格魯吉亞族人。因此，普京說俄國的行動絕對合法。格國和西方各國則認為，南奧塞梯共和國法律上是格魯吉亞的組成部分，是格國領土。正由於這個問題的複雜性，聯合國安理會一直無法就俄國提出的草案達成協議；俄國指責安理會不能做出相應反應，美國等不肯將「雙方應當放棄使用武力」的承諾寫入聲明。美國和歐盟正在向俄國施加壓力，指責俄方應負主要責任，而俄方則指責格方是點火者；西方指望通過這次調解活動正式介入該地區，以取代俄國的維和作用；以俄國為首的集體安全條約組織的其他國家沒有派兵參戰。南奧塞梯共和國在蘇聯解體後，一直不願接受格國管理，在科索沃獨立之後，再次單方面宣佈獨立，但沒得到國際社會的承認。

南奧塞梯同格魯吉亞的衝突由來已久。上世紀二十年代，格魯吉亞蘇維埃共和國建立南奧塞梯自治州。三十年代又將原用俄文字母改為拉丁字母，與北奧塞梯隔離開來。八十年代末，南奧塞梯議會決定將自治州改建為自治共和國。1992年初全民公決要求獨立。當年5月議會以1922年前南奧塞梯不是格魯吉亞領土為由，宣佈獨立。此後一直衝突不停。為解決衝突，經獨聯體國家會議討論，決定由俄、格、北奧塞梯和南奧塞梯四方達成維和協定，由俄、格和南北奧塞梯組成聯合維和部隊。

俄國評論界普遍認為，格魯吉亞此舉是為了證明俄國是利益一方，不能扮演維和角色，要求北約和歐盟介入，參加維和，使歐盟正式進入高加索地區的政治軍事事務。今後這個地區局勢各方仍將十分關注。俄國會抓住這個機會，不會輕易停火，力爭取得軍事上的絕對優勢，正如普京宣佈，「將進行到邏輯性的終

結」。俄國在這個地區的武裝力量將不斷加,意味著從軍事上確保不肯留在格魯吉亞管轄之下的兩個共和國能自由行事。

俄國會下議院已放話,稱正在醞釀通過承認南奧塞梯共和國和阿布哈茲共和國的決議。但俄外交部已正式聲明目前首要任務是解決軍事衝突,不是承認兩個國家的時候。不過看來在時機成熟的時候,重現科索沃式獨立事件不足為奇。那時,俄國將會感謝薩卡什維利今天提供的歷史機遇。

2008/08/17

　　俄格軍事衝突終於漸漸平息下來，關鍵是法國總統薩科奇的及時調停。正當戰事濃煙滾滾，8月12日薩科奇到達莫斯科，同俄國總統制定出一份解決衝突的六條協議。這六條是：不使用武力；停止全部軍事行動；確保人道援助自由進出走廊；格魯吉亞軍隊退回原駐防地；俄軍退回軍事行動開始前的陣線；開始國際討論南奧塞梯共和國和阿布哈茲共和國的法律地位。薩科奇帶著這份協議書前往格魯吉亞會見薩卡什維利總統，力勸他簽署這項協議，但他堅持要修改關於國際討論兩個分離地區的法律地位問題，堅持這兩個共和國是格魯吉亞的領土。經薩科奇協調，將這一條改為「國際保證阿布哈茲和南奧梯的穩定與安全」。15日，薩卡什維利在會見美國國務卿賴斯之後簽署這項協議，並由美方用傳真發給俄方。在此之前，14日，南奧梯共和國總統科科伊特和阿布哈茲共和國總統巴加普什在克里姆林宮簽署俄法協定文本。16日，俄國梅德韋傑夫總統在國家安全會議上宣佈已經簽署這項協議。至此，各方都簽署了這項協定。但是，當天俄國外交部長拉甫羅夫在回答記者詢問時說，格魯吉亞方面簽署的協議不同於其他三方簽署的文本，即缺少前言中不可缺的一條，即「俄

法總統支持以下原則並呼籲各方簽署本協議」，並表示要通過外交途徑澄清。由於協定文本尚未公佈，因此無法瞭解俄格兩方所簽署的協定文本到底有哪些不同。這一事實再次說明解決南奧塞梯衝突問題相當艱難。16日，俄總統正式下令停止軍事行動。不過，至今仍有零星戰事。

俄方在軍事行動正在進行中就開始解決軍事行動合法性問題。10日，俄總統召見總檢察長，要求立即開始對格魯吉亞總統和軍隊犯下戰爭罪和滅絕罪展開刑事調查，同時調查俄國維和部隊官兵被格軍屠殺事實。梅德韋傑夫指責格魯吉亞對奧塞梯族實行民族滅絕和民族清洗政策。俄總檢察長已派出八十餘人前往南奧塞梯取證。他們訪問南奧塞梯難民營和傷患，記錄和平居民被屠殺的事實，並宣佈將向海牙國際法庭和斯特拉斯堡法院提出訴訟。格魯吉亞於14日控訴俄方對格魯吉亞和平居民施暴，並要求俄國為近二十年對格族歧視做出賠償。海牙國際法庭已接受格魯吉亞投訴，將審理俄國。這方面兩國將展開一場國際法律拉鋸戰。

俄國多次聲明，支持南奧塞梯和阿布哈茲兩國人民自主決定的前途，同時表示「使用武力迫使南阿兩國回到格魯吉亞的是做不到的」。

俄國已經對南阿兩國提供大量軍事和人道援助。俄政府已經決定提供一百億盧布協助重建南奧塞梯共和國。俄國全國各地都發動起來向南奧塞梯提供援助。俄國建築工程隊已經開赴茨欣瓦利。

美國對俄態度越來越強硬。8日在奧運會開幕當天，普京向布希通報薩卡什維利下令發動攻擊南奧梯，布希只表示希望各方克制。回國之後，布希指責俄國的言辭一再升級。先是要求確保格魯吉亞領土完整，繼之指責俄國「持強凌弱」，「侵略格魯吉

亞」，說俄國正在走向國際孤立，並聲明格國主權與領土完整沒有商量餘地，警告俄國不要「兼併南奧塞梯和阿布哈茲」。15日，布希宣佈美國及其盟國肩並肩同格魯吉亞站在一起。他再次聲明，格國的領土與主權應當得到保證，俄國應當執行自己承擔的義務。美俄之間的壞關係不符合兩國的利益，俄國應當尊重自由。另外，布希採取了一系列實際行動。協助格方從伊拉克調回軍隊，派出賴斯去法國，向歐盟施壓，要求停火協議要有利於格國，美英法拒絕同俄國展開原計畫中的海軍聯合演習，14日同波蘭簽署爭議已久的在波部署反導彈系統，在本年度內即將開始部署十套愛國者導彈系統，答應協助波蘭軍隊現代化，考慮波蘭提出的二百億美元援助要求，指示美軍向格魯吉亞提供各項援助（俄方說，除人道援助外，不排除美國提供的物資中有軍事用途）。布希已宣佈即將再次派出賴斯前往布魯塞爾向歐盟和北約施壓。

歐洲各國在這次俄格衝突中的態度沒有統一立場。堅持指責俄國的有英國、波蘭、愛沙尼亞、拉脫維亞、立陶宛等國。英國要求改變維和部隊的成員，協同強硬譴責俄國在南奧塞梯的行動。歐盟二十七國外長會議發表的聲明相當克制，一方面支持俄法方案，另一方面堅持「支持格魯吉亞主權與領土完整和民主選舉的總統」；同時指責俄國行動過火，要求俄國「不要採取過分對抗的立場」。在討論俄格衝突時，法、德、意、斯洛伐克、賽普勒斯等國要求通過政治途徑鞏固停火協議。德國總理梅克爾15日前往俄國離衝突地區很近的索契會見梅德韋傑夫總統。這是原先安排的一次會晤，但在目前形勢下具有了新的內容，雙方都賦予新意義。中心議題就是外高加索地區的危機。梅德維傑夫說明俄國反對格魯吉亞發動攻擊和殘殺俄國公民。梅克爾則批評俄國

行動過火，要求俄國尊重格國領土完整，暗示要接納格魯吉亞參加北約。梅克爾還要求改變維和部隊成員。梅德韋傑夫回答說，俄國不反對，但是要問南阿兩國人民是否同意。目前他們只相信俄國維和部隊。

這次表現相當突出的是土耳其。土國總理13日到訪莫斯科，與梅德韋傑夫進行會談。俄國媒體報導，說土耳其支援俄國穩定高加索地區的努力。土耳其總理塔伊卜說「我來是要公開表示土耳其站在俄國一邊」。他的這番話有一定背景。土耳其對美國動搖高加索地區穩定十分反感，近傳美國有意支持伊拉克的庫爾德斯坦獨立，可能會侵占土耳其的領土，土耳其十分擔心。土耳其的北賽普勒斯共和國沒有得到國際社會承認，只有土耳其自己承認，也是一塊心病。塔伊卜總理這次訪問的重要議題之一是兩國經濟合作，更多的是俄國向土國供應天然氣的問題。目前經由格魯吉亞的輸氣管受到威脅，俄土兩國合作的鋪設在黑海海底的輸氣管也會受到影響，因此，土耳其從自身利益出發，不願對美國亦步亦趨。

另一個表現極端是烏克蘭。烏克蘭總統尤先科也是靠顏色革命上臺的親美反俄派人物，是薩卡什維利的盟友。多年來一直向格魯吉亞提供軍事裝備，並與格國一樣積極要求參加北約和歐盟。事件發生後，尤先科親赴格國表示譴責俄國和支持格國，發佈命令要求駐在烏克蘭塞瓦斯托波爾軍港的俄國黑海艦隊在出港前七十二小時向烏克蘭軍事當局報批出海手續，以此限制俄海軍行動。對於黑海艦隊參加地區武裝衝突一事，烏方表示關注，並要求俄方同烏方就此事進行談判，理由是烏克蘭有被拖進武裝衝突的可能。俄方則堅持兩國有黑海艦隊合法駐在的協議（到2017年），按國際慣例可以自由行動。與此同時，尤先科單方宣佈終

止俄烏導彈攻擊預警協議，聲明烏克蘭有心要考慮參加集體安全（指北約）以保本國安全。除此之外，烏克蘭擔心克里米亞半島的分離傾向。克里米亞半島原是俄國領土。當年由赫魯雪夫決定轉劃給烏克蘭。同在蘇聯一國之內，沒有問題。現在各自獨立，領土成了潛在問題。俄國公眾對失去克里米亞並不甘心，加上當地俄人很多，要求回俄國版圖的情緒很濃烈。這些人也堅決反對北約軍隊進駐克里米亞。因此，這又是一座火藥桶。何況科索沃分離出去時，尤先科並沒有表示反對。

這次武裝衝突中，獨聯體和上合組織沒有明確表態，也受到俄國媒體注意。俄國媒體還普遍認為俄國這次在輿論和資訊戰方面失敗。因此，梅德韋傑夫向媒體提出三個問題：到底是誰先發動進攻的，是格軍還是俄軍？不清楚。國際社會是否願意在格國侵略南阿兩國之後使南阿兩個民族消失？事件是否是人道災難？還是只限於南奧塞梯與俄國的事？俄國評論界預估，未來可能是南奧塞梯獨立和加入俄羅斯聯邦；而阿布哈茲可能宣佈獨立，然後加入獨聯體。

這次俄國殺雞（格）給猴（美、烏、波）看，誰動俄國利益，俄國就不惜代價。俄國同西方關係天天下滑，令人擔憂。

高加索是一個敏感地區，是一個馬蜂窩，動不得。薩卡什維利在美國支持下發動衝突，難以收拾。美國及其盟國開創的科索沃先例，使西方失去了主張領土完整的道德權利，後患無窮。

下一個敏感地區將是中亞地區。這裡也有靠顏色革命上臺的吉爾吉斯總統，也是一個多事之地，一個馬蜂窩。有關各方須早做準備，盡一切力量維持地區安定。

60 高加索潘朵拉
衝擊世界

2008/09/06

　　高加索地區的炮聲已經停止，黑海上美俄軍艦的掀起的波濤聲卻在繼續。一個月前的武裝衝突範圍，按全球尺度來衡量，並不算大，遠非北約發起的侵犯南斯拉夫戰爭或者伊色列侵占敘利亞高蘭高地可比，但對國際社會的衝擊卻難已估量。全球各派政治力量和各集團都正在經歷一場考驗。隨著衝突真面目的明朗化，許多相關問題正在引起各界的深入考慮。這裡既有俄格兩國軍事行動的法理問題，也有引起這場危機的深層原因問題。

　　誰是挑起這場衝突的罪魁禍首？俄方堅持格魯吉亞偷擊依據國際協議駐在南奧塞梯的維和部隊，打響了第一槍。格國在當地的維和部隊開槍打死俄國維和部隊士兵的真相正在顯露出來。據媒體報導，格軍早就有所謀劃，選擇了全球注意力集中在北京奧運會開幕之時發動進攻。俄方沒有準備，格軍長驅直入，直奔南北奧塞梯山洞通道，擬堵住洞口，消滅反叛的南奧塞梯人，但計畫未成功，造成數萬難民進入北奧塞梯。現在已經暴出的資料顯示，戰事發生後，俄國副外長和副防長均曾試圖通過熱線與美方磋商，美方「關機」，沒有人接電話。俄方據此判定，美方事

前知情或者參與，而從繳獲的證件中發現有美軍身分證，更為俄方提供了指責美國的根據。俄總理普京正在北京參加奧運會開幕式活動，總統梅德韋傑夫正在河上遊覽，高加索軍區司令正在度假。格軍諜報人員提供的情報說可以在十幾個小時內全面占領南奧塞梯。俄軍倉促派出軍隊支持，各兵種缺乏協調，造成額外傷亡。俄方大軍挺進到離格國首都梯比里斯數十公里時，俄方說，接到歐盟要求，不要逮捕薩卡什維利和占領首都。最緊要關頭，法國總統薩可齊出面直奔莫斯科，阻止了衝突的進一步發展。薩卡什維利挑起衝突的說法，目前正在發酵。歐洲議會已經不再矢口確認責任在俄國，表示要調查這個問題，實質上是對俄國說法的讓步。

俄國說，它是仿效北約和歐盟在科索沃的做法，從軍事上打擊宗主國塞爾維亞派兵進駐科索沃，承認分離主義地區主權和科索沃國家。南奧塞梯和阿布哈茲兩國早就宣佈脫離格魯吉亞，格國早就失去對兩個分離地區的實際控制。這是俄國解釋當前行動線的依據。無論是在安理會，還是在其他外交層次，都是這個口徑。俄國當年曾經警告西方不要打開這個潘朵拉盒子。現在西方自食其果。獨聯體還有這樣的例子。摩爾達維亞的德聶斯特里亞分離地區，早就宣佈獨立，一直尋求俄國承認。俄國這次沒有支持它。摩爾達維亞總統急訪莫斯科，與梅德韋傑夫總統達成默契，促成這個分離地區與摩國達成組織聯邦和自治，防止分離地區獨立氾濫成災。至於烏克蘭，則有克里米亞地區的分離傾向，更何況當地有相當數量的俄國公民，要求重返俄羅斯。這也是烏克蘭這次反應特別激烈的原因。

俄國迅速承認南阿兩國的主權和獨立，給國際社會提出了一個難題，也使俄國陷入外交困境。為了擺脫外交困境，俄國採

取的對策是，加強輿論導向，收復事件初期失陷的輿論陣地，梅德韋傑夫總統親自撰文解釋，普京接受西方通訊社訪談，邀請歐盟議員和媒體考察南奧塞梯共和國，俄國媒體全面發動解釋合法性；要求安理會譴責格魯吉亞滅絕人種，屠殺平民；爭取友邦支持；分化歐盟和美國，支持歐盟的調解工作，尊重歐盟和事佬立場，重點打擊美國；向國際社會和本國民眾灌輸不怕禁運和孤立思想；利用上合組織成員國首腦會議和集體安全性群組織成員國首腦會議平臺進行說服以爭取支持，呼籲國際社會承認南阿兩國。總之，一是分化，分化歐盟與美國；二是爭取，爭取上合組織與集體安全條約組織的支援；三是打擊，打擊美國和薩卡什維利。這三著是俄國目前應對新形勢的外交策略。

俄國及時接受法國總統調停，達成六點共識。這六點已經成了解決俄格衝突的基礎。儘管各方都簽字畫押，但各方解釋並不一致。然而目前別無選擇。因此各方都承認這六項協議，要求對方認真執行。俄國對於歐盟首腦會議沒對採取懲罰俄國的立場表示高興，正如《莫斯科共青團員報》所說，「歐盟給了我們歇一會兒的機會」。俄國希望歐盟採取有別於美國的立場。這一目的達到了。歐盟首腦會議主要精神就是通過對話解決問題。歐盟新成員波蘭和波羅地海三國的英國率領下要求嚴懲俄國；以法國為首的老成員（包括義大利和德國）要求對話的立場占了上風，最後沒有通過制裁俄國的決議。俄國表示歡迎歐盟願意認真平和討論高加索危機的立場。歐洲議會第二大黨歐洲社會黨議員團主席馬丁‧舒爾茨認為格國總統的做法「非常不妥當」，對俄國來說也是好消息。

俄國在高加索危機中對上合組織抱有很大希望，但上合組織沒有完全滿足俄國的要求。除了梅德韋傑夫外，沒有人在發言中

提到南阿兩國的名字。上合首腦會議表示支持俄國「在促進南奧塞梯和平中的積極作用」，離俄國方面的要求有相當一段距離。上合組織首腦會議發表的《杜桑貝宣言》相當克制，沒有嚴厲譴責格魯吉亞。各成員國也沒有隨著俄國公開正式承認南阿兩國。這是上合組織成立以來遇到的最大挑戰。作為上合組織發起國--中國的態度更是全球關注的重點。俄國方面期待中國更加積極的態度。兩國達成相互理解。中國不支援分離主義，因此只是通過表示支援俄國承辦冬奧會而間接支援俄國。俄承認南阿兩國後，中國駐俄大使劉古昌奉命緊急約見俄副外長，瞭解情況。俄外交部說，中國表示理解俄國的行動。媒體則表現出一定失望。其他成員國也有自己的苦衷。不支持俄國不好；搞壞同西方的關係也不好。左右為難。直到最後時刻，宣言才寫進「對南奧塞梯問題不久前出現的緊張局勢表示嚴重關注，歡迎2008年8月12日解決衝突的六項原則，支持俄國的行動」。

接著召開的集體安全條約組織首腦會議，俄國再次希望中亞各盟國表態。會議表示在共同感興趣的問題方面一起努力發展同盟協作。梅德韋傑夫在會後的新聞發佈會上說「集體安全條約組織夥伴一致負面評價格魯吉亞的做法，對格入侵南奧塞梯持否定態度，支援俄國起到的積極作用」。至於承認南阿兩國的問題，俄國認為各國根據自己的國家利益、依照國際法獨立自主決定承認兩國的原則是「完全正確」的。目前還沒有一家正式承認，因為中亞這些國家都有分離主義問題。令俄國上下感到意外的是，繼俄國之後，從南美殺出了一個程咬金，第二個承認南阿兩國。這就是尼加拉瓜總統奧爾特加。9月5日，他正式簽署承認兩國的總統令。俄國媒體大為鼓舞。俄國俗話說「一個老朋友勝於兩個新朋友」，大呼「應該承認，尼加拉瓜是俄國的朋友」。俄

國科學院拉美研究所副所長馬丁諾夫指望委內瑞拉、玻利維亞、厄瓜多爾、外加古巴，可能效法而起。一方面，這些國家因反美而支持俄國，另一方面，俄國對於領導反美戰線不感興趣。還有人說，至少會有十到十五個國家會承認兩國。但是，遠親超過近鄰，令俄國最指望的白俄羅斯和哈薩克斯坦大跌眼鏡。相比之下，科索沃獨立後，北約和歐盟一致承認。同樣情況，上合組織與集體安全條約組織沒有做到行動一致。這一點引起俄國評論界的感慨。

高加索危機高潮時，敘利亞總統訪問俄國，表示支持俄國並邀請俄國軍艦進駐該國軍港。土耳其總理也明確表示支持俄國在南奧塞梯的行動。

俄國目前上下都以美國為重點抨擊對象。普京指美國幕後策劃和支持薩卡什維利挑起戰火是為美共和黨競選服務。北約十一艘軍艦進駐黑海，威脅俄國。俄國也不甘示弱，黑海艦隊也一字兒排開。海軍將領聲稱消滅北約在這裡的軍艦不費吹灰之力。賴斯宣稱，凡是有俄國外長參加的會議，她不參加。俄國輿論指責美國副總統切尼在高加索活動，就是為了控制當地的能源。

梅德韋傑夫在9月6日召開的討論高加索地區形勢的俄國國務會議上說，8月8日以後的世界變了樣。新世界什麼樣？回到冷戰是不可能的。

Headline 61 俄國正在全面出擊

2008/09/21

　　弗拉基米爾（普京）為自己的「老朋友」喬治（布希）行將下臺，準備了一場別開生面的送行大戲。這場史無前例的大戲，正在全球演出，令人歎為觀止。君不見俄國圖-160戰略轟炸機在加勒比海上空隆隆飛過，剛剛離開美國後院的南美委內瑞拉基地，返回駐地俄國的恩格斯空軍基地。此次圖-160從委內瑞拉飛回俄國期間，連續飛行了十五個小時，在英國地區空中一次加油二十五噸，顯示這種戰機具備全球作戰的能力。在巡遊南美東海岸和美國東海岸之後，飛越大西洋和北冰洋，順利返回基地。圖-160在跨洋飛行中十分熱鬧，北約戰機自願陪飛，讓俄國飛行員大為開心。9月21日，俄國北方艦隊的旗艦核動力導彈巡洋艦「彼得大帝號」率領一組戰艦，包括大型反潛戰艦恰巴年科海軍上將號、反潛戰機，從駐地出發，奔赴委內瑞拉，參加兩國定於11月在委內瑞拉海域舉行的聯合軍事演習。有趣的是，這艘旗艦還特別繞過直布羅陀海峽，在美國第六艦隊基地門口示威，專程到達敘利亞的塔爾圖斯軍港訪問，考察建立俄國海軍基地的可能性。目前黑海艦隊的工程人員已在那裡修建必要的設施。《獨立

報》消息說，不排除俄國的核潛艇攜帶核彈頭前往委內瑞拉聯合軍演地區。俄國太平洋艦隊已在遠東太平洋地區進行演習。西部的波羅的海艦隊剛剛結束在本地區的軍演，演習乘坐氣墊船強行登陸和攻占強固陣地的威力，向對俄國不友好的臨海國家示威。俄國的黑海艦隊正在黑海和地中海遊弋，與北約艦隊對待。俄國的四大艦隊總動員總出擊，確是二戰以來首次在全球演示作戰力量，不能不說是給喬治澆了一頭冷水。除了海上出擊，俄國從9月21日起開始與白俄羅斯軍隊的聯合軍演。這次定名為「穩定──2008」的軍演，地區橫跨白俄羅斯到遠東堪察加半島。參加這次軍演的單位有莫斯科和遠東兩大軍區，波羅的海、北方和太平洋三大艦隊，第十一航空兵集團軍和防空部隊，聯邦安全局和緊急情況部人員和白俄羅斯的軍隊，以及地方政府機構。這次空前的軍演橫跨兩大洲，為時一個月，到10月21日結束，由梅德韋傑夫總統親自批准，俄國防長謝爾久科夫披堅執銳，親自上陣擔任軍演總指揮官。軍演目的是演練保衛俄國國土的能力，包括抗擊來自多國支援的航天部隊入侵。俄國此舉既是對美國和北約加緊軍事活動的應對，也是表明俄國極為關注格魯吉亞和烏克蘭加入北約後可能攻擊俄國的未雨綢繆，顯示俄國有能力組建調配巨大的部隊集團，包括動用預備隊和集體安全條約國家的部隊。

俄美兩國針鋒相對，互不相讓。9月17日，梅德韋傑夫說：「俄美關係在歷史上曾經出現過多次針鋒相對的局勢。但最終結局都是健康理性、實用主義和相互利益的考慮取勝。」對於梅德韋傑夫這番含有和解意思的話，國務卿賴斯9月18日在華盛頓卻報以攻擊俄國的強硬言論。她指責俄國領導人在國內走向獨裁專制，對外越發具有侵略性。這些話激怒了俄國領導人。梅德韋傑夫總統次日在克宮會見社會組織時立即進行反駁。他奉勸國際夥

伴們多多考慮如何同金融危機進行鬥爭，而不是「耍小聰明」，口氣也相當強硬。「有人」表示要支持俄國的教師、醫生、學者和法官。「這是不是說，他們要養活我們的法官，搞貪腐？這樣搞下去的話，他們很快就會為我們選一名總統。」梅德韋傑夫對外國干涉俄國內政極為不滿。「有人要把我們推向『鐵幕』。但是，這不是我們的道路，不能回到過去。」

俄國媒體日前透露出令人關注的資訊。媒體消息靈通人士說，梅德韋傑夫不打算加深同西方特別是對美國的對抗，不久將採取一系列改善關係與緩和同西方主要夥伴的對話。消息人士說，梅德韋傑夫採取這些一定程度緩和措施的原因是：一、美國和西方對俄承認南奧塞梯和阿布哈茲兩國的反應是克制的；二、西方鷹派叫得厲害，但未採取懲罰俄國的措施；三、與當前國際金融危機有關。俄國的經濟特別是股市已經融入國際金融體系，走孤立主義道路不利俄國的經濟發展。這也是普京近日內連續表明不反對加入世貿的內涵。報導說，克宮有意放出消息，說這項工作是由總統辦公廳副主任格羅莫夫負責的。此公是多年主持俄國在西方形象的官員。俄國帶有一定自由化形象的Russia Today電視頻道就是由他創意設計並實施的。他還主持俄國領導人與西方著名媒體人對話的「瓦爾泰俱樂部」的組織者。消息說，克宮將會採取一些具體步驟，如放寬對西方認為的政治犯的制裁；批准大型跨國公司參加俄國戰略原材料開發專案；調動一些西方不歡迎的高級官員到二線。傳說外長拉夫羅夫可能升任副總理，但不再是首席外交官，因為他已經完成作為鷹派外交部長形象的任務。這些措施的目的是在於表明，俄國要求同西方，特別是美國建立「平等和有力的友誼」，而不是「權力無限的長官與膽怯的下屬」的關係。

美國及其夥伴們在獨聯體各國大力推行顏色革命，試圖在這個地區建立親美政府。二十一世紀，只有美國向世界輸出美式民主，這是新一場輸出革命。格魯吉亞和烏克蘭是親美派通過街頭示威的顏色革命取得政權的典型。兩國總統在掌權之後，並未以解決民生問題為優先的任務，卻急於投入北約和歐盟，給國家造成政治分裂的基礎。格魯吉亞充當美國和北約圍困俄國的急先鋒，破壞了地區平衡。烏克蘭國民也因是否參加北約而分成兩派。親俄的東部地區與親西方的西部地區、克里米亞半島的烏克蘭族與俄羅斯族，都處於危機的前沿。薩卡什維利也好，尤先科也好，都是靠街頭運動登上寶座的，並不那麼合法。兩國的民主事業並無太大起色，民生十分困難，卻成了美國挑戰俄國的肉彈。美國和北約絕非善者，只是利用兩國而已。兩國內部局勢動盪。民主運動帶來的負面影響，超出民眾的承擔力。

　　就在這複雜的國際局勢中，俄國股票市場受全球金融海嘯的影響，全面崩潰，落到十年來最低點。其實與當前俄國與西方的地緣政治緊密相聯。俄國主要有兩家股市交易體系：一是俄羅斯交易體系（RTS）；一為莫斯科銀行間外匯交易所（MMVB）。俄政府與中央銀行不得不總動員，搶救股市。俄國政府在普京領導下，採取多種措施。一方面高呼國民和股民不要恐慌，各領導人都堅持說，美國股市崩盤不會影響俄國經濟；俄國的經濟自身沒有出現問題；一方面動用國家資金協助救市。俄財政部立即向三大國營銀行注資一萬五千多億盧布（一美元約二十五盧布）；同時宣佈改革稅收政策，減輕石油業的稅務負擔，以增強投資者的信心。9月19日，股市全線急速反彈，上漲額度創歷史新高。這一天，RTS指數上漲近23％，達到一千三百點；MMVB指數上漲近29％，達一千一百點。RTS在全球股市崩盤前曾達到

二千五百點；9月16日落至一千一百三十一點。MMVB指數曾達到一千七百點；跌至八百八十點。一些主要股票，大幅度攀升。俄羅斯天然氣公司股票上漲近31％；儲蓄銀行股票上漲近31％；俄羅斯石油公司股票上漲近48.5％；外貿銀行股票上漲超過59％。投資者利用股市全盤落地的機會，大量搶購股票。俄國股市危機另有自己的特色。據俄國中央銀行行長伊格納節夫透露，今年8月份外國投資商已經從俄國撤出五十億美元。這五十億都是從股市上抽走的。俄金融高官預測，9月將有四十六億美元的外資撤出。原因是俄國同西方關係走向緊張，可能出現新一場冷戰。西方投資商擔心資金被扣，同時也是為了向俄國示威，從金融方面向俄國施壓。俄國方面對外方撤資一事，持無所謂態度。因為這個數字並不影響俄國的實業經濟，而且有把握，今年全年外國投資餘額將達四百億美元。再說，俄國實業經濟並未受到全球經濟衰退的影響。俄國股市在全國經濟中所占的地位相對來說，並不重要，涉及金額不多。

　　普京表示俄國不會上當，不會被美國拖進新的一輪冷戰。他在俄國索契召開的國際投資論壇上指責美國要把俄國拖進新的一輪軍備競賽，目的就是破壞俄國的經濟現代化。一旦捲入軍備競賽，勢必調整經濟和生產，普京和梅德韋傑夫提高民眾生活水準的競選諾言就會泡湯，從而失去民眾的支持，以致造成政治危機和經濟危機。俄國目前對歐盟不斷伸出橄欖枝，特別搞好同法國的關係，以向法國表示謝意，包括擴大同法國在庫魯航太基地的合作。法國上半年向俄國投資十七億美元，另外採購十枚俄產同盟號火箭，要求恢復俄與歐盟大協定的談判。總之，俄國試圖通過與法國的合作表示無意走上孤立主義的道路。

　　普京八年臥薪嚐膽，終於一展雄風。

Headline **62** 遠東：
俄國的心病

2008/09/28

　　俄國領導人近來對遠東地區給了特別的關注。9月下旬，梅德韋傑夫總統不辭勞苦，橫跨兩大洲，視察俄國最遠的領土，深入瞭解俄國遠東地區民眾的疾苦，與地方官員討論復興大業。俄國各大電子和平面媒體都刊登了梅德韋傑夫在馬加丹市曲膝向政治迫害犧牲者紀念雕像恭獻康乃馨的圖片。政治受害者是一尊跪坐在地上、雙手掩面而泣的女性青銅雕塑。熟悉俄國歷史的人知道，馬加丹地區從沙皇時代開始，到前蘇聯都是政治犯的流放地。這裡是一個巨大的古拉格群島。在梅德韋傑夫的眼中，馬加丹地區的命運坎坷難言，因而更值得俄國人珍惜這片用先人鮮血開發的土地。他在接見馬加丹州州長時說，這個地區的經濟潛力是千百萬同胞用血汗創造的，「我們無權浪費掉用如此高昂代價得到的東西」。

　　梅德韋傑夫這次視察遠東地區，包括楚科奇自治區、馬加丹州和堪察加州，發出最嚴重的呼聲是「如果我們不採取緊急措施開發，俄國就會失去遠東地區」。他這次視察的重點有三個：地區經濟發展問題；軍事戰略問題和穩定增加本地區居民

人數問題。

俄國遠東這三個地區面積廣袤，資源豐富。據公佈的資料，單是堪察加半島西部大陸架，六萬平方公里，2006年預測能源儲量為十八億噸石油和兩萬三千億立方米天然氣。馬加丹是俄國主要黃金產地之一。今年前八個月已經生產出一百零六噸純金。一個納塔爾金礦區的儲藏量為一千二百七十噸黃金。楚科奇自治區的資源，據俄國專家估計約在一萬億美元左右，魚年產量達十萬噸。梅德韋傑夫特別指出，楚科奇可以成為俄國開發北冰洋大陸架的重要基地，而這個地區的能源儲藏量是無法估計的。他在馬加丹市召開的地區經濟開發會議上，在內閣主要成員陪同下，要求企業界擔負起自己的義務，「不要怨天尤人！」在會上特別就本地黃金開發公司「極地黃金」抱怨官僚主義問題時說，「既然這樣艱難，那就放棄這個項目好了！我們收回許可證，要麼就好好幹！」俄國急於開發馬加丹地區，並準備採取一系列措施，如擴大探礦以增加資源、發展電力、完善交通運輸基礎設施。這些都是遠東地區的共同任務。梅德韋傑夫表示願意吸收外資參加開發這個地區。

與發展經濟密切相關的問題是人口問題，即勞動力問題。過去的政策是把本地區的居民遷往大陸，現在看來是錯誤的。這些超遠東地區居民紛紛內遷，最快時速度達到每年減少五分之一的人口，原因是生活條件艱苦，就業困難，收入低下，日常生活設施缺乏。這個地區是地震多發區和活火山，但是住房的抗震性能不足，為此梅德韋傑夫大大動怒，斥責內閣部長們不重視抗震問題，還建議那些對地震掉以輕心的部長們到中國四川去看一看地震的災難性後果。還有一個特殊問題，就是這些地區遠離俄國中心，許多地區不通鐵路和公路，要靠空運。從堪察加半島到莫

斯科的機票價格因距離太遠而昂貴。這些都是當地居民反映的急待解決的問題。在地區開發會議上，俄國政府決定大量撥款以加快發展，提供機票補貼，使當地居民能有更多的機會到俄國發達的中央地區，以加強與中央的聯繫和國家認同感。普京說，政府從明年起將提供二十五億盧布補助遠東地區的客運費用。同時準備提供各種優惠條件動員居民留下並吸引中央地區的居民移居遠東。中央政府非常注意這個問題。由於遠離中央和經濟不發達，九成生活用品要依賴進口，主要是從中國、韓國和日本進口。大部分有能力出國休假的人，也因到歐洲部分的機票昂貴，紛紛到中國、韓國和日本休閒及購物，感情上同這些近鄰更密切。這三個國家都是經濟大國，都是資源缺乏人口眾多的國家，都在全球各地積極尋找資源。俄國政府很擔心這個地區會淪為中日韓三國的資源附屬區。梅德韋傑夫的驚呼「俄國要失去遠東」就基於此。

　　遠東地區在俄國占有如此重要的地位，使俄國對這個地區的局勢、安全和穩定特別敏感。正因為為此，俄國在遠東建有實力強規模大的艦隊──太平洋艦隊。太平洋艦隊的潛艇主要基地就在堪察加東岸的維柳欽斯克港。普京在任總統期間曾兩度到這個基地視察，為駐軍生活條件低劣怒不可遏。在他的督促之下，建起了現代化的軍醫院、運動場館和水上樂園。軍人住房也得到了改善。神秘的維柳欽斯克港，是俄國主要軍港也是太平洋艦隊最大的基地，潛艇分艦隊就駐紮在這裡。主要的潛艇有「德爾塔三型」核動力戰略巡洋艦。這些潛艇每艦都裝備有十六枚彈道導彈，每個導彈配有四十八枚分別單獨瞄準的分頭核彈頭。其他還駐有一批柴油發動機潛艇、多功能核潛艇及突擊核潛艇。最新型的955「北風之神」級第四代核潛艇第一艘將部署在這個軍港

裡。梅德韋傑夫總統在國防部長謝爾久科夫和太平洋艦隊司令西登科陪同下視察「聖喬治常勝者號」核潛艇。他對艦上官兵說，「我們國家確實需要具有戰鬥力的武裝力量和海軍。我們不能停留在過去創建的水準上。」他提出兩大任務：軍隊現代化和提高軍人地位。

俄國太平洋艦隊雄踞太平洋北部，俯視整個太平洋，是本地區戰略平衡的重要支柱，對於維持地區穩定起著重要的作用，對於打破單邊主義起著武力後備的作用。當然，對於俄國擔心的東亞鄰居覬覦俄國遠東地區也起著威懾的作用。

遠東地區是俄國的一塊心病。一方面只有全面開發，才能保住俄國在這個地區的領土完整，另一方面，只有融入遠東地區各國的經濟合作才能取得長足進展。如何處理這個局面，就成了俄國上下的難題。開發遠東地區既需要巨額投入，又需要艱苦奮鬥的精神和符合時代需要的管理機制。俄國經濟界很想借助遠東鄰居的發展勢頭和資源，帶動本地區的發展；但是至今仍對鄰居抱有一定的戒心。韓國曾應俄羅斯石油總公司的要求，共同開發堪察加西海岸大陸架，購入四成堪察加石油天然氣公司的股票。按協議，韓國分到七千零六十四億立方米的天然氣和五億六千五萬噸的石油儲量。但是，俄羅斯石油總公司沒有執行對政府的責任，拒絕為堪察加居民鋪設天然氣管道，導致吊銷許可證。俄羅斯天然氣總公司有可能取得這項許可證，韓國可能要靠邊站。

遠東地區各國，特別是俄、中、日、韓四國，面臨制訂共贏的發展戰略，既使俄國放心開放，也使鄰國有利可圖。關鍵在於俄國的態度。對於鄰國來說，當然要考慮俄方的擔心，不要把俄國看成自己的原材料供應地，而是提出能讓俄方放心有利雙方的開發方案。

梅德韋傑夫在視察遠東地區後說，「這個地區一方面很美，另一方面又很貧窮落後。特有的自然資源與蕭條的沉重的極不發達的經濟體系」。解鈴還需繫鈴人，只有俄國做出決斷，俄國的遠東地區才有一個能與地區各國共同繁榮的機遇。

Headline 63 俄國救冰島
顯露金融強力

2008/10/10

　　金融危機的海嘯正在衝擊全球經濟。一些日子過得很好的國家，突然面臨破產，令人稱奇。更令人稱奇的是，一向被視作經濟落後人民生活水準低下的俄國，竟然聲稱要向人均收入名列世界前茅的冰島提供巨額優惠貸款，使許多人啞口無言。號稱金融帝國的美國和英國，一聲不響。世界輿論圍繞四十億歐元的低息貸款，說三道四，煞是熱鬧。原來很普通的一件事，一家有錢（俄國大發能源財，外匯儲備名列世界第三），一家要借（冰島走投無路），沒有什麼奇怪。可是，剝離種種外皮，卻可看到不少有趣的內涵。

　　錢尚未借到，已經在國際媒體中傳得沸沸揚揚。先是10月7日，冰島中央銀行說，俄國同意提供四十億低息貸款，為期四年，並且說，普京總理已經確認。過後俄國財政部副部長潘金否認這項消息。結果使國際金融市場和媒體摸不著頭腦。看來，這一切都是為了造市，以試探國內外反應並取得最佳效果；後來才有正式消息，說次週二，即10月14日雙方會談細節，借貸之事，就可成交。

借貸給冰島四十億歐元之事傳出以後，俄國內部議論紛紛，有贊成的，有反對的，眾說不一。反對派說應當首先考慮俄國經濟需要。有人說，這次貸給冰島的款項，每個冰島人合一萬二千五百歐元，相當於冰島GDP的二成，風險太大。全球化問題研究所的學術總監傑里亞金說：「這是胡花錢。這樣顯示力量代價太高。看來我們的政府不瞭解危機的深度。這四十億對本國經濟也是很可貴的，可以救一批企業。」他們也看到了問題的實質，指出這筆貸款有政治目的。一批俄國專家指出，向一個彈丸之國提供如此巨額貸款，沒有任何經濟好處可言，完全是為了取得政治好處。正如前俄國央行副行長阿列克薩申科所說，「絕對是政治問題，有助於加強俄國在國際上的地位。」

　　冰島向俄國提出貸款的請求，也有難言之隱。全球金融危機的海嘯沖到冰島，冰島儲戶在央行門前示威。冰島急需一千億歐元解決危機。據冰島央行行長奧德松說，冰島曾向歐盟提出請求，結果是「無法在西半球的好友那裡得到支持」，此後才轉向俄國的。全球金融危機出現後，英國率先凍結冰島LANDSBANKI在英國的子銀行冰島儲蓄銀行ICESAVE的資產四十六億歐元存款，據說是因為冰島是國際公認的洗錢中心，傳統的離岸公司基地。英國決定用二十二億償還給私人戶頭；停止向法人和地方政府戶頭支付存款。荷蘭隨即跟上，也採取了類似做法。冰島被逼上了絕路。誰知冰島政府忽發奇想，竟讓「西方好友」大丟面子，轉向正處於不利國際環境的俄國。普京是個聰明人，自然不會失去這樣的好機會，自然表示願伸出援助之手。就俄國目前的複雜國際處境來說，真是蒼天相助，給了俄國顯示實力的機會。

　　俄國這次出手大方，還有不少算計。國家有錢借給外國，說明政府手中有錢，不難應付金融危機，增加俄國民眾的信心，大

大有助於穩定俄國國內的金融形勢。冰島位處北海，有極其重要的戰略地位。它沒有軍隊，卻是北約成員，就是因為它提供了軍事基地。外國有人擔心俄國覬覦這處基地。作為北冰洋國家，在未來劃分北冰洋大陸架時，有發言權。俄國正在為這樁事爭取國際支持。難怪俄國科學院海洋研究所的副所長說，這事有利於俄國控制北大西洋。「我們給他們錢，他們向我們提供科研領地，合算。」在劃分北冰洋大地架時，俄國指望冰島投桃報李，支持俄國的要求。在分配北冰洋能源資源時，俄國會得到可觀的回報。

俄國國內就這筆貸款還引發了一些其他值得注意的意見。一是認為從俄國國家利益來說，完全沒有必要。只是俄國一些上層人士為了輸出個人資本才這樣做的。國家戰略研究院院長別爾科夫斯基如是說。「他們指望用國家財政的錢自己發財和把錢運到西方去」。此話並非空穴來風。二是認為俄國現在重要的是要向西方說明，世界現實已經變了。現在不是西方貸款給俄國，而是俄國貸款給西方國家。俄國政治研究院院長馬爾科夫提出這是俄國衝破「人為孤立」，說明同俄國合作有好處。三是對俄國企業不公平。現在貸給俄國企業的利率是LIBOR+1，遠遠高於貸給冰島的利率。四是認為這是俄國在向西方發出一系列信號。政治信號是：俄國是一個強大的有影響的大國，願意幫助別的國家。經濟信號是：當前外國資本大量撤出俄國，不相信俄國市場是穩定的。幫助冰島，實際上也是幫助自己。外國投資者可以看到，俄國既然貸款給別國，說明俄國有力量克服金融危機，而且自信力很強，能夠貸款給外國。投資者目睹這一切，會回到俄國投資。助人就是助自己。

國際媒體對俄國貸款給冰島的事，有著自己的看法。

Bloomberg認為俄國向北約成員國提供貸款是對美國的挑戰。《每日電訊》認為俄國這次提供的貸款，相當規模於冰島GDP的三分之一，很可能會要求回報，冰島的軍事基地有可能轉入俄國之手，俄國會加強在北大西洋的軍事存在。西方媒體關心的是，冰島得到俄國援助之後，作為北約成員國，會照顧俄國利益，在討論北約擴充的問題時有話語權，可能會阻止北約的擴大。冰島Kaupthing銀行的工作人員烏蒙松更直截了當，說冰島將成為「一個小小的北方古巴」，「幾十年前蘇聯支援古巴，現在支持我們。」「為了達到地緣政治的目的，這是一個很好的機會。冰島公眾歡迎俄國的做法」。

冰島是俄國親克里姆林宮的寡頭阿勃拉莫維奇和德里巴斯卡常常出現的國家。俄國媒體說，他們在那裡有投資，有利益，因此暗地早就在做工作了。有消息說，幾個月前這兩位寡頭經常出沒於冰島。又有消息說，冰島方面其實已經與俄國某些投資人就貸款事談過幾個回合了。因此，外界分析，俄國貸款給冰島，可能有利益交換的因素。評論界認為這是「貸款給冰島的貪腐因素」，意思是指某些官員和利益集團已經說服國家出錢搶救這些大亨們在冰島的投資和存款。

冰島遇到麻煩，是經濟泡沫化造成的。前五年，冰島的GDP增長了四分之一，人均達到五萬五千多美元。但是問題很多，主要是經濟發展過熱、不平衡和依賴外資投入。銀行資本相當於十個GDP，外債達五個半GDP（俄國的外債只相當於年GDP的三成）。去年冰島克郎增值近6％，今年突然狂跌四成。9月的通脹率按全年計已達14％，經濟泡沫破了，以至於瀕臨破產。冰島的教訓足供新興經濟仔細揣摩。

全球金融危機給俄國造就了新的話語機會，使俄國的話語

聲音，不僅在政治、軍事、外交方面越來越響，而且在國際金融事務中聲音也漸漸高昂。正如梅德韋傑夫總統在聖彼得堡經濟論壇、俄德經濟論壇和獨聯體首腦會議上說的，現在需要建築新的全球安全體系和金融體系，一家貨幣獨秀的日子已經過去，新興經濟，包括俄國、中國、印度、巴西、南非，都在發揮新的作用。普京日前邀請記者到莫斯科郊外官邸觀賞他新收到的禮品：一頭虎仔。愛不釋手之情通過電視昭示全國，有沒有新的涵意呢？

64 中俄石油管道
難產秘辛

2008/11/21

中俄能源合作不斷擴大，有的專案基本順利，如核電站。有的就好事多磨，從普京談到梅德韋傑夫，至今沒有談出個所以然來，如石油管道。兩國領導人都很關注，每見必談，國際媒體也每次必問，但是談談停停，一拖再拖，俄方一再食言，中俄油管支線至今未見一寸。11月18日，俄國能源部長什馬特科和中方代表雙方同時宣佈中國準備繼續同俄國洽談貸款和供油問題。此前，10月底雙方簽署了協議，最終解決了中國支線油管問題。中方早就要求將這項合作條約化，俄方卻賣關子，遲遲不肯簽署協定，目的不外乎抬價。問題癥結在於俄方認為建設中國支線和向中國提供石油是對中國的「恩惠」，因此中方「應當」向俄方提供二百五十億美元優惠貸款。一百億給俄羅斯石油公司，一百五十億給石油運輸公司。中方同意提供貸款。但是，貸款畢竟是有條件的。雙方確定11月25日前討論解決貸款的細節問題。

上周雙方開始洽談不久，應俄方要求，突然中斷。俄方代表團透露，中方不同意俄方提出的固定利率。中方提出的是浮動利率，即隨行就市，與一般銀行貸款一樣。俄方認為這是「荒謬的

貸款條件」。此外，中方提出「多重擔保」，即用俄方公司的收入和油田的石油擔保。中方基於俄方對華石油供應記錄不良，要求俄方為貸款提供保證，原本無可厚非。但據俄方媒體透露的說法，這些保證使俄方「感到受辱」，因而一怒之下憤然而去。俄方的邏輯是：我們同意建設通向中國的支線，保證向中國輸出石油，難道還不應該提供優惠貸款嗎？中國人做事還是謹慎為上，二百五十億美元不是小數，總得有個擔保，何況有前車之鑒。中方對俄方這一態度，泰然處之，耐心等待。

事情發生後，俄方代表團一方面自己反思，一方面請示領導。俄國媒體有人表示理解中國的態度。他們說，如果換一個角度，從中方立場考慮，中方提供的貸款，實質上是石油預付款。可是中方並未見到通向中國的一尺油管，更未見到一滴石油。能不打鼓嗎？更何況目前全世界都處於金融危機籠罩之下。浮動利率和多重擔保恰是為了中俄石油能源合作有一個堅實的條約化的基礎。中國有錢，但在全球金融危機中，更會謹慎從事，更會珍惜自己的金融儲備。

俄國能源界領導改變策略也是順應形勢發展。俄國開發東部地區能源和建設通向太平洋出海口的油管，首先是從俄國自己發展遠東地區戰略需要出發的。一條油管將帶動整個烏拉爾以東地區經濟的全面發展，受益者首先是俄國。再者，隨著全球經濟衰退，能源需求減少，價格急劇下滑，能源市場大大萎縮。中國作為一個穩定的市場，有支付能力的市場，多多益善的市場，對俄國是非常有利的。其三，中國為了自己的能源安全，實行來源多樣化，滿足中國的石油需求的出口國遍及各大洲，東方不亮西方亮，中東中亞都願意與中國打交道，中國的能源安全戰略取得了初步成效。這一點，俄國領導自然心中有數，也是任何人改變不

了的現實。其四，十年河東十年河西，現在是買方市場，短期內也不會改變。待到全球經濟復甦的時候，也是中國海外石油投資回報的時刻。那時中國會有更多的迴旋餘地。

俄國有識之士對於俄國能源談判代表團的做法頗有微辭。他們說，中國方面的貸款條件不是故意為難俄國，只是實用主義而已。這種實用主義是無可指責的。而俄方代表團在貸款人面前耍脾氣，令他們不解。正當西方投資者從俄國撤回資金，搞得俄國股市縮水三分之二，更難理解慢待投資者的態度。他們要求俄方參加談判的人改變思維模式，放棄居高臨下的傲慢態度，不要以為都是別人欠自己的，不要以為自己是在向別人施善。雙方都是平等的業務夥伴，市場法則是雙方合作的共同遊戲規則。中國方面給俄方下臺階的機會，也是為了自身利益。俄國太平洋石油管道對中國來說，也是一個很好的機遇。俄國石油會給中國東北地區帶來新的發展動力。因此，貸款給俄國建管道，應是中國全球能源戰略的組成部分。一旦管道流出石油，必是雙贏的日子。

俄國的傲慢遇上了中國的實用主義，這齣戲演得煞是好看，只希望為了兩國人民的共同利益，能有一個好來塢式的幸福結局。

Headline **65** 俄國金融危機
民眾指責政府
失措

2008/11/26

　　國際金融海嘯沖到俄國，勢不可擋。由於外資撤出，俄國股市狂瀉，由二千多點猛跌至五百多點，導致俄國大企業股價急劇下降。俄國面臨西方沒有的問題：俄國一些主要巨型產業和商業銀行用股票作為抵押借了大量外債，總數額達到五千億美元，現在債主要求提前還款，這些銀行和企業流動資金不足，股票勢必落入西方財團手裡，隨至銀行和企業也將易主，俄國將失去經濟獨立，迫使俄國動用儲備資金搶救濫借外債的銀行和企業；為維持盧布匯率，國家外匯儲備縮水五分之一；在社會層面，已經出現裁員和下調工資，全國四分之一企業開始拖欠工資；俄國近年來依靠出口能源、鋼材和化工產品，大發一陣洋財，國際經濟衰退，這些產品價格狂跌，俄國依靠的石油（URALS）價格，從今年7月每桶近一百四十美元猛降到11月近四十三美元，深度影響俄國國家財政收入。明年國家預算是按每桶九十五美元安排收入的，現在不得不下降至每桶七十美元。一旦出現低於五十美元，俄國財政將一改近年盈餘為赤字。

俄國政府應對金融海嘯的措施，包括以下幾個方面：動用國家金融資源協助商業銀行和公司解決資金困難；國家墊資購進住房，使房地產開發不至於全面崩潰；減輕企業稅務負擔，企業所得稅減少4％，由24％減到20％；允許企業延期繳納所得稅和增值稅；加快出口退稅，從半年減至一個月內退還；小企業所得稅由15％減至5％（由地方政府確定稅率，這項稅收歸地方所有）；居民購買住房享受的稅務惠增加一倍（免徵部分個人所得稅，可達一萬美元）；提高國家擔保銀行存款全額到七十萬盧布（約合兩萬歐元），原為部分擔保到四十萬盧布；擴大內需，從改選鐵路著手。最近準備動用四萬億盧布注資經濟，支持本國生產商。包括農業和軍工生產。

　　俄國應對國際金融海嘯的策略不同於西方：美國和英國採取的重要措施之一，是降低央行再撥款利率，使貸款量增加，俄國則提高利率，使原本就高的利率增加到大大高於西方央行再撥款利率。如美國為1％，俄國則是12％。俄國這樣做的目的是防止通脹進一步惡化和資本外流，特別是已經出現外流加劇的情況。

　　俄國中央銀行的再撥款利率居高不下造成俄國商業銀行貸款利率超出常規，目前俄國主要商業銀行，包括國家占主要股份的銀行，如儲蓄銀行和對外貿易銀行，提供給居民的貸款年利率為16％至25％。以購車貸款為例，今年夏季貸款利率為9％至10％，現在已經漲到16％以上。後果是銷售量急劇下降。其他消費情況均如此。

　　俄國目前並不著急，因為除了黃金外匯儲備外，還有兩筆鉅款，一是國家儲備基金，2009年底預計可達五萬一千億盧布，二是國家福利基金，可達三萬三千億盧布，俄國全年國家預算約九萬億盧布。這兩筆鉅款可確保俄國渡過難關。儘管如昆，仍在考

慮修改明年的預算，原來的預算中國家收入是以石油每桶年平均價九十五美元為基礎的，現在市場價已降至五十美元左右，但俄國財政部仍以每桶七十美元為出發點。俄國財政部認為明年油價將會反彈。

俄國碰到的金融困難之一是俄國商業銀行和企業的大量外債。這些外債達到國家外債的十倍！為什麼俄國有著大量外匯餘額，卻欠外國如此多的債務？原因是俄國央行和政府採取高利率政策。寧可把外匯用來購買美元債券，卻不肯貸款給本國銀行和企業。俄國金融工商界向外國借了大量外債。現在西方遇到金融危機，要求收回貸款。許多貸款年底就到期，明年也有大量貸款到期。越是大的企業，越是貸的多，包括天然氣總公司和石油公司。俄國的國民經濟戰略企業幾乎都欠外國錢。現在俄國政府不得不埋單，因為這些企業和銀行在貸款時都拿自己的資產（包括股票）作抵押。現在全球股市崩潰，俄國企業的市值大大縮水，面臨被西方收去的危險。

俄國金融界近日正在談論一件醜聞。據權威的《消息報》報導，俄國最大的銀行俄國儲蓄銀行，拒絕提供國家撥款三千億盧布的去處。而與此同時，另外兩家國營銀行外貿銀行和俄國農業銀行把自己得到的國家融資去處向公眾公佈。《消息報》作者懷疑儲蓄銀行用去「賺取超額利潤」。恰恰普京在政府會議上特別批評有人利用國家援助「賺取超額利潤」。這位作者公開表示要追究這三千億的去處，「因為我們作為納稅人，為什麼不能瞭解我們錢的命運？國家正是用這些錢救援經濟的。」作者表示還要在《消息報》上追究這個問題。對於政府處理經濟危機的批評，俄國著名時事評論家亞歷山大·明金，可代表一斑。他是《莫斯科共青團員報》的專欄作家。他的專欄名為《致總統的信》，每

週兩三封，已經寫了許多封，有些已經結集出版。由於題材牽動俄國社會的尖銳題材，用辭尖銳，很有一些影響。目前俄國公眾對於政府應對經濟危機的做法發表各種評論和批評時，明金自然也提出了自己一些批評意見，矛頭直指國家領導人。他發表的一封信中，指責政府處理危機不當。首先，他認為，用國家儲備去搶救剝削人民的寡頭是不對的。例如，親克宮的寡頭傑利帕斯卡在國外到處告貸以擴張自己的王國，是資金輸出的大戶頭。這次則首批得到最大的資金支持，超過四十億美元。他把俄國人突然在倫敦大量購入豪宅與政府提供的搶救經濟款聯在一起。「你們給他們錢」。其次，政府在此困難時刻，突然決定向官員提供購房款。與此同時，卻削減國家預算，減少影響國民生活的撥款。他對此很不以為然。更重要的是，他指出政府官員應為經濟危機承擔政治責任，要求撤換政府班子成員。

國家為俄國大亨埋單的事，已經引起俄國公眾的不滿，對政府的做法提出批評。例如，俄國鋁業集團向西方銀行貸款並購了俄國戰略企業NORNIKEL（諾爾鎳業公司），現在西方財團要求提前還款，加上這家企業的市值在股票市場上大大縮水，如果俄方不還款，作為抵押品的股票就要沒收。俄國政府只好出手援助。儘管市值縮水，俄方不得不照原價付款。西方財團得知俄國政府埋單，自然拒絕按市值退回股票。在此之前，俄國一些財團表示願意出九成價格贖回這些股票，但出於保護集團利益，政府埋單。這事已經遭到公眾指責。

俄國金融評論界還舉另一家公司為例，指出這類公司為了壟斷市場，從西方大量貸款，並購外國企業。如「歐亞集團」。這家集團以生產鋼鐵、煤和鐵礦石為主，向西方借了近一百億美元，以兼併美國的Oregon Steel Mins公司（二十三億美

元）、Claymont Steel公司（五億六千四百萬美元）等，並於2008年2月收購中國邢臺的冶金企業Delong控股集團五成一的股票（十四億九千萬美元）。

俄國一些經濟專家對政府的措施提出批評。俄羅斯科學院經濟研究所所長格林別爾格認為欠五千億美元外債是政府的錯誤。油價處於巔峰時期，並無大礙。現在這些借了大量外債的大亨們，在一片危機聲中，叫國家買單，而他們自己卻不想償還。令民眾憤怒的是，這些大老們自己冒險欠大債，國家不得不搶救他們的銀行和公司，用的是納稅人和客戶的錢。小業主們揮汗如雨，卻得不到援助。

俄國公眾紛紛要求政府從快從嚴監督救險基金的使用情況。據國家杜馬議員戈德什坦的資料，說明有些銀行在混水摸魚，把國家救助的資金要麼暗自換成美元並轉匯到國外；有些則將國家撥過來的資金以企業和小銀行無法承擔的高利率轉貸出去，獵取不義之財。杜馬會議上有人揭發，得到國家撥款的銀行匯往國外的資金增加和國家儲備減少。中央銀行和財政部長說已以發放了足夠的資金支持實業，可是實業界卻大喊得不到貸款。再次說明對國家資金監管不足。

俄羅斯科學院經濟研究所所長格林灣格指出，金融危機也給俄提供了新的機遇：有機會建造更多更好的鐵路、公路和港口，歐美目前已經喪失這種能力；俄國至今因西方阻撓沒有進入WTO，可以提高進口稅，更有效地保護本國生產者；逐步貶值盧布，提高出口競爭能力。

2008/12/05

　　俄國梅德韋傑夫總統上任以來，出訪活動極其頻繁。11月底乘參加亞太經濟合作首腦非正式會議之機，訪問了秘魯、委內瑞拉、古巴。在秘魯榮獲「秘魯太陽」勳章；在委內瑞拉榮獲「解放者」勳章。這些都是在普京接任國家領導人之後一改戈巴契夫和葉利欽傾向西方的外交路線，開始全方位外交，重新重視南美地區的成果。梅德韋傑夫接手這一路線，大大加強進軍南美。南美的政治土壤又恰恰有利於俄國的進入。越來越多的南美國家抵抗美國的控制，日漸向左轉，反美情緒此起彼伏，給俄造成極好的機會。當然，美國和這個地區的親美勢力也不會善罷甘休。美國第四艦隊的重組，就是明證。

　　梅德韋傑夫此次訪問南美，代表俄國吹響全面挺進南美的號角。不僅政治上外交上促進建立多極世界秩序，經濟上和軍事上俄國也獲益多多。

　　俄國現在的外交方針重在為本國利益特別是經濟利益服務。俄國總統在這次訪問南美期間，促成俄國同南美國家簽署一系列

經貿合作的協定。能源自然是重頭戲。俄國分管發展中國家事務的副總理謝欽，9月以來已經三進三出委內瑞拉，就是為了確保梅德韋傑夫訪問期間能將委方的空話付諸現實。在訪問委內瑞拉期間，俄國的天然氣集團同委內瑞拉石油集團簽訂建立合資企業的協定。俄國準備投資數十億美元開發委內瑞拉的能源，包括油氣再加工和建設委內瑞拉到巴西的油氣管道，並計畫進一步打通走向南亞和東北亞的能源市場。與此相關，雙方決定成立俄羅斯委內瑞拉銀行，為各合作專案服務。這是迄今俄國與外國合作中的新項目，包括同中國和歐盟都沒有這樣的金融合作機構，其戰略意義不言自明。在巴西，俄國公司同PETROBRAS公司簽署合作協定。俄國對巴西非常重視，對開發這裡的油氣產業、生物燃料、深水大陸架探礦和開採技術都很感興趣。古巴也成了俄國重點關心的對象。俄國準備向古巴大舉投資開發古巴近海能源（油氣），建造油船和輸油管、儲油罐、改造現有管道。俄國在古巴的計畫意義深遠。從長遠來看，俄國仍有可能重返在當地的軍事基地，油氣可能是為了鋪墊。又據媒體報導，古巴的墨西哥灣大陸架可能儲有二百億桶石油。此前，俄國同尼加拉瓜曾經商定，有意聯合開鑿聯結大西洋與太平洋的人工運河。這項工程一旦實現，大大有利於南美油氣出口到亞太地區市場。如果把這些項目聯在一起，就不難看出俄國的深遠能源戰略計畫。從探礦到開採到儲油罐到油管運輸到油船運輸到油氣加工廠到生產化工產品到運送到亞太地區，呈現在人們眼前的就是一條長長的能源巨龍，不能不說是大手筆。

除了油氣合作以外，俄國對本地區的核能合作前途也很有興趣。一是俄國協助委內瑞拉建立核反應爐，將核技術轉讓給委內瑞拉，聯合開發鈾礦；二是巴西擁有大量鈾礦資源，占世界第六

位，而且出口核技術。南美洲反美急先鋒一旦掌握核技術，會有好戲可看。

俄國領導人出訪的重要任務之一是兜售俄國軍火。南美是俄國必爭之地。委內瑞拉自不必說，已經表示要採購一批非核潛水艇和水面艦艇，繼續購買戰機、防空導彈、裝甲運兵車。這次俄國爭取擴大對巴西的軍火供應。巴西表示對俄國生產的蘇-35戰機、米-35直升戰機、裝甲車、手提導彈、步槍有興趣，並已訂購四億美元的直升機和水陸兩棲飛機。由於巴西在航空技術，民用飛機方面達到國際水準，俄國願在航空技術方面加強同巴西的合作，邀請巴西參加第五代戰機的研發工作。兩國已經簽有航太火箭方面的協議書。梅德韋傑夫在訪問古巴期間，向古巴提供三億五千五百萬美元貸款，供古巴採購俄國軍火。南美其他國家，尼加拉瓜、哥倫比亞，都同俄國簽有購買軍火的協議。秘魯在上世紀七十年代同前蘇聯關係密切，曾從蘇聯購買過大批軍備。到八、九十年代俄國放棄同南美地區的工作，加上當時的總統在美國支持之下上臺，兩國關係冷淡。大批武器陳舊，改造的工作交給了中國。像T-55式坦克就是由中國幫助改造的。俄國正在爭取返回秘魯。由於秘魯國家政治變遷和地區反美思潮上升，加上俄國重視爭取這個地區的工作，這次梅德韋傑夫在秘魯得到熱情接待，為俄國返回本地區鋪路。當年蘇聯曾經大量輸入秘魯的包括銅在內的有色金屬，也是俄國目前極感興趣的。

不久前結束的俄委聯合海軍演習，與其說是軍事行動，不如說是政治行動。俄國海軍界高層人士說，問題不在於參演的軍艦和海軍官兵數目，主要的是「俄國在美國的腹部有了可靠的同盟軍」。俄國海軍在經歷了近二十年的臥薪嘗膽，終於出動最強大的核動力導彈巡洋艦「彼得大帝號」，開赴加勒比海。據俄國

媒體透露，它攜帶了二十枚核彈頭和五百枚地對空導彈。隨行的反潛艦「恰巴年科海軍上將號」，是潛艇的對頭。俄國終於報了美國軍艦在黑海挑釁的一箭之仇。令俄國領導人最惱羞成怒的是，美國居然跑到俄國家門口和俄國傳統勢力範圍之內來耀武揚威。正如俄國外交大學副校長巴札諾夫所說，「這是我們對美國在我們這個地區霸權主義的含蓄反應」。據《Jane＇s Defense》報導，委內瑞拉海軍有一定實力，是南美較強的一支海軍，擁有六艘導彈驅逐艦、兩艘潛水魚雷艇、四艘登陸艇和二十多艘巡邏艇。如果一旦購得俄國先進的潛水艇和艦載導彈，必在南美洲形成一支可觀的軍事力量。

梅德韋傑夫訪問古巴，還有一些重要的內涵。古巴曾經是前蘇聯部署在美國後院、在美洲的唯一軍事基地，是截聽美國軍事情報的雷達站。俄國撤離後，美國鬆了一口氣。現在美俄關係複雜，俄國又想到了古巴基地。軍界力主恢復。雖說古巴經歷了九十年代被拋棄的痛苦，但是在美國敵對和禁運政策下，俄國伸出友好之手，自然會接過來的。今後的發展肯定是美國軟肋上的一把利刃。總之，俄國正在實現海陸空、政治軍事經濟立體進入南美洲。

中國近年來也對南美洲十分關注，也是中國建造多極全球秩序的重要戰略部署。中國在本地區，主要還是在爭取民心、能源、經貿、文化交流各個層次。胡錦濤主席專機裝著禮品--古巴民眾極需的日用品，訪問民眾家庭，訪問古巴培養中國留學生的學校，會見同志、兄弟、朋友卡斯楚，等等，這些都是人文外交的內容。當然，中國的重點是開發和利用這個地區的能源和礦產資源。石油、鐵礦石和銅礦，則是重點的重點。近年來中國已經在南美站住了腳。如同厄瓜多爾簽有投資協定，共同勘探和

開採石油、石油加工；向巴西投資八十五億美元，重點是鐵礦、鋁礦；向阿根廷投資二百億美元，以石油為主；與智利合作開發銅礦。其他，如中國與秘魯合作，大量生產適合南美洲各國適用的家用電器，就地銷售，為中國家用電器和其他日用品開發新市場。正如秘魯《El Commercto》報所說，「秘魯從發展戰略著想，有意與中國結成戰略夥伴，大量生產中國商品，可以刺激全球競爭。因此，如果能擠入世界市場的發展，對我們來說，發展費用就會少一些。」總之，中國正在按部就班地進入和鞏固在南美的外交、經濟、人文陣地。

中俄兩國在本地區有共同的政治戰略利益，如建造多極世界；也有經濟利益的衝突點，如能源和礦產。兩國進入南美的歷史背景和目標不盡相同，有些問題卻是共同的。如，開發當地的資源，到一定階段就會遇到本地居民的對抗。如何應對這方面的挑戰，就要各顯神通了。如果能顧及當地的社會福利發展，與當地居民達到雙贏，而不是只想取得自己需要的資源，必能有利於大戰略的實現。目前美國困在金融危機與經濟衰退之中，在南美處於守勢。但美國決不會放掉自己的後院。中俄美三大國，更應考慮隨著經濟發展，南美各國的自我意識必將上升。因此，南美洲將是二十一世紀四大勢力演陣的地區。誰勝誰負，尚需拭目以待，特別是全球金融危機，油價狂跌，各國資金緊張，很可能不得不修正預定的目標。

Headline **67** 俄學者預測：
美國要瓦解了！

2008/12/30

　　就在全球陷入經濟危機，各國政府手忙腳亂，使出渾身解數，確保過關之際，俄國一位教授卻在全球媒體掀起了九級浪。這位俄國教授頗有來歷。他就是俄國外交部下屬外交大學國際關係系主任、政治學博士伊戈爾・帕納林。這位教授預言，2009年秋，具體說，11月，經濟危機必將導致美國爆發內戰，結果是美利堅合眾國將分崩離析，時間是2010年6月底7月初，分成若干外國勢力範圍。世界上最強的帝國將不復存在。十年前他就曾發表過這個觀點，被認為是一派胡言，誰知今天卻引起全球媒體的熱烈議論。特別是在這全球徬徨的時候，他又發出一系列新論。去年11月下旬，他在接受訪談時再次確認自己的理論並且做出新的發揮。

　　上一次全球經濟危機爆發時，即1998年9月，奧地利舉行過一次《資訊戰》的國際研討會。四百名與會人員中，美國人有一百五十人。帕納林教授在發言中聲稱美國將要崩潰瓦解，在會場上引起一片片噓聲。他當時提出的論據是毀滅美國的主要力量是金融經濟危機。美元沒有任何保證。那時美國的外債已經超過兩萬億美元。現在已經超過十一萬億美元。這座金字塔一定會倒

塌。他認為美國經濟不出他之料，已經在崩潰中。華爾街的五大銀行，已經倒了三家，另外兩家岌岌可危。美國已經失去了全球金融調節者的地位。取而代之的國家可能是中國和俄國。中國有著全球最多的儲備；俄國則在歐亞大陸（主要指獨聯體）發揮作用。

美國瓦解論的主要根據是：一、美國的金融問題不斷加劇。千百萬美國人失去了儲蓄。物價上漲，失業增加。依賴大公司的城市將出現全城失業，各州都在向聯邦中央要求財政援助。人民的不滿，會導致社會危機。二、美國的政體結構有缺陷。沒有全國統一的立法。聯合美國的核心相當脆弱。就連在伊拉克作戰的美軍人員中有不少非美國公民。他們服役的目的就是拿到美國國籍。軍隊已經失去團結美國的職能。三、美國精英階層的分裂。帕納林教授認為美國的政治不以共和與民主兩黨分界，而是另有區分，即全球派和本國派。全球派類似當年的托洛茨基派。這一派的理論正如托洛茨基所說，「我們需要的不是俄國，而是世界革命。」這一派的關鍵人物是賴斯和切尼，代表金融集團的利益。他們堅持入侵伊拉克。在國會的格俄衝突聽證會上，賴斯堅持是俄國打響了第一槍。本國派領軍人物是國防部長蓋茨、中央情報局局長海頓和國家情報局局長邁克‧麥克康乃爾。他們代表軍隊、情治部門和軍工集團的利益。他們指出，伊拉克根本沒有核計畫。格俄衝突中打響第一槍的是格魯吉亞軍隊。兩派唇槍舌劍，已經公開衝突，成了美國分裂的象徵。帕納林教授認為奧巴馬獲勝正是本國派的成功。這一派對俄國有利。俄國應當利用機會擴大盧布在國際上的流通市場，使其最終成為國際結算的工具。

帕納林教授認為美國將分解成六大塊：美國太平洋沿岸是中國的勢力範圍；三藩市的居民一半是華人，華盛頓州長曾是華裔，西雅圖是中國移民進入美國的大門。加利福尼亞共和國將歸

入中國版圖。第二部分是南方，會出現墨西哥人占統治地位的德克薩斯共和國。第三部分是北美中央共和國，成為加拿大的一部分或者受加拿大影響。第四部分是大西洋沿岸的美國，因歷史源淵可能加入歐盟。第五部分，夏威夷歸入日本或者中國。第六部分是阿拉斯加。阿拉斯加原屬俄國，後來「租借給美國」，俄國可以乘機要回來，因此可能回歸俄國。這樣，照帕納林先生的預言，美國將在外國勢力的控制之下。

帕納林出身前蘇聯克格勃，畢業於克格勃通訊學校和軍政大學心理系，1997年獲博士學位，俄羅斯軍事科學院院士，是俄國資訊戰專家。他的博士論文題目就是《俄國國家安全的資訊和心理保障》。他的學術著作都以資訊戰為主題，如《資訊戰與俄國》、《資訊戰與政權》、《資訊戰與外交》等等。他不諱言，自己的結論是根據俄羅斯聯邦政府通訊與資訊署提供的絕密分析資料。這些資料和分析報告提供給他，其中包括對美國經濟、金融、人口發展趨勢的分析，提出引發美國政治、社會危機導致國家分崩離析。這些資料和結論，一般學者是得不到的。再加上他經常在代表政府觀點的媒體，如對外電視頻道Russia Today和國營的俄羅斯之聲電臺等政治分析節目中發表言論。因此，俄國媒體認為他的十年來不斷發表美國瓦解論，不是沒有來頭的。

帕納林的言論發表以後，引起俄國和外國公眾和媒體的注意。《華爾街日報》在評論中指出，俄國學者帕納林說美國在2010年瓦解，已經說了十年了。「正像他自己說的，長久以來沒有人認真對待他關於美國會因經濟和精神崩潰而發生內戰的說法。不過，目前帕納林獲得了有趣的聽眾：俄國的國營媒體。」俄國政治學家們對他的言論不以為然。俄羅斯科學院美國加拿大研究所所長羅戈夫認為帕納林的想法「完全不現實」。俄國電視

學院院長、著名電視主持人波茲涅爾點出帕納林理論的社會基礎：美國瓦解論反映出俄國社會的高度反美情緒。這種反美主義甚至超過前蘇聯時期。俄國的Citi FM電臺發表評論，說如果美國難過，我們就好過，未必。危機時刻，什麼說法都有市場，但未必符合實際。俄國公眾的反映各不相同。有些人認為，「美國仍然是一個堅固的結構」，不會在近期內消失。冉說美國人的性格中有兩大特點：耐力強和善於適應環境。一位姓維托爾斯的線民更頑皮地說：「很想大叫：可憐的美國人！可是叫出來的是：可憐的俄國人！」有的線民說：輕易說美國會崩潰，太不負責任！哈薩克斯坦的諾維科夫說美國欠全世界十一萬億美元，可是沒有人向美國討債。大家都想要美元，就連俄國賣給烏克蘭天然氣要的還是美元。美國是世界上武力最強的、最狡猾的、最富有侵略性的國家，不可能崩潰。

帕納林還有一些聳人聽聞的論斷，例如，美國將藉口恐怖主義分子偽造百元大鈔而凍結百元大鈔；2009年美鈔將變成一堆廢紙，因為美國、加拿大和墨西哥於2006年達成秘密協議，共同發行新貨幣美洲元（AMERO），目的就是取代美元；中俄應當聯合起來奪取美國的太平洋沿岸地區；奧巴馬必將一事無成，是搞垮蘇聯的戈巴契夫式的人物，會把美國搞垮的；大家應當砍斷把我們綁在「鐵坦尼克號」（指美元）的繩子，不要與它一起沉沒……等等。

俄國的帕納林教授不虧是資訊戰的老手，正在利用美國的困境，發動一場搞垮美國的資訊戰。他發動的這場資訊戰未必能搞垮美國，但確實反映了俄國社會的反美情緒。正如他所說的，美國總統背後的跨國力量就是要搞垮俄國現有的政治制度，謀求建立親西方的制度。這可以說是他得到官方媒體青睞的原因。

68 俄國需要一個強
大的中國　俄國
的遠東戰略思量

2009/03/17

　　俄國遠東地區的公眾近日來不斷發生抗議示威，引起俄國朝
野關注，特別是在俄國投入大量資金開發遠東地區和籌辦2012年
亞太地區首腦會議的時候，越顯出這個地區的重要性。俄國遠東
戰略構思的主要智囊團之一的俄羅斯科學院遠東研究所的作用也
正在提升。俄國政府自從新世紀以來，展開全方位外交，以確立
俄國作為橫跨歐亞的大國地位；同中國建立戰略夥伴關係和簽訂
的俄中睦鄰友好合作條約，正在填入實質性的內容，儘管兩國在
合作中差強人意，不時遇到一些問題。俄國的親西方勢力和利益
集團，不時放出「中國威脅論」，在俄國朝野有一定市場。不解
決這個問題，中俄合作就會不時出現問題。對此，俄羅斯科學院
院士、遠東研究所所長季塔連科的新著《遠東的地緣政治意義》
對這個問題提出了自己的看法，很值得重視。

　　這部六百多面的洋洋專著，全面闡述作者對俄國遠東政策
和中俄關係的觀點，提出一系列具體措施供俄國決策機構和決策
人參考。在《俄國的亞洲政策》一章中，作者指出，「可以說，

目前俄國正處於緊急關頭：或者我們展示自己的政治決心，同中國開展廣泛合作，開發西伯利亞和遠東（同時參加開發中華人民共和國的西部和西北部），或者屈從於『中國威脅論』的偏見和神話，失去這個機遇，客觀上保持我國亞洲部分地緣政治上的弱點，承擔由此產生的後果。」（第三十四頁）作者不怕觸及中俄關係中最敏感的問題之一，即「中國移民」的問題。他認為，目前「中國移民」問題人為政治化了，實際上在俄國的中國人並不多，約有二、三十萬人。他主張應當把吸收中國工人（俄國需要中國工人）「置於穩固的法律基礎上」，以民族間包容的精神教育俄國居民。當然，季塔連科院士從更重要的角度看待中俄合作的問題，把俄國遠東乃至於全俄國的發展同中俄合作連在一起；同時從俄國自身利益出發，考慮中俄關係。

作者對中國胡溫一代領導人的對俄政策理解為四項原則：深化政治領導層的相互理解和信任、加強經貿合作、密切戰略問題的磋商、擴大社會公眾的交流。他對這些政策的呼應是俄中關係是確保東亞安全和各種文明之間對話的因素。中俄之間的能源合作，在他看來，含有一定的政治內涵，中國正在成為遠東經濟巨人，俄國要進入地區政經系統，很大程度上將取決於中國的態度。中國正在擴大油氣供應來源。如果俄國不願向中國提供，兩國的矛盾將加深，中俄的戰略夥伴關係必將受到影響。因此，為了俄國利益，力勸俄國政府要重視這個問題。再說，俄國要爭取中國市場，必須採取重要的措施，啟動兩國的戰略夥伴關係，除了填充全面的政治內容外，還要加強經濟和人文方面的內容。

季塔連科院士為中俄經濟發展設計了三種方案：最佳方案是中俄經濟平行發展，為此，俄國領導需要擴大吸收中國勞動力和投資，以開發西伯利亞和遠東地區。要做到這一點，就必須克服

以往的偏見。中等方案是中國經濟快速發展，提高經濟品質；俄國沒有進行經濟結構改造，沒有發揮自己的潛力，俄國則必將變成中國的原料供應基地和中國商品的市場。最差方案是兩國的經濟在相當長的時間內達不到高速發展，美國和西方的霸權地位越來越強，俄國將面臨中國難民大量湧入俄國的危險。因此，為了俄國自身的利益，也要與中國合作，達到雙贏。當然，季塔連科院士也從俄國的實用主義出發，認為中俄兩國的經貿關係，與其說是友好睦鄰，不如說是市場需求。中國目前別無選擇，只有從俄國可以獲得新武器；而俄國主要是從商業利益出發，可以出售武器賺錢從而支持俄國研發新武器。從長遠來說，俄國指望中國協助更快加入東北亞一體化的進程，加入東亞經濟俱樂部，再進入歐亞首腦論壇。俄國方面可以做出的貢獻是加快西伯利亞到中國到太平洋岸的油氣輸送管道，向中日韓三國提供油氣，緊隨中國加入日韓自由貿易區，實現俄國加入東亞和亞太地區一體化的進程的夙願。

季塔連科院士在書中專門論述中印俄三國關係。由俄方倡議，俄中印三國學者合作，每年召開一次三國合作論壇，以探討三國在新形勢下合作的理論構思和具體建議，輪流在三國舉行。去年是在中國廈門召開的。俄國一向積極主張三國在廣泛領域合作，最初也確是俄國倡議的。從俄國來說，為了促進建立多極世界，希望中印俄三國聯手，在某種程度上是俄國在外交上的進步。從支持印度遏制中國以平衡俄國在遠東和南亞的戰略利益到支持三國合作，是俄國外交戰略的重大轉變。當然，俄國宣導的三國合作含有聯合抵制美國獨斷獨行的因素在內。這方面，季塔連科的這部專著有詳細論述。第五章《俄國─印度─中國》的分節小題很說明問題：「在全球化形勢下的三方互動前景」、「在

潘查希拉（即和平共處五項原則，編者注）的旗幟下」、「三方夥伴關係：對外政策考慮」、「為了和平、穩定與發展」、「三方互動的國際環境」、「俄印中合作與美國因素」。可以說是多角度介紹和分析了中俄印三國合作的俄國視點。

　　季院士認為，蘇聯瓦解後，兩極世界消失，當前的全球化進程是在一家，即美國獨大的情況下發展的。發展中國家，包括俄印中，都受到全球化過程中跨國公司的挑戰。而正處於轉型經濟的俄中兩國，不僅受到全球化的挑戰，也有了新的機遇，以加快經濟和金融體制的發展和現代化。但是，全球化首先是給發達國家帶來好處，因為發達國家具備強大的經濟、金融和物資的潛力，加上發達國家在亞非拉推行歐美經濟政治文化標準，引起不同文明體系的發展中國家抵制，造成新的矛盾。在這方面，中印俄都面臨近似的全球化挑戰和機遇。三國的經濟、文化、軍事、人文潛力巨大，都有機會成為新時期多極之一。與此同時，三國都是現實主義者，都積極發展同美國的合作，三國都需要美國的市場、投資和技術。三國都遭遇到美國咄咄逼人的霸權主義傾向、強加發展經濟合作的政治條件、干涉他國內政等等。季院士認為，正是這些情況導致俄中印三國各自獨立抵抗外來的粗暴壓力。

　　針對美國在全球的作為，季院士提出，美國是世上武力最強大的國家。要對抗這樣一個妖怪，即遏制它的掠奪野心，單獨行動是不行的，要求一切反霸力量聯合行動。俄中印三國合作正是一切反霸力量合作的基礎。他所謂三國聯合的美國因素，說白了，就是「美國的威脅不僅在於超級武力，還在於它的侵略性，它的軍事冒險主義。美國的經濟金融體系危機也威脅全世界。」三國外長定期會晤機制已經建立。但是要建立三國聯盟未

必現實。

　　季塔連科院士，莫斯科大學哲學系畢業，進修於上海復旦大學，現任俄羅斯科學院遠東研究所所長，俄羅斯外交部學術委員會委員，俄聯邦安全委員會學術委員會委員，俄中友協主席。遠東所有一支強大的研究中國的隊伍，政治、經濟、文化，人材濟濟。在他的領導下，正在編寫出版一部五大卷的《中國精神文化大典》，每卷八百多頁，已有三卷問世。用俄文出版如此龐大的介紹外國文化的百科全書，在俄國堪稱一絕。俄國制訂對華政策的智囊團主要由三個方面組成：外交部、情治機關和遠東研究所。季塔連科院士領導的遠東研究所從理論和學術角度提出對華外交政策設計，起著相當重要的作用。因此，季塔連科院士在《遠東地緣政治意義》一書得出的結論：「俄國需要一個強大的中國；中國需要一個強大的俄國」，值得中俄兩國決策機構的參考。

Headline 69 歐亞地區政經新板塊

2009/02/23

正當全球政經精英為克服危機傷透腦筋，各顯神通，紛紛提出此次全球大危機的來龍去脈、責任問題、應對辦法、出路前景而不亦樂乎之際，歐亞大陸共同體的說法再次提上日程。這項地緣政治經濟結構設想，已經有了十五年的歷史。處於亞洲中心各地的仁人志士未必注意到中亞地區這一段故事。作為解救世界經濟危機的種種構架之中，也許有它的一席之地。

歐亞共同體構思的始作俑者是中亞諸國的領軍人物、哈薩克斯坦共和國總統納薩爾巴耶夫。納氏提出這項動議有其當代歷史淵源。正當戈巴契夫為挽救前蘇聯、提出改革蘇聯政經結構，召集蘇聯各加盟共和國首腦、前蘇共政治局領導成員，在莫斯科郊區舉行國是決策會議、制訂並簽署新的聯盟條約之際，三個斯拉夫族共和國（俄羅斯、烏克蘭和白俄羅斯）領導人，一方面參加戈巴契夫召集的會議，一方面秘密商談拋棄蘇聯和戈巴契夫。這樣後來就出現了三國聯合聲明，宣告蘇聯壽終正寢。不知是有意，還是疏忽，三家領導人沒有邀請橫跨歐亞大陸的哈薩克斯坦領導人共襄大事，造成很長一段時期的隔閡。據後來知情人的說

法，原因是納薩爾巴耶夫是戈巴契夫內定的新蘇聯總理，而三家不服氣，又擔心納氏會報告給戈巴契夫。總之，將納氏排除在外。三家討論建立獨聯體成立時才邀請納氏參加。論者都認為，如果當年納氏參加獨聯體組建工作，也許獨聯體不至於淪到如今地步，名存實亡。

獨聯體成立後不久，納薩爾巴耶夫總統提出建立歐亞共同體，以提高哈薩克斯坦和中亞各國的地位。這個與獨聯體結構平行的設想引起一些人的不快，沒有把它放在眼裡，因此也就缺乏實際內容。但是，俄國接受納薩爾巴耶夫關於建立歐亞經濟空間（類似共同市場）的建議。納氏一直堅持自己的構想，從未放棄。中亞各國也目睹哈薩克斯坦經濟發展順利，又是能源出口國，俄國為爭奪能源，現在對哈薩克斯坦另眼看待，從稱他是「老狐狸」而改口稱讚不已，待之上賓。梅德韋傑夫上任後首訪國家就是哈薩克斯坦，足見對哈國的重視。近年來哈國國際地位日上三竿，明年即將輪值出任歐洲安全理事會主席。歐美對哈薩克斯坦非常重視。納薩爾巴耶夫是當代中亞各國領導人中的佼佼者，順時應勢，一改早期對華的戒心，採取對華友好政策，成了中國在這個地區的重要夥伴。哈國經濟在納薩爾巴耶夫總統領導下高速發展，蒸蒸日上，全球經濟危機發生前，年增長率達到兩位數，在獨聯體國家中遙遙領先。

納薩爾巴耶夫提出建立在聯合國保護下的世界統一貨幣。他認為絕對需要改用新型的全球公認的合法的統一的世界貨幣結算單位。當代世界正在從單極世界走向多極世界。多種經濟模式與政治模式在國際舞臺上共存與競爭。經濟地區化導致出現地區市場，各大陸組成自己的經濟集團。如歐洲共同市場、東亞市場、拉美市場等等。十五年前，納氏就提出建立歐亞聯盟問題，但沒

有得到大多數獨聯體國家認可。納氏並不灰心，一直堅持自己的構想。一方面努力發展本國經濟，另一方面耐心推動，加上獨聯體漸漸走向散夥，歐亞共同體卻以各種形式露出水面。在獨聯體範圍內建立了歐亞經濟聯盟、集體安全條約組織；歐亞各國參加上海合作組織。納氏認為獨聯體各國只有通過歐亞一體化才能克服當前危機。在他看來，這些年歐亞大陸一體化正在深化。歐亞經濟共同體在建立自由貿易區方面取得很大進展。各國貿易量增加兩倍半；相互投資增加了四倍。成立了歐亞發展銀行，參與各成員國的投資項目。今年2月，歐亞經濟聯盟決定建立克服危機基金一百億美元和國際高科技中心。其他正在討論的有建立共同能源系統、統一核能生產系統、歐亞交通體系等。建立哈薩克斯坦、白俄羅斯和俄羅斯三國海關同盟的工作已進入尾聲。下一步準備成立歐亞貨幣同盟。

納薩爾巴耶夫認為歐亞共同體在政治軍事方面的主要任務是確保地區安全。在歐亞共同體框架下已經建立了集體安全條約組織。今年2月這個組織建立了地區快速展開部隊，使這個組織有了軍事力量。目前正在組織和建立統一的軍事技術合作、統一的防空系統，組織聯合軍事演習，都是為了建立統一的防衛體系。獨聯體反恐中心正在發揮作用，共同打擊越界犯罪活動、毒品走私、非法移民等。

作為歐亞共同體，雄踞兩大洲，因此，納氏雄心勃勃。他認為，亞洲方面，沒有獨聯體國家的積極參與和支援，上海合作組織就未必有發展前途；歐洲方面，哈薩克斯坦由獨聯體各國聯合推薦出任明年的歐洲安理會主席。哈國有意將歐亞大陸建成和平與互信的空間。

在人文文化一體化方面，獨聯體社會各界建立了一些組織，

如歐亞學者俱樂部、歐亞媒體論壇、歐亞電視廣播科學院、歐亞大學聯合會。獨聯體已宣佈明年是科學與創新年，動員各國轉向創新發展的道路，現有的高科技中心和歐亞新技術資料庫正在成為獨聯體各國有關單位交換科技成果的機構。當前主要開發方向定位是太空、納米、資訊、能源和節能。建立歐亞共同教育空間也已列入日程。納薩爾巴耶夫總統建議在獨聯體各國主要大學建立歐亞教研室和歐亞國家大學，在各大學教授獨聯體各國的語言，以推動人文交流。獨聯體各國都脫胎於前蘇聯。前蘇聯七十年間給這些國家打上了無法磨滅的歷史烙印。它們有許多共同的語言和文化認同。因此，納氏建議在保留各國多種文化和語言價值觀的基礎上建立統一的歐亞認同。

納氏希望確保獨聯體各國公民最大程度的自由遷徙權利，使歐亞共同體各國的公民都能自由過境，自由取得資訊，自由享用各國教育和醫療資源。

納薩爾巴耶夫總統多次表示，他堅信基於平等、自願、實用利益的歐亞共同體，會成為二十一世紀世界政治經濟的全球因素。

哈薩克斯坦共和國是除俄國之外橫跨歐亞兩大洲的國家，又是中亞地區最大的古老國家。造物主給了哈薩克斯坦這一優越自然條件，為納薩爾巴耶夫總統的勃勃雄心創造了歷史物質和人文基礎。納氏本人久戰政壇，遊戲於歐亞各大政治經濟利益國家集團，左右逢源，而且堅持政治獨立性，從而能周旋於世界各大強國之間，成了世界各利益集團爭取的對象。納氏正是利用了自己的優勢成了氣候。作為中亞地區的大國，是這個地區的穩定因素。但是，哈薩克斯坦在納氏的領導下還是以本國利益為重，為此常常多變。國內的威權政治常常受到西方批評，然而西方又常

常拉攏他，想使他成為對抗俄國的工具。納氏則自有主張，很少
被人利用。現在，他多年堅持的歐亞共同體構想，正在慢慢地充
實具體內容，說不定有一天，歐亞共同體或者甚至哈薩克斯坦，
會成為多極世界的一極，並不排除代替現在四分五裂日薄西山的
獨聯體。因此，忙於爭取建立多極世界的各國政治戰略家們，不
可小視。

70 普京面臨神話破產危機

2009/04/12

　　今年以來，俄國從東到西發生了一系列社會騷動。先是東部地區的弗拉迪沃斯托克「汽車族」反對政府提高進口稅；接著烏拉爾地區的葉卡傑琳堡退休職工反對地方取消免費使用公共交通而代之以菲薄補貼；3月中旬，俄共組織全國性抗議示威遊行。民調顯示俄國公眾一反近年漠視政治的態度，開始參加各種政治表態活動，反抗情緒上升。

　　俄國東部地區民間大都使用日本二手車，駕駛盤在右邊，而俄國規定的是左駕駛盤，限制使用右駕駛盤的汽車，引起不滿。這次為保護國產汽車增加進口稅，導致公眾上街示威。中央不信任地方特警，從中央地區派出特種員警鎮壓。之前，政府為鼓勵出口加工產品，提高原木出口關稅達到價值的八成。經濟危機出現後，當地無力投資加工業，導致大量伐木工人失業。遠東不少俄國居民賴以維生的俄中邊界小買賣，遭到邊防和海關的壓力，或沒收貨物或作為刑事案件立案。鄰近中國的後貝加爾地區的鋼鐵企業基本停產，工人失業。與此同時，公用事業費用、食品價格、燃料價格上漲，已經影響民生。在反對黨和民間組織發動

下，遠東舉行的示威公開提出打倒普京和要求政府下臺的政治口號。這是普京執政以來罕見的情況。中央派特警之舉，也說明問題的嚴重性。評論界認為，由於「山高皇帝遠」，居民中向有分離主義情緒，早在前蘇聯時期就有成立遠東共和國的歷史，是一個容易發生動亂的地區。中央對此十分關注也在「情理」之中。

西伯利亞和烏拉爾地區具體情況不同。這裡的主要城市都是工業城，前蘇聯工業化過程中大量建立巨型工礦企業，在這些企業基礎上建成城市。隨著經濟危機深化，出現失業、減少工作時間、無薪休假、城市財政收入減少、企業削減社會福利支出。據《莫斯科共青團員報》消息人士稱，日前烏拉爾和中央地區曾召開政府、企業、安全部門領導人工作會議，商討處理緊急事態的措施。會上估計近期內因經濟危機造成生活困難的居民可能發動騷亂，因此制訂了處理動亂的辦法，但卻沒有討論解決經濟危機的措施。

俄國高加索地區近來多事。恐怖主義分子和地方主義分子不斷騷亂，並且具有刑事犯罪性質。目前中央派出的武裝力量正舉行大規模的清剿。這個地區是普京執政時期的「政績工程」，因此，處理好這個地區，確保高加索地區穩定，具有重要的政治意義。中央不惜成本，大量撥款支持中央扶持的政府。但是，一旦減少撥款，就難免出事，何況當地的治安人員有些就是投奔而來的前武裝分子，是有「前科」人士。

俄國人有一種習慣。一旦出了問題，大家就要問：誰之罪？國家出現經濟危機，開始階段俄國上下政要都歸罪於美國。但也有一些人出面追究俄國自身的責任。首選當然是普京的經濟路線和政府作為。總統梅德韋傑夫對記者說，「政府有問題，我自然要指出」。梅德韋傑夫的智囊團現代發展研究院的院長尤根斯

去年10月就提出俄國經濟沒有足夠的競爭力，世界經濟中超附加值的是知識經濟，而俄國是靠原材料。他認為，更主要的問題在於俄國缺少政府同民間的對話。莫斯科市長盧日科夫批評普京政府執行錯誤的經濟政策。他說，政府不肯把資金用到實體經濟上去。這次搶救經濟的方針，是把國庫的錢放貸給銀行，銀行不願向本國實體經濟投資，而是在政府貶值盧布的政策下，大量投機外匯業務，賺的錢遠遠超過投向實體經濟，銀行不貸款給生產企業更能賺大錢。他說這是很危險的遊戲。「政府不是邀請銀行面向實體經濟，而是應當堅決要求他們這樣做」；「今天的危機不是國家的危機，是寡頭生意的危機。政府應當整頓企業，交給懂經濟的人經營」。前總統經濟顧問伊拉里昂諾夫全面批判和否定俄國執政當局應對經濟危機的路線並且追究責任。儘管俄國親政府專家和官員紛紛指責，但他的觀點卻與許多線民批評政府的意見一致。這些意見是，俄國近八年來經濟路線是錯誤的；最高當局管理國家的方針政策是非理性、低效的；現在政府採取的應對措施是不相稱的，只能加重經濟危機，導致長期經濟衰敗。

俄國媒體也報導外國對俄國政府的批評意見。《莫斯科共青團員報》刊登了美國的俄羅斯問題專家茲洛賓對當前俄國局勢的評論，涉及俄美兩國應對經濟危機及普京執政問題，破除「普京神話」，其中有些看法頗具普遍意義。茲洛賓認為，俄美兩國都在採取緊急措施應對全球和各自的經濟危機，但卻有不少原則性區別。兩國在早前八年裡都拖延了國民經濟現代化的進程，造成今天的危機。美國目前採取的措施是改造國民經濟，使其現代化，增加美國經濟的競爭能力。俄國正在採取的措施則是打補釘、填窟窿，指望油氣價格回升解決困境並掩蓋政治危機。

茲洛賓進一步批評俄國政府自己選擇了依靠出口能源的路

線，利用能源價格飆升掙錢，存下來，以防萬一，為俄國經濟軟著陸做準備。普京作為總統執政八年幹的就是這件事。實際上俄國經濟成了從屬外國經濟發展的附件，天天計算儲存的錢夠不夠應對危機。如果普京把多餘資金投資到改造經濟中去，實行經濟現代化，眼前國民經濟就不會如此滑坡。這次經濟危機將促使各國在涅盤中重生，發展經濟，而俄國卻仍然要依靠外國經濟發展增加能源需求使能源價格上漲，從而維持經濟。俄國經濟已經成了外國經濟的服務性經濟。

茲洛賓透過經濟危機的表像，分析俄國當前採取的措施，指出一些實質性問題。在他眼中，西方的危機是市場經濟的危機，而在俄國是「偽市場經濟」，即「新指令經濟」的危機，包括「國家直接或非直接介入經濟，御用寡頭和電話指令」；「國家維護的是利益集團，解決政治或個人問題，但不是經濟問題」。美國的經濟危機不威脅國家體制的基礎，國家介入經濟是為改正經濟失策，遲早會走出經濟。俄國國家介入經濟是為了鞏固國家體制，不要「失控」，一旦經濟崩潰，建立起來的垂直行政權力系統也就隨著崩潰。

這與俄國政府近年來實行「國有化」政策有關。許多行業建立了國家資本占主導地位的集團公司，由具有情治背景的官員出任總裁，形成利益集團。國家指導的盧布大幅度貶值，由二十三盧布降到三十六盧布比一美元，使國民儲蓄和收入縮水六成。現在國民騷動此起彼伏，迫使普京政府再三聲明要確保社會福利和民生，就是挽救之策。茲洛賓更談及「普京神話」的問題。普京擁有高信任度，與他領導下政府的作為關係不大。俄國人更多的是把他視作民族英雄，是對國家正面形象需求的表現。茲洛賓感到惋惜的是，普京沒有利用總統任期內的經濟機遇，否則俄國的

日子要好過得多。

　　俄國議會下議院國家杜馬目前正在調查，全國各地的民眾反政府運動有無外國勢力介入，有無外國特務操縱。統一俄羅斯黨指責弗拉迪沃斯托克3月15日反普京示威遊行，是俄共用美國資金發動的。俄共立即反駁說這是「胡說八道」。俄共中央書記、議員奧布霍夫在下議院說：「很難想出更蠢的栽贓：好像俄共積極分子領取日本情報機關的錢！這些人把自己搞成了笑料！」民調顯示，普京的信任率正在下降。不過，他正堅持不減社會福利撥款預算，走訪民間，以緩和社會緊張情緒，維持穩定。

2009/05/17

　　1967年赫魯雪夫開始口授自己的回憶錄，抒發對往事的思考。當時他感到遺憾的是面前沒有人同他對話。他口授回憶錄的目的是檢討自己的成功與失敗，告訴後代，哪些應當做的他卻沒有做到。蘇共中央在通過竊聽得知赫魯雪夫口授回憶錄後，政治局委員、書記處書記基里延科把他叫到中央，對他說，「歷史是由黨中央來寫的，不是個人可以寫的。」對此，赫魯雪夫大怒，反擊說，「這是侵犯人權。我只知道一件事，沙皇曾禁止舍甫琴科寫作和畫畫。你們可以剝奪我的一切，取消一切待遇，但是我可以去幹活，我還沒有忘記鉗工的手藝。如果我幹不動活了，人們會施捨給我。可是人們決不會施捨給你們的。」儘管蘇共中央趁他生病住院時沒收了他的錄音帶和列印稿，但是，最後還是在國外出版了。原來他早有準備，做好了副本，並且送到了國外。赫魯雪夫的兒子謝爾蓋在自己的回憶錄詳盡記敘了這些情況。1971年出版了第一卷：《赫魯雪夫回憶錄。第一卷》；1974年出版了第二卷《回憶錄：最後的遺訓》；1988至1990年出版了第三卷《赫魯雪夫回憶錄。公開性的錄音磁帶》，收入當年沒有運出

蘇聯的口授記錄。

　　1968年春，口述回憶錄的工作接近完成，如何保存口述材料就成了需要儘快解決的問題。他的兒子在回憶錄裡說，1968年4月，赫魯雪夫生日前夕，他去看望父親。母親告訴他，黨中央要求他停止口述回憶錄，已經寫好的要全部上繳。他心情很不好。他在黨中央大鬧了一場。「他們都是一群混蛋！他們違反憲法，把整個別墅都塞滿了竊聽器，連廁所都不放過。把人民的錢用來聽解大便的聲音。」赫魯雪夫擔心黨中央會收走並且銷毀全部錄音帶和列印稿。父子討論了各種方案，結論是在國內保存錄音帶和列印稿絕不可靠，只有發表才是最好的保管。赫魯雪夫認為，第一書記的回憶錄應當讓大眾知道。先在國外出版也好，總有一天會在國內發表。當年5月，謝爾蓋找到一個能自由出入境的人。這個人就是臭名昭著的特工路易·維克多。路易曾因「反蘇罪」坐過牢。蘇共二十大後出獄，擔任英國報紙駐莫斯科記者。克格勃批准他擔任外國報紙記者，條件是為克格勃服務。謝爾蓋知道他當時正在策劃出版史達林女兒的書《給友人的二十封信》，就找他想辦法，並誘以重利，答應由他決定出版後的稿費分配方案。他把三百盒錄音帶和列印本送到國外，放進一家外國銀行的保險箱裡。後來路易說，他是「擒賊先擒王」。路易決心冒一下險。在一次非正式的會面時他向克格勃頭子安德羅波夫談到赫魯雪夫的回憶錄，把情況幾乎全盤托出。安德羅波夫沒有打斷他的話，聽的時候，還不時滿意地點點頭。路易問到他是否願意看一看原稿？他笑了笑，簡短地回答說：「不必了。」此後，赫魯雪夫兒子感到克格勃採取了中立的態度。

　　出版一事談妥由美國時代週刊公司下屬的「李特和白勞恩出版社」負責。出版社對手稿真實度有懷疑，需要證實這些手稿

是真的。雙方想出了一個不會引人注意的巧妙辦法。從維也納給赫魯雪夫帶來兩頂帽子：一頂大紅色的，一頂黑色的。如果赫魯雪夫確認手稿是他的並同意發表，就寄去他本人戴這兩頂帽子的照片。這兩頂奇形怪狀的帽子引起赫魯雪夫家人的注意。兒子告訴他事情原委。他對這個辦法很欣賞。散步回來以後，他坐到花園的椅了上，「把帽子拿來，我要試試。」接著叫兒子照相。就這樣，頭戴一頂，手裡拿一頂。很快，收到這張照片以後，時代週刊就委託牛津大學的學生陶博特（俄國問題專家，後任美國副國務卿）編稿。在他廢寢忘食編稿期間，日常起居就由同室的比爾·克林頓負責。1971年1月，黑皮紅字封面的《赫魯雪夫回憶錄》到了在莫斯科作者手中。外封上赫魯雪夫微笑的照片表達了他對回憶錄出版的欣慰。有資料說，路易·維克多是受克格勃的指示把不利於勃列日涅夫的段落刪去了。《時代週刊》駐莫斯科記者吉羅德·謝赫特也參加了把赫魯雪夫回憶錄手稿送往國外的事。1990年，路易和謝赫特將刪去的部分單獨編冊出版了回憶錄的第三卷《公開性的錄音帶》。

現已公佈的蘇共中央秘密檔案紀錄了當時蘇共中央黨監察委員會主席別爾舍（政治局委員、書記處書記）1970年11月10日關於同赫魯雪夫就他的回憶錄即將在西方發表的談話記錄，摘抄如下：

> 別爾舍同志：我們請您到中央黨監察委員會來，是要求您就您的回憶錄問題做出解釋。這些回憶錄會給我們黨和國家帶來很大的政治損害。也許您能坦白告訴我們，您把這些材料交給什麼人在國外發表？
>
> 赫魯雪夫同志：「我沒有把這些材料交給任何人。」

別爾舍同志：「那這些材料怎麼跑到國外去了？」

赫魯雪夫同志：「還是您告訴我這些材料怎麼跑到國外去了！我想這些材料沒有跑到國外去，這是挑釁……我沒有把任何回憶錄交給任何人，從來不會允許這樣做。我對自己的錄音內容記得很清楚。目前不是全部材料可以發表的。」

別爾舍同志：「我曾經和您談過，您所談到的機密材料有可能流傳到國外去。到底還是流傳出去了。您當時沒有接受我們的忠告。」

赫魯雪夫同志：「沒有。你們逮捕我吧，槍斃我吧！我也不想活了。我是一個誠實的人，忠誠的人。也許你們把我叫來是幫助我快點死。我想死……」

別爾舍同志：「現在怎麼辦呢？」

赫魯雪夫同志：「我不知道。是你們全體領導的過錯……這可能是外國報刊的挑釁。因為我的名字有轟動效應，也許是他們編造成我的材料。」這次談話的結果是赫魯雪夫同意發表如下聲明：「從美國和其他一些資本主義國家新聞報導說，目前正在籌備發表所謂赫魯雪夫回憶錄。這是偽造的，我對此表示憤慨。我從來沒有把任何回憶錄性質的材料交給任何人……因此我聲明，這都是偽造的東西。資產階級報刊不止一次曝露過賣身投靠的行為。」

——赫魯雪夫，1970年11月10日。

前蘇聯領導人安德羅波夫當時任克格勃主席，掌管全國安全工作。按理應當根本杜絕赫魯雪夫在西方發表回憶錄，但是在

他默許的情況下回憶錄傳到國外。之後，他給政治局打了一份報告。這份報告保存在俄國總統檔案館，已經解密。1970年3月25日，安德羅波夫給政治局的報告說：「近來赫魯雪夫積極準備發表敘述自己擔任黨和國家重要職務時期情況的回憶錄。在已經口授下來的回憶錄裡，他詳細敘述了完全構成黨和國家機密的材料，例如涉及以下重人問題的機密：蘇聯國家的國防能力、工農業和整體經濟發展的情況、科技成就、安全部門的工作、外交政策、蘇共與社會主義國家及資本主義國家兄弟黨的相互關係等等，揭露了蘇共中央政治局內部會議討論問題的實際做法。這種情況下極需採取緊急措施，嚴控赫魯雪夫搞回憶錄的事，防止黨政機密洩露到國外去。為此，建議對赫魯雪夫及其兒子實施秘密監視……」他的雙重態度正是他處於改革與保守思想鬥爭的表現，也是他雙重人格的體現。

　　1988年，蘇聯瓦解前夕，陶博特代表時代集團表示願意協助在俄國本土出版赫魯雪夫回憶錄，讓俄國人可以讀到這本書，因為「這些回憶錄是寫給俄國人看的」。當年赫魯雪夫急於口授回憶錄，是因為他目睹勃列日涅夫復辟史達林主義，擔心國家重新陷入歷史的錯誤。他的部分回憶錄終於在1988年《星火》雜誌分九期連載；1990至1995年分期在俄國《歷史問題》雜誌全文刊登。1997年莫斯科瓦格柳斯出版社出版了回憶錄的選集。

72 俄美「重啓」
雙邊關係力克
冷戰綜合症

2009/07/06

　　莫斯科以相當涼的天氣迎來美國總統奧巴馬的空軍一號專機。7月6日的氣溫只有攝氏十五度。儘管民意調查顯示，大多數俄國老百姓對奧巴馬的到來抱著無所謂的態度，俄國政壇朝野都抱著各自的企望歡迎美國新總統奧巴馬的到來。為了確保入駐莫斯科市中心離克宮一箭之遙的里茨—卡爾頓酒店的安全，全城進入戒備狀態，新增數千名員警和安全人員值勤，出動全體安全部門（包括聯邦保衛局、安全局、內務部、國防部）。數十架戰鬥機待命保護美國總統。七十四名俄軍儀仗隊和二十八名號手，列隊歡迎奧巴馬。奧巴馬的保安人員運來裝有兩挺機槍的專車。考慮到目前俄國高加索地區反恐戰事頻繁、恐怖主義分子活動加劇，這些措施就不會顯得過分。

　　俄美關係近年來滑到了冷戰邊緣，雙方都不滿意，特別是在布希和普京兩總統執政後期，都迫切需要改變這種狀態。奧巴馬上臺提供了新的契機。俄國總統梅德韋傑夫說「儘管私人關係良好，但差一點降到冷戰水準」；美國總統奧巴馬說普京「一隻腳

踏在舊辦法上，另一隻腳踏在新辦法上」。使美國困惑的是，俄國到底誰說了算的問題，但最終還是選擇了以梅德韋傑夫作為主談判對手。兩國總統的會晤總時數超過八小時，而奧巴馬只在到達莫斯科第二天才同普京會晤一個半小時，要向普京傳達新的信號，美國不希望對抗的關係，希望在不擴散核武、反恐和能源方面合作。

北約東擴、美國在波蘭和捷克部署反導系統、蠶食俄國勢力範圍的獨聯體國家、在俄國周邊鼓勵顏色革命、支持俄國國內反對派，都使俄國當局不快。俄國近年來不斷到美國後院活動，遠端戰略空軍和海軍不斷出現在西半球，俄國軍隊入駐南奧塞梯和阿布哈茲，都使美國不安。奧巴馬訪俄當天，俄國軍隊才結束在南高加索地區舉行的針對格魯吉亞的海陸空三軍大規模演習。兩國戰略利益重合點並不多，因此，梅德韋傑夫抱著「適度的樂觀」。在小範圍會談結束時，兩國總統都表示滿意。奧巴馬還說「有希望就所有討論的問題取得進展」。以「適度的樂觀」取代「冷戰」，是這次峰會的最大收穫。正如梅德韋傑夫所說，「翻過舊的一頁，揭開新的一頁俄美關係」。

兩國總統就一些重大問題達成諒解。首先是準備簽署新的進攻性戰略武器條約。雙方談定，運載工具將減少到五百至一千一百個，核彈頭減少到一千五百至一千六百七十五個。這項條約將在年底簽署。其次是雙方談妥建立美俄合作總統委員會，以發展兩國的合作關係。另外，還就積極啟用過境俄國向聯合維和部隊運送物資設備和人員、繼續就反導防禦系統進行磋商、衛生保健、核領域合作、俄美武裝力量發展合作、關於阿富汗問題、總統行動計畫等問題簽署十項聲明、協定、備忘錄和框架協定。這些文件對兩國發展合作十分重要。

然而，在一些重大問題上，雙方沒有做出讓步。梅德韋傑夫和俄國政府多次發表聲明，堅持要把簽署進攻性戰略武器條約同美國部署反導彈防禦系統（PRO）、特別是在波蘭和捷克部署攔截導彈和雷達問題綁在一起。雙方只達成進一步就此問題進行「分析和討論」的協議，而沒有實質性進展。在新聞發佈會上，奧巴馬只說明他向俄方解釋PRO不是針對俄國的，「我們認為沒有能抗擊俄國強大武庫的東西」。這樣，PRO仍然是一個懸念。對於格魯吉亞問題，奧巴馬說，美國尊重格國的領土完整。這是阿巴馬在回答記者問時說的。至於俄國極為反對的北約擴張問題，雙方也沒有一致意見。

　　雙方這次討價還價最激烈的表現就是美國在波蘭和捷克部署PRO問題。梅德韋傑夫在出席八國首腦會議和奧巴馬訪俄前夕接受義大利媒體訪談時，認為PRO不應當是單方面的，應當是全球性的，防禦來自發動核威脅的國家。美國的要價是俄國向伊朗施加壓力，使其放棄核計畫，美國就沒有必要在東歐部署PRO。俄國既無能力也無願望去說服伊朗放棄核計畫。就在奧氏訪俄前夕，美國副總統白登就表示不反對以色列必要時銷毀伊朗的核基地。所以什麼時候就PRO達成協議，看來還有一程漫長的路要走。

　　奧巴馬這次特別安排會晤在野派。戈巴契夫是他要會見的俄國政壇元老。應邀會見的反對黨有俄共、公正的俄羅斯黨、正義事業黨、團結黨。俄共準備就美國同古巴關係問題，正義事業黨打算就俄國貪腐、普京派所作所為、無法無天問題，世界象棋冠軍帕斯巴羅夫要求奧巴馬放棄雙重標準、不要做出承認普京政府是民主的樣子，要同奧巴馬進行討論這些問題。引人注目的是，奧巴馬沒有安排會見俄國自由民主黨黨魁日里諾夫斯基。兩國工

商界的代表在經濟論壇上要求奧巴馬關注俄國貪腐和政府對工商界施壓的問題。奧巴馬沒有選擇莫斯科大學或者國際關係大學作為演講的場所，選定親西方和籠罩著自由派思想的俄羅斯經濟學院作為發表演說的對象，申明他推廣民主價值的決心。他還在演說中特別提到烏克蘭領土完整的事，因為美國有人擔心俄國會對烏克蘭的克里米亞（原為俄國領土）採取武裝行動。奧巴馬會晤反對派和公民社會積極分子一事，克里姆林宮並不高興。但是，奧巴馬在同俄國反對派對話之後，就會做出俄國民主現狀的評估。

俄國和西方媒體紛紛就奧巴馬與梅德韋傑夫會晤結果發表評論。西方主要報刊正面評價比較多。具有代表性的是英國《獨立報》（The Independent）。該報評論說，奧梅兩總統在簽署削減核武備忘錄時，布希時代俄美關係中的怨恨和不信任就一筆勾銷了。但西方畢竟有自己的價值觀。《華盛頓郵報》記者從莫斯科報導說，奧巴馬在同梅德韋傑夫私下會談時指出，俄國要吸引外資，就必須更「徹底地」保護產權；在同貪腐鬥爭中，更積極地利用自由媒體、獨立法院和政治反對派。不過，奧巴馬以慎重和含蓄的口氣向梅德韋傑夫談到推廣民主和人權問題。

俄國著名政論家、政治分析中心的圖爾斯基詳細分析兩國關係時指出，俄國在美國和西方的形象不佳，俄國同西方的關係不能因更換領導人而抱太大希望。西方與俄國之間的不理解和敵對情結是系統性的。近年來俄國在西方的形象是一個亞洲專制國家，民主因素越來越少，普京終身執政的徵兆越來越多。西方確信，2012年普京將重返總統職位。梅德韋傑夫將下任總統任期加長至六年（現為四年）就是為普京訂身度造的。許多人不喜歡這一點。在兩國總統新聞發佈會上，有人問俄國首要人物是誰，奧

巴馬以外交辭令回答。但他這次訪問的安排和主要談判對手是梅氏。奧氏不止一次表明更喜歡同梅德韋傑夫打交道，認為梅氏是進步的，指望可以共同前進。相比之下，奧氏對普京的兩條腿的評價就可見他的態度。圖爾斯基認為兩國關係還有待進一步努力。他說，俄國官方的意見通常通過官辦電視頻道傳播。官方輿論就是一切禍害都來自西方。美元、危機都是從美國運來的。在這種對立氛圍裡，奧巴馬訪問十次也消除不了互不理解互不信任。

奧巴馬與梅德韋傑夫，都出身法學系，都與冷戰無關，思維方式都與前任不同，因此，美俄關係進入新階段還是有一定可能性，再說雙方為應對國內需求，都要做出姿態。俄國因出兵阿布哈茲和南奧塞梯，在國際上處於孤立地位，至今只有一個無足輕重的尼加拉瓜承認這兩個分離主義國家。奧巴馬也需要在選民面前證明自己的「CHANGE」能力，更何況目前兩國的關係已經影響到國際形勢。兩國就削減進攻性戰略武器達成基本協議，俄國允許美國軍隊和軍用物資過境以支持美國正在阿富汗的重大反恐軍事行動，兩國達成的其他一系列協議，對奧巴馬來說，都是有利的。至於PRO，奧氏在私下會談時再次向梅氏表明不是針對俄國的，而是針對伊朗和北韓的。梅氏感到安慰的是，奧氏同意就這個問題進行進一步的討論，沒有像布希那樣說死，有所活動。

73 在俄華商考驗
中俄關係

2009/08/08

　　俄國的灰色清關，由來已久。早在上個世紀九十年代中期，俄國為解決民生問題，曾經放寬海關課稅，實行所謂的「包機包稅」，即按重量收取低額關稅和進口稅。大量中國貨隨即通過這種管道湧入俄國各地。中俄兩國的一些清關公司勾結起來，少報假報貨物，大量灰色清關貨物源源不斷，飛機火車，空運陸運海運，浩浩蕩蕩，有時達到每天上百架次，蔚為壯觀。參加這些半合法半非法活動的俄國方面，除清關公司、海關官員，還有執法機關、部隊，涉及面極廣。中國的庫存偽劣商品，也竟能通過中國海關出口到俄國。俄國老百姓當時過著艱難日子，只要便宜就行。可是，他們嘴裡還是臭罵中國產品。十年多的時間，兩國不少商販發了橫財，「中國製造」卻給俄國上下各界留下極其惡劣的名聲。俄國商販頭一句話就是「這不是中國產品」，「中國製造」已經成了嘲笑的對象。所以，至今中國貨在俄國仍是劣等產品的代名詞。長年來放行這樣的貨物，對於惡化中國出口商品形象和華商形象乃至中國大形象，都負有一定的責任。

　　普京執政以後，全盤整頓國家秩序，包括完善法律和改造國

家機關。海關是他重點關注的對象，這裡不僅涉及國庫收入，還涉及國家安全。灰色清關成了他重點打擊的對象，這些措施並非專對中國貨。此前的重大案件，如「三條鯨魚」公司走私傢俱案（涉及此案的俄國聯邦安全局一名副局長被撤職查辦）、「歐洲網」公司走私手機案、歐洲家電走私案，都與華商無關。涉案的莫斯科舍列梅捷沃機場海關關長因貪腐獲罪於2004年1月被判處九年徒刑。切爾基佐夫斯基市場中國灰色清關規模大得驚人。這裡日常存貨都達二十億美元。問題遲早都會發生。調查中國貨走私問題，首先也是要解決俄國海關的問題。為此，他動用了非常手段，建立特別的工作小組，從遠東中國貨入境著手。2005年，秘密工作小組跟蹤中國貨從納霍特卡港入境，直到莫斯科海關監管的貨站，一百多節車皮中國灰色清關貨物，在莫斯科地區被扣留。安全局的特別小組，沿途掌控涉案人員，順藤摸瓜，搞清案情，一舉抓獲包括遠東海關關長和莫斯科道莫傑多沃機場海關負責人在內的一大批犯罪分子。據俄方公佈的消息，此案還涉及一名聯邦議員。每年經過這條途徑入關的貨物至少一千五百個車皮，涉款四億五千萬美元。有消息說，每個車皮的「好處費」最高達十萬美元。遠東地區海關關長不久前被判處七年徒刑。這一案件在中俄媒體都有大量報導，可惜華商和有關方面並沒有引以為戒。

遠東灰色清關路子出了問題以後，不法清關公司轉向西部的加里寧格勒海關和位於聖彼得堡的西北海關。中國貨通過芬蘭進入俄國，仍是灰色清關。西北區海關關長鋃鐺入獄。加里寧格勒是經濟特區，享有稅務優惠。外國貨以供應本地需求為名，免納進口稅。中國貨開始通過這條途徑入關後，即引起當地內務機關注意。一年內運進五百萬雙拖鞋，而當地總人口不到一百萬。

2007年開始跟蹤，發現清關公司勾結海關負責人與當地安全局人員通同舞弊，將入關中國貨以灰色通關形式轉往莫斯科切爾基佐夫斯基大市場（華人俗稱「一隻螞蟻市場」），涉及稅款五十億盧布。中國貨的東西兩條灰色清關路線全被俄國有關當局掌控。俄國當局曾多次強調打擊灰色清關，但未引起華商應有的重視，依然故我，繼續走灰色清關的道路。客觀原因則是正規清關往往受到俄國海關人員刁難，常常索取好處。

今年6月1日，普京在政府例會上，嚴詞批評俄國海關打擊灰色清關不力。他說：「幾年前我實際上就把海關的上層領導全部趕跑了。哪又怎樣呢？（走私）管道依然故我，暢通無阻。一家市場上有超過二十億美元的貨，沒有銷毀也沒有主人。關鍵問題是要同非法進口和地下生產作鬥爭。鬥爭的結果就是關進監獄。關了哪些人呢？」這項警告發出後三週多，6月下旬才著手關閉切爾基佐夫斯基大市場。封閉行動是突然襲擊式的，全市場的人員，包括華商、越商、俄商、中亞和阿富汗商人等，一時間都失去了工作地點，錢財損失嚴重。受到最大打擊的是華商。由於絕大部分華商語言不通，搞不清情況，受的損失最大。

事件發生後，引起中國大使館和中國外交部的高度關注，不斷向俄方交涉，要求保護華商的合法利益和人身安全。俄國社會和國際社會議論紛紛。在大市場上工作的俄國公民前往總統接待處遞交請願書。俄國社會院召開聽政會，發表聲明，要求政府公平合理對待民眾要求。一些專家認為政府處理的方式方法欠考慮。應當在封閉之前，先安排好去處。更有人指出這種做法會影響中俄戰略夥伴關係。中國派出的高級代表團專門同俄方商談合理的解決辦法。雖說受到冷遇，卻也談出了一個雙方妥協的方案。俄國做出讓步，同意發還灰色清關商品，條件是要貨主提供

所有權證明書，即俄國海關報關單。很多走私商品拿不出來，再做讓步，只要有中國海關的報關單或者證明，都可發還。非法移民和違法就業者只處以罰款，不追究刑事責任。目前大部分貨物已經運出。中國代表團變相承認在俄華商有違法行為，承諾加強商品品質核對和教育華商遵守俄國法律。今後華商如何跟上形勢，調整經營，成了當前的重要問題。

切爾基佐夫斯基大市場關閉之後，莫斯科市長盧日科夫宣稱，決不允許這種類型的集裝箱市場死灰復燃；至於在市場營業的成千上萬的中國人如何繼續營業的問題，他說，「這不關我們的事。」華商自發地湧向其他類似的莫斯科小商品市場。由於華商沒有準備應變措施，突然大量搶先租用一切可以租到的營業攤位。如華商新集中地之一的「莫斯科綜合貿易市場」的租金就上漲五倍。莫斯科城郊結合部的花鳥市場，眼見有財可發，也大量安裝集裝箱攤位，引起已在該市場營業的俄國商販強烈抗議並通過媒體宣佈堅決反對華商進駐這家市場，造成中國人的負面形象與社會輿論。另一方面，有些人見到這是一次市場大洗牌，不乏乘虛而入之人。「莫斯科綜合貿易市場」所在地的東南區區長，願意向這家市場提供機會擴大用地面積，但要求是建立文明經商和嚴控的商業活動。莫斯科州已有三個區表示願意安排。看來，經過一陣折騰，莫斯科華商基本可以找到安身之處。不過，這次大浪必將沖刷掉一大批華商。

隨著俄國社會政治和經濟的發展，加強法制和管理勢在必行。在俄華商，只有順應潮流，不斷提高素質和經營水準，才能立於不敗之地。中國有關當局不妨從中俄關係全盤考慮，把在中俄貿易中占很大比重的民間貿易列入管理範圍，而不是目前這種放任自流的做法，吃虧的不僅是華商，而且有損中俄關係。為

此，將加強對華商的指導和管理與支持結合起來，就地建立在大使館領事和商務部門指導下、由華商和專家組成的必要的華商管理機制，延聘瞭解俄國國情和政策變化的專家，協助華商瞭解當地有關法律法規，協調同主流社會的關係，採取具體措施鼓勵守法華商，嚴格遵守合法經營的信條，放棄灰色清關，放棄對當地社會的對抗情緒，重塑在俄華商形象，以利兩國貿易和友好關係的發展。

Headline **74** 大市場廢墟上
話中俄貿易

2009/08/16

　　莫斯科關閉大市場事件，餘波未盡。雖經雙方努力，達成一個妥協方案，在俄華商和中國政府有關部門松了一口氣。俄國有關部門也松了一口氣。可是，問題沒有根本解決。市場所存華商貨物至今未能全部如數運出。中國商務部用委婉但堅定的口氣，要求俄方實現承諾，特別提到華商在運出貨物的過程中遭敲詐勒索的情況。這是中國政府代表團與俄方交涉和商談回國後三周發生的事。看來大市場事件給中俄貿易乃至經濟合作造成的陰影還需若干時間才能消失。至於需要多長時間，有待兩國有關方面，包括政府和商人共同努力。解決大市場事件磕磕碰碰，當引發有關人士深思。

　　中俄關係近年來發展很快，政治和軍事方面的合作遠比經濟合作要順利。究其原因，因為在這些方面雙方利益吻合處多。但在經濟合作方面就不如人意。趁此大市場事件處理過程中，有必要思考再思考雙方經濟合作的問題。

　　從事中俄經濟合作的中國有關人士，把俄國看成是中國低級商品的市場和中國所需資源的供應者。這種哲學在中國朝野都

有市場。中國小商品在俄國名聲很差，已經有近十五年以上的歷史。俄國公眾出國旅遊和購物人數相當大。他們通常感到不可理解的是，為什麼在歐美市場上包括超市所見到的中國製造商品質量遠遠超過在俄國的中國商品品質，但價格卻相差不多。中國方面為改善中國商品在俄名聲又做了多少工作？俄國媒體多年來報導中國商品品質差的問題，既有俄國利益集團的暗箭傷人；也有中國有關部門等閒視之，在出口到俄國的商品品質檢驗不力，或者另有「貓膩」。所以這次中國代表團承諾加強商品檢驗，是一大進步。

中俄兩國在經濟上的互信，還有待努力。單從雙方互相投資情況就說明互信程度。中國購買美國國債達八千多億美元；俄國購買美國國債也達一千二百多億美元。兩國對美投資數額都相當大。相比之下，中俄之間的相互投資就屈指可數。俄國在中國基本上沒有什麼投資。中國在俄國實業投資，都與資源有關，絕大部分屬於預付款性質。至於在輕工食品方面，因與中國的生產商利益有衝突，除少數個人投資小型車間之外，沒有一家像樣的生產商。甚至於速食麵在俄生產由越南和韓國商人為主，已進入俄國超市。義大利、日本和韓國的汽車和家電都在俄國有組裝基地，中國沒有。值得慶幸的是，中國商務部最近的聲明中提到大力推動轉變對俄貿易方式，提倡赴俄投資生產加工。俄國人常說，晚到比不到好。中國低價位的商品早就面臨土耳其、印度、孟加拉、印尼、馬來西亞的競爭。

中國對俄的民間貿易額因為通過「灰色清關」，到底有多少，誰都說不清。但是，絕大部分定位於小商品市場的練攤水準。這次大市場事件如能推動中國政府有關部門加強指導華商轉型和管理華商力度，就是壞事變好事。通過各類在俄華商商會是

一個途徑。但是，這些商會急待整頓和提高水準，加強對華商的守法教育、提供法律顧問和經商諮詢、加大對俄經濟政策法規的研究和及時向華商通報，制訂具體措施，組織華商形成集團式經營，為華商服務，使華商能從商會的指導中得到經營的實惠，從而提高商會在華商中的威信。這樣在俄國工商界和政府機關面前才有話語權。本應由華商商會出面交涉的事，因商會在俄國有關機關沒有足夠威信而需驚動中國中央政府，影響中俄外交關係。

2009/09/06

俄國近年來在外交領域裡連連失棋，令人扼腕。

俄烏關係急劇惡化。俄國與兄弟民族烏克蘭人十幾年來恩恩怨怨，兩國關係走著曲折向下的道路。8月14日，俄國總統梅德韋傑夫發表電視講話指出，目前看不到在烏克蘭現政權之下俄烏恢復正常關係的前景。他指責烏克蘭尤先科總統有目的地推行反俄政策，「近年來俄烏關係急劇惡化」，「過錯不在俄國方面」，並宣佈俄國新任駐烏大使近期內不會赴任，要看兩國關係發展的情況再定。兩國關係多年來一直不順。前兩年的天然氣衝突，引發俄國與歐盟關係緊張，歐盟下決心另建輸氣管和開闢繞過俄國的供氣來源。去年俄格戰事爆發以後，烏克蘭站在格魯吉亞方面，並向格方提供外交和武器支持。俄國黑海艦隊駐紮烏克蘭問題雙方雖有協議，但不斷發生摩擦。這次兩國關係又降一層，出於7月23日烏克蘭驅逐俄國駐烏大使館負責管理俄國黑海艦隊駐紮烏克蘭所屬克里米亞事務的高級參贊和駐奧德薩的總領事，理由是他們超越職權範圍行事（黑海艦隊違反協議未經通報運送導彈）。這在獨聯體內尚屬首例。俄國以牙還牙，驅逐烏克

蘭駐聖彼得堡總領事和一名大使館參贊。接著，烏克蘭總統遲遲不安排接受俄國新任駐烏大使國書的日期，俄國宣佈延期派出大使。最新發展就是兩國總統互致公開信。先由俄國總統發出致烏總統的公開信並由電視廣播。這在現代外交史上也是罕見的，兩國畢竟持有外交關係，可以通過外交途徑安排。俄國梅德韋傑夫總統在公開信裡批評尤先科推行反俄路線，壓制俄語。這些衝突最基本的內涵是烏克蘭現政權認同西方民主價值，積極要求加入北約以求保護。目前烏克蘭正面臨總統大選，俄國要施加影響，盼望選出同俄國友好的新領導人。這封公開信表明俄國已拒絕同尤先科合作。尤先科也以禮還禮，發表致俄總統的公開信，對梅氏公開信表示失望，認為緩派大使無助於建設性發展兩國關係，駁斥烏克蘭向格魯吉亞提供軍援的指控。烏克蘭總理吉莫申科強調不允許任何人干涉內政，必須在尊重主權和領土完整的條件下發展同俄國的友好合作關係。

俄格兩國劍拔弩張。俄國總理在同記者談話時說，「同今天的格魯吉亞領導相處，什麼情況都不能排除。」俄國方面說，為了保護南奧塞梯和阿布哈茲的安全，俄國已在這個地區建立了軍事基地，俄國同這兩個共和國簽有友好合作條約，包括提供軍援和聯合維護邊界在內。俄國總統稱格國總統薩卡什維里是「政治醜八怪」，表示俄國要嚴厲懲罰格魯吉亞。俄總統還向議會提出俄國軍隊出境作戰的修正法案，修改俄軍無需經過上議院批准才能出境作戰的規定，與俄國總理說極可能出現另一場戰事的論斷相呼應。格魯吉亞方面，也不甘示弱，在同一時間舉行一系列大型活動，最引人注目的是發佈去年8月事件總結報告。格方的報告指控俄發動戰事，對俄格二十年來的關係進行了分析，結論是俄國早就積極準備大規模對格戰爭。目前兩國的外交關係已經中

斷，也沒有緩和的跡象。

俄美「重啟」工程遇阻。美國總奧巴馬總統訪俄期間，兩國總統肯定「重啟」兩國關係的路線。口頭上說是一回，實際行動又是一回事。近來有兩件事，引發公眾對「重啟」路線的懷疑。一件事是格魯吉亞問題。8月8日是俄格武裝衝突一周年。俄國舉行一系列活動，紀念這個日子。一方面授勳給參加戰事的五十八集團軍官兵，為犧牲軍官樹碑立傳，一方面總統和總理前往訪問戰事發生地區，以表支援謀取獨立和國際承認的南奧塞梯和阿布哈茲兩共和國，撥出鉅款援助兩國，還發出不排除新一場戰爭的可能性。美國方面，一年來大力重新裝備格魯吉亞軍隊，北約的軍艦不斷遊弋黑海，與俄國的黑海艦隊互顯實力，大有打擂臺之勢。在歐洲，近來位於德國的OPEL汽車集團出售一事，竟然觸及美俄關係的神經。目前參加競標的剩下俄國儲蓄銀行和加拿大的Magna財團與比利時的RHJ International公司。德國總理梅克爾公開表示支持俄加財團。但是，Opel的大股東美國的General Motors卻遲遲不肯同意。比利時公司出價二億七千五百萬歐元，但德國政府應當提供三十六億歐元國家擔保資金；而俄加財團出價三億五千萬歐元現款和一億五千萬歐元債券，同時指望德國政府四十五億歐元的擔保。從經濟上來說，俄加財團方案占有明顯優勢，因此梅克爾表示只向俄加財團提供金融援助。美方阻撓的奧秘原來在於Opel公司持有的先進技術。俄國出大價錢就是為了取得汽車製造的先進技術從而援救俄國自己奄奄一息的汽車工業，不僅如此，Opel所掌握的先進技術裡，有5％是軍民兩用，與武器製造有關。俄國媒體奚落說：俄美「重啟」原來是這麼回事！

獨聯體日益削弱。蘇聯崩潰後，部分加盟共和國組成獨聯

體。俄國外交上出現了兩個新名詞，一個是「近程外國」，一個是「遠端外國」。所謂近程外國，就是指的獨聯體各國。俄國一向把近程外國看成是自己的外交首選和勢力範圍。一方面向這些國家提供一定的經濟援助，包括以國內價格提供能源和武器，人文援助，國際舞臺上的聲援，等等。另一方面為保持勢力範圍，也對這些國家的政局施加影響，以免西方勢力滲透。一些國家的大選就是俄國特別關注的問題。什麼人上臺執政，對俄國的安全有著特別的涵意。因此，俄國為了有一個安全的周邊，使出渾身著數，試圖影響近程外國的大選。可是往往得出事與願違的結果。

先有格魯吉亞2003年的大選。原蘇共政治局委員、外交部長謝瓦爾德納澤被迫辭職，宣佈大選總統。俄國派出高官坐陣，結果選上了現任總統薩卡什維利。這位親美總統上臺以後把俄國軍事基地趕走，直到兩國斷絕外交關係。次年，2004年，烏克蘭總統大選，俄國派出大量謀士協助親俄的候選人，結果又一位親西方人士尤欣科當選。從此兩國摩擦不斷。格魯吉亞和烏克蘭現在拼命想加入北約以求保護傘。今年7月，摩爾達維亞議會大選。按該國憲法規定，總統由議會選出。俄國下注支持摩爾達維亞共產黨人沃羅寧繼續擔任總統。沃羅寧總統雖說是共產黨人，卻在2005年大選時高呼「俄國威脅」，把俄國觀察員大量驅逐出境。同時，摩爾達維亞的親俄地區自行成立德涅斯特河沿岸共和國，一直謀求加入俄羅斯聯邦。俄國為了支持沃羅寧總統，拒絕德涅斯特河沿岸共和國的要求。沃羅寧為了在大選中得到俄國的支持，忽然向俄國靠攏，因為西方支持的總統候選人、力主與羅馬尼亞合併的吉姆普是反俄的急先鋒，「我們嚮往歐盟，可是俄國占領軍不僅殺害了我們的過去，還在繼續殺害我們的今天和明

天」，這就是他的原話。沃羅寧大選失敗，失去總統職位。沃羅寧未必有望出任一下屆總統。俄國失去了對又一個近程外國的影響。俄國媒體指責政府貸給沃羅寧政府五億美元，這一下泡湯了。俄國評論界呼籲俄國有關當局汲取教訓：凡是俄國支持的候選人都名落孫山。

2005年，吉爾吉斯共和國政局動盪，發生「鬱金香革命」，親俄總統阿卡耶夫被迫下臺。俄國除收留阿卡耶夫外，沒有插手大選，反對派領袖巴基耶夫當選。巴氏上臺以後，執行獨立外交政策，但在關鍵問題上與俄國步調一致，因為需要俄國支援，何況吉爾吉斯勞工在俄國工作，大量外匯寄回本國。相對說，俄國比較放心。近程外國的關係發展說明，還是不要干涉別國內政，反而對本國有利。

俄國同周邊國家，特別是前蘇聯衛星國和獨聯體國家，雙邊關係或多邊關係友好的時間大大少於緊張的時間，內外原因都有。俄國受到北約東擴的威脅。西方壓縮俄國的勢力範圍，將俄國看成二流國家，造成俄國的反抗情緒。俄國在普京領導下力圖恢復強國地位，對俄羅斯這樣一個偉大民族應有自己相稱的國際地位。不過只有借助新思維，不要把強國看成自我目的，改造本國使之成為政治經濟軍事大國，強國地位自然會樹立起來。

2009/09/20

　　前蘇聯在國民醫療保健方面，做了不少工作。作為低消費國家，職工個人沒有醫療保健的資金，全靠國家統一安排。全國建有多級公費醫療體系。工會系統和大企業大事業單位都擁有自己的醫院和療養院。這一體系基本上沒有變化。

　　目前俄國公民和已領有俄國長期居留證的外國公民享受同等公費醫療待遇。這裡包括免費醫療：門診、住院、緊急救治、部分療養院療養。居民生病，若是非急性病，則去居住地所屬門診部就醫。一般配採取預約方式。診治費用，包括掛號費、化驗費、治療費和初步的儀器診斷，如超聲波、X光透視等等費用，全部免除。如保健醫生認為病人需要更進一步的診斷，即將病人轉到各專科醫院或市一級醫院所屬諮詢門診，這個醫療單位或給病人提供下一步治療方案，或安排住院檢查治療。一旦因病情需要安排住院，則一切費用全部由國家承擔，包括診治、藥品、伙食、住院費等等。如發高燒，即可電召保健醫生或值班醫生前來住宅診視處理。如患急病，則致電03，急救車醫生帶著必要的儀器和藥品到家診治，一般都是立即送入醫院治療。這一切都是免

費的。全國居民都享受這樣的待遇。因此在俄國人眼中，對於急需動手術的病人因無錢而被拒於醫院門外之事，或者不繳預付款不動手術，或者病人因無錢而拒絕治療之事，很是費解。外國人只要合法在俄，遇到急病均享受免費治療。

俄國走向市場經濟道路之後，全民醫療保險經費來源起了變化。一部分由顧主向國家公費醫療基金繳納員工工資總額的5％左右作為統籌醫保基金。另一部分，即絕大部分，由政府財政撥款給醫療保險基金，以解決不足之數。聯邦醫療保險基金管理局負責統一安排使用，由聯邦審計署負責監督基金使用情況。聯邦的社會保障和衛生部每年都要通過競標安排採購藥品，供應免費藥品給醫院和急救中心使用。另外，一些年老多病者，由市級醫院組成的審查小組根據保健醫生推薦和各科醫生診斷，確定為三個級別的殘疾，門診時由醫生開出免費處方，到指定藥房領取。俄國法律規定，醫院不得經營藥房或藥品銷售。

在上個世紀九十年代俄國大行私有化的浪潮中，國家醫療機構不得實行私有化，確保繼續前蘇聯留下來的公費醫療體制。國營醫院最大的變化就是批准一些醫院兼營收費服務。通常由醫院與私營醫療保險公司合作經營。前蘇聯時期，醫生不允許私人開業。只有少數收費醫院，如若大一個上千萬人口的莫斯科，只有屈指可數的幾家門診部，並無住院專案，需要時只能轉送國營醫院繼續治療。目前俄國已經批准醫生私人開業。首先從牙科開始。大量私營牙科中心出現。接著一些非市政所屬的各部委醫院開始對外收費服務。總之，目前俄國實行的是雙軌制，即國家公費醫療保險與私營醫療機構並存，但公費醫療占主導地位。病人可以根據自己的情況選擇。此外，俄國繼承了前蘇聯修建的大批療養院。國家和地方社會保障部門定期向居民提供公費療養，從

車費到伙食到醫療全部由國家承擔。

前蘇聯在公費醫療方面施行的政策中有一項是向黨政高級幹部提供特別待遇。史達林時期建有為高幹和精英服務的克里姆林宮醫院。到了勃列日涅夫時期，在時任衛生部長恰左夫院士的策劃下建立衛生部第四局，建有特別醫療系統，專門的醫院、門診部、特供醫療器材和藥品，包括進口設備和藥品，占用大量國家公費醫療資金，造成普通公民的醫療缺醫少藥。這一特權制度一直保持到現在。普京任總統期間，為了解決民間對公費醫療的大量抱怨，在石油美元如雨的有利條件下，著手改造全國醫療系統，首先從改善普通民眾的公費醫療條件開始。

2005年，在普京主持下制定了《國家健康規劃》，由時任副總理的梅德韋傑夫負責監督實行。這項規劃的宗旨是加強國民健康、提高醫療的普及度和品質、發展初級醫療服務、復興衛生防疫和療養體系、向居民提供使用高級醫療技術設備的診療。為實現這一規劃，正在採取一系列具體措施。首先是提高地段保健醫生及其副手即護士的工資，相應每月基本工資提高四百美元和二百美元。原來俄國的地段保健醫生工資低，有辦法的醫生紛紛辭去公職轉向私人門診部工作，原因就是國家醫院工資太低，造成保健醫生不足，導致看病難的問題。急救中心的醫生和醫士、護士的工資也有大幅度提高。其次是加強公費醫療單位的技術設備，購進大批西方先進的醫療設備發放給基層醫院，同時提高醫生的專業水準以適應新設備的需要。建造十五所聯邦級醫療中心即屬這一措施範圍之內。

醫療保健投資不足，可以說是世界各國財政的通病。俄國也不例外。從計畫經濟轉軌為市場經濟之後，俄國的醫療保健經費也由國家一家承擔改為多元籌集。一方面國家加大

對公費醫療的撥款。為實現《國家健康規劃》的要求，2006年國家撥款七百九十億盧布（約三十四億美元），外加地方政府的撥款。2007年計畫撥款一千三百一十三億盧布（約五十七億美元）。2007至2009年計畫再撥款三千四百六十三億盧布（約一百二十八億美元，有匯率變動因素）。另一方面，國家鼓勵企業和個人自辦或參加商業性醫保。有條件的企業或者建立自己的醫保基金，或者參加私營醫療保險；同時支持個人參加私營醫療保險基金，政府在個人所得稅方面給予一定的優惠。

值得一提的是，俄國在鼓勵生育方面做的努力。俄國人口下降的趨勢已經危及國家未來的安全，同時俄國又謝絕外來移民，唯一出路只有鼓勵本國人民多生子女。俄國女公民一旦懷孕，國家立即開始發放補助金。除有半年的產假外，還可停薪留職三年以照顧嬰兒，由所在單位（就業婦女）或國家社保部門按月發放補助金。嬰兒產下以後，母親可以獲得政府發給的「母親資本」作為獎勵，約合一萬多美元。母親可按自己的選擇使用這項獎金。

前蘇聯多年經營形成的公費醫療制度，保證了居民的基本醫療需求，可是弊端很多。現在俄國繼承了其中合理部分，以保障全民公費醫療體制的改進。只有一億四千三百萬人口的俄羅斯，人口處於下降之中，保障公費醫療和民族保健，成了迫在眉睫的國家任務。

莫斯科一家著名私營診所，內鏡外科與碎石術中心總裁勃隆士坦博士在談及當前俄國醫療情況時，不無心痛和憤怒地指出，一些富人可用三千萬美元去買一名足球隊員，卻不願幫助一名急需施行骨髓手術以救命的小女孩。小女孩父母是窮人，無力籌集手術所需的一萬兩千美元。勃隆士坦博士要求這些富豪們慷慨

解囊，救助兒童血液病患者。門診部排隊現象嚴重，要等三個小時，早上七點鐘就去排隊預約掛號。按國家規定，病人住院後全部費用由國家承擔。有些地方的醫院卻要求病人自備藥品、注射器、床單等。他因此對國家在保健領域的政策也有許多意見：一是衛生部的領導不是醫生，是一名財務專家，外行領導內行；二是國家對保健事業的撥款不足，不願多撥款給公費醫療。他說，三千萬美元可以購置十七萬四千部殘疾人用車，或者六萬部程式控制殘疾人用車。三是國家醫療保險管理機構貪腐成風。不久前，聯邦醫保局正副局長全部鋃鐺入獄，罪名是利用職權在發放公費藥品撥款時變相強行收取賄賂。四是先進醫療設備和高級專業醫生不足。

77 中俄實實在在
「重新啟動」
戰略夥伴關係

2009/10/23

經濟危機蘊藏挑戰和機遇，在中俄達成的各項合作協定裡得到淋漓盡致的表現。由美國一手造成的國際金融和經濟危機，迫使中俄「重新啟動」兩國的戰略和經濟合作。普京高調訪華和中俄兩國總理務實會談，達到了中俄兩國關係史上新高度，為中俄關係開闢了新紀元。

中俄兩國戰略夥伴關係建立十多年來，基本停滯在政治外交層面上，虛多於實。兩國的經貿關係，長期以來，只是在交易數額上增加，互相採購一些各自需要的產品，包括中國大量採購軍火和俄國採購中國消費品。這些都給兩國帶來了一定的利益。在全球經濟危機之下，這些就顯得太不足了。於是，中俄兩國政府領導人利用雙邊總理級會晤的契機，重新啟動兩國的戰略夥伴關係。

美國一直借用PRO，即反彈道導彈系統，圍堵俄國。其在日本的部分主要針對北韓和中國。歐巴馬上臺以後，問題雖然有所緩和，但並沒有解決。加上美國軍方一直指責中國發展軍力，大

唱「中國威脅論」，暗中支援一些國家強占中國南沙領土，支持藏獨和疆獨，實質上威脅中國領土完整與主權，中國面臨嚴重的挑戰。這一態勢逼迫中國加強與俄國的全面合作。中俄都希望有一個和平發展的環境。聯合起來維持世界穩定，成了中俄戰略夥伴關係的新內容。這次中俄雙方達成互相通報發射導彈和航太火箭的情報，可以說是當代國際社會發展的重要標誌，至少說明中俄之間不會向對方發射導彈，而航太火箭實際上又是洲際導彈的變種。這項協議的實際價值，遠遠超過任何聯合軍事演習。中美之間和俄美之間都沒有這樣的協議，其深遠意義不言而喻。

　　能源合作是中俄關係裡涉及兩國核心利益的問題。十幾年來，曲曲折折，多少故事，多少驚心動魄，不堪回首。這一次，中俄能源合作突飛猛進，實在出人意料，兩國領導人確實發揮了絕妙的才能，達到了雙贏。我們想起了當年，中國有關公司曾經出大價錢競購斯拉夫石油公司，結果被親克里姆林宮的寡頭阿布拉莫維奇動用俄國杜馬（議會）審查這項生意，杜馬議員在執政黨統一俄羅斯黨的領導下大談「中國威脅論」，表示絕不允許中國資本進入俄國能源開發，雖然在此之前，英國、美國、日本、韓國等國都已在俄國開發油田。再說，通向中國的輸油管建設更是一部驚險小說。這一次，俄國來了個大轉彎，不僅同意中國正式進入俄國油田開發，而且願意同中國創建合資公司，共同開發油田，共建石油加工企業，其加工量高達一千五百萬噸。從過去的單純買賣關係（預付石油款用作建造輸油管），到合作開發，是個躍進。中國對俄國石油公司開放加油站市場，最賺錢的市場，加油站可達三百至五百座，投資高達三十至四十億美元，是中國對俄國的回報。這也是一舉兩得的事。俄國在中國建廠，在中國加工自己的原油，在中國銷售自己的產品，俄國石油商受

到中國的特殊待遇。中國下這樣的決心，自然是全面考慮，是對俄國改變對華能源政策的回報。俄國走到這一步，也是大形勢的促進。中國能源來源多樣化，從中東到非洲到南美，從中亞到東南亞，已經全面鋪開。已經不是單靠俄國一家，中國的能源戰略在短短十多年裡就取得偉大勝利。俄國，也是應對西方，特別是應對西歐壓制俄國能源市場的強烈反彈。俄國近年來實行能源市場多元化和多地區化的戰略，中國這個穩定可靠的買主，市場遼闊，是國際能源市場兵家必爭之地，俄國又在中國邊上，占有地緣優勢。對中國來說，又是最安全的運輸通道。因此，兩國推動能源合作並提高到一個新高度，是一個雙贏決策。

這次兩國總理會談期間簽署一項極其重要的備忘錄，即中國協助俄國發展快速和高速鐵路。俄國是世界鐵路線最長的國家之一，但長期處於停滯狀態。基礎設施陳舊，急需改造。這個市場潛力不可估量。這對中國鐵路向外發展是個絕好的機遇。將來的投資量和經濟效益必將令人咋舌。俄方估計投資量從數十億到數百億美元。中方的新聞消息說，未來的專案可能是弗拉迪沃斯托克到哈巴羅夫斯克一條線。俄國交通部長在新聞發佈會上提到莫斯科至下新城和莫斯科至南方度假聖地、冬奧會城市索契兩條，並說希望時速達到三百五十公里。這些都是初步想法，將來會具體化。俄國至今沒有國際標準的高速公路和高速鐵路。中國近年來高鐵和快鐵的發展，令俄國鐵路界不勝佩服。青藏鐵路的建造和順利通車及運營，已經引起俄國重視。一年多前俄國媒體曾報導，俄國凍土帶地區的薩哈－雅庫梯共和國沒有鐵路。青藏鐵路通車，引起當地轟動，看到了光明。一片要求借鑒中國鐵路的呼聲。這個地區有世界上最大的鑽石礦之一，還蘊藏著大量的資源。值得注意的是，此前俄國也有向歐洲借鑒高鐵的議論，而且

同西門子聯合生產機車；但莫斯科至聖彼得堡高速鐵路建造了十多年，卻無影無蹤。德國、法國、日本的高速鐵路相當發達，但是花落中國。

俄國選擇中國作為鐵路改造和建造高鐵的合作對象，不是偶然的，是經過俄國高層深思熟慮的。與中國合作有許多優勢：中國的高鐵樣板北京至天津，高達每小時三百五十公里，運轉以來相當成功；中國的報價比西方低二成，而且是帶資承包；對於缺乏資金的俄國鐵路來說，低息貸款極具吸引力；中國能夠提供高鐵的交鑰匙工程，不僅有能力建造鐵路，還能提供高鐵需要的機車和列車，提供產品和技術。俄國交通部長列維京在新聞發佈會上說，兩國交通部和俄鐵集團準備研發有關法律問題；俄鐵集團將與中國投資者研究建造高鐵問題。就此，兩國在10月13日的中俄第十四次例行會晤中簽訂鐵路合作備忘錄；此外還決定建立聯合集裝箱運輸公司，並且一反俄國慣例，俄方同意只占四成九股份，中國占五成一股份。列維京再次表示希望中俄兩國在俄領土上共同開發高鐵。回想當年，中國勞工參加俄國西伯利亞大鐵道和中長鐵路的建造，都是提供勞力。如今中國提供的是世界最先進的鐵路技術，令人不勝感慨。如能順利進行，則對提高「中國造」的品牌，大大有益。

中俄雙方動真格，加強經濟合作，也是水到渠成，其背後的政治外交內涵豐富而生動。中國增加對俄基礎設施和加工業的投資，換取進入俄國能源原料之門，確保得到俄國能源和其他資源是中國實施國家經濟安全戰略的重要內容。再說，在一定程度上消除俄國公眾認為中國把俄國當成原料供應地的擔憂。俄國方面，向中國出口天然氣改變俄國依賴歐洲市場的被動地位，政經兩方面都對俄國有利。中國成了非洲和南美能源合作，加強了兩

地區同美國討價還價的立場。普京看到了這一點，希望借助中俄能源合作加強俄國同美國對話的力量。不過，俄國評論界提醒俄國政府，中國是一個棘手的談判對手，因此建議加強同日本、韓國、美國及其他國家的合作，以平衡中俄關係。

2009/11/02

　　熟悉俄國文學的讀者，都為書中人物的知識淵博、溫文爾雅
而驚豔。俄國貴族一向注重教育，不惜重金送子女去歐洲遊學，
或者延聘外國家庭教師到俄國教授歐洲文化。然而，這就造成了
一種假像，好像舊俄的教育很發達。其實不然。占全國最大多數
的人都是文盲。托爾斯泰和契訶夫教熱心在農村興辦農民學校，
目的也就是減少文盲，讓農民有機會識字。這些做法，是一種慈
善啟蒙的階段，還沒有意識到與整個社會發展的關係。許多外國
公眾並不瞭解俄國教育的全貌。

　　1917年的俄國革命，是由一批自由派知識分子領導的。他們
彙集了各種思想，從社會主義到民粹主義都有。二月革命還是以
自由民主為主題的。十月革命才轉為布爾什維克性質。十月革命
後建立的新政權，極其缺乏幹部和普通工作人員。在灌輸布爾什
維克意識形態的過程中，因為國民中文盲眾多，遇到許多困難。
掃盲和提高民眾教育文化水準，成了新政權的緊迫任務。新政府
的教育委員（部長）是著名的文化人盧那恰爾斯基，劇作家，文

學藝術史家，是新政府裡最有學問的人之一。在他的主持下，新俄政府於1917年取得政權後的一個月，即12月，立即在教育部下建立由列寧夫人克魯普斯卡婭領導的校外教育局，後來又建立全俄掃盲緊急委員會，成員有高爾基、馬雅科夫斯基和一批作家科學家。

當時俄國新政權的處境極其困難。國內有紅白兩軍的戰事；國際上有外國軍事干涉。但是要解決國家政治、社會、經濟、文化、意識形態的改造，必需動員大眾參加。下層人只有識字才能有意識地、自覺地參加各項政治和經濟活動，包括接收舊政權的遺產和建立各級政府機關。政府規定，凡是年滿八歲至五十歲的國民，都要參加掃盲識字班。同時為保證掃盲工作的普及，規定凡有十五名以上文盲的地方，均設立掃盲學校或者掃盲班。從政策方面也給予保證。如減少工時但保留工資。為了掃盲能順利進行，把中亞和俄國境內的蒙古文改用拉丁字母，直到三十年代末才改用俄文字母。

經過多年掃盲工作，識字率在俄國有了很大的提高。據統計，1917至1927年，十年間，有一千萬人學會識字。1930年，蘇聯實行小學義務教育；到1936年，有四千萬人學會識字。1940年代末，蘇聯基本消滅文盲。1950年代初，蘇聯政府宣佈全國已經消滅文盲。1972年，蘇聯宣佈完成普及完全中學義務教育（十年制和十一年制）。這樣，一個完整的中等義務教育體系在蘇聯形成。從幼稚園到小學到中學，保證國民受到基本的教育。除了基本教育外，還建立了許多開發青少年專才的專業輔助學校。如聞名遐邇的音樂學校，培養了數不盡的音樂大師。校外的少年宮和青年宮，更是培養大量多門類的藝術人才。藝術教育在蘇聯教育系統中占有特殊地位。既是培養藝術頂尖人才，又是提高全民文

化藝術修養水準的重要措施。出於種種原因，包括個人的意願和國家的需求，並不需要人人都進入高等學校。一些專業職工只需要中等專門教育即可。蘇聯還設立了許多與高中平行的技術職業學校，以滿足國民經濟和個人就業的需要。至於中小學生的假期，更有各種夏令營供孩子們休息和接受必要的教育。這裡要說的是，以上所有費用都由國家和單位承擔。

高等教育在前蘇聯是免費的，所有名額都是。第二專業則需自費。蘇聯高校的招生辦法與中國不同，沒有全國統考一說，各個學校獨立招生。考生可以自由選擇多校報考，一般在三個左右。考上之後，全部免費。學校提供宿舍，收取象徵性費用。普通獎學金名額較多，要求沒有三分（五分制）。另設有專項高額獎學金發給優秀生。當時有一項規定，凡是大學畢業生，完成學業後，要服從國家分配，在分配單位工作兩至三年，然後可以自由流動（蘇聯時期實行勞動合同制，職工可以自由流動）。

隨著蘇聯瓦解和經濟滑坡，俄國的教育事業遇到了極大困難。前蘇聯遺留下來的校舍和設備，急需改造和更新。但國家撥款大大減少，法治混亂，各級學校度過一個艱難的時期。教師工資菲薄，在經濟轉型時期，生活困難，師資流失，貪腐猖獗，變相收費，給國家的免費義務教育蒙上一層陰影。家長抱怨不斷。高等院校，各顯神通，大量增加收費名額，以維持學校正常運轉。進入新世紀，俄國開始全面整頓，教育成了全民關注的問題。一方面，保持前蘇聯在全民教育領域裡的社會福利因素；另一方面，改造教育使其適應經濟市場化的需求。

當代俄國教育系統裡的社會福利因素仍然很多。例如，全民完全中小學義務教育（十或十一年），除免收任何學雜費之外，國家向學生提供免費課本；向一到四年級小學生提供免費早餐；

向多子女家庭和低收入家庭的子女增加提供免費午餐；每個學年開始前，向多子女家庭的每名學生提供五千盧布（約一百七十美元）的補助金，作為購買服裝、鞋、文具、練習本等的費用；國家免費提供學生到夏令營度假休息；為保護學生安全，學校設有保安人員，費用由國家承擔。許多中小學位於人口不多的地區。往往因學生名額達不到開辦學校的規定，常常不得不將學校合併，造成一些中小學生上學遠的問題。在此，一些地方政府別出心裁，號召教師領養孤兒，生活費由國家承擔，湊足維持學校所必需的學生人數。

俄國政治經濟改革，深化到教育領域。教育市場化一直是社會爭論的焦點之一。開放的趨勢卻是阻擋不住的。與公立學校同時，出現了一批私立教育機構，從幼稚園到大學都有。由於收費昂貴，只有所謂「新俄羅斯人」的子女讀得起。這些「貴族」學校，高薪聘請優秀教師。新貴們把子女送到英美讀書。私立高校遍地開花，為那些考不上公立大學的人增加了就讀的機會。公立大學因為經費緊張，開始招收自費生和自行接受外國留學生，相應減少了公費生名額。一些平民家庭出身的優秀生入學機會減少，引起國人不安。社會各階層都要求政府保持公費名額，特別是一些名校。現在，公立大學已經保證五成名額作為公費生。前些年出租給外地人的大學生宿舍全部收回，以解決外地大學的住宿問題。近年來，國家不斷提高大學生的助學金，但仍然達不到最低生活標準。銀行發放教育貸款也是俄國教育市場化的成果之一。

前蘇聯七十年培養了一大批科學家和藝術家，不乏諾貝爾獎得主。當年蘇聯軍事強國的威力是在西方國家封鎖下依靠自己的科技和工業生產力量鑄造的。其中教育事業的貢獻是功不可沒

的。這就使人想到，眼下前社會主義國家在政治現代化和經濟市場化的進程中，都面臨轉制的難題。如何保住已經積累下來的社會發展成就和適應市場經濟的發展規律，是最大的難題。解決這個難題的成敗，決定社會改革和經濟轉軌的命運，也決定這些國家的長治久安的問題。

2009/11/16

10月30日，是俄國政治迫害犧牲者紀念日。今年這一天，俄國總統梅德韋傑夫在自己的博客上發表聲明，就前蘇聯發生過的政治迫害表示自己明確批判的態度。第二天俄國媒體紛紛轉發這條聲明，有的報刊還重發了梅德韋傑夫到前蘇聯流放地考察時向政治迫害受難者紀念像敬獻鮮花的照片。

梅德韋傑夫在聲明裡說，在二戰前的二十多年裡，前蘇聯消滅了俄國人民的幾個社會階層，「實際上消滅了哥薩克社群，以『消滅富農』的名義消滅了農民階級。知識分子，工人，軍人，都受到過政治迫害。各個宗教流派的代表都受到過迫害。亞歷山大·索忍尼辛稱當年受到迫害的無窮無盡的『人流』是『人民痛苦的伏爾加河』。10月30日是紀念千百萬被毀命運的日子。」梅德韋傑夫說，至今天還能聽到一些言論，說這些數不清的犧牲品是某種國家最高目的所需的。「我堅信，國家的任何發展，國家的任何成就，國家的任何抱負，都不能用人的痛苦和犧牲來實現。任何東西都不能高於人的生命價值。任何迫害都不能得到原諒。」俄國目前社會各界反對西方重新解釋二戰結果，官方和學

術界說有些歷史學家企圖篡改俄國歷史。梅德韋傑夫支持這一觀點。但是，他也指出，「不知為什麼常常有人認為，只說不允許重審偉大衛國戰爭的結果。同樣重要的是不能允許藉口恢復歷史公正去為那些毀滅自己人民的人辯解。」梅德韋傑夫強調指出，俄國需要建立一批博物館和紀念中心，「一代一代地傳下去，紀念過去的慘痛苦難。應當繼續尋找萬人坑，恢復犧牲者的名字，必要時給予平反。」

上個世紀八十年代末九十年代初，在俄國民主化過程中，解密了前蘇聯史達林統治時期迫害國民的事實，千百萬受迫害致死的案件大白於天下。但近年來這個題目從公眾的議論中消失了。據俄國民意調查中心在10月底做的調查顯示，將近一半的公民不知道都是哪些人遭受了政治迫害。

俄國總統認為政權應當是誠實的。從法律角度說，出於政治原因或者某種臆造出來的經濟原因而大量消滅同胞，是犯罪。無論當時我們取得了多麼大的經濟成就，國家體制建設得如何好，參加犯罪的人是不能平反的。「我國開始改革以後，可以看到許多文件的原件。我認為這是當時國家領導人的功勞，包括戈巴契夫。」

Headline **80** 人民和歷史
衝倒了柏林牆

2009/11/17

　　二十年前的11月9日，下午七時，東德政治局委員沙博夫斯基在新聞發佈會上宣佈，人民有權自由進入西柏林。消息飛快傳遍東柏林。八時，成千上萬的東柏林人擁擠在東西柏林查理通道前，排隊等候進入西柏林。東德的邊防軍，曾經射殺射傷數千名冒險撲向柏林牆奔向自由的東德居民，面臨這種形勢，手足無措，僵持到近午夜時開放閘口。人們湧向西柏林，湧向柏林牆。一百六十公里長的鋼筋水泥牆，在眾人敲打和推土機的衝擊下，轟然倒地。二十世紀後半頁最重大的事件發生了。六十年代初，在赫魯雪夫指揮下修建的這座高牆沒有經起歷史的考驗。這股阻擋德國民族統一的逆流，終於在人民要求自由尊重人權的鬥爭下，煙消雲散。東西德的人民都要求統一。這種強烈的全民族願望，摧毀一切障礙，被政治觀念分裂的一個民族，不顧密特朗和柴契爾夫人反對合併，還是統一了。

　　摧毀分割歐洲和世界的柏林牆，決定性的功勞，一是德國民族統一的意志，二是世界歷史潮流由分走向合的大趨勢，三是民眾人權意識的高漲，四是戈巴契夫的改革決心。當時，戈巴契夫

的一些顧問，曾經向他提出建議，調動駐紮東德的坦克到柏林和萊比錫鎮壓東德民眾。他拒絕過去蘇聯指揮東德事務的慣例，完全放手由東德自行決定，為東德開放開了綠燈。

柏林牆的倒塌，前蘇聯做出的讓步功不可沒。所以，這一次俄國總統梅德韋傑夫應邀出席柏林牆倒塌二十周年紀念活動，既表示慶祝，也借機表示對現今歐洲局勢的立場。二十年前柏林牆倒塌時，梅德韋傑夫總統還是一名博士研究生。他非常清楚地記得，自己當時強烈地感到「我們的生活瞬間變化了，這些變化不僅涉及到德國人，也涉及到整個歐洲的命運，最終也涉及到俄國的命運。」我們可以看到，作為歐洲分裂象徵的柏林牆，是冷戰的產物，是兩大敵對陣營的分界線。兩大陣營的文化和價值座標南轅北轍。但這種隔離是人為的。不尊重人權的柏林牆，最後還是倒地。

柏林牆倒地，梅德韋傑夫說，有些指望實現了，如歐洲統一了，德國統一了。有些願望沒有實現，如「我們指望在柏林牆倒地之後，俄國在歐洲的地位會改變；隨著華沙條約的消失，俄國會在另一種程度上融入歐洲空間。結果如何？北約仍然存在，北約的導彈指向俄國領土；北約仍然是一個軍事集團。俄國在歐洲的安全沒有得到保障。我們同歐盟的新成員沒有什麼區別。民主和人權的價值都是共同的。就因為他們是小國，我們是大國，我們有原子武器，就不放我們進入歐洲。不能說：這邊是統一的歐洲，民主已經實現了；那邊是黑暗的。沒教養的俄國，暫時不能放它進入歐洲。」梅德韋傑夫對歐洲存在一股抵制俄國限制俄國的潮流表示不滿。俄國外交部長也多次提到，俄國願意同歐盟簽訂互免簽證的協定，表示俄國願意滿足歐盟的要求以實現雙方國民自由來往。但是，歐盟至今不斷設限。俄國公民要取得申根簽

證，手續十分煩瑣，甚至要求出示屬於個人隱私的銀行帳號和存款證明，以證明俄國公民有錢養活自己。對任何正常的人來說，這都是一種人格侮辱。

更大的不滿則是北約沒有像華沙條約那樣解散，反而不斷向東擴張，逼近俄國大門，使俄國處於兵臨城下的地位，自然引起俄國的不安。俄國做出讓步，北約咄咄逼人，這就是俄國心態不平衡的原因之一。還有不少俄國人認為放棄東德是得不償失，俄國沒有得到多少好處。從政治層面上說，從經濟層面說，都得不償失。四十五年駐軍東德，耗費多多，沒有得到補償，心裡不快，不時表現出來。這也是俄國普通民眾對前蘇聯領導人不滿的原因。

畢業於聖彼得堡大學（前列寧格勒大學）法學專業的普京熟練掌握德文，自然有一定的德國情結。他在東德做情治工作時，十分瞭解東西德民眾的真實情緒，因此在評價柏林牆倒塌和兩德統一時，持歡迎的態度。他對記者說，「我以為，在這些進程中，取得了最主要的成就，最大的正數。出現了新品質的俄德關係，出現了信任和感恩的感覺。無論德國內部出現什麼情況，但在發展對俄關係上，德國內部達成了一致意見。」

梅德韋傑夫總統在紀念柏林牆倒塌時，再次提出反對當今一些政治家和史學家修正二戰史的做法。有些人提出，二戰是蘇聯與希特勒德國一起發動的；波蘭領導人指責蘇聯與德國秘密協議瓜分波蘭。普京應邀訪問波蘭，參加紀念二戰開始七十周年。他也表示反對為了一時政治需要而修改歷史。修正二戰已有的結論，指責前蘇聯發動二戰，已經引起俄國社會各階層的強烈抗議。二戰期間，蘇聯與全球反法西斯國家結成同盟，並肩戰鬥，消滅法西斯，使德意日三國走上新路程，成為民主發達的國家。

單從這個角度來說，同盟國的共同貢獻就是不可磨滅的。對於波蘭，既有史達林槍殺波蘭軍官的歷史，也有蘇軍解救華沙反法西斯起義的壯舉。因此，必須全面評價歷史，以鑒後人。

　　二戰結束後出現了三個分裂的國家。越南是通過多年的戰爭，無數生靈塗炭，才達到統一。德國在東西方共同努力下，和平統一，是歷史的進步。餘下的北朝鮮和南韓，由於政治和意識形態的區別，難見統一時刻。

Headline 81 　俄國改革二十年：困難中前進

2010/01/28

　　俄國改革二十年來，歷史、政治、經濟、文化、社會意識、社會心理、社群關係等價值觀都發生了不可逆轉的巨大而深刻的變化。俄國民眾有著良好的文化傳統、教育水準和批判意識，不斷反思國家發展的進程。在多元化的政治環境中，各派人物暢所欲言。當政者喜歡也好，不喜歡也好，各種意見擺在桌面上，迫使政府決策者考慮，加大施政的透明度。總統主持的國務會議，總理主持的政府工作會議，都通過電視向全國播放（除了涉及國家機密的事務）。全國觀眾可以看到部長們挨批的狼狽相。

　　俄國的改革基於前蘇聯的改革。上個世紀八十年代末，蘇聯發生了重大的政治革新。戈巴契夫領導的改革，從黨政分離、擴大黨內民主、還權於民（賦予各級蘇維埃代表大會執政實權）、差額選舉，到公開性，實行言論自由、取消新聞檢查、自由出國、取消一黨制、政治多元、開放私營經濟、尊重宗教信仰自由。國際上主動結束冷戰、撤出阿富汗，放棄武裝集團，促成德國和平統一，從政治上為俄國全面改革奠定了基礎。

　　俄國改革的第一代領導人葉利欽和蓋達爾如今都已作古，

社會各界對他們的功過仍在熱烈爭論中。一個多月前英年早逝的蓋達爾，只做了一年的代理總理，卻為俄國的經濟改革揭開了歷史性的一頁。誠如俄國著名改革派經濟學家、前經濟部長亞興所說，「從資本主義做社會主義，就像用裝有金魚的魚缸做魚湯；從社會主義做資本主義，就像用魚湯做裝有金魚的魚缸。」自然，在國家轉軌的過程中，在沒有任何歷史先例的情況下建設新俄國，難免矯枉過正。以蓋達爾為首的青年改革派，受到社會上各方面的阻力，承擔了難以名狀的壓力。從千瘡百孔的計畫經濟突然轉為市場經濟，引起急劇滑坡，原本過著低收入低消費生活的人民大眾，經不起如此打擊。從一個享有國家社會福利的生活一夜之間全靠市場調劑，給民眾帶來的困難，無論從日常生活層次上，還是心理層次上，都難以適應。改革派受到指責就不足為奇。最近十幾年來，俄國人民已經擺脫了改革初期的困境，已經能夠享受到改革的初步成果。同時，俄國上下各界，正在達成一定的共識，就是不能全盤否定俄國人民在蘇聯時期取得的成就，不能全盤否定自己國家的歷史。

蘇聯時期取得的人民福利，儘管遠遠落後於發達國家，維持和擴大仍是現今俄國朝野兩派的共識。普京領導的政府，雖說受到指責，說他沒有利用時機改造俄國經濟結構。但是，他畢竟利用石油美元創建了國家福利基金，為提高退休金和改善人民生活提供資金。教師和醫生工資成倍增加。為發展民生，制訂並施實住房、保健、教育的國家發展規劃，也已經初見成效。

俄國的現狀和前景，正在經受新的考驗。

Headline 82 言論自由大勢所趨　輿論監督勢不可擋

2010/03/15

　　今年是戈巴契夫推動蘇聯改革二十五周年。俄國媒體和社會各界對這一事件議論紛紛。他當年提出的口號PERESTROIKA（改建）和GLASNOST（公開性），至今仍是俄國公眾難以忘懷的兩大創新。戈巴契夫打開言論自由的潘朵拉盒子，解禁媒體的魔鬼，使他之後的俄國管治者都遵守言論自由的政治原則，沒人膽敢叫陣。雖說隨著俄國政治局勢的進程，言論自由的形式和內容都有所變化，但是，還沒有任何人試圖取消人民享有的言論自由權。

　　言論自由是寫入俄國憲法的基本人權和公民權之一。國家尊重公民的這項權利。當前俄國公眾享有哪些言論自由？

　　俄國公民可以批評國家領導人和政府的任何施政措施。《莫斯科共青團員》報定期刊載《致總統的公開信》，批評政府政策和總統言論。這些公開信不僅發表在報紙上，還成冊出版。

　　俄國公民享有知情權。普京總理召開的政府工作會議（通常每週一次），媒體都會部分現場直播。一些閣員因工作失誤受到

普京批評挖苦的狼狽相，常是公眾的笑料。總統接見閣員聽取彙報和討論問題，電視會現場直播。觀眾可以目睹國家領導人的開心和憤怒。

媒體的監督，往往使政府官員不得不公開承認錯誤，甚至失去職位。最近俄國發生了兩樁標誌性的事件。一是俄國魯科伊石油集團副總裁的駕座撞死兩名婦女。交通警察把責任推到婦女身上。輿論大嘩。媒體開始獨立調查，電子和平面媒體都揭出交警執法不公。總統得知後，下令總檢察長調查。第二件是交警強迫過路私人汽車組成「人牆」阻擋犯罪分子的汽車。媒體介入調查，指責莫斯科交警把人命當兒戲。交警獨立團團長被撤職查辦。市交警局局長受到嚴重警告處分，還不得不到議會去接受責問。有趣的是，交警局長在頒發獎狀給一名受害人，遭到當場拒絕，全國觀眾都看到他不肯接受的場面。

國家執政處於媒體監督之下，使得一些官員想遮掩的問題曝光，引起公眾注意，迫使官員不得不解決問題。因此，俄國沒有上訪大軍的問題。

俄國公民有出版自由。可以自由建立出版社，可以出版同人或個人報刊。蘇聯時期的新聞和出版檢查制度已經取消。取得書號的辦法十分簡單，出版社每年申請書號的數量由自己決定，通常年初提出當年計畫出版的部數，如五十部書。只需說明需要申領五十個書號即可，出什麼書，出多少冊，都無需上報，實行文責自負。因此，國家書號管理機構事先並不知道書的名稱和內容。出版後將法定數量的樣書上繳到國家圖書版本局即可。

俄國的電視有國營的，以反映國家政策為主。但國營頻道照樣有批評政府的節目。俄國也有大量民營頻道，節目不受國家管制。為宣傳俄國正面形象，國家設有英語版的「Russia Today」。

值得一提的是，俄國家電視臺設有專門的文化頻道，不放映任何廣告，全由國家撥款。再者，俄國國營頻道每天轉播三小時的歐洲新聞頻道（EURONEWS）節目，其中有不少批評俄國政府的報導。私營有線電視不受限制。公眾可以自由安裝衛星電視接收設備，收看世界上任何衛星電視頻道。互聯網自由使用，網民可以自由討論任何問題。

俄國經常出現新聞官司。媒體如有報導不實，受害人可以通過法律手段要求正義。媒體道歉和被法院判決賠償的事，屢見不鮮。借助互聯網從事恐怖活動、宣揚民族歧視，照樣受到處理。內務部設有K局，負責打擊網上刑事犯罪活動。

俄國的經驗表明：言論自由和輿論監督是大勢所趨。

Headline 83 恐怖分子血洗莫斯科地鐵

2010/03/30

3月29日清晨，莫斯科市民與往常一樣，匆匆忙忙趕趁地鐵上班上學。紅色線，索科爾尼切斯基線，是最早修建的地鐵，也是最重要的地鐵線之一，其最大的特點之一，是它自南向北貫穿全城，聯結莫斯科地鐵所有各線。早上七點半至九點是最繁忙的時刻，職工上班，學生上學，大都集中在這個時間乘車。莫斯科大學、莫斯科師範大學、鋼鐵學院等許多高校，國家杜馬、聯邦安全局、總統辦公廳在內的許多重要政府機關都在這條線上。七點五十七分，一列莫斯科地鐵唯一的紅色列車「紅箭號」駛進盧比揚卡車站。第二車廂車門剛打開，擠進一名女乘客，接著一聲巨響，發生爆炸，死傷慘重。接著，四十分鐘之後，同條線上的文化公園站，也發生了一起爆炸事件。乘客死傷情況同樣慘不忍睹。到3月30日止，已有三十九名乘客被恐怖主義分子奪去生命；七十六名住院療傷，其中五人極度重傷，二十七名重傷。受傷人員中有一名菲律賓公民和兩名馬來西亞籍留學生。

爆炸發生後，俄國救援人員，消防隊、醫護人員、搶救人員在四分鐘之內就到位開展搶救工作。當局出動七十輛救護車，兩

架直升機，將受傷人員和死者遺體送往各醫院。緊急情況部的心理急救中心迅速派遣心理醫生前往現場協助疏緩現場人員的緊張情緒。傳說人員疏散過程中有意外發生，但總體上來說，還是比較順利的。莫斯科市政府交通局立即派出一百三十輛公共汽車，免費運送沿線乘客。

　　第一次地鐵爆炸消息十分鐘後就由安全局長向國家最高領導人梅德韋傑夫總統報告事態。正在報告時，又傳來第二場爆炸的消息。俄國政府迅速做出反應。梅德韋傑夫總統立即更改工作日程表，召集緊急會議，安全局長、緊急情況部長、內務部長、總檢察長、社會保健部長、莫斯科市長等人參加。總統除佈置搶救工作外，還要求認真調查事件，控制局面，提高警惕性，同時表示政府決不會停止同恐怖主義堅決鬥爭的路線。普京總理中斷在國內的視察工作，立即返回莫斯科，要求加強對交通和地鐵站的安全保衛工作，佈置向傷亡人員家屬提供經濟援助，發放救濟金和喪葬費。向死者家屬發放一百三十萬盧布撫恤金；向重傷人員發放五十萬盧布，向輕傷人員發放五至十五萬盧布的救濟金。他說：「今天的恐怖事件再次促使我們思考與恐怖主義有關的問題。很重要的是提高警惕和團結起來。我們只有共同努力才能粉碎地下武裝分子的活動和戰勝這種惡勢力。」

　　與此同時，莫斯科全市加強安全工作，檢查身分證件，強化巡邏，增加城市街道和地鐵的員警力量；內務部在全國範圍內加強交通安全工作，包括鐵路、火車站、長途汽車站和機場。全國共有七座城市有地鐵運營。各地也都加強了對地鐵的安全保衛措施。普京總理和緊急情況部長要求交通單位加快改善安全保衛工作。

　　當天晚上，梅德韋傑夫總統親自到發生爆炸的現場盧比揚

卡站視察，向犧牲者敬獻鮮花，並且說，「這些人（恐怖主義分子）都是一群野獸。不管他們出於什麼原因，他們幹下的事，不論從什麼法律來說，從什麼道德角度說，都是犯罪。他們的目的就是要破壞社會穩定。毫無疑問，我們一定抓到他們並且消滅他們。」普京則親自到醫院探望慰問受傷民眾。

爆炸發生後，立即出現不同版本的起因解釋。首先是高加索地區地下武裝暴徒即恐怖主義分子的復仇活動。根據是車臣恐怖主義分子聲明是他們幹的。同時，作案方式也是高加索地區恐怖分子慣用的女人肉炸彈。關鍵是為什麼會發生這種事件。俄國政治界和專家們認為，這與近來俄國中央政府加強打擊北高加索地區恐怖分子有關。近一個月來，連續消滅一批車臣恐怖分子的重要頭目，其中包括他們的意識形態專家薩伊德、車臣恐怖分子頭目烏馬羅夫的安全負責人哈列德、「格羅茲內（車臣首都）首長」赫馬多夫等人，是對恐怖分子的沉重打擊。第二種說法是國際恐怖主義力量贊助下的試演。這種說法認為可能是基地組織為了在歐美發動新攻勢的排練。基地組織曾經試圖在倫敦地鐵搞爆炸，沒有達到目的。國際恐怖主義分子已經宣佈要在西方城市的交通系統上發動爆炸活動。第三種說法是運送爆炸物時出現的意外。這種說法立即被排除。因為連續兩次爆炸相差不到一個小時候，在同一條線上，兩處車站都是要害地點（安全局和內務部附近），而且炸彈內放置了大量殺傷器材（恐怖分子慣用的碎鋼筋和鋼羅絲）。第四種說法是外國特務機構的活動。這是日林諾夫斯基的觀點。他說：美國有些人不喜歡俄美關係改善，故意製造事端。第五種說法是，爆炸事件是一個不知名的小恐怖主義團體為了出名幹的。但一般認為小團體做不到如此細緻安排的爆炸活動。第六種說法是，宗教狂熱分子或者民族主義極端分子的作

為。他們近年來在俄國各地進行了一系列爆炸，但這次爆炸有明確的政治涵意，而且他們沒有那麼多的炸藥。

俄國專家認為恐怖主義分子是為了阻止高加索地區經濟發展。俄國政府不久前重整高加索政策，專門劃出北高加索聯邦區，新派年輕的、政績顯著的州長出任總統代表並兼任副總理，加大投資，都是為了發展地方經濟改善當地居民生活狀況，使當地居民能安居樂業，從而穩定局勢，從根本上控制當地發展方向。恐怖主義集團目睹大勢已去，做垂死掙扎。

俄國外長拉甫羅夫認為這次恐怖慘案與國際恐怖主義組織，特別是位於阿富汗同巴基斯坦接壤地區的國際恐怖主義組織有關。這些國際恐怖組織向北高加索的恐怖組織提供資金和技術援助。他呼籲國際社會聯合起來共同應對恐怖主義活動。世界各國都對莫斯科發生的恐怖慘案表示震驚和譴責，向俄國表示同情和支持。正在開會的八國外長會議通過特別決議，向俄國公眾和政府表示支持，並表示要加強反恐力量。

俄國國內外媒體都注意到這次爆炸事件發生的地點。一場發生在俄國聯邦安全局（前克格勃）和反恐中心辦公大樓腳下；另一場發生在離聯邦內務部辦公大樓一站之遙的地方（有意見認為人肉炸彈原打算在文化公園站換到內務部所在的十月革命站）。據此，《莫斯科共青團員報》認為，這兩場爆炸同俄國聯邦政府近日連續消滅車臣恐怖主義組織一些頭目有關。俄國媒體提醒公眾注意，北高加索的反恐鬥爭遠未結束。莫斯科地鐵發生爆炸事件，說明恐怖主義分子仍可在首都為所欲為。俄國反恐專家、國家杜馬（下議院）安全委員會副主任古德科夫在回答記者採訪時，談到北高加索的恐怖主義活動「返回」莫斯科的問題。他認為，關鍵問題是有關政府機構忘記了「我們是一個國家，高加索

不是單獨的行星。如果當地存在沒有解決的問題，任何時候都可能出現在莫斯科。」他認為這一次情治機關沒有及時發現和阻止恐怖主義分子的計畫，是很大的錯誤。同樣，執法機關也沒有切斷恐怖主義分子和炸藥移動的管道。他還透露說，高加索地區並不像聯邦政府所說已經基本消滅叛軍了。當地仍有大量恐怖主義分子和組織的基地，包括軍營、訓練營、情報網、反情報組織、意識形態鬥爭的班子。輕敵思想也影響反恐效果。他的意見是防患於未然，要求改造高加索地區的反恐工作。目前從全國各地派遣官兵到北高加索地區出差三個月，參加反恐。這種輪換制度不利於反恐。他建議組織職業反恐人員，同他們簽訂合同，提供優惠，享受高薪待遇，使他們的能長期駐在當地，開展專業的反恐鬥爭。

俄國一些持不同看法的專家各抒己見。彼得堡政治基金會主席維諾格拉多夫認為當局表現出無力消滅恐怖主義分子，再說當前反恐不是主題，越快忘記越好。政治技術中心總經理布寧認為當局不會利用這場慘劇來達到政治目的，也不會進行任何改革。高加索地區的貧困是全國不安定的因素之一。反對黨蘋果黨主席米特羅欣認為既要查出製造這場慘劇的恐怖主義分子，還應當追查執法機關為什麼不能預先防止恐怖活動；今後可能會加大對反對派的壓力。

地鐵爆炸事件對公眾也是一場道德考驗。莫斯科三大行動電話公司響應緊急情況部長紹伊古的號召，宣佈退回當天用戶發送短信的費用，使公眾可以向親友發送平安簡訊。俄羅斯保險公司立即宣佈向莫斯科地鐵支付保險金。全市居民紛紛自願輸血，許多人已經登記排隊，一周後才能獻血。地鐵乘客紛紛到出事的兩座地鐵站向無辜犧牲者表示哀悼，敬獻鮮花。但是，有些人的

表現引起全國公眾的聲討。地鐵爆炸發生後，許多依靠地鐵上班的職工不得不另想辦法，近一些的步行，遠一些的尋找計程車。莫斯科計程車體制原本一片混亂。這一次計程車司機就乘機大抬價，提高數倍仍至十倍。市內最貴達到一百到二百美元一趟。這種發國難財的行徑遭到媒體的一致譴責。俄羅斯東正教教宗基利爾大牧首在為亡靈祈禱和傷者保平安時，譴責這些人。他說：「這些錢不會給你們帶來幸福的。把這些錢還給他們吧，用來做好事吧。發苦難財的願望會轉換成苦難的。」普京總理在政府緊急會議上呼籲商人們不要在莫斯科地鐵爆炸事件中發國難財。普京說：「希望交通行業的中小型企業人士不要利用地鐵災難提高運輸價格，不要製造額外的麻煩，相反要體現出和陷入困境需要幫助的人們同心協力。」但是，那些媒體稱作「敗類」的黑車主和私營計程車公司無動於衷，仍然索要高價。還有一「敗類」遭到媒體譴責。有些不法分子利用發簡訊騙取錢財。「媽媽，我在那個車廂裡，活著，給我的電話繳六百盧布吧。」莫斯科地鐵爆炸事件對公眾的負面影響正在擴散。本地博客們在網上報告出現排外和民族主義傾向。有人報告說，地鐵裡和城際電氣火車已經發生群鬥事件。高加索人遭到圍攻和毆打。兩名伊斯蘭婦女在地鐵「汽車廠」站遭到一群人攻擊。一位老人說：「這才是爆炸事件的後果。」

十年來莫斯科地鐵多次遭到恐怖主義分子攻擊，死傷眾多。民眾要求政府採取措施確保交通安全。

俄國恐怖主義事件不斷。每年全國各地都時有發生。絕大部分都與北高加索地區有關。自殺式炸彈都來自這個地區。俄國公眾深思的問題是，為什麼恐怖事件在俄國永遠止境？是什麼原因？有識之士認為問題的根子在於反恐只靠武力是不行的。十多

年來當局採取強力鎮壓，並沒有根治。從現在揭露出來的事實，可以說明，反恐任務是一項系統工程。必須從發展當地經濟，增加就業，改善人民生活，打擊貪腐，整頓軍警，發展公民社會，打擊國內外恐怖主義分子，消滅各種極端民族主義，尊重各種信仰，根除地方威權王國，創造大眾和諧生活的各種條件，使當地居民可以安居樂業。恐怖主義活動的社會基礎消滅了，恐怖主義活動自然會大大減少。

Headline 84 梅德韋傑夫，衝啊！

2010/04/28

　　梅德韋傑夫就任俄國總統三年，他的第一個任期過了大半。俄國政治評論界和公眾對他的執政能力褒貶不一，但褒的多一些。他在國際舞臺上的三大政績：即美俄關係轉暖，與奧巴馬共同重啟俄美關係，簽訂新的戰略武器協定；打敗格魯吉亞，確保俄國在外高加索的利益，鞏固俄國在這一地區的軟肋；支持烏克蘭親俄派取得政權，雙方正式延長俄國黑海艦隊在烏克蘭塞瓦斯托波爾海軍基地駐紮期二十五年，其意義不僅是解決海軍基地問題，而是擋住了烏克蘭加入北約的路，對俄國來說，其戰略意義不可估量。在這種形勢下，梅德韋傑夫執政信心倍增，就不難理解。

　　梅德韋傑夫上臺就遇到一個問題：他是否競選第二任期，與此相關聯的問題是他同普京的雙套馬車情況如何。他們兩人在出國訪問期間，只要舉行記者招待會，就必然會有人對他們提出來這個問題。就在今年4月底普京訪問義大利時，一位女記者把他同梅德韋傑夫總統的關係形容成「一場婚姻」。普京在哄堂大笑中，俏皮地說，「您說的話文學性特別強。我同梅德韋傑夫先生

是傳統的性取向的人。我可以完全有把握這樣對您說。」在說了他們之間多年友好相處之後，他為兩者之間的關係和形成的政權體制感到自豪，說他們完全依照憲法規定和俄國人民的利益為指導辦事的，按照憲法分配權力的。

同一時間，出訪北歐丹麥的梅德韋傑夫總統在回答丹麥廣播公司的採訪時說，他可能與普京同時參加競選。此話一出，立即引起俄國媒體一陣騷動。《獨立報》報導說，政壇不少人認為這種做法後果嚴重，擔心俄國政界分崩離析。梅氏說，人人有權參加競選總統，這就是民主。梅氏與普氏競爭一說，也不是空穴來風。就以最近的事件為例。俄國為了得到烏克蘭延長二十五年黑海艦隊駐期，答應付出四百億美元的代價。普京聲稱，這個價格太出格。梅氏大不為然，說這個代價完全不出格，符合雙方利益。兩者的觀點南轅北轍。也許是一齣雙簧？梅氏的解釋是「各自風格不同」。

俄國政治學者估計有三種前途：梅普各自留任現職；兩人互換交椅，或者梅氏得到另一高級職務；兩人與第三者組成三套馬車，普京回任總統，梅氏出任憲法法院院長，第三者接任總理，或者梅氏繼任總統，則普京作為杜馬最大政黨主席出任國家杜馬主席（下院議長）。

梅德韋傑夫就任俄國總統三年，漸漸進入角色，開始獨立自主思考國家的前途，更多更深入確掌俄國的真實現狀，更大膽更公平評價政府施政，信心十足地提出自己的治國方略。前年9月，梅德韋傑夫在互聯網上自己的博客裡發表一篇名為《俄羅斯，前進！》的宏文，與國民共同討論國是，引發俄國和全球的關注。發表這篇文章的目的，正如他所說，向俄國公民通報他對國家戰略任務、對國家現狀和未來的看法，邀請有話要說的人參

加辯論。既歡迎支持他觀點的人參加，也歡迎反對他觀點的人參加。各種意見將在撰寫國情咨文時吸收進來。全民討論國情咨文，是俄國政治體制改革的新步伐。

梅德韋傑夫把從政以來最大膽的論述呈現在全國公民面前。他問：我們還要不要把原始的原材料經濟，把長期的貪腐，把依賴國家，依賴外國，依賴某種「全能學說」，依賴任何人，就是不依賴自己的態度帶進我們的未來？梅氏對俄國現狀的評估一針見血：效益極低的原材料經濟、半蘇聯式的社會福利、虛弱的民主、人口減少的傾向、不穩定的高加索。「靠石油天然氣的市場行情是當不了領先國家的」，擲地有聲。

梅德韋傑夫疾呼經濟現代化。一方面，俄國有著向前飛躍的基礎：國土遼闊，資源豐富，工業潛力雄厚，科技、教育、藝術成就顯著，武裝力量、核武庫保障國家安全，一定水準的國際威信。另一方面，俄國經濟繼承了蘇聯式經濟的沉痾：在很大程度上不顧人的需求。眾所周知，俄國現在的國民經濟收入靠出售能源和銷售進口商品。國產商品競爭力低下。在這次全球經濟危機中，俄國經濟滑坡比其他國家厲害。梅氏的結論：「我們前些年沒有完成必要的任務。而且所做的事，遠遠並不都是正確的。」在這個背景下，梅德韋傑夫提出俄國經濟現代化的任務。具體的說，五大專案：提高能源生產、輸送和使用的效益，研製新能源並推向國內外市場；保持核技術並提高到新的水準；完善資訊技術，利用超級電腦和其他必要的技術基礎有力地影響全球公共資訊網路發展的進程；裝備傳輸各種資訊的地面和太空基礎設施；研製具備世界先進水準的醫療設備，包括超現代化的診斷儀器、治療病毒、心血管疾病、腫瘤、神經疾病的藥品。

「科技進步同政治體制的進步是密不可分的。」為此，必須

改革俄國的政治體制。梅氏引用孔子的話「小不忍則亂大謀」，說明只能走漸進的道路，不能採取革命手段。革命手段幾乎將國家「推到崩潰的邊緣」，也不能拷貝外國的模式。「公民社會是不能靠外國贊助建成的」。梅德韋傑夫主張同外國合作，交換經驗，因為俄國本國的資金和技術還不足於提高生活品質。俄國願意提供機遇以換取歐美和亞洲的資金，但不會單方面做出讓步。在梅氏看來，國家的政治發展進程中，正像大多數民主國家那樣，議會政黨是政治鬥爭的帶路人。這些政黨應當定期輪替執政。地方政府和聯邦政府將由政黨或政黨聯盟組成。國家領導人和地方政府領導人的候選人也應當由政黨提出。政黨則應當具備長期和文明的政治競爭經驗，同選民合作，尋求解決社會問題的妥協方案。在政治團體自由競賽的過程中更新和完善政治體制。

　　就在這篇文章發表不久，前年9月14日，在俄國古城亞羅斯拉夫爾召開一次國際論壇，題目是《現代國家與全球安全》，探討各種政治體制國家在全球安全中的作用，十八國的五百多名代表參加，包括法國和西班牙總理。論壇分四個小組，其中一個小組的議題是《現代國家—民主的多樣化》。梅德韋傑夫非常重視這次論壇，在大會上做了發言。俄國政治界有機會同國際精英討論民主和國家建設問題，引發本地精英的無限感慨。梅氏再次發揮民主多樣化的論斷。民主的多樣化與民主的普世價值如何結合，卻沒有得到解答。

　　梅德韋傑夫文章發表後引起全國熱烈討論。許多人支持他的觀點。也有許多人批評他的文章。他本人也在關注各界的反映，通過上網查看公眾的反映。他看到一位俄國著名的科幻作家卡拉什尼科夫寫了回應。梅德韋傑夫把回應列印出來，指示辦公廳主任詳細研究並吸收有用之建議。俄國杜馬主席格雷茲洛夫認為總

統文章的基本思想是俄國社會要為自己的未來負責。「今天我們提出戰略任務和決定俄國發展的道路。我們研究別人的經驗，但不盲目拷貝別人的經驗。」執政黨統一俄羅斯黨秘書長沃洛金認為總統談的是國家發展的新階段，對國家來說主要的不是宏觀經濟數字，不是抽象的市場指標，而是人們的生活水準。線民莫洛佐夫說，梅德韋傑夫直截了當指出癥結所在，公開承認俄國技術上大大落後西方。我們只有承認，沒有西方的援助，近期內還是遠期內，我們無力克服差距。我們國家的領導應當積極把國家納入歐洲，放棄關於「特色道路」的空談。因為這些空談使我們國家永遠苟延殘喘和落後於世界，人民總是貧困。政治評論家巴多夫斯基說俄國領袖的綱領性聲明恰合時宜。一年多來，俄國公眾討論的對象，正是總統文章提出的問題。走出危機，國家效率，打擊貪腐，政治體制改革，都是專家、政治學者、媒體討論的熱門話題。總統參加社會討論，說明政府與社會的對話是現實的。

　　公眾熱烈響應總統號召參加討論，網上發帖成千上萬，議論空前之多，其中不少持批評或不同意見。不過，線民覺得能與總統平起平坐討論國是，還是很好的。正如梅德韋傑夫所說，有些話不那麼順耳，但是還是要認真對待。一位線民科澤列夫直言不諱，「請問，不進行誠實地、坦率地討論體制和根本問題，怎麼會出現您描述的那種美景呢？您想消滅雜草，可是，不拔掉草根，只是把漂亮的花瓣綁到枝條上當花，能行嗎？怎麼剷除貪腐呢？市長不下臺，他們的老婆們就在丈夫當政的城市裡做生意，成了億萬富婆（影射莫斯科市長盧日科夫）。」俄國公眾正在拭目以待。「這封公開信，毫無疑問，打破了固有傳統。現在要看一看這些話背後有哪些實事。這些年來是什麼東西阻礙投資科學？阻礙反貪？阻礙發展民主、獨立的法院系統？」名叫NIKO

的網友代表不少人的意見。他說，「梅德韋傑夫的文章令人驚訝：他炮打司令部，對他接手的國家狀態給予摧毀性的、公正的批判。原材料經濟、體制性的貪腐、人口減少，這些問題不是這十年或近百年積壓下來的。但是，最令人吃驚的是，他指出了導致國家危難的罪人，阻礙了國家發展的壞人：有影響的、出賣一切的官僚集團和無所事事的企業家。」

俄國反對黨蘋果黨的副主席米特羅欣完全否定梅德韋傑夫的文章。他認為俄國沒有建成現代國家，沒有誠實的選舉，沒有三權分立，沒有遊行集會的自由，等等。一黨專政就不是現代國家；而沒有現代國家，無法搞好二十一世紀的經濟現代化。領土廣闊的國家，現代化遲到的話，國家就有分裂的危險。蘇聯在上個世紀七十年代錯過了現代化的最佳時刻。當時可以採取中國道路，即先建成共產主義專政，然後再自由化。現在不行了。九十年代，戈巴契夫和葉利欽時代，是國家崩潰的時代。目前俄國處於停滯時期。

梅德韋傑夫的文章提出一些根本性的問題和看法，如政治體制改革不能滯後於經濟改革；沒有政治改革就不會有經濟現代化；民主也需要現代化；民主的現代化，即民主更上一層樓，是可能的，但需要通過非暴力途徑，不能通過壓制；相反，要通過發揮每個人的創造潛力，不是通過恐嚇而是以民主的好處吸引人，不是把個人與社會、國家三者利益對立起來，而是拉近三者的利益。梅德韋傑夫近日對俄國出現的史達林復辟的言論和做法，提出極其重要的批判：「我堅信，國家的任何發展，它的任何成就，宏圖，都不應當以人的痛苦和損失為代價。任何東西都不能高於人生命的價值。任何迫害都沒有理由。決不允許在恢復歷史正義的名義下替消滅自己人民的人平反。」梅德韋傑夫的

這些重要論斷，提倡普世價值，放棄「特色道路」和「全能學說」，對一些後共產主義國家社會發展的道路，不無參照價值。當然，俄國民眾期待總統的實際行動。

85 俄國美女間諜
在美國落網

2010/07/06

　　就在奧巴馬總統邀請梅德韋傑夫總統在阿靈頓一家速食店大嚼漢堡包，一片親密無間之時，美國司法部卻在背後緊張部署公佈捕獲俄國間諜網一事。梅德韋傑夫懷著成功訪美的、俄美關係改善的輕鬆心情前腳離開美國，美國司法部後腳立即宣佈已經捉拿十一名俄國戰略間諜的案件，其中就在阿林頓捕獲數人。消息傳遍全球，搞得俄國上下十分被動。涉案人員，十名在美國、一名在賽普勒斯。這些人員大部分都是夫婦，在美國過著普通家庭生活，還養兒育女。案發後，鄰居們無不驚訝。布熱津斯基稱這個案件「有點荒誕不經」。媒體報導最多的是美女間諜安娜的故事。安娜的英籍前夫說，她的父親曾是克格勃的高官，因而引起不少遐想。有報導說她出入高級會所，以美色在英國試圖接近皇家成員。因此英方正在調查是否危及英國國家安全。正當妙齡的安娜，今年只有二十八歲，在英美從事金融和房地產生意，已經被媒體稱作「俄國的瑪塔哈麗」和「龐德女郎」。但到底她搞了哪些情報還是一個謎。不過她在網上陳列的大量極其性感的照片，已經轟動線民。同她有過風流韻事共進巫山的男士，都在網

上大讚她「床上功夫了得」。不少人認為，這樣一個女人未必會是正宗間諜。這也是她能混跡人群的技巧。

俄國專家認為，美國這次大搞間諜案，一次逮捕十一名俄國間諜，實是近年來美俄關係中罕見的事件。俄國媒體報導說，美國反間諜機關指責這些人負有特殊任務，俄國情報機關要求他們「美國化」，取得美國上層人物的信任，混跡於美國政府官員與政治界，以便獲取重要的情報。換句話說，是一批戰略間諜。俄國媒體向俄國公眾不斷透露一些有趣的案情資料。例如，《消息報》引用美方的辦案資料，講述俄國間諜的接頭暗語。間諜同「中央」代表在羅馬見面時，手裡應當拿著一本《時代》雜誌。「對不起，1999年我們是否在瑪律他見過面？」「是啊，我去過瓦勒他，不過是2000年。」如果雜誌拿在左手裡，就是有危險的意思。

俄國媒體不避諱美國對俄國的指責。「美國聯邦調查局數年來一直在調查俄羅斯聯邦國外情報機關（SVR）安排在美國的間諜網」。這個間諜網分散在美國各地。從新澤西州到弗吉尼亞州，從紐約州到麻塞諸塞州。墨爾菲夫婦間諜接到指示：「你們被派往美國長期出差。你們的教育、銀行的戶頭、汽車、房子等等，都是為了一個目的：執行你們的主要任務，即在美國政治界尋找並建立聯繫，向中央報告情報。」美國反間諜機關說，曾截獲了「中央」發給間諜們的要求：提供重要的情報，包括核計畫、美國在同俄國進行控制武器談判時的立場、美國的伊朗政策。據說，美國方面落套並提供情報的則有著名的紐約金融家，負責國家安全的前政府高官，研製針對地下目標和堅固目標核彈頭的科學家，等等。俄國間諜使用的技術手段，也十分豐富，從古老的無色密寫到WIFI，從交換文件袋到電郵。

俄國官方對這一間諜案的反應，也十分有趣。遮遮掩掩，更是此地無銀三百兩。先是俄國對外情報局表示對這一間諜案「無可奉告」，「從不對這類問題表態」。俄國外交部最初的態度是「在我們看來，這種行動是毫無根據的，抱著不可告人的目的。我們不明白，是什麼原因促使美國司法部公開發表充滿冷戰時代『間諜戰』精神的聲明。我們只想指出，以往在我們兩國關係處於高潮時期，常常拋出這樣的東西。無論如何，這件事值得深表遺憾的是，這種事情發生在美國行政當局自己宣佈的俄美關係『重啟』的背景下。」

　　沒過幾天，俄國外交部說，這些間諜中有俄國公民，願意向這些持俄國國籍的人提供援助，又宣佈要將因父母被捕而失去照顧的子女接回俄國。俄國外交部的正式聲明是這樣說的：「關於美國懷疑一些人從事間諜活動，為俄國服務一事，是指在不同時期到達美國的俄國公民。他們沒有從事任何旨在損害美國利益的活動。我們的出發點是，他們在拘留地會得到正常的對待；美國當局會確保俄國領事人員和辯護律師能見到他們。我們指望美國方面在這個問題上會表現出應有的理解，包括考慮俄美關係現階段發展的良好情況。」從這項聲明裡可以看到出，俄國要保護這些人，保護自己的諜報人員及其子女。

　　事發時正在耶路撒冷訪問的俄國外交部長拉甫羅夫在新聞發佈會上說：「沒人給我們解釋這到底是怎麼一回事。我希望會給我們一個解釋的。我唯一可以說的是，幹這件事選擇的時機是非常藝術的。」部長先生所說的時機，恰是俄國總統梅德韋傑夫成功訪問美國，剛剛同美國總統奧巴馬在歡樂聲中大啖漢堡包之後。

　　俄國政界普遍關注這一事件的政治涵意。從情報方面來說，

可能這些間諜還沒有得手，何況他們不是那些要獲得短時效情報的人，而是一批長期埋伏的人員，放長線釣大魚的人。在這種情況下，間諜事件的政治意義就超過了一般破獲間諜網的意義。美方目前對他們的指控限於「陰謀為外國政府報務」和「洗錢」，還沒有提出從事間諜活動的指控。

俄國國家杜馬安全委員會第一副主席、聯邦安全局上校格里尚科夫在向報界發表談話時說，「這段故事有大量的問題，但最主要的是，為什麼正好是在這個時候發生？要麼是反對改善同俄國關係的人在行動，要麼是向奧巴馬發出一定的信號，決定同莫斯科關係向量的人不是他。根據現在的實踐情況，特務部門在出現爭論情況時，往往儘量在內部解決，而不是推到大庭廣眾之下。大家都知道，美國在幹，我們也在幹。但是這一次從公佈於眾的細節數量來看，可以估計說，目前的這一次醜聞只不過是排練很好的一齣戲。」前蘇聯格勃第一局（現國外情報局前身）副局長列昂諾夫中將感到好笑的是，現在使用密寫或者變色墨水太幼稚了。他認為這次醜聞的主要目標是奧巴馬。美俄總統剛在一起吃了漢堡包，立即有人就出來搗亂。奧巴馬是一個有文化有知識的人。他在很大程度上恢復了美國的聲望。但是，「還有許多人很想把美國政策拉回到『布希軌道』上來，凍結我們的『重啟』。我想，這些行動的目的就是破壞美國元首的外交路線。」

值得注意的是，近來歐洲一些國家指責俄國從事間諜活動。德國內務部長梅澤爾在報告裡說，德國面臨的基本威脅是俄國的「工業間諜」。捷克幾乎同一天也發表類似的講話。

如此重大的間諜案件，俄美雙方政府都保持一定程度的克制，沒有演釋到一場外交戰。除了一些口水外，雙方都希望這事儘快過去。美方已經表態，不會像冷戰時期那樣驅逐涉案外交

官。美國國務院的態度是繼續『重啟』，向前發展兩國關係。俄國方面則表示，間諜醜聞不會影響兩國的關係。不過俄國學者持不同看法。俄羅斯科學院美國加拿大研究所副所長克列門丘克認為對美俄關係影響重大。「這件事打擊互信。打擊的手段很高明，也很沉重。許多美國人會想：不久以前梅德韋傑夫剛剛訪問過美國。還值得同俄國合作嗎？如果它（俄羅斯）在美國安插了這麼大的間諜網，還能相信俄國嗎？如果不能相信，那麼，批准俄美戰略進攻性武器條約就成了問題。很可能拖到11月。」

86 大火拷打俄國
政治和道德

2010/08/13

　　近四十多天來，俄國觀眾天天注視銀幕上的俄國地圖：國土的歐洲部分一片火海。紅色緊急狀態不斷擴大。大火地區居民的住房一幢幢燒毀。莫斯科更是處在火焰包圍之中。從中亞吹過來的東南風，酷熱無情。森林大火煙霧夾雜著燃燒物塵粒如同金鐘罩一樣，把莫斯科密密封住。市民們過著暗無天日的生活。彌漫的煙霧遮蔽太陽，厚重到可見度只有二三十米。高溫天旱，許多地區顆粒無收。今年這場天災人禍造成的政治經濟社會後果還有待清算。除了大自然因素外，俄國各界人士還在紛紛尋找人為因素。這場大火不僅拷問國家行政部門，還拷打著俄國人的道德和靈魂。

　　俄國遭受數百年不遇的高溫和乾旱，給國家和人民造成巨大傷害。森林大火初起，俄國政府緊急情況部派出消防力量，協助各地滅火。火勢發展超出預料。梅德韋傑夫總統立即召見國防部長，要求軍隊全力支持。國防部的特種部隊—管道鋪設兵奉命帶著各種特殊設備參加滅火。空軍飛機協助緊急情況部掌控火災情勢。俄國從來沒出現過這種情況。總統不得不宣佈火災地區進入

緊急狀態。各界動員志願者加入滅火隊伍。8月13日開始，籠罩在俄國西部上空四十多天的高氣壓帶漸漸退出。滅火成效也逐漸擴大。俄國歐洲地區的火勢緩和下來，「進入轉折階段」，大火正在熄滅。然而，這個地區尚未完全解決。火勢正在隨著高氣壓帶退向烏拉爾地區。這也是俄國重要的森林地帶，況且當地居民稀少，滅火力量不足。當局正在把西方部地區的滅火力量調向烏拉爾，增援東部。這次俄國滅火投入力量近二十萬人。

森林大火期間，俄國總統、總理、各州州長，每天的首項任務就是滅火。火災地區的基層政府負責人，調動本地居民參加滅火。普京總理親自駕機，從空中潑水滅火。全民動員下，共同抗擊據說四百年不遇的高溫乾旱。許多林區居民的住房在熊熊大火中瞬間即逝。普京向災民允諾，政府將為他們建造嶄新的獨幢住宅。根據以往災區住房重建長期拖拖拉拉，不能按時完成，至使俄國嚴寒季節到來，災民仍然無法入住正常住房。這次普京下令通訊部門，在每一施工現場安裝攝影機和三根線路，其中一根要通向他的辦公室，一根要通向他的家裡，以便他可以隨時瞭解建房進度，監督地方官員執行任務。俄國正教大牧首（教宗）甚至做法事求雨。

這次天災曝露出俄國氣象預報的問題。俄國水文氣象局指出，現在俄國自然災害逐年增多。去年為三百五十起，每年增加五到十起。自然災害預報遇到很多困難。氣象衛星不足。至少需要五顆，現在只有一顆（中國有四顆，美國和日本各有五顆）。海洋氣象船隻有一艘可以工作兩到三個月。蘇聯時期曾擁有四十艘。氣象臺網縮減三分之一。這些都導致預報失靈。氣象部門要求政府給予重視。

8月4日，梅德韋傑夫總統在國家安全緊急會議上宣佈，凡是

無力完成滅火任務的官員將受到處分。就在會議上當場宣佈免去一批海軍高級將領的職務。原因是怠忽職守，造成兩百臺「航空器材」，外電稱就是各種戰機，總價值二百億盧布。全國電視直播他連聲「撤職！」「撤職！」。嚇得在座高官驚魂難定。9日，他又談到官員堅守崗位的問題。凡是不願中斷休假回到崗位的官員不必再回到崗位上了。他特別指出莫斯科州林業局長。這位局長在莫斯科州大火燒毀森林和民房，全州和莫斯科居民度日如年，總統宣佈這一地區進入緊急狀態時，負責莫斯科州和莫斯科市林業的這位局長拒絕中斷休假、不肯返回崗位領導滅火，農業部長宣佈撤銷他的職務。無獨有偶，莫斯科市長盧日科夫在大火期間，也在國外休假。總統辦公廳的消息人士對官方的俄新社說，盧日科夫在這個時候休假是「不正確的」。首都處於一片煙塵之中。市民急需市政府的支持和照顧。政府官員應當堅守崗位，直接、親自、及時採取必要的措施援助市民。盧日科夫的下屬還向公眾和媒體辯解說，「他不一定要在崗位上。他打電話指揮就可以了。」

「誰之罪？」這是俄國人喜歡提的問題。這一次也不例外。莫斯科周圍的大火是從泥煤開始著起的。泥煤是列寧提出全國電氣化以後，各地建造使用廉價燃料泥煤的發電廠。莫斯科周圍有三分之一的電廠使用泥煤。泥煤來自沼澤地，是「可燃的有用植物。植物殘體在沼澤環境下沒有完全分解而堆積形成。含碳50%到60％。」泥煤極易起燃，又處於森林之中，不易撲滅。通常做法是抽乾沼澤，泥煤出現在地表，即可挖掘使用。前蘇聯政府專門設有泥煤工業部，負責開採和管理。上個世紀後期，蘇聯大量開發天然氣。電廠改用天然氣。許多泥煤礦被遺棄，無人管理。原本應當注水或者開挖水渠以防止自燃。近十年來每年夏季都發

生泥煤自燃。今年乾旱和高溫，加劇了泥煤自燃，造成歷史上空前未有的森林大火。公眾和媒體指責俄國政府忽視泥煤管理，要求追究責任。

普京執政時期，由不懂林業管理工作的經濟發展部長格列夫主持制訂的林業法規，撤銷林業部，破壞原有的林業管理系統，將林業管理分由農業部和地方政府承擔。結果兩方面互相牽制互相推諉。國家撥款二百億盧布，只有二十億真正用在林業管理上。森林大火一起，專業人士揭露問題實質，追究政府責任，要求國家領導人和政府修改森林法，以改進森林管理。

媒體討論的另一重大責任問題是森林火災的滅火工作。按分工，森林火災應由林業局負責；居民點民房由消防局（隸屬緊急情況部）負責。林業局無力滅火，只好由消防局負責。消防局沒有足夠的森林滅火設備，未能在短時期內控制火勢發展。還是政府的責任。

俄國森林常年遭受人為的破壞程度令人痛心。一是非法盜伐成災。一些人為了私利，縱火燒毀森林，然後以清除災場為名，偷伐木材。二是一些人將公用的消防備用水池據為己有，抽乾存水，圈進自己的院子。一旦發生火災，臨近就沒有消防水源。三是俄國人喜歡到森林去野餐，拾一堆乾樹枝就做起燒烤。這樣每年都造成森林大火。就在這次俄國森林火災期間，仍然有人在樹林裡做燒烤。這些也是造成火災的人為因素。

除了天災人禍之外。還有一種奇談怪論。前軍事氣象專家、退役海軍中校卡拉瓦耶夫認為是美國使用氣象武器進攻俄國的結果。他說：「造成俄國異常高溫的原因是俄國歐洲領土上空的高氣壓和從中亞撲來的熱風。以往這個地區從未出現過這樣的高氣壓。同時，在這次災難發生之前，美國向太空發射了無人駕駛太

空飛船X-37B。X-37B的任務是絕密的。把這些事實進行比照，就會使人想起，有可能在俄國上空實驗氣象武器。」俄國科學界人士出面駁斥這種論調。數理博士薩文說，人類目前所積存的全部核武庫，都不足以控制住高氣壓，使其固定在指定地區。這種論調的出現只能表現出冷戰思維深深扎根在一部分俄國人的頭腦裡。

就在全國投入緊張滅火時，俄國商人卻大發「災難財」。莫斯科的電風扇從九百盧布上漲到七千盧布。空調機從一萬二千盧布上漲到五萬盧布。口罩從五個盧布上漲到五十個盧布，即上漲九倍。逼得俄國緊急情況部長紹伊古呼籲這些商人「要有良心」。莫斯科的麵包漲價二成。俄總統命令各地政府天天關注食品價格動態，指示反壟斷局長採取措施嚴懲投機商人。

俄國乾旱導致今年糧食收成大幅度下降。去年豐收，共得九千五百萬噸。今年只能收到六千萬噸左右，減收將近三分之一。政府一方面打算動用儲備一千萬噸，另一方面宣佈不可抗因素，暫停出口糧食。俄國是國際糧食市場主要供應商之一。為此，引起一系列國際貿易問題。俄國糧食出口商將因違約會產生法律責任。總統呼籲司法部門給出口商提供法律援助。俄國的經濟政策是市場調節價格。這次在糧食問題上曝露出其缺限。糧商目前囤積居奇，抬高物價。俄總統表示這次不能全由市場決定。他說，可以交給市場。但是不能不考慮全國一億四千三百萬人的食品問題，首先是麵包問題。「我尊重工商界，但是，我們做決定的時候，不僅要照顧公司的利益，還要考慮全國人民的利益。這一點，你們應當理解。」農業部長已經宣佈，遊戲規則將由國家制定。

俄國這場森林火災，正在退去。俄國行政當局採取透明政策，公眾介入評論和批評政府作為，官僚們日子不好過。

Headline 87　億萬富翁組黨
俄國走向兩黨制

2011/07/17

今年12月，俄國將舉行國家杜馬（下議院）的選舉。明年將舉行總統大選。今年議會大選的背景大大區別於以往。雙頭執政給這次競選活動增添不少色彩。各派政治力量充分利用多元政治的體制，各自發揮。主要政黨正在聚集力量，準備為爭奪國家杜馬議席大戰一場。

今年5月初，普京突然提出由他領導的執政黨統一俄羅斯黨為主，建立全俄人民陣線。普京說，統一俄羅斯黨需要新思想新面孔，聯合精神相近的各種政治力量、社會團體和組織，一起參加大選。「凡是有意鞏固我國的聯合起來，建立一個共同平臺。但並不包含一切。公眾可以建立自己的各種團體。」普京在解釋建立全俄人民陣線的動機時說，目的是為了完善政治體制，擴大民主基礎，確保人們的安全，團結各種社會力量。普京在會見一家鋼鐵大型鋼鐵企業時說，「一個人長久坐在一個地方，就會青銅化了。必需使他們感到競爭的壓力；使小黨派也有機會參政。」除了社會團體和組織外，各企業可以參加，公眾可以個人身分參加。統一俄羅斯黨則願意將參加全俄人民陣線的非該黨成

員列入競選議員的候選人名單，並為此讓出一百五十個名額（該黨總候選人名額為六百人）。目前約有五百個團體和企業申請加入人民陣線。人民陣線總部領導人沃洛金（統一俄羅斯黨最高理事會主席團秘書長、政府副總理兼政府辦公廳主任，普京左右手）再次強調，建立全俄人民陣線就是為了集中社會力量完成國家現代化的任務。全俄社會意見研究中心7月9至10日進行了一次民意調查，結果顯示，有25％的人支持全俄人民陣線。

最近俄國政壇上炒得非常熱鬧的是右翼（「右」在俄文中是「正確」的同音異義詞）事業黨。這個黨是俄國現在正式註冊的七個政黨之一，原在俄國政壇是個小黨，其口號是「自由、財產、秩序」，在俄國沒有什麼政治影響。突然之間，搖身一變，竟成了俄國政壇的新星。一是這個政黨突然得到克里姆林宮的青睞：先是由克宮負責官員出面力邀俄國億萬富翁、金融工業鉅子米哈伊爾‧普羅霍羅夫出任該黨黨魁。二是梅德韋傑夫總統親自在克宮召見普羅霍羅夫，除鼓勵以外，還面授機宜。據稱普京也不反對。這位名揚內外的大資本家，一向以天馬行空著稱，曾因裝了滿滿一飛機的美女前往法國休假勝地引起俄國媒體調侃和普京的指責，在法國曾以「從事組織賣淫」而被關進拘留所。克宮這次「既往不咎」，利用這位超鑽石王老五的組織能力、號召力和資金，樹立一個克宮可以指揮的右翼政黨，以增強執政活力，形成克宮可以指揮的兩黨競爭局面。果然，普羅霍羅夫不負重托，高調出任右翼事業黨首領，大聲宣佈自己的政治立場。

6月25日，右翼事業黨鳥槍換炮，在豪華的世界貿易中心舉行代表大會。大會司儀杜納耶夫是克宮的觀察員。開幕時奏前蘇聯國歌（以往是葉利欽時代的國歌、格林卡的《祖國頌》）。大會的任務是聽取普羅霍羅夫的政綱和解決組織問題。他在大會

致辭中，提出一些論點，如「我們無論是建設社會主義還是資本主義，結果都是出了一大批混蛋和小偷」。他要求把土地還給人民，「至今從未真正還給人民」；停止像1917年式的內戰，那場戰爭把人民分成自己人和異己，雙方都輸掉了那場戰爭，「我們只有一個祖國」，把國籍發還給一切流亡國外的俄國人；尊重人的尊嚴和人權。在國家政制方面，他提出聯邦制國家，但管理應當是帝國制；再是要下放權力，取消總統駐各聯邦大區代表制；恢復直選州長和各級地方首長（普京在總統任期內改為總統任命），直選地方警察局長和稅務官；國家杜馬應當有四分之一的名額給無黨派獨立議員。但在組織方面，黨內實行一長制，執委會和各地分支機構負責人全部由普羅霍羅夫指定。至於施政方針，普羅霍羅夫特別提出，國家在衛生保健、教育和文化方面的開支應當大於強力部門和國防的開支。右翼事業黨將在9月大會上公佈競選綱領。普羅霍羅夫已經先撥出一億美元做競選費用，同時呼籲其他有錢人慷慨解囊。他本人將去全國半數以上的州和地區拜票。

在全國競選形勢逼人的情況下，作為左派中堅力量的俄羅斯共產黨發起反攻。為對抗普京的全俄人民陣線，久加諾夫回應一些地區共產黨組織的呼籲，支援建立新的愛國聯合組織即「全俄民兵」聯合組織。7月16日，久加諾夫親赴尼日尼諾夫戈羅德市主持全俄民兵聯合大會，並在會上公佈全俄民兵聯合的綱領。全俄民兵的口號是人民政權、公平正義、民族友誼。在尼日尼諾夫戈羅德市米寧和波札爾斯基廣場舉行的大會上，久加諾夫先抨擊了一陣普京和統一俄羅斯黨，指責這些人二十年來奪走了人民的政權，掠奪了人民的儲蓄。現在建立的是「富豪陣線」，卻用「人民陣線」做掩飾。人民強烈希望在大選前聯合起來，因

此，俄共支持建立「全俄民兵」聯合組織，參加大選，並決定派出五十萬大軍監督大選，要求公正、有尊嚴地舉行大選。據俄共消息，說參加這次大會的代表來自三十個地區；代表一千二百個團體和三百五十萬人。這一天，全俄民兵的代表和支持者，身穿俄式紅衫，聚集在曾是一六一二年，即五百年前發起民兵組織保家衛國的米寧和波札爾斯基廣場上，「以繼承俄國民兵的光榮傳統」，高唱共產主義歌曲，歌聲嘹亮的「俄式紅衫軍」支持久加諾夫提出的以軍工、礦業和科技救國的口號。可惜的是，線民們卻指責俄共拿不出新東西，都是一些老玩意兒。

最近歐美對俄國司法部拒絕登記人民自由黨一事表示強烈關注。美國國務卿希拉蕊克林頓說，美國政府還對俄國當局向各地人民自由黨支持者施加壓力一事表示關注。歐洲議會通過決議，譴責俄國「實行政黨難以註冊的程序」，這些程序同歐洲保護人權公約是不相容的，還說明俄國仍有發展政治多元化的現實障礙。同時要求俄國舉行公正自由的大選。俄國外交部就此發表措詞強烈的抗議，說這些指責是毫無根據的，是干涉俄國內政。同時，人民自由黨修正了註冊文件中的錯誤以後，仍然可以再註冊。人民自由黨又是怎麼一回事？去年9月，俄國反對派中的右翼精英前總理凱西揚諾夫、前副總理聶姆佐夫、前杜馬民主黨團領袖雷日科夫等，成立人民自由黨，口號是「爭取建立沒有無法無天和貪腐的俄羅斯」。這些人都是葉利欽時代親西方的自由派人士，這十幾年來一直反對普京政府，卻缺乏民間支持，處於俄國政治的邊緣。

此外，俄國政壇上一些其他政黨，如國家杜馬第三大黨日里諾夫斯基的自由民主黨、第四大黨公正的俄羅斯黨、沒有議會席位的在野黨亞夫林斯基的蘋果黨，都有各自的變化，但沒有前述

四大政治勢力的影響。估計新一屆議會將會出現一些新面孔。

　　右翼事業黨的發展恰體現俄國官方提倡的主權民主或者管理下的民主。為了扶持這個黨貫徹克宮的意圖，由克宮高級負責官員動員一些人出來擔任這個黨的領導。據媒體報導，先是財政部長庫德林。他是俄國政府裡自由派人士的代表人物，最合適。但是「上級不同意」。他的上級就是普京總理。第二個候選人是舒瓦洛夫，現任克宮辦公廳主任，有選民基礎，但他的上級（總統）不放。第三個候選人是普羅霍羅夫，據說是丘拜斯力薦，普京和梅德韋傑夫都同意。普羅霍羅夫上臺後立即宣佈從反對黨改為第二執政黨。這次政治力量重組，可以說是普京早就提倡的兩黨制，但這兩黨應黨是在克宮管理下的兩個分別代表中左和中右的政黨。今後可能是普京掌握統一俄羅斯黨，而梅德韋傑夫掌握右翼事業黨。其他小黨也可能逐步進入議會，但只是裝飾品而已。俄國未來的政治圖大約如此。

Headline **88** 蘇共政變斷送
蘇聯二十年

2011/08/11

　　8月是俄國歷史上最多事的一個月份，而且是不光彩的一個月份。二十世紀尤為突出。1914年8月爆發的第一次世界大戰，改變了俄國的命運，共和取代了沙皇的統治。1939年8月23日簽訂臭名昭著的莫洛托夫─里賓特羅甫秘密協定。1968年，蘇軍攻占要求民主的捷克首都布拉格。1991年8月19日，前蘇共部分領導人組成國家緊急狀態委員會，發動政變。1998年俄國發生金融危機，出現債務違約，全國金融崩潰，盧布一瀉千里。民眾的積蓄化為烏有。2000年8月，庫爾茨克號核潛艇帶著一百一十八名官兵葬身海底。同年，莫斯科電視塔大火。每當8月來臨，俄國老百姓都要捏把汗，祈禱上帝保佑平安渡過這個禍事常發的月份。

　　歷史卻不以人們的意志為轉移。1991年，正當戈巴契夫會同各加盟共和國領導，又是蘇共中央政治局成員，在全國公決要求保留蘇聯的壓力下，就新的聯盟條約草案取得一致意見，放心前往黑海休假時，一小撮蘇共領導人，發動一場俄國當代歷史上的政變鬧劇。8月19日這一天，突然全國電視臺和無線電臺停播正

常節目。各電視頻道統一播出不知從何處冒出來的國家緊急情況委員會發佈奪取國家政權的公告，不時播送芭蕾舞劇《天鵝湖》片斷。俄國人已經知道，當銀幕上四個小天鵝翩翩起舞時，不是什麼好事情。

是什麼迫使小天鵝登場，執行並非它們的任務？

戈巴契夫提倡的新思維和公開性，領導的改革，到了1990年3月召開的第三屆蘇聯人民代表大會上，通過了一項重要的決議，或者像蘇聯共產黨喜歡用的詞「決定命運的」決議，即修改蘇聯憲法第六條，從原文「蘇聯共產黨是蘇維埃社會的指導和領導力量」，改為「蘇聯共產黨，其他政黨，以及工會、青年組織等社會組織參加制訂蘇維埃國家的政策」，從形式上結束了蘇共壟斷政權的法律依據。5月，前俄羅斯社會主義共和國聯邦第一屆人民代表大會選舉政府，由支持葉利欽的民主派人士掌權。6月12日，俄羅斯發表聲明獨立宣言，自主主權。在此之前，格魯吉亞和波羅的海三個加盟共和國宣佈要求退出蘇聯，要求同蘇聯進行處理善後的談判。俄羅斯宣佈獨立之後發生多米諾效應，宣佈獨立自主的加盟共和國和更低一級的共和國天天增加。土庫曼、亞美尼亞、塔吉克、卡累利亞、科米、韃靼斯坦、雅庫特、烏德莫爾梯亞、楚克奇紛紛宣佈獨立。

戈巴契夫為了保住蘇聯，採取了兩項重要措施：一是順應形勢，制定新的聯盟條約，重新規定中央和各加盟共和國的地位與權利；二是訴諸民眾，舉行全民公決。蘇聯人民代表大會通過相應決議，建議將蘇聯國名從原來的「蘇維埃社會主義共和國聯盟」改為「蘇維埃主權共和國聯盟」，俄文縮寫名稱不變（CCCP）。另一項重要決議是反對軍隊介入政治。

到了次年，1991年1月，波羅的海的拉脫維亞和立陶宛發生

群眾騷動，要求獨立。蘇聯克格勃派特種機動部隊進駐。3月以葉利欽為首的俄羅斯激進派要求戈巴契夫下臺，主張俄羅斯從蘇聯分離出來；溫和派支持戈巴契夫，要求保留蘇聯。當月舉行全國公決，76%的人支持保留蘇聯，但俄羅斯提出保留自己的總統職位；烏克蘭則要求以烏克蘭主權宣言為基礎參加新的聯盟。戈巴契夫主持新條約的擬訂工作，討價還價熱鬧異常。再次曝露出所謂蘇聯意識形態自私的真面目。就在商討新的加盟條約期間，7月29日，戈巴契夫找哈薩克共和國的領導人納札爾巴耶夫密談，打算撤銷克格勃首腦、國防部長、內務部長等人的職務。克格勃頭目克留奇科夫竊聽到這個資訊，知道自己的下場不妙，決定動手除去戈巴契夫。

經過無數次討價還價，就新的聯盟條約達成協議並確定8月18日公佈。戈巴契夫認為萬事具備，到時簽字就是了。於是他就決定8月4日前往克里米亞休假。與此同時，克格勃的一批陰謀家們日以繼夜地籌備政變。6日，克格勃下達密令準備發動政變，準備完畢後宣佈國家處於緊急狀態。蘇聯空降兵總司令參加這項密謀活動。8月16日，媒體出現「公眾」要求宣佈緊急狀態的消息。17日，政變領導人在克格勃秘密地點開會決定派人去克里米亞動員戈巴契夫放棄權力，如不同意，宣佈他「患病」（包括精神病）；同時調三個精銳師進駐莫斯科。18日政變領導人派代表團前去戈巴契夫休假地，要求他簽署實施緊急狀態的法令和將權力移交給副總統。戈巴契夫拒絕。19日凌晨四點，非法的「國家緊急狀態委員會」正式發動政變，五點塔斯社收到政變文告，要求六點播發。克格勃派人監視塔斯社工作。六點政變委員會宣佈接管政權，實施緊急狀態。七點，兩個師帶三百六十二輛坦克，向莫斯科運動。八點政變委員會口頭命令特種部隊阿爾法團司令

逮捕葉利欽等人。但他拒絕執行。十一點部隊到達市中心，市民呼籲部隊不要動手。部隊順從民意，拒絕執行上級的軍事政變命令。下午，葉利欽竟然可以站在坦克上發表聲明，指責政變是非法的。當晚的局勢是：有支持政變的，有反對政變的。全國各地情況都是這樣。據一名克格勃少將回憶，當天一天之中，曾五次反覆撤去又掛上戈巴契夫的肖像。

20日，莫斯科十五萬人上街遊行反對政變。政變集團計畫派一萬五千人占領葉利欽本部。但部隊領導要求放棄攻打葉利欽所在的白宮。蘇聯空軍總司令要求國防部長調走軍隊並宣佈緊急狀態是非法的。防長召開國防部部務委員會，支持這項要求。防長亞佐夫命令撤軍。21日，各加盟共和國宣佈保衛本國主權，反對政變。蘇共中央書記處發表聲明，反對實行緊急狀態。22日，國家緊急狀態委員會全體成員被捕。政變徹底流產。蘇共保守分子為了保護自己的既得利益，逆流而行，發動了一場沒有得到人民和軍隊支持的政變，葬送了蘇聯，也葬送了蘇聯共產黨，成了一場歷史鬧劇。

8月政變給了人們思考的素材。水可載舟亦可覆舟。當時蘇聯舉行公決，七成六的人要求保留蘇聯。但是，民眾不需要舊的集權的蘇聯，需要一個民主的改革的蘇聯。政變當局的所作所為，與民主和改革風牛馬不相及。保守派要保留集權的蘇聯，改革派不想保留蘇聯。在面臨蘇聯與民主之間進行選擇時，政治上活躍的民眾支持改革派，選擇了民主。大部分群眾處於消極狀態，既不支援也不反對政變。最後要民主的風潮占了上風。政變沒有得到民眾的支援而迅速流產。

蘇聯共產黨長期執政造就的腐敗毀滅了蘇聯。蘇共的政治局委員們，身兼各加盟共和國領導人，為了保住手上的政權和爭

取更多的私利，建立自己的領地，都不支持保留蘇聯。政變發生後，他們紛紛宣佈不支持政變，宣佈獨立自主，自封為主權國家，其目的就是不肯放棄自己手上的權和錢。蘇共當權者的貪腐是無止境的。他們會為了私利而分裂國家。實在是可怕。民主派上臺以後，重蹈覆轍，要權力要財產，通過私有化掠奪公共財產，造就一個個億萬富翁。廣大民眾在經濟上沒有得到預期的好處，造成如今民主派大失民心，淪為街頭政客。社會思潮出現反覆也就不足為奇。

8月政變當局試圖動用武力保住政權，竟然失敗，也是不出預料的事。此前，波羅的海三個加盟共和國要求退出蘇聯以後，蘇聯當局曾經派出軍隊鎮壓，高加索地區的格魯吉亞和阿塞拜疆的人民遭到蘇聯軍隊的血洗，引起全國公憤。軍界領導人不願做替罪羊，基層官兵不願向民眾開槍，所以政變當局束手無策。儘管「國家緊急狀態委員會」的成員有克格勃主席、國防部長、內務部長、國防委員會第一副主席這些武裝部門的主要領導人。

成立「國家緊急狀態委員會」和宣佈緊急狀態都是非法的，既無總統簽署的命令，也無全蘇人民代表大會（議會）的決議，因而是違憲的。這時的蘇聯公眾已經認識到憲法的作用。幾個國家領導人搞陰謀活動，已經得不到公眾的支持。

二十年前的風雲證明，復辟是沒有前途的。

俄國天然氣
大戰歐亞

2011/09/01

　　不久前朝鮮領導人金正日訪問俄國。期間，俄國同朝鮮就俄國天然氣經過朝鮮輸往韓國一事達成原則協議。如果能實現這一方案，則俄國天然氣的遠東戰略地位加強，俄國天然氣公司的手中又多了一張王牌。遠東三大能源消耗國，中國，日本和韓國，都對進口俄國天然氣抱有很大希望。這三個經濟強體，是俄國天然氣全球市場的重要組成部分。

　　俄國非常重視同日本在天然氣問題上的合作。俄國天然氣運送管道鋪向太平洋港口，近可以賣給日本，遠可以賣給東南亞，是這三條管道中風險最小的一條。無論是政治風險（除了北方四島問題外，無其他戰略衝突），還是經濟風險（支付能力），都相對較低。日本大地震及核電事故之後，俄國總理普京即表示願意在百天之內從運向歐洲用戶的液化天然氣中，抽調四百萬噸到日本。他說，俄國天然氣工業公司（GAZPROM）每天可向歐洲增加輸送六千萬立方的天然氣（相當於四萬噸液化氣），將液化氣轉運日本。一百天可向歐洲輸送六十億立方的天然氣，相當於四百萬噸的液化氣。分管能源的俄國副總理謝欽在會見日本駐俄

大使時建議日方參加開發恰揚丁油氣田（一萬二千四百億立方天然氣和六千八百四十萬噸石油）和科維克京氣田（儲量達一萬九千億立方）。合作項目包括採氣、運輸和銷售這兩個氣田的產品。為了動員日本參加這項投資，俄方表示今年將加倍供應日本原油，達一千八百萬噸，同時供應四百五十萬噸石油產品。據稱俄日雙方「實際上」已經達成協議，將在遠東地區開發石油加工並首先修建一座大型石化企業。從全球能源戰略方面來看，這對俄國是一個非常有利的方案。俄國遠東地區薩哈林出產的天然氣已經預售出二十到二十五年產量。運向歐洲的液化氣是從卡塔爾採購的。現在把運往歐洲的液化氣改運到日本，減少對歐洲的出口，逼使歐洲天然氣漲價，增加俄國天然氣工業公司的競爭能力。歐洲則在努力擺脫對俄國天然氣的依賴。

經過朝鮮向韓國輸送天然氣的專案，已經討論很久。2008年9月，俄國天然氣工業公司同韓國天然氣公司簽署俄國向韓國提供天然氣的備忘錄。2009年6月雙方簽署聯合研究提供天然氣的協議書。協議書確定雙方研究從薩哈林經弗拉迪沃斯托克向韓國輸送天然氣到韓國接受地。全線長一千一百公里，七百公里在朝鮮境內，每年提供一百億立方。俄方並表示可以根據需求增加供應量。這條線的難點就是朝鮮的態度。這次在金正日訪俄期間，在烏蘭烏德達成協議。朝鮮同意就在境內修建一千一百公里輸氣管道提供法律保障。雙方同意建立三方小組探討這個問題。目前俄國是用海路向韓國提供液化氣的。俄方認為，這個項目還有助於朝鮮半島的穩定，朝韓雙方都有經濟利益可圖。對俄國來說，還可以加快遠東地區的發展。同時多一張同中國討價還價的王牌，確是一石多鳥。不過，令人捏一把汗的是，朝三暮四的金正日是否會嚴守協議，會不會出現俄國在烏克蘭曾經遇到過被關閉

輸氣管的故事。

再看中俄天然氣合作與競爭的情況。最近中石油宣佈大量增加從中亞進口天然氣的計畫：首先將中亞通向中國的輸氣管道到2015年時提升到每年五百五十億到六百億立方。俄國能源界專家已經表示不安，說這種速度將威脅俄國天然氣公司的利益。據俄方消息，去年土庫曼通過途徑哈薩克和烏茲別克輸氣管向中國出口四十億立方，今年將達到一百三十億立方，明年將達三百億立方。俄國天然氣工業公司為何不快？原來在於市場競爭。去年，經過艱難的談判，中俄雙方剛剛談定俄國向中國出口天然氣的條件，但是關鍵的價格問題一直懸而未決，即使今年胡錦濤主席親訪俄國，慶祝中俄友好條約簽署十周年並參加彼得堡經濟論壇，預計中的天然氣協議沒有簽署，但談妥了關於俄國向中國提供天然氣的東西路線問題。俄方每年將向中國提供六百八十億立方。今年9月雙方將繼續價格談判，也許普京10月訪華期間會有進展。目前雙方價格差別相當大，約一百美元。俄國要求按歐洲價格，今年4月價格是每千立方（以下同）四百五十二美元，全年預計價三百五十二美元；中方要求優惠價。據俄方資訊，中方出價二百三十五美元。中方要求優惠價也是有理的：因為俄國天然氣工業公司要求中石油提供二百五十億美元的預付金。中國目前對俄天然氣的需求已經不迫切。中國採取採購多元化，從土庫曼購進的天然氣和從其他地區購進的液化氣，基本滿足需求。因此，價格戰對中方有利。俄國另一個擔心就是中亞油氣走向中國，減少對俄國的出口量。

價格問題在獨聯體內部也使俄國天然氣公司頭痛。先是烏克蘭發難。烏方認為價格太高，重審當年美女總理同俄簽署的天然氣購銷合同，並以濫用職權給國家造成重大經濟損失的罪名，

把她拘押起來。俄國梅德韋傑夫總統說，可以優惠，但條件是烏克蘭應當加入由俄、哈和白俄組成的統一海關區，或者像白俄羅斯那樣提出對俄國有利的商議建議，如出售天然氣運輸系統給俄國。前者，烏克蘭舉棋不定的原因是烏克蘭有意參加歐洲共同市場，這樣就不能同時參加統一海關區；後者是因為烏克蘭擔心俄國控制烏克蘭的能源運輸系統。梅德韋傑夫稱烏克蘭「想靠別人養活」。烏克蘭放出風來，明年將大大削減從俄國採購的天然氣，從今年的四百億立方減少至二百七十億立方。這事引起俄國天然氣工業公司的強烈不滿，因為雙方簽訂的長期供貨合同規定每年採購三百三十億立方。烏克蘭認為這項合同是「強盜式」的，打算縮減對俄國天然氣的依賴，從其他來源採購並發展代用能源。俄烏兩國的天然氣大戰由來已久。五年前俄國提高售給烏克蘭的天然氣價格，烏方拒絕，於是上演了俄國關閉通向烏克蘭的輸氣管，以強迫烏克蘭就範。結果城門失火，殃及池魚。歐洲無法得到通過這條管道輸送的天然氣。2009年，俄烏再次爆發天然氣大戰，連累歐洲寒冬取暖成了問題。

2010年夏，俄國天然氣工業公司同白俄羅斯爆發一場新的大戰。因白俄拖欠支付天然氣貨款，俄方關閉輸氣管，也連累歐洲用戶。俄國天然氣工業公司雖然得手，但失去了誠信。歐洲開始尋找其他途徑，包括直接從中亞和阿塞拜疆進口天然氣。這些天然氣大戰導致俄國天然氣工業公司的財務狀況惡化。

北非和中東的動盪局勢給俄國天然氣帶來了好運。出口量月月增加。俄、德、荷和法共同出資七十四億歐元修建的「北流」天然氣輸送管道今年10月至11月將開始向歐洲輸送天然氣。全部投產後，每年可向歐洲輸送五百五十億立方天然氣。參加修建「南流」天然氣輸送管道的有德、法、意。「南流」成了泛歐管

道。由於歐洲市場天然氣貨源緊張，俄羅斯天然氣工業公司總裁米勒對媒體說，2012年天然氣的價格有可能上漲到五百美元。但業界不少人認為價格將在三百到四百美元之間。德國決定逐步停止使用核電，勢必增加天然氣的需求量。這些都是俄國天然氣工業公司手中的王牌。但俄國天然氣行業專家估計，新一場大戰又將在年底爆發。起因仍然是價格問題。

Headline 90　普京意圖復位 強化俄國

2011/09/25

　　一年多來世界各國政治界和媒體天天關心天天猜想天天打賭的問題：下一屆俄國總統會由誰出來競選？是梅德韋傑夫還是普京？事主一直不肯明確表態，只是異口同聲地說：「我們到時候會談妥並適時宣佈有關決定的。」這個期間，俄國國內外許多人提出各種劇本，猜得不亦樂乎。以至政治界和媒體在梅普二人施政路線和治國方針的區別上大作文章，甚至有人認為，他們會各自獨立參加競選總統。精通俄國政治的專家們看出其中的端倪，認為俄國仍然握在普京手中，他不會放棄出任下一屆總統的機會。

　　9月24日，普京與梅德韋傑夫易位的消息傳出莫斯科魯日尼基運動場之後，俄國各政治黨派和政治專家，對這項既在預料之中又出乎意料的影響國家發展命運的決定紛紛發表評論。在意料之中，是因為雙套馬車中實際掌權的人物是普京，而普京從未說過會放棄東山再起的目的。他的支持者一再為他回歸做勸進工作，他也從未否認。他的工具統一俄羅斯黨（儘管他不是黨員卻是黨的首領）左右全國政權，從未提出讓梅德韋傑夫繼任的建議。在意料之外，是因為近一年梅德韋傑夫不斷提出一些有別於

普京的政治見解和施政方針，而且從他的智囊團中傳出建立梅氏自己的政黨，即企圖重組右翼事業黨。

一萬多人參加的統一俄羅斯黨代表大會在運動場舉行（很像美國）。梅德韋傑夫建議普京參加下一屆總統競選以後，會場上「全體起立，雷雨般的掌聲經久不息」，不禁使人回想起史達林主編的《聯共（布）簡明黨史》描繪的景象。這就是俄國的政治現實。俄國大多數選民還沒有擺脫近二十年因蘇聯瓦解造成的失落感，特別是西方國家對俄國和俄國利益的打壓，極力希望有一個強力「沙皇」出任國家領導人。普京是目前最適合的人選。傾向於自由派思維方式的梅德韋傑夫，在俄國選民中就顯得處於弱勢。俄國的民主化進程現狀如此，俄國的政治改革程度也只達到如此階段。普京和普京現象就是俄國現今社會客觀誕生的，也是普京至今仍享有高支持率的原因。普京的東山再起不僅是他個人的領袖欲，而且是俄國社會現階段發展的必然結果。

梅德韋傑夫接受作為統一俄羅斯黨唯一全國領頭人參加杜馬競選，接受普京建議，準備出任下一屆政府總理。普京說，梅德韋傑夫「有能力創建一個有效實行職權的年輕的管理團隊，領導政府繼續對我國生活的各個方面實行現代化」。對此，社會團體「實業俄羅斯」主席吉托夫說，普京出任總統並不覺得突然；對於梅德韋傑夫同意出任總理卻感到意外。今後十二年（俄國總統任期從下一屆開始為六年，可任兩屆）梅氏將在普京領導下實現國家現代化，完成普京在大會上提出的，使全國月平均工資達到每月三萬二千盧布（約合一千美元）的任務。至於俄國的新政府成員，已經有預言說，會有較大變化。普京在推薦梅氏領導執政黨參加杜馬大選和出任下一屆政府總理時就提出「更新過的政府」。從現政府中也不斷傳出拒絕參加新政府的聲音。副總理兼

財政部長庫德林在紐約公開聲明，因同總統意見不一，不會參加新政府。作為反擊，梅德韋傑夫於26日在內閣成員出席的會議上當面斥責他並要求他立即當面辭職。他說要同普京商量，更引起梅氏憤怒，當天就將這位普京親信解職。此前媒體不斷傳出庫德林原有機會出任右翼事業黨首，作為統一俄羅斯黨的對手，形成兩黨制。還有說法是原有一個方案，庫德林出任普京總統下政府總理。兩件事都未成功，庫德林一怒之下當天就宣佈不會進入梅德韋傑夫內閣。政府和總統府目前不斷傳出，還有不少人拒絕參加新的執政班子，甚至退出公務員行列。

統一俄羅斯黨大會上，內閣成員紛紛表示支持「易位」決定，並答應給選民許多好處，包括副總理科札克「在穩定時期不提高公用事業收費標準」；環保部長特魯特涅夫說「清理貝加爾湖和打掃北極地區」；杜馬議長「要求移民學會俄文」；第一副總理茹科夫「停止國民減少」；緊急情況部長說要「建立道路搶救服務」。

俄國最大的，最有實力的反對黨俄羅斯共產黨主席久加諾夫認為，國家領導人「易位」不會改變俄國走向危機的態勢。「對我們來說，沒有任何新意。雙套馬車不得不隨機應變。任何破壞雙套馬車的企圖意味著他們近年來的政策徹底完蛋。因此他們也就『談妥了』」。「至於說普京，他的影子已經無力使俄國逃避失敗。他們還會找中央選舉委員會的主席丘羅夫，指使選舉委員會為他們添選票。我希望聽到他們的新政策，包括幹部方面。但直到今天未見提出任何實際解決辦法。」

蘋果黨領袖米特羅辛認為一切都在意料之中，這是通向停滯的道路。「很難相信總統在擔任總理的角色時會搞現代化。現代化是政權的更新，而不是雙套馬車易位。」他指出，普京和梅德韋傑夫及統一俄羅斯黨提出的辦法，「不是通向現代化的道路，

而是導向新的停滯，對國家來說，會出現可悲的結局，如同勃列日涅夫的停滯給蘇聯帶來的結局。」

今年遭貶失去上議院院長職位的公正俄羅斯黨首領米羅諾夫，立即表態說，他的黨將一如既往堅持反對黨立場，不支持統一俄羅斯黨提出的總統候選人。「我們的黨不是一個膽小的黨，我們對政府有意見，對統一俄羅斯黨的不滿更多。我們不滿意國內的情況：從官員的貪腐到不負責任和巨大的社會分化。責任首先在統一俄羅斯黨身上。」

今後十二年俄國的前途牽連千家萬戶，為國際局勢增加變數。對中國來說，普京重新出任總統應當是好事。一是有比較明確的夥伴和對手，二是兩國關係可以穩定發展，三是普京有意加強同中國的經濟合作，四是有意聯合中國以遏止美國和北約。但是，為了戰略平衡，俄國近來同日本、朝鮮和美國舉行聯合軍事演習，防止中國提升在東亞地區和南海地區的影響。中國近來又恢復採購俄國軍備，雙方軍事合作增強，又是對美日及南海諸國的警告。

西方國家對俄國領導易位表示擔心。《華盛頓郵報》說，美國記者認為「如果普京競選總統成功，復歸原位，勢必以往更加強大」，美俄關係會出現實質性的複雜化。英國《電訊報》說，俄國將是一個一黨國家，這個黨控制國家媒體和各級政府關鍵職位。德國媒體說，俄國精英和企業界對梅德韋傑夫抱了很大期望，支持他的自由化和民主改革進程。現在失去了這個希望。據公眾意見調查，有二成二的人想離國，五成的大學生和企業界有意移居國外。

俄國媒體報導，消息靈通人士稱，梅德韋傑夫原指望建立自己的自由派政治勢力，而不是擔任統一俄羅斯黨的頭領。梅氏的改革政治體制的抱負受阻。

2011/12/05

　　今年12月4日，是俄國聯邦議會下議院國家杜馬換屆大選。按俄國杜馬代表（議員）選舉法規定，全國選民一人一票，從全國正式註冊政黨提出的候選人中，選出代表。普京執政後覺得杜馬工作效率低下，立法工作不滿意。因此修改杜馬選舉法，規定達到7％以上選票的政黨方可進入議會。上一屆只有四個政黨進入杜馬。今年俄國各黨派和各社會團體在競選期間，充分發表政見，競相拉攏選民，都變成了親民模範。從各政黨的政治綱領來看，共同之處是向選民許下大量福利。因為選票還是在選民手上。這一人一票使俄國政治家和政客們不得不在大選時討好選民，以爭取這一張票。當然，各政黨的競選綱領都有自己的特色。普京的統一俄羅斯黨將重點放在重建強國恢復雄風。在這一屆執政的最後一年裡大大提高軍費和強力部門的工資。俄共則以推出「為大多數人推行改革」為主要口號。日林諾夫斯基的俄羅斯自由民主黨則以大俄羅斯民族主義的口號（俄羅斯是俄羅斯民族的）蠱惑和煽動民族主義分子。公正俄羅斯黨要求建立公正社會，富有民主社會主義色彩。右派政黨勢力薄弱，難以進入杜馬。要求自由主義改革和尊重人權的亞博盧（蘋果黨）有一定社

會基礎，但難以達到7％的得票率。在梅德韋傑夫總統堅持下，未達標的政黨將根據得票多寡在新一屆杜馬中安排代表。大選結果是：統一俄羅斯黨得二百三十八席，失去一千二百萬張選票，令人震驚；俄共得九十二席，增加了三十六席；公正俄羅斯黨得六十四席，增加了八成席位；自由民主黨得五十六席，增加了十六席。選民傾向社會民主主義思想，不支持民族主義，不支持官僚和資本的勾結，是一大進步。

今年的俄國議會大選，處於國內外十分複雜的環境之中。國際上，俄國正因北約和美國決定在俄國周邊部署反導系統，拒絕同俄國共用反導系統和組成反導聯合陣線。俄國不僅加緊部署自己的反導系統，還表示必要時退出裁軍和常規武器協議。11月29日，俄國總統梅德韋傑夫到達加里寧格勒，親自啟動名為「沃羅涅日號」的俄國反導雷達站。這座雷達站可以控制方圓六千公里，同時跟蹤五百個目標，最小的可達五釐米。類似的雷達站還有三個。遠東地區的伊爾庫茨克也將部署同樣的雷達站，覆蓋中國、日本等國。梅德韋傑夫再次表態，說俄國願意同西方夥伴共同使用這座雷達站，共同防止導彈威脅。他堅持認為，美國和北約的反導系統是針對俄國的。啟動雷達站，就是為了表明俄國有力量阻止外國對俄國核力量的威脅，必要時還將啟動其他防禦手段，包括展開打擊力量。另一條俄美鬥爭戰線在中東。美國派出航母前往中東以威嚇敘利亞，威脅到俄國在當地的海軍基地，俄國已派遣大量海軍艦隻包括航母在內前往這個海域，防止重演利比亞事件。美俄關係大大冷淡和緊張，歐元區和美國的經濟危機，都影響俄國資源輸出和國庫收入，正是俄國今年議會大選的外部環境。俄國顯示肌肉，與塑造強國形象不無關係，自然也與執政黨競選不無關係。

俄國大選的國內環境也耐人尋味。一方面俄國經濟基本情況尚好，預計今年增長幅度可達4％以上。國民收入淨增長3％（扣除通貨膨脹之後）。農業大豐收。退休金定期提高。強力部門薪金極大幅度增加，這些都給普京和統一俄羅斯黨加分。另一方面，大量增加軍費，通貨膨脹降不到預期指標，明年物價上漲已經不可避免。俄國執政當局內部爆發副總理兼財政部長因反對增加軍費開支被解職事件，曝露執政團隊內部衝突，這些都給執政黨減分。國內的政治矛盾和利益集團的爭鬥，貪腐沒有得到解決，都給普京執政增添負面因素。

普京在大選前接見統一俄羅斯黨的領導，總結執政成績。他認為俄國以最小的損失走出經濟危機，是因為執政黨在議會占絕對多數，全國主要政治力量團結在執政黨周圍。西歐和美國陷入危機，就是因為缺乏政治力量的團結。為此，普京要求自己的黨在大選中爭取最大可能的選票數量。

俄國國家杜馬大選的特點之一是有大量的觀察員在各投票站觀察投票情況。一部分是俄國國內各政黨派出的觀察員，監督全國十萬個投票站的工作，防止舞弊。今年各政黨各社會團體和獨立人士共派出四十萬名觀察員。另一部分觀察員是由一些國際組織經俄國中央選舉委員會同意，投票期間在各投票站觀察並徵集選民對投票的看法，做出對投票情況的評價。

國內觀察員中，俄共出二十六萬四千名。公正俄羅斯黨派派出七千七百九十四名。日林諾夫斯基的俄國自由民主黨派出九萬五千名。主要反對派公正俄羅斯黨還派出一百個流動小組，每個小組都配有律師，以便就地解決法律問題和為控告選舉中出現的違法事件取證。

國際觀察員共有六百五十名。其中包括歐安會、歐洲議會、

獨聯體和獨立專家。歐洲議會代表早在11月中旬就到莫斯科踩點。當時他們曾在俄國中央選舉委員會舉行過一個記者招待會，指出俄國有違反選舉法的事件和一些政黨抱怨不公。為此，俄國選舉委員會曾把他們告到總檢察院和外交部。俄國總檢察院以「文件收到了，正在調查」搪塞過去。11月30日歐洲議會觀察小組由二十國代表三十四人組成，按時到達。歐安會的觀察員小組由近百人組成。歐安會下屬的民主制度與人權局派出一百六十人到俄國觀察大選情況。俄國非政府組織也從歐美邀請了四十名觀察員。大選結束後，國內外都觀察員基本肯定這次大選符合國際標準。

大選的技術安排也很認真。例如，邊遠地區的計票紀錄在運送過程式中，全程用定位衛星跟蹤，一邊保障運送人員安全，一邊保障計票記錄不會「半道拐彎」。流動票箱上裝有衛星天線，以防止舞弊。

投票當天，各派都組織支持者上街，約有三萬人。從紅色的共產黨到極左的李莫諾夫派，激進的左派運動代表集中在紅場，民族主義者聚會地點是革命廣場。各人都可表達自己的政治見解。為確保大選安全進行，除莫斯科本地的員警外，還調動外地軍警以協助首都維持秩序。

這次俄國議會大選，值得注意的是，一人一票，差額選舉；自由競選，政治多元；國內外觀察員監督投票，透明度高。從大選結果來看，執政的統一俄羅斯黨雖說得到近半數選民支持，但與前屆相比，已經失去可以修憲的多數，今後不得不與其他黨分享權力。普京執政將受到新的挑戰。對國家民主化來說，這是好事，也是後共產主義必經之路。俄國政治體制改革成效正在顯現出來。反對派這次得票大量增加，特別是被執政當局趕下臺的

公正俄羅斯黨沒有被壓下去，說明選民還是希望國會有反對派的聲音。代表民主派的亞博盧黨在莫斯科的得票率達到9％，在聖彼得堡得票率達12％，說明知識精英和政治精英支持改革。更重要的是，自由公正的選舉有利於俄國現行政權和維護國家穩定發展，否則引起上街，後果難以想像。

大示威要求普京
下臺徹查弊案

2011/12/26

　　俄國國家杜馬大選之後，因執政黨統俄黨和選舉委員會舞弊，引起全國各反對黨和公眾強烈抗議，迫使執政者讓步。目前已經到了難以收拾的局面。大選投票結束次日，12月5日，五千多莫斯科人走上街頭抗議。6日莫斯科人再次走向市中心表達滿。12月10日全國各地發生有組織的抗議大選舞弊的公眾集會。參加集會的各界人士和平表達訴求，得到許多人的支持。然而當局指責參加集會的人是被人收買的，是在外國情報機關指示下擾亂社會的。此評價一出，立即遭到各界反對。許多人覺得受到當局污辱，精英界指這一評價完全是克格勃的舊思維方式。各界人士紛紛表示要參加下一次公眾集會，使當局明白，公眾有膽量表達不同意見，而且這種不同意見不只是反對派有，普通選民也有。他們並不是外國情報機關的代理人。

　　12月24日，更大量的公眾走上街頭，到以俄國著名人權和民主鬥士薩哈羅夫命名的大街，參加抗議集會。據官方報導，說是近三萬人；據反對派報導，說有十二萬人；據媒體按衛星照片估算和志願者統計，有七萬多人。總之，比預計多出許多。大會的

訴求更激進。著名作家阿庫寧建議成立反對派委員會,同當局進行談判,取消杜馬選舉結果,舉行新的杜馬大選,解散莫斯科市杜馬,恢復直選莫斯科市長,現場直播選舉。其他要求還有解除中選會主席職務,釋放政治犯。這次集會是俄國十五年來最大的一次。許多觀察家和俄國普通民眾認為俄國又回到了九十年代初公眾關心國家大事要求民主的狀態。有人建議成立全俄選民委員會,阻止明年3月總統大選的舞弊。這些公眾集會必將影響明年的總統大選。兩次大型公眾集會,從改選杜馬到更改整個政治體系,都給執政當局重重一擊。

為了掌握主動權,執政者做出應對。在行將結束總統任期之際,一向以普京陣營中自由民主派代表自居的梅德韋傑夫總統,在半年前準備最後一次總統國情咨文時,開始造輿論,但並無重大資訊。直到國家杜馬大選出現執政黨大失選票,全國各地公眾紛紛上街要求政治改革以後,才不得不做出讓步,開始重啟政治改革,即梅德韋傑夫所說的政治現代化問題。在他的眼中,俄國政治現代化的內涵包括一些重要的重返憲法有關民主民權的條文。選民上街使負責撰寫國情咨文的班子不得不緊急改寫文本。

俄國公眾要求徹查大選舞弊,只是最低要求。最高要求則是要求普京下臺。要求普京下臺的呼聲只是少數人,不是主流訴求,但代表了一定的民意。蘇聯改革主謀戈巴契夫在對莫斯科之聲電臺的訪談中認為,做了三屆領導人(兩屆總統一屆總理)已經足夠了。俄國需要實在的民主,不需要壟斷。「俄國不需要沙皇和總書記」,是他的原話。他力勸普京退位,「這樣可以保住所做的全部好事。」12月24日莫斯科的民眾集會上也出現了類似的口號標牌。

梅德韋傑夫在國情咨文裡闡述了他主張的政制改革內容。

俄國政治評論界認為是他對社會訴求的應對，目的是為了給公眾反對派情緒降溫，也是為了保住對政權的控制。他提出一系列改革措施和政策。恢復杜馬議員半數名額供選民獨立競選，不受政黨限制；直選州長；簡化政黨登記要求和手續；創辦公眾電視頻道；尊重公民強硬批評當局的權利；等等。

葉利欽在位時通過的國會選舉法規定，杜馬四百五十名議員中，二百二十五名由分區獨立候選人競選，二百二十五名議員由各政黨競選。普京執政後，為確保統俄黨在議會占據多數，從而撤銷分區獨立競選名額，統統由政黨競選，主要受影響的是反對黨和民主派人士。一部分選民的意見無法進入議會的議程。普京提出取消分區獨立候選人議會名額，目的是要控制議會多數，以便於執政，打破原國家杜馬往往不配合政府行政的局面。但這項做法限制了選民的選擇機會，引起部分公眾不滿。普京頂了下來。現在，梅德韋傑夫認為過去了十二年，可以放鬆了。

葉利欽時期，遵照俄國憲法的規定，地方行政長官是直選的。各州州長也在其列。這在當時是民主化的極重要成果，大反前蘇共的做法。前蘇聯實行民主集中制，實際上是集權制，各州州長和地方行政長官實際上全由蘇共中央任命。葉利欽為了鞏固自己的地位，下放權力，提出作為聯邦主體的各州各共和國「能拿多少主權就拿多少主權」，使俄國面臨解體的危險。普京出任總統後立即取消地方行政長官直選的做法，以便安插自己團隊的人。這與當時普京提出的垂直政權有關。近年來不少地方行政長官陷入貪腐醜聞，或者大搞裙帶風，引起民怨。甚至連統俄黨創黨人之一的前莫斯科市長盧日科夫也涉嫌濫用職權和為家屬謀利。公眾不斷提出要求直選地方行政長官，以打破統俄黨絕對控制全國政權的狀態。

梅德韋傑夫提出簡化政黨登記的辦法。一是由審批制改為備案制。現在一些政治團體，特別是持反對派立場的團體，很難註冊為合法政黨。二是現在的政黨登記法要求五萬以上黨員的政黨才可註冊為合法政黨。新方案只要求五百人即可註冊，而且是備案制。這是對民主政治的讓步。

　　梅德韋傑夫另一重要建議是降低政黨進入杜馬的門檻，從得票7％降為5％，有利於非主流反對派政黨進入議會。至於創辦公共電視也是為了給公眾自主的全國電視頻道，以表達民意。

　　俄國各界對梅德韋傑夫的政改方案提出各種評論。反對派領導人之一的前副總理聶姆佐夫認為「首先，梅德韋傑夫今天承認貪腐的垂直政權破產了。其次他所闡述的回到憲法權利的提綱是十分正確的。包括直選州長、登記反對黨、簡化登記總統競選人、分區獨立杜馬議員候選人等等」。在他看來，第一場12月10日的集會給政治體制現代化做出的貢獻遠遠超過杜馬議員。但當局拒絕集會五項訴求中的四項：釋放政治犯、取消舞弊的議會大選、解除中央選舉委員會主席邱羅夫的職務和舉行新的大選。只是在簡化政黨登記手續方面有進步。

　　政治評論界的一些人認為梅德韋傑夫提出的政治改革提出的內容是積極的，與公眾集會有關，是在公眾上街的結果。政治技術中心副主任馬卡金正面評價國情咨文中的政改措施，「雖說遲到了，但對俄國政制發展還是很重要的。」彼得堡政治基金會總裁維諾格拉多夫估計激進派會感到不足。另一派政治評論人士認為是普梅兩人近年來一直在做政改的準備。這次提出來的一些措施是深思熟慮的政改計畫的一部分，是俄國政治發展的新階段。

　　俄國社會正在經歷一場重大的變革，漸漸走出神化個人的政治體制。一個人有再高的支持率，如果執政太久，也會引起選民

的厭倦。選民希望更新。因此這一次總統大選不會那麼順利，普京的支持率還有下降的可能，過半數的得票率已經是個問號。說不定再次上演第二輪的故事。不過近來的俄國政治生活說明二十年的民主化已深入民心。通過誠實的選舉得到授權，才能順利執政。

2012/03/05

　　俄國總統大選舉行了。普京以超過六成的得票率勝選。鑒於去年國家杜馬大選引起的政治風波，普京再三表示一定要合法公平競選，只有在公平競選中勝出，執政才合法，才會得到公眾支持。因此，俄國選舉委員會在這次總統大選中，做到了史無前例。全國各投票站都安裝了攝影機，全世界的網友都有機會通過互聯網觀察俄國大選進展實況。俄國本國也有數百萬網友觀看大選的直播。透明的票箱，選票上貼有專門的防偽標籤。每個投票站都有大量不同黨派和公眾代表的觀察員監督投票。選前的競選活動也相當開放相當自由。五名總統候選人數也超過美國總統大選，何況還有一人一票的投票機會，比通過選舉人方式要能更多表達選民不同的意見。選前各派政治勢力都有機會表達自己的政見，包括各派在全國各地舉行群眾集會和遊行。

　　這些都給普京合法當選提供了法律基礎。普京這次勝選來之不易，背景相當複雜。俄國國內政治形勢的發展，大出普京預料。早在2008年卸任總統職位時，普京就打算2012年再次競選總統。作為法學系出身的政治家，普京當年就看出俄國憲法規定中

的機遇。俄國憲法規定，一個人只能連續出任兩期總統。但是，「連續」一詞就是個法律空子，沒有規定隔期不能再競選總統。因此，他當年信誓旦旦，決不追求第三任期。就是這一條保證他的法律權利，可以隔期再出任總統。他知道自己仍有機會。當時無論從民意，還是從法律來說，他再次出任總統是有把握的。誰知這四年俄國卻發生了他預想不到的變化，特別是對他本人的民望急劇下跌大出意外。他的民望從80％下降到不足40％，普京神話面臨挑戰，正是變化中的俄國特色。能否再次順利登臺，成了問題。十二年來，俄國在普京團隊執政之下，國民經濟有一定發展，國民生活有所改善，國家順利渡過金融危機，俄國在國際舞臺上的分量大大增加。然而，俄國的經濟發展離國民的要求相差甚遠：經濟仍然靠出售能源維持、國民經濟沒有得到徹底改造、貪腐和官僚主義盛行、舊寡頭新寡頭控制國家經濟命脈。政治改革步伐緩慢、國家干預國營媒體、大眾生活不如人意。選民對普京團隊的看法出現了一些重要的變化。

這些變化正是朝負面發展的。去年12月國家杜馬大選的前後，大大觸動了普京。杜馬大選之前，普京已發覺執政的統俄黨民望大跌，因而組織了一個爭取更多選民的「人民陣線」，從而確保半數選民的支持率。社會思潮的變化也出乎意料。持不同政見的人數大大增加。反對派的活動此起彼伏，且矛頭直指普京本人，舉出「普京下臺！」的標牌參加遊行。

不到半數的反普京選票分散到各個反對黨，也就成不了氣候。但對俄國的社會政治發展卻起了一定的推動作用。選民心中的民主概念是人民政權、言論自由、自由選舉、市場經濟、自由媒體、人權、自由、平等。這些民主權利，在普京治理下的俄國同前共產主義蘇聯相比，向前跨了一大步。這方面比以前也有了

進步。為應對社會意識的發展，普京在競選中採納了一些自由派的觀點，有利他的選情。從總體上來看，俄國正在發展的公民社會，是從下而上的，特色之一是大多數人反對外來的價值。

普京勝選的外部原因，恰是西方促成的。前有烏克蘭和格魯吉亞的顏色革命，後有阿拉伯之春，新掌權者都發出反俄的資訊，俄國的經濟損失更是巨大。北約和美國從武裝干涉到外交施壓，都是為了推翻原有政權以建立親美政權，進而控制這些國家的資源，這在俄國民眾意識裡激發了反對外來干涉的情緒。而一些俄國親西方的反對派人士同美國的聯繫相當密切。從監督俄國選情的非政府組織「Golos（聲音）」（由美國資金支持，美國開發總署也公開宣稱它是「行動夥伴」）到美國駐俄大使邀請反對派人士到使館聚會，給他們打氣。在這個大選敏感時期，這些舉動引起大多數選民的反感，可以說是在情理之中，客觀上為普京加了票。

為了勝選，普京團隊和支持者呼應反對派的集會和遊行，也舉行了針鋒相對的支持活動。從紀念第一次俄國衛國戰爭（1812年法國拿破崙侵犯俄國）勝利二百周年，到祖國面臨生死關頭，都是普京競選的說詞。

2月23日是前蘇聯的軍隊節，新俄時期改稱祖國捍衛者日。普京的支持者利用這一天（全國休息日）在莫斯科舉行大規模集會，號稱參加者達十三萬人。

從政治上來說，在這個日子舉行支持大會，很有利。普京在大會上的表現極其強硬，演說相當煽情。他以祖國捍衛者身分下斷言：我們必勝！這一場競選活動十分成功。

從參加者和評論者的言論中，可以看出，重點之一就是防止「阿拉伯臺本」在俄國重演。人群中有人舉著「不要阿拉伯臺

本！」的標牌。普京說，「我和你們，得勝的人民，站在一起。我們不僅要在這場競選中得勝，我們應當向前看。我們需要取得勝利和解決大量的問題。我們這裡問題多得狠，不公平，索賄，官員的劣跡，貧窮和不平等。」

同一天，體制內的（進入議會）反對黨和體制外的反對派都舉行了群眾集會。俄羅斯共產黨在馬克思紀念雕像前聚會。他們呼籲投給「最先進的人」久加諾夫一票。

還有人出售史達林文集，每本一百五十盧布，即五個美元。俄共代表說，「這次我們在每個投票站都安排了五個觀察員，想作弊，難！」

26日，三萬多人胸佩白色絲帶，手拉手在莫斯科花園環道組成了一個全城人的圓圈，將克里姆林宮包圍起來。這些人的訴求是「一張面孔呆的太久了」。這些政治上五花八門五顏六色的人群聯在一起，反映了部分俄國選民的意見。

十幾萬人上街集會，卻沒有發生混亂，人們可以各自表達自己的政治見解，普京通過競選造勢與反對派爭取執政權，這不能不說是俄國民主化的成果。

普京上臺了。他將把俄國引向何方，是全球關注的核心問題。面對國際挑戰，普京必將繼續實現他的「強國夢」，將俄國改造成一個與中美三足鼎立的一流大國。為此，普京決定採取自己的「先軍」政策。到2020年，國家預算撥款二十三萬億盧布（相當於七千億美元）更新軍隊裝備，以配合目前正在進行的俄國軍隊改造工程。在內政方面，普京團隊看到國民民主意識和要求改革體制的強烈要求，開始採取一些改革措施。已經提交國家杜馬的法案，相當重要。先是簡化政黨的登記法案。從原來要求至少十萬成員才可註冊到五百人即可註冊。其次是簡化體制外

政黨（即非議會黨團）總統候選人登記的要求。原來要求二百萬人提名，減少至十萬人。獨立競選總統的候選人只需三十萬人即可。三是改革州長選舉制度。現在是由總統任命和總統撤職。新法案提出可由政黨提名，也可由選民獨立提名或自己提名，與總統協商後進行選舉，最長任期不得超過五年。同時選民有權罷免州長。經濟方面，普京將改善投資環境，發展創新經濟，全面改造俄國經濟。

普京在《俄國與變化中的世界》一文中闡述了他的獨立自主的對外政策，迎接挑戰。對中俄關係的評價說明普京在對華政策上起相當重要的變化。他不贊成「中國威脅論」，主張加強同中國在多邊機制中的協作。當然，他也不忘實用主義，「結合兩國的技術和生產能力，開動腦筋，將中國的潛力用於西伯利亞和遠東的經濟崛起」。過去他對中國在遠東的活動抱有戒心。現在俄國已經同中國簽署了合作開發俄國遠東地區的協定。普京說：「我主要的思想是：俄羅斯需要一個繁榮而穩定的中國；而中國，我相信，需要一個強大而成功的俄羅斯。」中國方面將一如既往，希望俄國加強對外國投資的保護，放寬中國資本進入俄國能源資源工業，開放合法勞動力市場。俄國則希望中國增加對俄投資，加強管理中國赴俄的非法移民。雙贏的局面則必將出現。

俄國社會正在變化，普京也在變化。這就是世界各國面臨的新挑戰。大國選民不會接受外來干涉，只有靠他們自己的覺悟，才能走向新體制。

Viewpoint08　PF0103

民主的困惑
──看懂俄羅斯之二

作　　者 / 白嗣宏
責任編輯 / 林泰宏
圖文排版 / 陳姿廷
封面設計 / 王嵩賀

發　行　人 / 宋政坤
法律顧問 / 毛國樑　律師
印製出版 / 秀威資訊科技股份有限公司
　　　　　114臺北市內湖區瑞光路76巷65號1樓
　　　　　電話：+886-2-2796-3638　傳真：+886-2-2796-1377
　　　　　http://www.showwe.com.tw
劃撥帳號 / 19563868　戶名：秀威資訊科技股份有限公司
　　　　　讀者服務信箱：service@showwe.com.tw
展售門市 / 國家書店（松江門市）
　　　　　104臺北市中山區松江路209號1樓
　　　　　電話：+886-2-2518-0207　傳真：+886-2-2518-0778
網路訂購 / 秀威網路書店：http://www.bodbooks.com.tw
　　　　　國家網路書店：http://www.govbooks.com.tw
圖書經銷 / 紅螞蟻圖書有限公司
　　　　　114臺北市內湖區舊宗路二段121巷28、32號4樓
　　　　　電話：+886-2-2795-3656　傳真：+886-2-2795-4100

2012年12月BOD一版
定價：550元
版權所有　翻印必究
本書如有缺頁、破損或裝訂錯誤，請寄回更換

國家圖書館出版品預行編目

民主的困惑:看懂俄羅斯之二 / 白嗣宏著. -- 一版. -- 臺
北市:秀威資訊科技, 2012. 12
　　面； 公分. -- (Viewpoint ; PF0103)
BOD版
ISBN 978-986-326-000-4(平裝)

1. 政治　2. 民主化　3. 國際關係　4. 文集　5. 俄國

574.4807　　　　　　　　　　　　　101018827

讀 者 回 函 卡

感謝您購買本書，為提升服務品質，請填妥以下資料，將讀者回函卡直接寄回或傳真本公司，收到您的寶貴意見後，我們會收藏記錄及檢討，謝謝！如您需要了解本公司最新出版書目、購書優惠或企劃活動，歡迎您上網查詢或下載相關資料：http:// www.showwe.com.tw

您購買的書名：＿＿＿＿＿＿＿＿＿＿＿＿＿＿＿＿＿＿＿＿

出生日期：＿＿＿＿＿年＿＿＿＿＿月＿＿＿＿＿日

學歷：□高中 (含) 以下　　□大專　　□研究所 (含) 以上

職業：□製造業　□金融業　□資訊業　□軍警　□傳播業　□自由業
　　　　□服務業　□公務員　□教職　　□學生　□家管　　□其它＿＿＿

購書地點：□網路書店　□實體書店　□書展　□郵購　□贈閱　□其他

您從何得知本書的消息？

　□網路書店　□實體書店　□網路搜尋　□電子報　□書訊　□雜誌

　□傳播媒體　□親友推薦　□網站推薦　□部落格　□其他＿＿＿＿＿

您對本書的評價：（請填代號　1.非常滿意　2.滿意　3.尚可　4.再改進）

　封面設計＿＿　版面編排＿＿　內容＿＿　文／譯筆＿＿　價格＿＿

讀完書後您覺得：

　□很有收穫　□有收穫　□收穫不多　□沒收穫

對我們的建議：＿＿＿＿＿＿＿＿＿＿＿＿＿＿＿＿＿＿＿＿

＿＿＿＿＿＿＿＿＿＿＿＿＿＿＿＿＿＿＿＿＿＿＿＿＿＿＿＿＿＿

＿＿＿＿＿＿＿＿＿＿＿＿＿＿＿＿＿＿＿＿＿＿＿＿＿＿＿＿＿＿

＿＿＿＿＿＿＿＿＿＿＿＿＿＿＿＿＿＿＿＿＿＿＿＿＿＿＿＿＿＿

11466
台北市內湖區瑞光路 76 巷 65 號 1 樓

秀威資訊科技股份有限公司　　　收

BOD 數位出版事業部

···

（請沿線對折寄回，謝謝！）

姓　　名：＿＿＿＿＿＿＿＿　年齡：＿＿＿　性別：□女　□男

郵遞區號：□□□□□

地　　址：＿＿＿＿＿＿＿＿＿＿＿＿＿＿＿＿＿＿＿

聯絡電話：(日) ＿＿＿＿＿＿＿＿　(夜) ＿＿＿＿＿＿＿＿＿

E - m a i l：＿＿＿＿＿＿＿＿＿＿＿＿＿＿＿＿＿＿＿